假如一棵树来写自传，
那也会像一个民族的历史。
——纪伯伦

一个村庄里的中国

My Village, My Country

熊培云　著

新星出版社 NEW STAR PRESS

目　录

自序

我的村庄我的国

还是从十年前说起吧。2001年春节，我回江西老家过年。基于岁尾年关的一些观察与感悟，以及对过去生活的回忆，我写了一篇题为“一个村庄里的中国”的田野调查，浮光掠影地讲述了当地农民几十年来的生存状态与生活变迁。这些文字随后发表在《南风窗》上。

之所以有此文章，得益于两方面的推动，一是因为偶然发现当时的《南风窗》上有不少关于中国底层社会的调查与评论，这些鲜活且有责任感的文字不仅让我的世界豁然开朗，也让我羞愧——同样是“提着笔杆子进城”的有志青年，为什么我在自己工作的报社一直碌碌无为，渐渐忘记了自己最热爱的乡土，忘记了故乡的那些人和事？二是受到曹锦清《黄河边的中国》一书的启发。准确说，不是因为书中的观点，而是因为书的名字。

我说“黄河边的中国”打动了我，并非我想照葫芦画瓢，由此炮制出一个“长江边的中国”来，而是说它让我相信：在每一个村庄里都有一个中国，有一个被时代影响又被时代忽略了的国度，一个在大历史中气若游丝的小局部。

（一）

时常有人会问，为什么你能够平心静气地去做一些事情？对此，我着实没有太多感悟。如果非要说明，无外乎两点：一是在农村长大的孩子，种过庄稼，尤其能体会什么是“要那么收获，先那么栽”（胡适语），所以多年来我能够像我的农民父亲一样本分，凡事尽职尽责；二是我同时坚持了一个原则，即在什么年龄做什么年龄最重要的事情，非你不可的事情。

具体到这本书，回到我的本乡本土去记录一个村庄的命运，由此省思这个国家一个世纪以来的波折，既是我的夙愿，也是我应有的担负。任何人都可以思考中国的前途，但没有人能代替我回到这个毫不起眼的小村庄。在某种意义上说，这个村庄是为我而存在的。几十年来，我熟悉这里的一切，没有人比我更了解它，更有热情去记录它。有时候，“舍我其谁”未必需要多大勇气，你只是在做一件非你完成不可的事情。而且，我相信我回忆的激情同样只能通过写作平息。

至于这个村庄，姑且叫小堡村吧，它地处三乡交界，就行政地理而言，差不多是中国最偏僻的地方。记录这样一个村庄，有时候我也难免会打退堂鼓。在中国无比广袤的乡村，它既不像江苏的华西村那样“富得流油”，可以成为人们解剖时代进步的一个标杆，也不像河南上蔡县的一些村庄那样“穷得流血”，许多农民因为“血浆经济”染上了艾滋病——否则，我一定会像陈为军那样拍一部《好死不如赖活着》。甚至，每当我想到夏多布里昂笔下迷人的故乡贡堡、梭罗枕畔云飞雪落的瓦尔登湖时，我偶尔还会因为我的村庄事迹寥寥、乏善可陈而暗自伤感。

不过，这种遗憾转瞬即逝。我虽然不在这个村庄出生，却在那儿度过了童年与少年时期，对那里的一草一木、乡土人情总算是熟悉。而这些岁月，在某种程度上已经决定了你的人生格调以及对幸福的直接体验。是的，这样一个村庄不足以成为先进或落后的典型，但正是它的平凡打动了我。曲港跳鱼，圆荷泻露，寂寞无人见。这里永远是世界的边缘、新闻的盲点。生活在这里的一代代人，他们的生命从不被人注意，他们像草木一样见证四季，又似屋檐飘雨，小径风霜，自生自灭。尽管这些人也会迫不得已卷入时代的风潮，然而他们又都是无名氏，具体到每一个人的命运，幸与不幸、恩恩怨怨却也总是孤零零的，仿佛与世界无关。他们从不曾在自己所处的时代里呼风唤雨，即使是那彻夜欢笑与啼哭，也难被外人听见。所谓“芸芸众生”，还有比这更具代表性的吗？

在中国浩如星海的无数个自然村里，它不过是卧于万花丛中的一粒微尘。而我，因为曾经在故乡的青山上终日游荡或在田间烈日里辛劳，切身体会了这片土地上的平凡生活，而且至今仍和那里的人们保持着千丝万缕的联系，所以愿意把它当作我观察时代兴衰与人生沉浮的窗口，并相信透过它悄悄然的消长以及时而浮起的喧哗，我更有机会理解这个时代以及深藏其中的土生土长的力量。

完成这一切并不需要什么雄心壮志，我唯一能做与想做的只是和《霍顿与无名氏》里那只天真的小象一样，告诉大家那一粒灰尘里有一群寂寞而鲜活的生命，同时借助我对时代的梳理，还原他们的生活面貌。如果有人像影片中的袋鼠妈妈一样坚持“凡是没看见的就都不存在”，那我也没有办法。我只能希望大家在看不见时能够用心去听——并且相信小人物有大命运。

（二）

按照最初的想法，我会从村庄史的角度将那个田野调查继续下去。不过，事情很快有了变化。一方面，在“出国还是下乡”这个问题上我最终选择了赴法留学。那是一种精神上的还愿，心想自己迟早还是会回来，若要下乡将来做也不迟。何况，到时候自己更成熟，只会做得更好，于是就这样耽搁了几年。

有些变化则完全在意料之外，那就是回国后我发现自己对记录这个村庄的命运渐渐失去了兴趣。问题并不在于我此后究竟有多繁忙，一切还得从另外两件事说起：

一是上文发表后引来了不少关注，而且很快有几家国外媒体的记者找到了我，要求亲往采访。就像美国历史学家费正清所说，中国是“记者的天堂”，外国记者想深入中国社会的热情我多半是能理解的，我爽快地答应了他们的请求，给了他们小堡村的地址。

没多久我得到消息，美国《新闻日报》的记者到当地连续做了三天采访。当中国女翻译带着那位金发碧眼，像是从彩电里走出来的美国记者赶到这个村庄采访时，立即引起了前所未有的轰动，甚至“惊动了市里”，以至于他们最后不得不“落荒而逃”。令人费解的是，那位美国记者在采访村民时竟然将我的那篇文章以及未刊发的素材复印了许多份，逐一送到了每家每户手中。正是这一冒失的举动，让中国的农民伯伯们发现自己并不光荣的辛酸生活被我“曝光”了。尽管我在杂志中隐去了地名和人名，尽管个中悲情故事在当地早已尽人皆知，人人不以为意，但当他们看到白纸黑字时仍旧十分不高兴，有的甚至愤怒至极。

村民们的这些反应并非不能理解，他们有自己的舆论小环境和审丑标准，同时又没有能力把握你在文章中究竟想要表达什么，断章取义也属正常。而被报道对他们来说更意味着种种不确定性，一切足以令他们不安。在此情形下，你不能不通人情地说我是在通过你们的苦难生活为中国农民的命运鼓与呼。即使是出于好意，我也没有权利要求他人为这个时代的进步多做牺牲。

一切猝不及防。如果美国记者当时没有复印相关材料满村子找人对号入座，我与村民们的关系至少不会一度弄得这么糟糕。有猎户害怕我“曝光”了他偷猎将会受到惩罚，于是要求我赔偿可能的损失；有村民认为我记了他“旧仇”，要不怎么连外国记者都带来了？甚至有人说为我在村口准备了锄头……而我当时又未在现场，不能向他们好好解释或者补偿他们。

另一方面，似乎我又得感谢来访的美国记者，正是他将我的村庄推进了国际视野。就在我抵达法国没多久，这家美国报纸出版了“中国发展三部曲”的长篇专题，而我的文章《一个村庄里的中国》即是其中《后进的中国》之全貌。几位村民包括我父母阳光满脸的照片出现在美国的报纸上。而且，报道还配了一幅只有两个地名的中国地图：一个是标着圆点的北京，一个是标着圆点的我的村庄。不瞒读者，虽然我并不认为北京的分量比我的村庄重——北京是政治意义上的首都，而我的村庄是我的心都——但当我在地图上看到这个村庄与北京平起平坐时，仍然抑制不住内心一点点可怜的虚荣与欢喜。

当然，我也为此付出了代价。如前所述，因为美国记者的鲁莽，使我一时间失去了那些村民们对我的好感。尽管这些乡亲最终会原谅我，但是这次“带路党”的经历使我和我的村子有了一种难以启齿的隔膜。如此横生枝节或多或少让我自觉无趣，渐渐消隐了继续写下去的热情。

再后来，我甚至厌恶回到这个村庄，因为我深切地体会到了“每个人的家乡都在沦陷”。我时常为自己生长在杏花春雨的江南乡下而庆幸，然而不幸的是，当我怀着乡愁游学归来，再次回到我的村庄时，发现我梦中的精神家园近乎无存。出国前，我曾经历过一次家里的老房子因移民建镇被拆得一干二净时的空空荡荡，谁知到如今连山川也变了颜色：河流和道路一样都被荒草淹没，村里的山地被村干部以极其低廉的价格莫名其妙地卖掉七十年，甚至连村庄附近长了一两百年的古树也被树贩子卖到沿海某省美化环境去了。

甘地曾经说过，“就物质生活而言，我的村庄就是世界；就精神生活而言，世界就是我的村庄”。其实“我的村庄就是世界”何尝不是一种精神生活。一个人，如果深爱着一个村庄，你摧毁了他的村庄，也是在摧毁他的精神世界。电影里那位甘愿与船同沉的“海上钢琴师”不正是如此么？

当这生命的摇篮沉沦时，我又一次感到了失去家园之痛。也正是因为这种耻辱和失落，有一次当我有事路过这个阔别已久的村庄时，我竟然只待了短短十几分钟——不是因为我匆忙，而是因为故乡不再。还记得海子吗？1989年春天，诗人回了一趟安徽老家，感到了巨大的荒凉，“有些你熟悉的东西再也找不到了……你在家乡完全成了个陌生人”。

（三）

然而，生活又是那样神奇，那些你仿佛已经忘记去做的事情、被抛弃的理想，总会派出信使，在你睡着的时候来敲你的门。

出国留学之前，我曾通读了十二卷本《胡适文集》。这套书让我有机会静下来，告别日日繁忙的工作，就像传说中的印第安人一样停下来“等一等自己的灵魂”，找回真正属于自己的生活。无意有缘的是，在我几年间日日辛苦写完了百余万字的评论，回国后认真读完的另一套书同样与胡适有关。这是因为我在南开讲授一门新闻评论的课程，内容包括上世纪三十年代胡适主编的《独立评论》。近一百年前的中国，那是一个多么似曾相识的时代！我常常想，今日中国人若想找到中国的前途，不妨从当年被日军侵华中断的诸多时论中去找，去那个开放而真诚的年代里找，许多观点足够自由与深刻。

同样是在《独立评论》上，我读到了在今日中国一度成为“显学”的“三农问题”。从理论到实证，当时的许多学者、官员以及学生都参与其中。而在若干相关文章中，给我触动最大的莫过于农学家董时进发表在1932年的《乡居杂记》系列评论。正是这组评论的开篇让我重新拾起了归乡的热情：

> 我素来认为要知道乡村的秘密，和农民的隐情，惟有到乡下去居住，并且最好是到自己的本乡本土去居住。依着表格到乡下去从事调查，只能得到正式的答案。正式的答案，多半不是真确的答案。我因为要明了乡间的情形起见，早想回到我乡村老家去住些日子——不是去做乡村调查，只是去居住，希望藉着居住，自然而然的认识乡下。

感谢《独立评论》，它让我有幸认识了几十年来在中国一直被忽略与淡忘了的董时进；感谢董时进，因了他“到本乡本土去居住”的建议，在2008年北京奥运会期间，我终于离开了紧张而喧闹的都市，独自回到了故乡幽僻荒远的村庄，继续我七年前未完成的旅程。很显然，相较奥运，我更关注命运。心想虽然物质层面的故乡不再，但故乡的人还在。

也是因为写到董时进，香港中文大学中国研究服务中心的熊景明老师找到了我。2009年年初，在网上读到我的相关文章后，景明老师对董时进也表现出极大的兴趣，并且尽可能多地帮我搜集中英文资料，希望我在随后路过香港时去取。景明是一个对事业对朋友有着无比热忱的人，她给我印象最深的一句话是“如果你找到了喜欢做的工作，就等于一天也不用工作”。是啊，近十年来，我过的何尝不是如此简单而快乐的生活!

最为巧合的是，端午节去景明家中作客，竟意外发现我俩同一天生日，她长我三十岁，而且农历生日是各自老家的小年。感谢命运，因为寻书与写作，我的生活总是充满奇遇。

(四)

由于心中一直有这样一个愿望，又受了董时进先生文章的启发与鼓励，2008年学校一放暑假我便动身回了老家，继续做一些调查与随访。

一个多月后，我回到城里，并在MSN上遇到了《南方都市报》的何雪峰兄。雪峰兄做事利落，又是个热心肠，当他知道我回乡写作的打算，二话不说便邀请我在评论周刊上开一个“乡村纪事”的专栏，“写一年不就是一部书稿吗？”有这样一个专栏催自己完成一部书稿，我当然求之不得，即刻应允。就这样，这个专栏一直写到了现在，远超过了当时的一年计划。只是限于篇幅，每次完稿后我都会提前做不少删节。

过去几年，由于稿约太多，有时候我一天会写三四篇评论，论速度也算是倚马可待。而现在，三四天也只能写一篇乡村专栏。一来稿子写得长，每期差不多都有四千字左右；二来精耕细作，翻阅搜集到的资料、淘旧书、打电话核实、在网上讨论，真可谓费时费力。

至于写作方法，我也想有些自己的尝试，即我所谓的“三通主义”：一是时间上打通。本书所要涉及的内容，既有我三十余年的亲身生活阅历与见证，有过去六十年中国农村建设的荣辱与沉浮，同时不忘打捞民国时期那一代乡村建设者的努力与挫折，即我说的打通三十年、六十年与一百年。简单说，借着乡村这个题材，我试图以自己的方式解释二十世纪的中国历史，探寻历史何以至此。二是地理上打通。我出生在乡村，后来进了城，又出国留学，跑了些地方，我不想在写作中辜负这种阔远。这也决定了本书写作是以我老家农村为原点，扩散到周围村庄、一个县、一个省乃至全国，包括我所亲历的城市文明、我所了解的国外乡村生活。三是理性与感性打通。我实在无法用行话来写作，正如我过去无法用新华体去写新闻。现在同样做不了那种只讲枯涩道理而淹没自己个性，甚至隐藏写作情感的学问。我只能一如既往，坚持我所坚持，一方面在材料与逻辑上做足工夫；另一方面也要让读者看到我的写作不只是一种理性的思考，还是一种关乎心灵的生活。

几年间不断回到乡村，也是我不断思考与修正观点的过程。十年前我认为我的村庄很快就要消失，不过后来我慢慢改变了主意。正如我提到的法国人在大规模城市化过程中重拾乡村主义一样，我同样相信会有越来越多的人回到乡下去，我也会尽可能多地回到乡下去住。我看到乡村沦陷，也看到乡村在生长。

（五）

> 我的家乡在历史上堪称毫不起眼；她从没出过有名的物理学家、溜冰选手或总统；此地人多半是人性社会中极不显眼的金子；伐木工人、农夫、渔夫、长工、小工匠与制作扫帚的人……不善狡诈，拙于温柔，此外还有一份感动人心的耐性。

就在本书即将完成的时候，我终于抽空读完德国作家齐格飞·蓝茨的《我的小村如此多情》，并时常为里面的嗜书魔击退敌人的故事、乡间愉快的葬礼慨叹不已。大概六十多年前，蓝茨在书中虚构了一个叫苏莱肯的村庄，并且为它杜撰了二十个意味深长的故事。据说，蓝茨是为了让新婚妻子认识他的故乡，爱上他的亲友，才写的这本书。里面有对人性宽厚而幽默的嘲讽，有对自然与传统价值的脉脉温情，以及对工业社会的审慎质疑。如蓝茨所述，重要的是通过这些故事他完成了对乡土含蓄的爱意表达。

书是几年前在香港买的，之所以直到最近才开始读它，是因为我过于享受这个书名，以至于我都不忍心去翻开。和苏莱肯不同的是，小堡村却是真实的。我能在GOOGLE地图上精确地标出它的经度和纬度。它至今依旧贫穷落后，没有水泥路，没有公共路灯，每次回去都让我有一种深彻骨髓的痛感。偶尔，我也会问自己为什么经常回来。当然我自己更清楚的是，我愿意花几年时间来写这本书，既是因为我有着诠释时代的热忱，也有着敝帚自珍的心结。我的村庄是一个能够让我褪去浮华、回归安宁的所在。我常和朋友们谈起，夏夜，每当我躺在故乡的屋顶上，看满天繁星，我的生命仿佛立即回到原点，人生的一切苦楚都烟消云散了。

有件事我一直难以释怀。八十年代读中学的时候，我曾经迷恋写诗，并在学校创办了文学社。有一天我去上学，正好与村里的一位伯伯同路。一路上我们不经意地聊着。当这位伯伯问我将来有何打算时，我毫不犹豫地回答“给你们写诗啊”。我天真地以为这位伯伯会夸我关心农民命运、有理想，然而得到的却是一声叹息——“写诗有什么用？我们又看不懂。”

那是我年少时刻骨铭心的一幕。我知道，那位农民伯伯同样是看不懂这本《一个村庄里的中国》的。可我能给他们带来什么呢？我已经将我的生命交付给我的文字。这方面我真的是有负父老乡亲了。如果我做官或者经商，对于他们的命运会有货真价实、立竿见影的改变。至少我不必像过去这一年那样，为了修好村口几里长的乡间公路，还要一次次东奔西走，找有关部门喝酒求情。而作为一个时代的观察者与书写者，我所能希望的是有更多的人能够关心农民，关心每个具体的人的命运，了解这片土地，以谋求一个村庄乃至一个国家的改变。

“暮春三月，江南草长，杂花生树，群莺乱飞”，这让我爱到绝望的十六个字，仿佛浓缩了我在江南乡下的所有美好记忆，甚至包括一些并不存在的记忆。漫山遍野的栀子花、映山红，翩翩飞舞的蝴蝶与蜻蜓，各种不知名的树丛与野果……少不更事，总想着去外面的世界闯荡，那时候不知道自己内心埋下了怎样一粒乡愁的种子。时至今日，当这粒乡愁的种子已经长成大树，我更能体会为什么乡愁是所有痛苦中最为高尚的痛苦，是可以恩泽灵魂的无私之欲。

带一本书回家乡，也算是了却平生一个心愿。愿我的故乡和所有人的故乡永远阳光明媚，空气清新，万物生长；也愿我几年来的这点思考与写作，能够为读者呈现更多真实的大历史与小历史，打开一段温暖和百感交集的旅程。

熊培云

2011年8月20日

第一章　万物生长

天无私覆也，地无私载也，日月无私烛也，
四时无私行也。行其德而万物得遂长焉。
——《吕氏春秋》

须知参差多态，乃是幸福的本源。
——罗素《幸福之路》

1.谁人故乡不沦陷?

“我刚刚离开我的摇篮，世界已经面目全非。”

大约在两百多年前，当夏多布里昂回到湿漉漉的布列塔尼故乡时，曾经这样感慨。因为在那里，作家再也寻找不到“儿时的圣马洛了”，小时候曾在船舶的缆索间玩耍，现在港内看不到船；而自己出生时的公馆也已经变成了旅店。故乡，游子梦里的天堂，和作家远去的岁月一起，一去不返。

作为一个异乡人，我曾经在一个雨水涟涟的季节穿行大西洋边的圣马洛。那几天圣马洛正在举行一场帆船比赛，满街都是敲锣打鼓的人。到了晚上，更是热闹非凡。

孤身一人，远在异国，虽然当时我还没有认真读过夏多布里昂的许多作品，但对他笔下 “望不见故乡，望不见童年”的伤感却一点也不陌生。无论是在那次旅行之前，还是之后，我都体会到了那种因失去故土家园而独有的刻骨铭心的疼痛。

和夏多布里昂不同的是，在我的疼痛里不仅有失去故土的惆怅，更有失去故土的羞耻。一切是那么猝不及防地发生了，而且是在一个风平浪静的年代里，这里没有硝烟蔽日的战争，没有饿断人肠的饥荒，更没有手握刺刀一进村子就牵猪抢鸡的日本兵。

故乡的方尖碑

我在江南乡下生长了17年，和我的农民父亲一样，曾经向往城市没有泥水的生活。然而当我终于提着笔杆子进城，发现这里不过住着一群有房屋没家园的可怜虫。只有乡村，才是游子栖息灵魂与双足的地方。疲惫的时候，我不必像城里人一样去桑拿房或歌舞厅，我只要买张还乡的车票便可以了。回到村子里，就像回到电影《海上钢琴师》里的那艘轮船之上。望着童年的老房子，无论在外面的世界有多少挫折困苦，即使失去一切，都有信心从头再来。又因为，我原本一无所有，或者我并不需要那么多。不幸的是，2000年以后，当老家的房屋被移民建镇的风潮彻底淹没时，我栖居乡村的信心与骄傲已荡然无存。曾经生养我的村庄如今变成一片废墟，我从此成了一个在心灵上既没有城市又失去了村庄的流浪汉。（《寻访罗曼·罗兰》）

在法国克莱蒙西寻访罗曼·罗兰时，我同样暗自感叹。

在我的精神世界里，此后几年间在老家发生的一件事比拆房子还要严重，那就是村子里的一些古树被远道而来的树贩子连根盘走。坦率说，尽管我也时常遭遇人生的挫折，但很少失去内心的安宁。然而，当我通过一个偶然的机会知道老家的古树早在几年前便被人强买一空，其时内心不可不谓翻江倒海，无以诉说。

我曾经看过一部名为《柠檬树》（*Lemon Tree*）的以色列电影：巴勒斯坦女果园主萨玛，为了保卫自己的果树，毫不犹豫地将自己的新邻居、以色列国防部长告上法庭，因为以色列当局出于安全考虑要砍她的果树。尽管以色列当局表示将给予萨玛足额的补偿，但在她看来，这些柠檬树不仅有自己的记忆和生命，同时也是她与父亲甜蜜生活的见证者与给予者，而这一切是任何钱财都无法补偿的。

每个人的生命里都会有一些难以割舍的人与事。对于我来说，最能牵动我的故乡之物，便是村边晒场上的那棵老树。它有几十米高，不仅在我孩提时代给了我昂扬挺拔的斗志，同样见证了这个村庄的几百年历史；而当我有朝一日离开故土、远足他乡，它又是那样温情满满，成为游子望乡之时的归所。就像《乱世佳人》里陶乐庄园里的大树，总会让离乱中的孩子挂念，梦萦魂牵。

没有树，土地会失去灵魂。在我眼里，晒场边上这棵高大挺拔的古树之于这个村庄的价值，无异于方尖碑之于协和广场，埃菲尔铁塔之于巴黎，即使是出于审美或者某种心理层面的需要，它也应该永远留存。记忆中，这棵大树同时支撑起了这个村庄的公共空间。尤其是在耕作季节，劳累的人们多会在这里休息、闲聊，而那些伸出地面的巨大树根也为大家提供了天然的长条板凳。据村里的老人们说，早在几代以前，曾经有人想卖掉这棵树，一位有公益心的老人便自己掏了钱将这棵树买了下来，目的就是为了让子孙后代忙完农活时有个好地方乘凉。

就是这样一棵古树，被树贩子里应外合，名义上以“2000元”（最初是1000元）的价格在光天化日之下连根刨出，然后运走。回想上世纪八十年代，我曾经在这棵大树旁，边收割水稻，边听崔健的《一无所有》，与父母在田间地头忙着“双抢”。而现在，虽然表面上我在城市里过得意气风发，掸去了泥土，却在不知不觉中失去了心底的家园。

“每个人的家乡都在沦陷”。最近几年，越来越多离开乡村的游子写下了“故乡沦陷”的文字。他们站在中国与世界的不同地方发问——为什么我们曾经“热爱的故乡”，变成了一个自己不愿回去或回不去的地方？

两种“得罪人”

2008年，我先后回了三次老家。第一次是在春天，年少时的一位好朋友开着车将我送回小堡村。然而，在村里我只待了十几分钟，因为这十几分钟已足够我去看那个大坑了。

好在我终于克服了内心的倦怠与艰难。这年夏天，为了给这个村庄做一些见证与记录，我重新回到了乡下，并且在此居住了不短的一段时间，走访了些村民，发现他们也许更需要安慰。在这里，没有谁不为卖树之事唉声叹气，没有谁不为曾经与自己朝夕相伴的大树被人谋夺而“心中辣痛”。这年年底，当我又一次回到村里时，人们还在谈论发生在几年前的这桩令人羞耻的事情。一位外出打工的中年男子，甚至和我谈起自己如何试图呵护余下的树根，只希望它有朝一日能发新枝。而当年花钱救下这棵大树的，正是他的爷爷。

其实谁都知道，那些曾经见证了几代人生命的树，自从被挖走后就再也不会回来了。如果在当时，村里奋力配合卖树的人知道此举会招来千夫所指，并且成为其一生的污点；如果村民们能够预想到古树被挖走后自己的内心将从此失去安宁，长痛痛于短痛，相信许多人会重新选择自己当时的态度。而在当时，村长就像“中了邪”，村民都像马铃薯一样散落一地，无依无靠、无人组织，三三两两的抗议，也都方生方死，寂寞如烟花。到最后，可怜这一村老少，只能眼巴巴地看着这棵大树被人削枝去桠，像个巨型弹弓一样装进长车，“运到江浙一带去”。由于车身过长，临出村时还撞坏了一户村民的屋角。而此前刚铺好的一段石子路，似乎也只是为了方便外贼前来偷运东西。

从此往后，当面的质询也都变成了经年累月背后的耳语——村长何来如此动力与坚决，敢冒天下之大不韪，不顾村民或明或暗的反对，以六七百元或一两千元的价格贱卖当地的一棵棵古树？

北京一位在环保组织工作的朋友和我说，她有个亲戚在做这种缺德的生意。这种古树被卖到城里，好的能值一二十万元。当然，村民的反对也并不齐心，在我问及此事时，许多人都说自己当时之所以没有挺身而出，是因为“不愿得罪人”，全然忘了村长无视村民意见与权利，得罪诸位在先。

关于是否“得罪人”这个问题，2009年春节我和一位村民有过交谈，他的逻辑很值得回味：“如果我反对村长卖树，那我就是和村长结了私仇，因为我的反对是针对村长个人的；而村长卖树不会和我结私仇，因为他得罪的是大家，而不是针对我个人。”在他看来，同样是“得罪人”，境界还不一样。但我又不得不承认，这个荒谬的逻辑解释了中国的许多问题。中国人不是公私不分，而是分得太精明了。

这些古树当时之所以能被强行买走，主要有以下几个原因：

一是随着城市向农村的开放，村里的大多数青壮年农民常年都在外打工，对村里涉及公共利益的事务疏于过问和了解。

二是有恃无恐、内外勾结。据称在卖树之时，先是树贩子“绕村三日”，踏破反对人家的门槛，而后当地若干干部与混混又纷纷到场，名义上是来劝说村民卖树，实为施压，让村民“多一事不如少一事”。据村里主张卖树的人说，自己当时也是给上级做了个顺水人情。

三是村庄小，本不足20户人家，容易分化瓦解，任何反对卖树的声音都会显得很尖锐、很“得罪人”。

除此之外，同姓、杂姓混居也是一个原因。尤其是在近几十年，村里本姓与浊姓家庭各占一半，虽然平时赌起钱来其乐融融，但具体到“卖祖业”这件事上，浊姓人家基本上没有“话事权”。而且，面对这种“得罪人”的事，他们也“乐得不说话”。

高贵的糟粕

树贩子当时看中了三个地方的古树：一是我在上面提到的居于晒

场边上的大树，树底是村民集体乘凉与议事的好去处；二是村中旧祠堂后的树；三是村后坟山上的树。最后，尽管遭遇抵抗，前两处的树还是被连根卖掉。当村民们以“前人栽树，后人乘凉”反对卖树时，立即遭到训斥：“现在每家都有电扇了，如何还需要大树乘凉？”

祖坟边上的几棵古树被保留了下来。它们没被卖掉，是因为有留守村中的壮士愿以祖宗之名誓死捍卫。

几处古树的不同命运多少有点耐人寻味。财产集体所有与同宗同族都不足以阻挡权力与资本的合谋，倒是那几座孤零零的、私有的祖坟，那些曾经被视为封建糟粕的思想与观念，为这个村庄守住了一点底线，留得了一点尊严。的确，在今日中国，许多农民仍保留了一点朴素的信念，把关系到家族命运的祖坟看得和生命一样重要。另一方面，也是因为这些祖坟像私有财产一样，直接对应到每户人家的具体权利，对应了具体的“责任人”，如果谁不去捍卫自己的祖坟，任人挖掘，不仅自己觉得在权利上吃亏，受了没顶的侮辱，同时也会被周围的人笑话，在乡间从此抬不起头。

如上所述，我曾经因为自己在乡间自由无拘的生长而骄傲于世，无论漂泊到怎样的天涯水涯、异国他乡，终有一方灯火可以眺望，一片土地可以还乡。然而，因为这些古树的逝去，我不得不承认自己时常无限伤感。2008年夏天乡居期前，我重上庐山，在白鹿洞书院看到一副对联：“傍百年树，读万卷书。”可叹的是，和许多珍爱家园的朋友一样，我们能读破万卷书，却无力护住这百年树。

贩奴船

每个村庄都是一座圆明园，里面都有奇珍异宝，都值得保留。然而，类似人文与生态悲剧并非只发生在我所在的村庄。近些年来，这种摧毁他人故乡的罪恶早在江西省乃至全国各地蔓延。2007年7月新华社编发的一篇报道，简要地描述了发生在江西的移栽古树案，追问什么样的古树被盗，那些古树名木被卖到了哪里？农村盗卖古树名木成风的背后，有着怎样的利益链？城市绿化巨大需求为何引发“大树进城”热？据警方透露，树贩子在一些乡镇偷盗或非法收购香樟树，以每棵1000元至2000元不等的价格买下，贩运到浙江、上海等地牟取暴利。一些古树常常在一夜之间被连根拔起，不翼而飞。有些犯罪嫌疑人甚至开着大卡车和挖掘机公然进村挖树……

人挪活，树挪死。曾经有记者采访非法倒卖大树、古树的树贩子，据称大树的死亡率很高，他们有时候买进十棵树甚至要死六七棵。如此高的死亡率，让我不禁想起了当年连接非洲大陆的贩奴船。事实上，即使侥幸活下来的树，也只留下一个光秃秃的树干，成了“断头树”或“骨架树”，早已没有了当年枝繁叶茂的万千气象。

与此相关的时代背景是，在中国城市建设和改造过程中，近年来各大中小城市在绿化上都加大了政府投入，努力创建一个所谓生态良好的人居环境。尤其是一些大城市在建设“森林型生态城市”的口号下，热衷于“大树进城”，将那些在深山老林里生长了几十年甚至数百年的大树搬进城里。而一些房地产“大盘”，也以百年古树为“卖点”，标榜自己所建为生态小区之典范。据林业专家透露，不少进城的大树成活率很低，为了使移植进城的大树成活，需要为其“吊水”、“打针”，甚至盖起“空调房”，24小时不间断地喷水保持水分。即使是这样，还是有70%的大树最后变成了干柴。

生活在城里的人为什么要买走乡村的古树，要去破坏当地的文化与生态？是金钱万能吗？在我了解到上述幕幕情景，以及深藏背后的弱肉强食与不择手段之后，如今每当我在城里看到哪个地方突然多了一棵古树，我首先想到的便是——这是谁的故乡被拐卖到了这个角落？而我的故乡又被那些唯利是图的家伙拐卖到了何方？在贩奴船里，它是生是死？许多善良的城里人在一棵棵移栽的古树上看到了风景；而我，只看到了偷窃、抢劫以及杀戮与残酷。

“谁能不顾自己的家园，抛开记忆中的童年，谁能忍心看那昨日的忧愁，带走我们的笑容……”我时常怀想八十年代，怀想那个理性与心灵的花朵并蒂绽放的时代，以及那个时代里有爱也有家园的歌谣。没有谁愿意抛舍自己童年时的田园与记忆，没有谁愿意故作忧伤。尽管我所谈论的村庄原来也几乎一无所有，尽管它现在也在生长希望，然而，当我看到近年来故乡沦陷的种种，并且为此伤感时，我总是同样忍不住去想——笼罩在普通中国人身上的最真实的黑暗与无奈，不是遥远非洲的某场屠杀，不是地中海东岸的冤冤相报，甚至也不是外国势力对本土势力的觊觎，而是这片土地上的势如破竹的弱肉强食，沦陷了一座座城市，淹没了一个个村庄。

抵制大树进城

2011年3月，许多人又在抗议南京砍树的问题，它让我再次听到“南京！南京！”一般的悲鸣。持续几年的砍伐，对于多灾多难的南京城来说，无疑是又一场灾难——不只是生态灾难，也是人文灾难。民国时期种下的数以千计的法国梧桐，只因为某位官员的一两句话，便被削足斩首，痛何如哉！痛何如哉！

将心比心，我是尤其能够深切体味南京市民失去大片梧桐树的悲痛的。我也非常喜欢法国梧桐，从中学校园到塞纳河畔，再回到现在居住的小区，我庆幸自己的生活一直有这些大树相伴。最美的是夏秋两季。烈日炎炎的时候，宽大的梧桐树叶为你遮出一片阴凉；待天渐凉，秋意已深，满地枯叶又让你在大自然的四季更替中感悟生命轮回，于凄凉中还能体味一丝温暖。而如果有人突然将这些树集体谋杀，甚至尸骨无存，你关于树的生命与生活，就在这停止了。

让我深感不幸与不安的是，在相关新闻报道中，我读到有人建议通过“大树进城”的方式补救砍树给南京城带来的破坏。一切真应了“铡刀落在自己脖子上最重，落到别人脖子上最轻”这句话。为什么要如此剜肉补疮？也许，只有那些有着同理心的人，才能真正体会他人的痛苦。如果有人一棵棵买走南京城里的大树，相信南京人也会心痛。

要建设，不要暴力；要美化，不要用暴力来美化。在随后的专栏文章中我呼吁受够了“建设暴力”的人们，抵制南京砍树的人们，也请一起抵制“大树进城”。成片大树被砍伐，让南京市民感受到家园沦陷的悲伤，如果由此再兴起一拨“大树进城”的浪潮，又将在弱肉强食中毁坏多少人的故乡？当越来越多的故乡成为游子回不去的地方，自私自利的人啊，你以为自己是在移栽古木与森林，实际上是在将他人的故乡下葬。

2.墓畔回忆录

喜欢阳光与海滩的法国人说："La vie est belle(生活是美好的)。"当才子佳人们为自己常做一些拿不出手的"坏梦"而懊恼不已时，我却只有庆幸的份儿。在大多时候，我做的都是一些美梦，以至于我在上大学时竟情不自禁，发出"一夜无梦，无异于小死一回"的感慨。

而我在这里所说的美梦，既不是什么异想天开的事业，也不是没有马赛克的春梦，而是无数次梦见自己在飞翔——以手为翅，或飞越大地山川，落于清风秋树，或引身而上，直问碧蓝天心。及至醒时，飞梦了无痕，虽觉惆怅无比，却也知道感恩，感恩这无以言说、无人体会的自由与超越之美。有一年，我甚至为此准备了一个绘图本，以记录自己不期而至的飞梦以及时有不同的"飞行原理"。

然而，生活并非只有美梦。自从知道老家的古树被人拐卖之后，我也做了一些不好的梦、伤感的梦。比如，就在上一篇专栏文章在《南方都市报》发表后的转天中午，我安静地躺在沙发上，伴随着《乱世佳人》的主题曲*My own true love*入睡，便做了这样一个噩梦：

我开车回到了乡下，载着几位村民到附近的一个村庄。在那里，我看到许多无根无顶的枯树正被装上一辆大卡车。突然，有一位村民对我说，那不是你家的枣树么？我听后一惊，便想去问个究竟，谁知怎么也追不上那辆车了。只见那车不顾一切冲向高地，很快就消失得无影无踪，而我一向轻灵的双脚也像是被什么东西缠住，举步维艰。待终于走上山坡，坡上有家锯木场，询问主人，主人亦自称不知车子已驶向何处……在梦里，我拼命地想找回那棵树。然而，一切无济于事，竟至哭醒。

假如我是一位电影导演，一定会拍这样一部电影，讲述一个像我这样的游子，在一个弱肉强食的年代里，徒劳无功地寻找一棵原本属于自己故乡与童年的树。而且我相信，拍摄这样一部电影，一定能在某种程度上反映这个时代真切的风貌，见证并且抚慰无数伤痛的心灵。

人有悲欢离合，月有阴晴圆缺，此事古难全。在漫长又如白驹过隙的人生之中，对于自己的生死，我们通常置之度外，并不畏惧。就像俏皮话里说的，我来到这世界上，并没想活着回去。维特根斯坦也说过，人是不会经历死的，因为凡是经历了死的都已经不是人了。我们虽不亲身经历死却见证了无数的生离死别，故土不再，亲人不再，往昔不再。我们畏惧的是，在自己活着的时候守不住那些美好的事物。而且，我们无一不面对这些，无一不在各自的有生之年，年复一年见证死，见证美的消亡，任凭她在可望不可及处褪尽容颜，谢了芳菲，或像金色流沙从指间流逝。就这样日复一日，一次次近乎绝望地体验什么是“人生因为有美，所以注定是悲剧”（王尔德）。

两棵树

细心的读者会留意到，在我上面叙述的梦里有两棵树的影子。一棵是前文提到的立于村南晒场上的被人拐卖的古树，它高大挺拔，气宇轩昂；另一棵则是我自家的枣树。两种意象揉合在一起，成就了一个有根有据的梦里故事。谓之“有根有据”，是因为它们或多或少与我年少时的生活经验与感受有关。

就像革命时期的电影《小兵张嘎》描述的那样，乡下男孩子们最喜欢且最擅长的户外运动就是爬树。我有一些朋友，谈到自己做的噩梦时总免不了有“从树上掉下来”的情节，而我却是不劳烦夜里做梦，便在大白天里直接从树上掉了下来。在我记忆中，两次最危险的事情都发生在夏天，一个采摘的季节：

一次是在摘桑葚时，不留神从一棵桑树上掉下，好在肚皮有阻力，身体弹性好，当时只掉到了一半，就被树枝挡住了；另一次则是站在自家高高的枣树枝上，就在我划船一般摇向树梢之末，去摘那些熟得发裂的红枣时，谁知这树枝不堪承受，放低身段反抗，将我甩到了邻家的瓦屋顶上，做了一回“屋顶上的骑兵”。

没有果树，何来伊甸园？在乡下，果树就是果树，它们与人为邻，应季开花，应季授粉，也被应季采摘。相较而言，这些树在城里的命运则大不相同。只要你稍加留心，就不难发现，在一些小区里或多或少也会有几棵果树，只是它们所结下的果实多半会烂在枝头，无人过问，无人采摘。甚至在冬风萧瑟、白雪皑皑的时候，你仍然会看到上面挂着许多腐烂了的果实。之所以如此，想来一是因为如今物质充裕，城里人已经彻底告别了从前的饥饿；二是因为城里人的生活充分商品化或者买卖化，人们习惯通过购买来满足自己的欲望，因此可以无视大自然触手可及的赠与，任凭窗外的果实“从夏留到秋，秋留到冬”，窸窸窣窣，自生自灭。采摘这一门古老的生活技艺，被他们忘得一干二净。

梭罗在《瓦尔登湖》中感慨：大多数人，即使是在这个比较自由的国土上的人们，也仅仅因为无知和错误，满载着虚构的忧虑，忙不完的粗活，却不能采集生命的美果。操劳过度，使他们的手指粗笨了，颤抖得又太厉害，不适于采摘了。

又或许是，在许多城里人眼中，再好的果树也只是风景树。就像中国一些大大小小的城市里，虽然也有万家灯火，但它对于绝大多数人来说那都只是一道风景。我也因此时常在想，以人与物为风景，失去了也不在意，不正是城市里陌生与疏离随处可见的缘由与写实？许多人，虽然做了几十年的老邻居，偶尔也会互相闻见隔壁的一点点响动，一点点悲喜，却永不相识。

祖母坟

可怜故乡这些桑树与枣树，在2000年前后因为村庄“移民建镇”被整体性搬迁，从此人气散尽，少了生机。当村民们将原来的宅基地还给了大自然，这些果树很快被野草与藤条吞噬，没两年便一一枯死了。对我而言，由于桑树离旧宅较远，谈不上有什么刻骨铭心的记忆，倒是自家门前的那棵枣树，曾经朝夕相伴，所以一直留存内心。大学毕业那年，我曾经发表过一篇纪念祖母的短文，也算是一篇简略的“墓畔回忆录”，着重叙述了祖母与枣树的故事，以及注定会影响我一生的十七岁那年的成长。

> 岁月悠悠，往事如昨，转眼间大学快毕业了。四年来，每当我在校园里低眉垂首，爱得忧郁、想得惆怅时，我总会想起我的祖母。无论我漂泊到哪里，只要想到她，我就不会寂寞无援，就不会在现实的羁绊间踌躇不前。
>
> ……
>
> 祖母是患了场急病死的，前一天祖母对父亲说肚子不舒服，父亲没大在意，抑或因为家境并不宽裕，心想人老了总会有些不适的。祖母淡淡地叹了口气，似乎也没放在心上。然而第二天，祖母的病情急转直下，当附近的乡村医生束手无策时，父亲已经慌了手脚。我这一生，永远不会忘记祖母临终时的情形，和半路上我可怜的父亲叫天无力的绝望与苦痛。当时父亲和姑姑用板车推着祖母沿着弯曲的山路正一步紧似一步地往医院赶……祖母终于来不及抢

救，死在了半路上。

……

我对自己严格到残酷的地步，我只许努力学习，不能有半点偷懒与欢娱。上完晚自习，我甚至会爬上教学楼的楼顶，在黑漆漆的夜幕里朝着生养我的村庄跪拜。为我死去的祖母默哀，并藉此鞭策自己负重前行，使受伤负罪的心有所慰安。

……

徐志摩说："所以不曾经历过精神或心灵的大变的人们，只是在生命的户外徘徊，也许偶尔猜想到几分墙内的动静，但总是浮的浅的，不切实的，甚至是完全隔膜的。"此时我才明白其中的深意。在人生或许空虚的幻梦中，祖母的死，毕竟是陡起的奇峰，开始激励我这彷徨者，使我渐渐感悟到一些幻里的真、虚里的实，并在这片痛苦而宁静的天空底下，穿越人生的浮华和肤浅，开始我真正生命的历程。（《祖母坟》）

"曾经以为我的家，是一张张的票根，撕开后展开旅程，投入另外一个陌生……"亲爱的读者，我不能说这寥寥几段文字能准确反映我在乡村寂寞而清贫的生活，但它扼要且真切地记载了我的一段心路历程。而且，在那个动荡的、高唱《驿动的心》的年代里，我内心所受的煎熬事实上远甚于此。感谢生活，这段痛苦的经历并没有擦去我内心的明亮与自由，而是让我切实地体悟了底层社会的艰辛，一代代勇往直前的奋进与担当，并由此视同时代的所有奋斗者若当年之我，心怀宽容与慈悲，理解他们的成就与挫折，以及所走过的弯路。

祖坟偎依着村庄

我的祖母被葬在这个村庄的几棵古树底下，这里算是村庄的“公墓”了。相较于那些地震波一样向外扩张的大而无当的城市而言，乡村世界的一个美好就在于“祖坟偎依着村庄”。站在自家屋顶上，你可以看到这里的一切生命，以及他们最终的归宿。事实上，这也是当年我时常在巴黎城内的几个墓地里徜徉流连，久久不愿离去之原因所在。巴黎不仅让我体验了镂刻千年时光的城市之美，也让我看到了“祖坟偎依着村庄”的乡村之美与人道之美。

若干年后，在我真如祖母所愿，有了一些出息时，我也曾经多次想过为祖母修一座坟、竖一块墓碑。然而，每要行动之时，总又少了些动力。这自然不是受制于我的懒惰与漫不经心，而是因为我年少时在乡村的一些所见所闻。

小时候在老家周围青石墓碑随处可见，只是它们多半不是立在坟地之中，而是被附近的村民就地取材，或被支在水塘里用来洗衣服、铺路或是被砌了猪栏。如此悲凉的光景，甚至不若武林豪杰墓之“无花无酒锄作田”。而这种身不由己，对未来的不安，在我读到杨继绳先生《墓碑——中国六十年代大饥荒纪实》一书时更是心有戚戚焉。

在《墓碑》序言中，作者深情地谈到自己的父亲，并且“在摆脱蒙骗和追求真实的努力中”，一步一步地弄清楚了“父亲死去的社会背景”。自上世纪八十年代以来，中国乡村兴起了“为先人修建墓碑的风气”，杨继绳也一直想给自己的父亲立一块墓碑，然而，每当想起家乡1958年以来的那些墓碑的命运，总也免不了打退堂鼓：“有的被拆来修建水利设施，有的在大炼钢铁中用来做土高炉的底座，有的则铺在路上任千人踩、万人踏。”所以，与其如此，不如在心里为先人立碑，“至少它不会遭人践踏，也不会被人拆除”。如果能被诉诸文字，当然更好，因为“即使我在这个世界消失了，这个文字表达的心声，将存留在世界各地的一些大图书馆中”。

原谅我在这里连篇累牍地谈论自己过去的一点心事。透过它，您也许已经支离破碎地了解到我，一个生长于乡村的平凡生命，如何因为年少之时的家庭变故，完成了自己鲜为人知的成年礼；如何因为要担起一户贫穷人家的生活重负，放下锄头与诗歌，从寂寞自在的乡村遁入城市；如何将这时代的贫困与不公的罪恶，简化为加诸一己之身的责罚。在接下来的章节里，我还将与诸位一起见证的是，近百余年、六十年、三十年来生活在这片土地上的中国乡民，各自通过怎样的方式一次次离开他们爱与恨交织的土地，留下如今一个个偶尔喧哗却常年空空荡荡的村庄。

3．为什么不是农民拥有土地?

“地就在那里摆着。你可以天天见到它。强盗不能把它抢走。窃贼不能把它偷走。人死了地还在。”近百年前，一位农民向社会学家费孝通这样感慨。

同样在赛珍珠的小说《大地》里，农民王龙和阿兰将土地视若生命。由于农产所得的银元没有其他安全的投资渠道，又怕遭人抢窃，王龙认为只有把钱变成地最值得、最安全。任何财产都会遭到抢劫，只有田产与大地同在，不管有哪方强盗来犯，都夺不走土地。王龙一家人逃荒归来后房子遭破坏，用具被偷光，只有荒芜的土地安然独存。他趁农时播下良种，当年就得到很好的收成。所谓“Good Earth”，就像女人的子宫一样，可以播种孕育。

自古以来，农民相信传给儿子的最好的东西就是地，地是活的家产，钱是会用光的，可是地却取之不尽。农民占有土地的动机也与这种安全感有直接关系。农民想不到的是，这强盗抢不走、窃贼偷不走的土地，在特定的年代却可以像变戏法一样变没了。

奈伯斯的葡萄园

普天之下，莫非王土。早在百年前，曾经在中国生活过半个世纪的英国传教士麦高温（J. Macgowan）有这样一段感叹：

> 纵观中国历史，自古以来，“普天之下，莫非王土”这一观念已经达成一种共识。那耸入云霄的群山、果实累累的山谷、未被开垦的荒野及富饶的平原，莫不归属于皇帝。因此，无论什么时候，如果国家需要任何财富用于公益事业，它只需简单地向现有的财富占有人提出征用要求，并向其支付财富实际价值一半的价钱就可以了。其实，这样一笔费用只能算是对财富所有者的一种感情上的慰藉，而不是对他作为真正的财富所有者的承认。如果阿拉伯国王是一个中国皇帝的话，他就可以不费吹灰之力地把令人垂涎的奈伯斯葡萄园(Naboth vine yard)据为己有。他只要派几个臣子去将葡萄园征用就可以了，而奈伯斯也会马上屈从于他的命令，并在情感允许的情况下体面地隐退，将自己的财富予以奉送。（麦高温，《中国人生活的明与暗》）

相较“波茨坦磨坊主”与重庆的“史上最牛钉子户”而言，这里的奈伯斯算是上了《圣经》的“钉子户”了。

据《旧约 · 列王纪上》记载，耶斯列城住着一位叫奈伯斯的平民，他的葡萄园靠近以色列国王亚哈的宫殿。有一天，这位国王对奈伯斯说：“把你的葡萄园给我做菜园吧，因为它靠近我的宫殿。我可以把更好的葡萄园换给你；如果你要银子，我可以折价补给你。”尽管国王彬彬有礼，开出的条件也不薄，不过奈伯斯却以“万不敢将我先人留下的产业给你”一口回绝了他。扫兴的亚哈只得回到宫里，茶饭不思。一位久经沙场、杀人如麻的铁血国王竟然败倒在一位平民的葡萄园外，怎不令人懊恼？

就在国王亚哈一筹莫展时，王后耶洗别为她的夫君宽心：现在以色列全国都归你治理，你只管起来心情畅快地去吃饭，我一定能让你得到他的葡萄园。随后，王后就以亚哈的名义给耶斯列城里的长老贵胄写了封信，要求他们构陷奈伯斯并置他于死地。这些没骨头的长老贵胄果然依计而行，最后以谤渎神和王的罪名将奈伯斯拖到城外一个水池边用石头打死，流在地上的血被一些闻腥赶来的野狗舔净。就这样，在王后的帮助下国王得到了奈伯斯的葡萄园。

既然是圣经故事，接下来该上帝出场了。由于国王夫妇杀了人又得了平民的产业，上帝将不幸的预言带给了亚哈和耶洗别——“狗在何处舔奈伯斯的血，也必在何处舔你的血！”“狗在耶斯列的外郭，必吃耶洗别的肉。”这一切最终无不应验。

几年后再次与亚兰人征战时，亚哈受重伤大败而逃，最后死在战车上。部下将他埋葬后把战车拉到当年打死奈伯斯的水池边，准备洗尽车上的污血，这时一群野狗赶来争舔车上血污。亚哈死后，其子亚哈谢继承王位，然而一些年后亚哈谢手下的一名将军起来造反，夺了王位，将亚哈谢杀死，并赶到耶斯列城把当年设计杀害奈伯斯的王后从窗子扔下被马踏而死，结果她的尸体被野狗吞吃……

伴随着物权意识的觉醒，今日中国人更愿意从物权而非报应或者神力的角度来理解这段故事。然而，即使是这样荒蛮的岁月，我们还是看到了以色列国王当年的闷闷不乐。亚哈作为以色列历史上最邪恶的王之一，就在此前曾率兵与亚兰人恶战一场，杀死了十几万亚兰士兵，大胜回朝。不过，在内政上亚哈显然还没有像中国皇帝那样，做一位理直气壮的“抄家型选手”，其治下的臣民也没有像陈丹青所说的那样做成了“望不到边的奴才”——至少像奈伯斯这样的平民知道向国王说不。

如前文所述，在中国能够对权力与资本单方面或联袂入侵稍作抵挡者，与宗族文化相关的祖坟算是一个。小堡村村民之所以保护住了村边的几棵古树，便是仰仗了树荫底下的一片祖坟。当然这只是一种盲目乐观。回顾中国历史，在权力压倒一切的时候，这些“死人之家”（祖坟）和活人之家（屋舍）一样，虽然能抵挡岁月流逝、风雨相袭，但只要“国王的卫兵”一到场，便立即土崩瓦解、溃不成军。

麦高温继续谈到当年中国民众对政府是何等畏惧：有位祖上颇为风光的中国学者，为抗议工程队在他家祖坟边装电线杆子，于是跳进刚挖的坑里，表示誓死保卫自己的祖坟与家族的荣耀。就在双方僵持不下的时候，一位中国官员过来只说了几句话便一切over了。他走到坑边，指着那一长排幽灵般竖立在平原上的、一眼望不到边的电线杆对坑中人说：“像你这样一个具有学识和能力的人竟然做出如此孩子般的行为，我感到惊讶。你应该十分清楚，这个王国的每一寸土地都属于皇上；你现在拥有的一切荣誉都是皇上赐予的。这条线是根据皇上的旨意而修建的。难道你敢违抗圣旨吗?你应该知道，他有权下令逮捕你和你的妻儿，并把你们碎尸万段，而没有人会怀疑他拥有这样的权力。”

短而有力的话让这位中国学者如梦方醒，他立即站起身，向那位官员深鞠一躬，为后者三言两语救了自己的命而感激不已。随后，满身尘土的他默默走开了，留下的工人们则继续干他们的活。此时讨论这位中国学者如何不顾国家建设或过于自私，显然是无的放矢，没有抓到重点。

相较这位不知名中国学者面对王权时的哑口无言，一百年后的今天，这个国家已经有越来越多的知识分子开始参与到政治与社会的改造和建设中来，并且不时发出关乎历史与现实的追问：获得土地是中国农民千百年来的梦想，几十年前的土改使广大农民分得了土地，集体化却变戏法似的剥夺了他们的土地私有权，然而为什么没有遭到农民大规模的强烈反抗？为什么农民没有权利离开脚下的土地？而这一切，在当时又是怎样发生的?

政争年代的土地革命

对于普通农民而言，土地是基本的生产资料，是生活的寄托之所。而在改朝换代的年代里，土地更是政治动员的重要筹码。中国历朝历代的农民起义，莫不与打破既有土地分配格局有关。而发生在二十世纪的中国革命，平均地权既是革命者的最初梦想，也是动员农民拥护并参与革命的集结号。

1921年中共建立之后，一直以工农同盟为其革命主力。1927年，在国共合作及共产党积极组织农民运动的前提下，国民党领导下的国民革命军能够攻克武汉、南京及上海等长江以南地区。国共分裂后，共产党开展了长达十年的“土地革命战争”，以“打土豪，分田地”获得了贫下中农的支持。直到抗日前夕，在抗日民族统一战线的政策下，宣布停止没收地主土地的政策，改采以“二五减租”的方式推动农村土地政策。

检讨蒋介石政权如何失去在大陆的统治，除了时代的因缘际会，一个重要的原因就是它没有高度重视孙中山所提出的“平均地权”，至少是没有及时推动土地改革。年轻的共产党能够在三十年代前后在赣南建立起红色苏维埃政权，同样在于他们将地主的土地分配给了农民。而国民政府，作为一个精英政府，虽然内部有些人士认识到，必须组织农会以巩固下层基础，尤其要实行“二五减租”，以争取农民支持，但是实际情形是，党内有的主张土改的青年激进分子被以“共产党”之罪名逮捕下狱。国民政府奠都南京后，1928年10月颁布《训政纲领》，成立五院，实施以党治国的所谓“训政时期”，党中央即制定土地法原则九项，交立法院于1930年制定《土地法》，同年6月30日由国民政府公布施行，此将成为国民政府实施平均地权政策之正式法令。直到1936年才公布《土地法施行法》，由于未施行土地测量与登记，土地法仍是一纸空文。一方面，自是因为国民党丧失了当年的革命精神；另一方面也因为牵涉到自己的利益。历史一次次证明，革别人的命不易，革自己的命更是难上加难。

抗日战争刚刚结束的时候，蒋介石在中国的声望可谓如日中天，然而其后发生的内战，毛泽东领导下的军队之所以很快扭转颓势、反败为胜，这一切不得不归功于共产党的战时土改政策。

毛泽东在《论联合政府》中写道，“抗日战争期间，中国共产党让了一大步，将‘耕者有其田’的政策改为减租减息的政策。这个让步是正确的，推动了国民党参加抗日，又使解放区的地主减少其对于我们发动农民抗日的阻力。这个政策，如果没有特殊阻碍，我们将在战后继续实行下去。首先在全国范围内实现减租减息，然后采取适当的办法，有步骤地达到‘耕者有其田’。”然而一年后，这个承诺因内战发生了变化。1946年5月时，内战即将爆发，迫于国民党的大举进攻，毛泽东开始采取激进的土改。据美国学者胡素珊分析，“共产党人从未正式宣布战争是他们改变土地政策的原因，但他们在1946年开始表达态度，只有土改才能动员农民拥护他们反对国民党。这一因果关系看起来十分清楚。”（胡素珊，《中国的内战——1945—1949年的政治斗争》）这就有了1946年5月4日的《关于清算、减租及土地问题的指示》(即著名的《五四指示》)，中共中央决定将抗战以来的减租减息政策，转变为实现“耕者有其田”的政策。随后，又在1947年10月10日颁布了《中国土地法大纲》，激进的土改政策由此展开。没收地主的土地及全部财产，征收富农多余的土地和财产，以“抽多补少，抽肥补瘦”的方式平均分配土地。一年之内，即完成了老解放区和东北新区的土改，使解放区近亿农民获得土地。由于它事实上已经成为革命的一部分，也因此酿成无数悲剧。

阶级仇恨与保卫革命成果成了动员底层民众的两大法宝。只要国民党军队来犯，它就自动站到了新分到土地的广大农民的对立面。对此，毛泽东的结论是，“三个月的经验证明：凡坚决和迅速地执行了中央五月四日的指示，深入和彻底地解决了土地问题的地方，农民即和我党我军站在一道反对蒋军的进攻。”而且，这场“流血土改”之所以反对地主自动献出田地，同样是因为经过公开的斗争可以起到动员的作用。

对此李炜光先生一针见血地指出：“国民党在中国大陆失败的根本原因并不是腐败之类的问题，而是它不明智的土地政策，由此它失去了农村，失去了农民的支持，也失去了战略主动权，一着被动，满盘皆输。”（李炜光，《李炜光说财税》）

值得一提的是，《五四指示》发布不久后，毛泽东曾经考虑以发行土地公债的方式征购地主的土地。不过，在实际操作过程中，除了陕甘宁边区，各根据地都没有采纳这种通过赎买进行的“和平土改”方式。而蒋介石退到台湾以后所进行的土改，正是这种方式。

几乎与此同时，国民政府也在着手土地改革。1946年4月，国民政府公布了《土地法修正条文》。转年元旦公布的《中华民国宪法》，也明文规定国民经济应以民生主义为基本原则，实施平均地权。所有土地，属于国民全体。人民依法取得土地所有权，应受法律之保障与限制。私有土地，应照价纳税，政府并得照价收买。相较于这种和缓的政策，解放区激进的立竿见影的土改政策显然更受民众欢迎。国民党内的一些派系也意识到问题的严重性，认为：“中国的土地问题，比以往任何时代都严重，它已使我们的国家和民族走到一个前进或落后，兴隆或颓败的关头上；如果我们不能解决它，它会解决我们！”（萧铮，《土地改革五十年：萧铮回忆录》）关于这点，后文仍会继续提到。

不过历史没有给国民政府太多时间。革命的暴力以其摧枯拉朽的效力走在了以立法手段争取不流血的和平土改的前面。而国民政府未能实现的和平土改，也即是后来台湾土改的前奏。只是败退台湾的国民党政府，为重新开天辟地，也为争取台湾更多民众的支持，须臾未敢拖延。

昙花一现

在《重新发现社会》一书中我着重谈到，改革开放以后的中国发展，暗合了一个重新发现社会的过程，即社会从国家体制中不断走出，复归其自由、自我、自发生长的本性。中国之所以在经济与社会等方面取得今天的成就，即在于此。较之此前，一直回溯到上世纪五十年代，则是一段国家吞并社会的历史。其时所谓的社会主义，亦可谓“有主义，无社会”。而这一切正是中国农民的土地权与迁徙权这两项重要权利得而复失的时代背景。

自古以来，拥有属于自己的土地是世世代代中国农民的梦想。1949年后，新成立的中国政府即在全国开展了一场轰轰烈烈的土地改革运动。其代价之大、情状之惨，已非今人所能想象。根据费正清等主编的《剑桥中华人民共和国史》（1949—1965），在这场暴烈的运动中，大批地主，大概有100万到200万被处以死刑，而且，发动起来的群众还经常对地主实施无节制的野蛮暴力，并由此导致一些“额外死亡事件”。

此一阶段，区别于苏联的是：苏联是通过土地国有化消灭了土地私有化，依照工业生产方式建立了集体农庄、实现农业集体化；而中国是将土地直接分给了无地或者少地的农民。也就是说，土地改革使土地成了农民的私有财产。然而，这一切竟又像是水月镜花。如野夫在《尘世·挽歌》中所写的一样：

> 土改终于结束。贫雇农尤其是无业游民拿到土地证和别人的浮财时，几乎相信他们真的翻身做了主人，他们一起载歌载舞地走进了新时代。但是乾坤甫定，从互助组到合作社再到人民公社的上市，刚拿到手上的土地和浮财转眼又被拿走，翻身农民最终是两手空空。迄今为止，我们还在为三农

问题疾呼，还在为争取农民的基本国民待遇而求告。

农民拥有地权很快被证明只是昙花一现。

从1953年开始，刚刚获得土地的农民迎来了农业合作化浪潮，几年之间又将尚未焐热沤肥的土地悉数交公。这一政策的推行主要分为三步：首先是初级农业生产合作社（简称“初级社”），土地仍归农民私人所有，但是集体统一耕作，按比例分红；然后是“高级社”，农地全部转归合作社集体所有，集体耕作，取消了土地报酬，按照劳动工分分配，农民失去了土改后获得的土地的所有权和耕牛、农具等最基本的农业生产资料，只保留了不超过总土地量5%的自留地；最后是在1958年进入人民公社的“一大二公”时期。

1956年6月，《高级农业合作社示范章程》规定：“入社的农民必须把私有的土地和耕畜、大型农具等主要生产资料转为合作社集体所有。”为了扩大合作化，国家在政策上予以倾斜。如在税收、农业贷款等方面，国家对合作社实行一系列优惠政策，单干农户因此必须承受比合作社社员更多的压力，渐渐处于一种被国家抛弃的状态。此外，一个决定性的影响就是1953年建立起来的统购统销政策完全切断了农民与自由市场之间的联系。一边是政策倾斜的利诱，一边是统购统销断了出路，再加上仍受着纯朴国家理想的驱使，越来越多的农民开始加入进来。据我在《江西粮食通讯》上读到的一份发言，到1956年2月，小堡村所在的九江市80.2%的农户都加入了农业合作社。当合作社最终享有对土地、耕畜等的所有权时，公有制便新屋落成了。就这样，土地“变戏法”式地重新回到国家之手，到1985年中国政府正式宣布人民公社制度解体时，土地最终也没有回到农民手里。

“高潮”与“绝种”

1949年3月召开的中共七届二中全会上，毛泽东曾经明确指出了新民主主义社会的五种经济形态和中国稳步由农业国转变为工业国的发展前景，包括社会主义性质的国营经济、半社会主义性质的合作社经济、私人资本主义、个体经济以及国家和私人合作的国家资本主义经济。到了1955年，毛泽东认为“在全国农村中，新的社会主义群众运动的高潮就要到来”，并严厉指责主张积极稳步发展合作社的副总理邓子恢为“小脚女人”，从而加快了农村社会主义改造的步伐。邓子恢极力主张的“四大自由”（土地买卖自由、雇工自由、借贷自由、贸易自由）和“确保私有财产包括农民的土地所有权”受到了毛泽东的激烈批判——“什么‘四大自由’，‘四小自由’都不能有。”

为了迅速推进农业合作化，在1955年9月，毛泽东还费心劳力亲自编了一本《中国农村的社会主义高潮》，一方面要为农业合作化指明方向，另一方面还要“使那些动不动喜欢‘砍掉’合作社的人们闭口无言”。

一个月后，作为会议材料，该书若干样本发放到了七届六中全会的与会人员手中。正是在这次会议上，毛泽东发表了“让资本主义绝种”的讲话：

> 我们现在有两个联盟：一个是同农民的联盟，一个是同民族资产阶级的联盟。……我们现在搞一个同资产阶级的联盟，暂时不没收资本主义企业，对它采取利用，限制，改造的方针，也就是为了搞到更多的工业品去满足农民的需要，以便改变农民对于粮食甚至一些别的工业原料的惜售行为。这是利用同资产阶级的联盟，来克服农民的惜售。同时，我们依靠同农民的联盟，取得粮食和工业原料去制资产阶级。资本家没有原料，国家有原料，他们要原料，就得把工业品拿出来卖给国家，就得搞国家资本主义。他们不干，我们就不给原料，横直卡死了。这就把资产阶级要搞自由市场，自由

取得原料，自由销售工业品这一条资本主义道路制住了，并且在政治上使资产阶级孤立起来……

土地改革，使我们在民主主义的基础上同农民结成了联盟，使农民得到了土地。农民得土地这件事，是属于资产阶级民主革命的性质，它只破坏封建所有制，不破坏资本主义所有制和个体所有制。这一次联盟使资产阶级第一次感到了孤立。一九五〇年，我在三中全会上说过，不要四面出击。那时，全国大片地方还没有实行土地改革，农民还没有完全到我们这边来，如果就向资产阶级开火，这是不行的。等到实行土地改革之后，农民完全到我们这边来了，我们就有可能和必要来一个“三反”“五反”。农业合作化使我们在无产阶级社会主义的基础上，而不是在资产阶级民主主义的基础上，巩固了同农民的联盟。这就会使资产阶级最后地孤立起来，便于最后地消灭资本主义。在这件事情上，我们是很没有良心哩！马克思主义是有那么凶哩，良心是不多哩，就是要使帝国主义绝种，封建主义绝种，资本主义绝种，小生产也绝种。在这方面，良心少一点好。我们有些同志太仁慈，不厉害，就是说，不那么马克思主义。使资产阶级，资本主义在六亿人口的中国绝种，这是一个很好的事，很有意义的好事。我们的目的就是要使资本主义绝种，要使它在地球上绝种，变成历史的东西。凡是历史上发生的东西，总是要消灭的。世界上的事物没有不是历史上发生的，既有生就有死。资本主义这个东西是历史上发生的，也是要死亡的，它有一个很好的地方去，就是“睡”到那个土里头去。（《毛泽东选集》第五卷，第五篇《农业合作化的一场辩论和当前的阶级斗争》）

正是在此大背景下，在“全面学习苏联”、“赶英超美”、“跑步进入共产主义”等口号指引下，个人财产甚至包括个人渐渐被国家化，成为国家机器上的一个零件。1956年8月，毛泽东发表了那个有关“球籍”的著名演说：“你有那么多人，你有那么一块大地方，资源那么丰富，又听说搞了社会主义，据说是有优越性，结果你搞了五六十年还不能超过美国，你像个什么样子呢？那就要从地球上开除你的球籍！”

“中华人民公社”

自从有了合作社，有了集体，过去农民与国家的二元关系也开始让位于国家、集体与农民个人之间的三角关系。一个挣工分的日子从此开始了——准确地说，由于没有议价权，是一个几亿人为国家打工的时代开始了。农民从此有了一个新的称呼——社员。从某种意义上说，这时的中国已经消灭了传统意义上的农民。在农业生产合作社改为人民公社后，工农成为一个阶级。在人民公社遍地开花、节节胜利时，康生甚至从马恩原理出发，建议毛泽东将“中华人民共和国”更名为“中华人民公社”。当然，这一提议并没有被采纳。试想，如果将“主席”这个称呼改为“社长”，其受到的阻力是显而易见的。“毛社长”本人也不会答应。

在国家化、公有化过程中，合作社实行了农业、供销、信用三社合一，又把乡人民代表大会和基层代表大会、乡民委员会和社管理委员会合而为一，实现了政社完全合一。并且，在农业生产大跃进的基础上，进一步发展了社办工业和文化教育事业，大办公共食堂、托儿所、幼儿园等公共福利事业（从这方面说，此时农民的待遇比现在许多无地、无业、无社会保障的“三无农民”似乎要好些，至少前者还有社会保障）。当然，福利的目的并非福利本身，而是为了让农民能在军事共产主义的条件下全情投入“一天等于二十年”的革命生产。农业生产同时也是一种意识形态活动，工作时农民在田间地头都竖起了毛主席语录牌，以争取“思想生产双跃进”。事实上，那时候不光炼钢要“大跃进”，粮食要“大跃进”，歌曲也要“大跃进”。有统计说，当时全国各地搞赛歌会，一年下来群众创作的歌曲有好几万首。

不怕倾家荡产

在设立合作社之初，的确有不少农民抱以很大热情，否则这一国家化、公有化过程不会在几年间如此顺利展开。合作社的好处十天十夜也说不完，最有代表性的是“七不怕”：一不怕两极分化受剥削；二不怕天灾和人祸；三不怕没钱花；四不怕鳏寡孤老没人管，死了没人埋；五不怕小孩没学上；六不怕劳力没活干；七不怕倾家荡产。

此处最具讽刺意味的是“第七不怕”。当时，因为人民公社实行“组织军事化，行动战斗化，生活纪律化”，整个社会变成了一座兵营。在普遍的“无私的贫困”之中，许多人其实都已经“倾家荡产”，成为穷得只剩下国家与领袖言行的政治随从。从逻辑上说，此时的国民，不是不怕倾家荡产，而是无家可倾、无产可荡。一些跑步进入共产主义的县乡，将集体所有制和个体所有制全部改成全民所有制。改变所有制后，一切财产归全民所有，不仅生产资料，大部分生活资料也归全民所有。为了破除私有观念向共产主义过渡，社员的私宅可以随时被拆除，以便住到定居点去；鸡、鸭、猪和树林也都归了公，砸了锅炼铁，家家户户不再冒烟，全去吃食堂。而“（共产主义的）食堂就是天堂”，许多农民真切地感受到了“翻身得解放”，第一次享受到了一生中最风光也绝无仅有的“公款吃喝”。到1959年年底全国农村已办公共食堂近400万个，约有4亿人在食堂吃饭，占人民公社总人数的72.6%。在河南这一比例达到了97.8%，而江西的比例则为61%。当赫鲁晓夫嘲讽中国人搞共产主义是喝大锅清水汤，而苏联是“土豆烧牛肉”时，反对者则认为“到了共产主义，热量也不能

太多”。（《中共党史专题讲义（开始全面建设社会主义时期）》）

上世纪九十年代，漫画家廖冰兄曾就“共产主义是天堂，人民公社是桥梁”的大跃进运动画过一幅题为“异想天开”的漫画。一群举着“人民公社是天梯”、“共产主义是天堂”、“人民公社好”等条幅的社员，兴高采烈，手舞足蹈，而在他们头顶上，几位袒胸露腹坐在云端的古人也打出了一个条幅，上面写着“原始共产主义天堂热烈欢迎20世纪50年代炎黄子孙登天”。漫画家嘲讽在那个全党全民头脑发热的年代，人们真诚地以为天天敲锣打鼓，就可以以最落后的生产力进入共产主义天堂，由于这是反科学的不实事求是的运动，得到的是反效果的“大跃退”，其结果只会退到了衣不蔽体、食难裹腹的原始共产主义。

生产力暴动

“在过去，想吃饭没饭吃，那是天灾；有饭吃你不吃，那是破坏生产工具。”在香港的一次演讲中，我这样感慨那个逝去年代以人为工具的荒谬。

谈到后来收获美名无限的包产到户，人们首先想到的是安徽凤阳县小岗村村民按下的血手印。其实，在三年自然灾害发生后，包括周恩来、邓小平、刘少奇、杨尚昆、陈云、邓子恢等中央高层都陆续提到了包产到户。只是，作为高层之高层的毛泽东对此十分不满，并将包产到户提到了“是要无产阶级专政还是资产阶级专政，是走社会主义道路还是走资本主义道路”的政治高度。

在那样一个国家高高在上的时代，人们对国家理想抱着最大善良愿望的时代，许多人毫无异议地顺从了国家制定的并不深思熟虑的政策，相关宣传也是一边倒地赞扬合作社的好处。如弗里曼等作者在《中国乡村，社会主义国家》中所说：在中国农村，新制度的合法化不是民主，而是农村汉子们狂热的爱国主义。相较过去，他们相信新国家是他们的，而毛泽东是他们的领路人。同样，在黄树民的《林村的故事——一九四九年后的中国农村变革》一书中，一位村党支部书记这样谈到农民加入高级社时的社会心理："村里有的人很不愿意把祖产交出来，在私底下抱怨政府用强制的手段要大家加入合作社。"但是，"农民都对毛主席和党深信不疑，他们大概都以为，这种种改变，都是为了政府宣传中所说的共产天堂的到来做准备吧！"

当然，零星或日常的反抗仍时有发生。比如一些农民砍伐树木、宰杀耕牛、退社、瞒产私分，等等。有的农民因政府明令禁止宰杀耕畜，就故意砸断驴腿，再要求杀驴。当年这些被毛泽东称为"生产力暴动"的日常的抵抗或者弱者的抵抗，留给后人的却是一种"财产的末日"的印象。

即使到了后来，木已成舟，无法退出合作社时，一些生产队以及社员也不忘继续这种日常的反抗。在江西，据赣南行政区11县43个农业社的调查，隐瞒和偷窃粮食在100斤以上的便有43起。理由很简单，怕国家多征收粮食，怕口粮不够吃。

有人甚至公开说："单干加自由市场，等于猪肉加香油，肥上加肥；合作社加统购统销，等于咸菜加稀饭，越吃越没味。"（《新华半月刊》，1957年第21号）至于"单干加自由市场"的好处，在几十年后的改革开放中，无论是农民，还是其他从国有体制中走出来的公民，多有深切体会。然而在当时，这一切都被当作走资本主义道路而被严厉批判。

历史有着惊人的相似。事实上，这种反抗在苏联搞集体化的时候同样大规模地出现过。由于采取了消灭富农的政策，苏联的农业集体化受到了富农的强烈抵抗，这些人带头宰杀牲畜，从1929年到1933年间，全苏联的马和羊减少了近三分之二，牛和猪减少了近一半。苏联富农抵抗农业集体化的后果是：几十万户富农的生产资料、贵重物品和不动产被没收，并被强行迁往遥远的西伯利亚或北极。他们中有不少人因为反抗而被枪毙，也有为数不少的人死在前往西伯利亚或北极的途中。只是，这些问题在当时并没有完全暴露出来，而各国共产党人从苏联宣传物中所知道的，仅仅是苏联农业集体化运动的成绩和经验。没有人能够惊曝内幕。为了学习苏联集体农村的经验，1952年，中国曾经派一支农民代表团考察苏联，这些从未出过国门的中国农民，看到苏联的康拜因（联合收割机）以及集体农场里一应俱全的公共设施，难免羡慕不已，近乎不约而同地相信："苏联的今天就是我们的明天，苏联的优点太多了，说也说不完。"

另一方面，五十年代的相关资料同样表明，这一"意识形态经济"在实施过程中沾染了不少强制色彩。今日中国拆迁运动如火如荼："哪个地方拆迁不死几个人的？"已为人所不齿，而当年山东曹县的入社口号就是"哪个运动还能不死人，看死的是什么人"。据曹县县委事后的统计，全县有80%的社是在直接、间接的威胁下办起来的。在山西广灵县，有一个村动员农民参加合作社，县里派来的干部在会上要求70%的农户入社，为此整整开了半夜会，谁报名放谁走。如此光景，难免让人想起袁世凯当年搞的总统选举，如果不投袁世凯的票，列位就只能守着票箱饿肚子，谁也不许回家。

我因为年纪小，没有机会参加"生产力暴动"，但是温柔的反叛还是有的。读小学二年级的时候，语文课本里有篇课文叫《颗粒归公》，讲的是"泥人张"创作了一件很有时代特色的泥塑：一位怒目圆睁的佤族少年，以董存瑞舍身炸碉堡的姿势将一篮子稻穗高高举起，以驱鹅护粮。那个年代，语文课首先是政治课。那难得一见的动漫效果，让我对年少时所受到的公有化教育有了深刻印象。虽然并不知道那个"颗粒归公"的时代已接近尾声，但是在此前后几年间，和绝大多数乡下孩子一样，我也是身体力行，对那个时代投过反对票的。比如在寂静的夏天，在社员们忙完收割、打完谷子之后，在暴风雨到来之前，我便时常和村里的孩子们一起，三五成群地跑进稻田，像工兵排雷一样捡拾大人们落下的谷穗。只是，那时候的我们，这些成长中的"劳力士"与"苦力士"，带着人类亘古有之的自私的本性，都忘记了公家的仓库，待到吃饭收工之时，便直接提着那小捆的稻穗回家喂鸡去了。

《论人民公社》

2010年12月的《炎黄春秋》介绍了上世纪五十年代末兰州大学《星火》杂志的作者们对农民的关注。在《粮食问题》、《农民、农奴和奴隶》、《论人民公社》等文章中，作为有知识的“农民的儿子”，他们认为“劳动人民，首先是农民的一般生活水平是提高了还是降低了，收入是增加了还是减少了，这是我们评论人民公社好坏的重要标准和尺度”。在他们看来，“当前农村的巨大变化之一，就是农民的贫困与破产，农村中出现了新兴的阶级——农村无产者。”他们要追问的，正是导致农村惊人的贫困、农民无产化的原因。

这些农民之子更要质疑的是国家体制和农民的关系，即农民在国家体制中的实际的而不是口头的地位。

而在此之前，即五十年代初，董时进表达了类似看法。一方面，他反对土改，认为中国没有欧洲的封建制，这在先秦就已经消失了。中国“富不过三代”的现象也表明中国没有大地主，而是孙中山所说的那样，中国最真实的情况不过是只有小贫和大贫之分而已。中国是“自由买卖，诸子平分，没有世袭”。与欧洲的长子继承制完全不同。而且，以他对革命与社会主义的路径分析，“耕者有其田”可能只是权宜之计，政府最终有可能将一切土地社会化，即收归国有，而国家（政府）变成独占全国土地的大地主。当全国的田地都归政府管理时，由政府组织集体农场时，农民都变成政府的雇工，成群结队地为政府耕种。收获物除一部分用来养活农人而外，其余全部都须缴给政府，供给城市人民、工厂工人、公教人员、军队等食用，以及运输出国。

为此，董时进打了一个比喻：

现在政府对贫农说："来，我分给你几亩地，一个犁头，一头耕牛，你去好好的耕种。"政府把田指给农人了，把牛和犁也交给他了，农人感谢了政府的恩惠。同时，政府对耕牛说（至少是在心里面那样说）："来，我分给你几亩田地，一个犁头，一个农人，你快去好好的耕种。"牛也会感谢政府的恩惠吗？当然人们知道牛是不会感谢政府的，因为分给牛几亩地、一把犁和一个农人，对于牛是没有什么好处的。那么，分给一个农人几亩地、一把犁和一头耕牛，对于农人又有什么好处呢？农人只是替政府耕种，自己并得不到好处，还不是和牛马一样吗？名义上说是把地分给农民，实际上和把地分给耕牛有何分别呢？

发现董时进

接下来有必要对董时进做一点补充。无论读者是否赞同董时进的观点，我不得不说的是，发现董时进是我写这本书的一个意外收获。至少，我看到一个我所期许的具有独立人格的知识分子，而这种品质是任何一个现代国家都不可或缺的。

谈到中国的"三农"问题，许多人首先能想到的多半是费孝通和他的《乡土中国》、《生育制度》和《江村经济》等作品。至于与费孝通同时代的董时进究竟是谁、有过怎样的主张，恐怕很少有人知晓。2008年我开始写有关董时进的文章时，曾经试着在谷歌（Google）上分别检索两人的名字，发现费孝通的结果是237000条，而董时进却只有1400条。

自上世纪五十年代以后，作为"中国'三农'问题第一人"的董时进渐渐湮没无闻。与此相关者首推特殊年代里中国教育与舆论之环境。几十年间既然他未能出现在教科书与主流媒体上，那么许多人包括像我这样的求知者与董时进的相逢便注定只能是偶遇——就像前文提到的，我也是在胡适的《独立评论》上偶然发现了他，并且很快断定适当了解一下董时进当年的见解以及其身折射的时代命运，将有助于加深我们对当下中国农民问题的理解。

董时进1900年出生于重庆垫江，1924年赴美留学，获康奈尔大学农业经济学博士学位，1925年回国。著作有《农业经济学》、《农民与国家》、《国防与农业》、《农村合作社》、《粮食与人口》、《农人日记》等。历任国立北平大学农学院教授、主任、院长，国立北京农业大学教授、主任，国立北京大学、燕京大学、交通大学、国立北平大学法学院等教授，国民党政府国防设计委员会委员、江西省农业院院长等。1945年10月任中国民主同盟中央委员。1947年创建中国农民党，任主席。两年后，由于反对土地改革，农民党被迫解散。1950年赴美定居，执教于加利福尼亚州州立大学，又任美国国务院农业顾问，其间著有小说《两户人家》。1984年在美辞世。

董时进的侄女董保静夫妇曾经写过一篇纪念文章，对董时进生平作了简要的概括：

> 综观其一生，与“农”字结下了不解之缘：他为农师，任农官，办农刊，立农会，建农党，创农场，著书立论，撰文论述，多是言必称“农”。1986年，政府给大新农场的补偿款2.6万元人民币，他早有遗嘱，捐赠给西南农学院作为奖学金。伯父真可谓一生务“农”了。（董保静、胡荣伦，《董时进伯父的性情和政见》）

在我所搜集到的材料中，印象最深的是董时进与胡适之争，在《重新发现社会》一书的序言中我还特别提到这场“笔战”。1933年4月3日，董时进在《大公报》上发表《就利用“无组织”和“非现代”来与日本一拼》一文，提出全民动员对日作战，面对中国国力与军力无法抗衡日本之事实，“到必要时，我们正不妨利用百姓的弱点，使军阀惯用的手段，去榨他们的钱，拉他们的夫。反正我们的百姓好对付，能吃苦，肯服从，就拉他们上前线去死，尽其所有拿去供军需，他们也不会出一句怨言。”对于这段话，胡适读后非常愤慨，并在4月16日出版的《独立评论》（第46号）发表《我的意见也不过如此》，对董文提出率直而严厉的批评：“老实说，我读了这种议论，真很生气。我要很诚恳的对董先生说：如果这才是救国，亡国又是什么？董先生的‘我们’究竟是谁？董先生是不是‘我们’的一个？‘他们’又是谁？董先生又是不是‘他们’的一个？这样无心肝的‘我们’牵着‘好对付，能吃苦，肯服从’的‘他们’‘上前线去死’，——如果这叫做‘作战’，我情愿亡国，决不愿学着这种壮语主张作战！”在这里，胡适秉持自己一贯的自由主义立场，决不可以以集体利益或长远目标之名让个体白白送死，决不可以为了某个崇高理想而不择手段。胡适说，“我极端敬仰那些曾为祖国冒死拼命作战的英雄，但我的良心不许我用我的笔锋来责备人人都得用他的血和肉去和那最惨酷残忍的现代武器拼命。”在胡适看来，那种不顾现在的长远打算显然是靠不住的。

对此，董时进随后在《我们最多只有两条路》（《独立评论》第48期）一文中有所辩解，“诚惶诚恐向他（胡适）老人家告罪”，并批评“胡先生是断章取义”。董时进称自己只是反对不战先降，即使打败也要给日本人一些创伤。“我说反正不御外便要起内战，何如一致为国牺牲。”“世界断没有本人不好好抵抗，而旁人会代出死力的。”“我的那番话，或者可以说是一些伤心话，或愤慨话，但绝非丧心话。”而且，编辑按语也说董是“一字一泪”。不过，虽然被胡适当头棒喝，董时进不但不恨胡适，“反而觉得他天真得烂漫可爱。要是看见那番话，（而没了解真意）还不生气，那真是没良心了。”

对于这段公案，我后来找到董时进在美国的儿子董保中老先生，他的观点是“我站在胡适一边”。

二是董时进反对毛泽东的土地改革政策。1950年前后，正当费孝通在复刊后的《观察》杂志上给知识分子做思想工作，强调“不改造就落后”（《观察》，1950年2月1日）的时候，董时进却在给毛泽东写公开信《董时进上毛主席书》，并且自费铅印，四处散发。即使不去通读该信全文，透过那些“供批判用”的文章，尚可以零星看到董时进当年有着怎样的主张。

1950年4月16日出版的《观察》里有一篇没有署名的批判文章——《关于董时进上书反对土地改革问题》。该文称，董时进君为反对土地改革，曾上毛主席一信，并又印了到处散发过。北京农业大学应廉耕、韩德章诸教授，曾在校内发动师生，举行过几次座谈会。其中一次是有中国农村经济研究会的几位老会员出席的。该文即系该次座谈的记录摘要。

> 董时进的文章，大家都见到了，所以现在不需要我来详细介绍。概括地说来就是反对土地改革。他的根据是认为：旧中国农村土地是“自由买卖”的，租佃关系是一种“自由契约”，所以它不是封建性质的土地制度，因此，就不应该进行土地改革。
>
> ……
>
> 当这个腐烂了的地主阶级，将被从他们封建宝座上拉下来的时候，自然要拼死挣扎的。董时进的上书，就是这种挣扎的呼声，里面有恐吓、有诡辩、有哀鸣、有欺骗，总之应有尽有，归结到底还是一个，请毛主席恩典恩典，不要进行土地改革。
>
> ……
>
> 过去在国民党统治下他（董时进）与我们争论时，始终是反对土地改革，主张地主土地私有权是神圣不可侵犯的，而在解放以后，却主张国家应向地主收买土地分配给农民。还说什么暂不要进行土地改革政策，等将来再一步走向社会主义。

从上面这些批判内容可以看出，董时进当时主要是从自由契约的角度反对当年的土地改革；董时进认为造成农村贫富悬殊的主要原因不是“地主剥削”，而是政治混乱、法纪不存，是依靠政权和军队的贪官污吏肆意掠夺农民，即所谓的“政治剥削”。而“主张国家应向地主收买土地分配给农民”，也表明董时进并不认同既有土地分配事实，并希望政府能以一种和平的、基于利益赎买的“经济土改”（如台湾随后进行的第一次土改）取代流血的“政治土改”。

在1949年12月间寄出的这封信里，董时进向毛泽东提出，“大战以后，开国之初，最急之务莫如安定秩序，医治疮痍，使人民休养生息，不宜再有摇动人心之举。”而不是让有地者惶惶不安的土改。更何况，基于此前共产党屡次声明保护私有财产，“若是无故夺去一部分无辜人民的财产给另一部分人，不惟不公道，而且与中共保护私有财产之声明不合”。在后来的书中，董时进谈到自己花了很长时间思考信中的内容，同时不无感叹地谈到这封信的石沉大海——“不记得是过一天或两天，报上就发表了他（毛泽东）已抵莫斯科的消息。他这一去差不多就是两个月，耽搁了两个月回来，政务丛集。哪里还有工夫来理会我那一封早成明日黄花的旧函。”

三是组建中国农民党。抗战胜利以后，中国出现了一个政党发展的高潮。在众多小党派中，作为农民利益代言人的中国农民党于1947年5月12日在上海成立，董时进当选为主席。关于建党宗旨，董在成立宣言中作了如下解释：“中国之所以闹到目前这样糟的局面，病根是因为农民不能做国家的主人，只做了别人的武器和牺牲品。因此认为欲使中国成为一个太平富强的民主国家，非培养农民的政治能力，并将他们团结起来，使能行使公民的职权不可。”在经济方面，中国农民党侧重于乡村建设，以谋求同城市平衡发展。

中国农民党在国民党时期的活动一度转为地下。1949年，由于董时进在解放区的土地改革高潮时反对土改，“使农民党成了地主党”。迫于形势，同年6月25日，中国农民党在北平发表《中国农民党为停止党务活动致力生产建设宣言》，随后解散。

中国农民党先后发展党员800多人。这个人数在现在看的确有点寒碜。真正了解西方民主制度的人却会对此不以为意。在政党林立的民主国家，党员数量通常也并不多。比如，2008年法国以拳头和玫瑰为标志的社会党党员人数也不过23.3万，所占比例不及法国总人口的千分之四。

相较于同时代不知所终的知识分子而言，董时进无疑是幸运的。而在他和另外三个胞兄之中，命运最悲惨的是四弟董时光。五十年代初，被美国当局以亲华之罪名驱逐出境，回重庆后执教于西南师范学院；然而，在1957年反右时因反对官僚主义而招祸，被划为右派分子。1957年四川人民出版社曾经出版过一本书，书名即《驳斥董时光等右派分子谬论》。1961年在劳改中客死他乡，终年48岁。

熟悉反乌托邦小说《1984》的人习惯把1984年称为“奥威尔年”，而董时进家族在“奥威尔年”有两件事值得记载：一是5月13日，曾经翻译过雨果的《九三年》的董时光被正式平反；二是董时进因患肠癌在美病逝。

在写作这本书的过程中，我有幸联系到董时进在美国的儿子董保中教授，他已年届八旬。以下内容根据我们的聊天记录整理而成，读者可以借此简单了解董时进当年的理想与生活。

> 我父亲是1950年（大概是八九月）离开大陆的。乘火车自上海经深圳到了香港。离开大陆我想主要有三个原因：一是共产党不接受他领导的农民党，因为共产党此时代表了农民，而农民党因为我父亲帮地主说话反倒成了地主党；二是他不同意毛泽东的土改政策，给毛泽东写那封信后受到了很多批评（可我不记得我父亲受了批判）；三是他已经感受到

了解放后他最不愿看到的一些情况正在发生。我父亲没去台湾，因为他不是国民党，而且在香港属于“第三势力”的人士比较多，说话、谈论都比较自由。

我没有和我父亲一起去香港。他是一个人先去的，不久后我母亲也千辛万苦到了香港。当时我在南京金陵大学英文系念书。1950年底快过春节的时候，我以家人团圆为由，跟家里的一位朋友赶往香港。由于不会说广东话，我进不去香港（九龙新界）。那位会说广东话的朋友就先进了新界，然后把我的情况告诉了我父母。正好我父亲认识当时正在香港做研究的加州大学中国史教授 Joseph Levenson 夫妇。多亏他们的帮助，我才进了香港。

在香港住了一段时间，1951夏季我们一家到了美国，一直在加利福尼亚伯克利一带居住。最开始我父母和在大陆的亲属偶尔还有点书信来往。后来，由于有各种运动，大陆的亲友就不敢再通信了。我父亲在美国的生活极为简单，来往的人里主要有胡适、蒋廷黼、赵元任、张君劢、张禹九（张君劢弟弟）、前上海圣约翰大学校长沈鉴治等老朋友，此外还有几位他以前的学生。他那时候的收入几乎全靠写作和演讲,谈的主要还是些中国问题。至于他是不是做过美国政府农业方面的顾问，我想是一些人的想象。他只是在加州大学做过短时期的研究。

在当时，我们这些做儿女的也都是难民，在念大学或是才开始工作，少有能力资助他。初来美国生活不易。刚到美国时我去印第安那州的一个小学院 Manchester College 念书，有点奖学金。但是，因为生活所迫，没多久我又回到了加州。那时正值韩战，美国军方需要大量汉语人才，我就开始受雇于美国陆军语言学校，专门教美国军人汉语。那时我们中文系有近九十多位教员，系主任是音乐教育家李抱忱。

这样就解决生活问题。另外就是我母亲也画油画赚点钱。她曾经跟徐悲鸿学过画，参加过画展。我们还开过一年的小铺子，卖点吃食，勉力维持吧，算是没赔也没赚。

由于经常外出演讲，我父亲到过美国很多地方。奇怪的是他后来也一直没有去台湾，虽然国民政府内有不少他认识的人。大陆开放后我父亲回国几次，对于大陆的开放改革抱以很大的希望，结果使得台湾方面很不高兴。我父亲去垫江老家看过我祖母的坟墓，不过据他说坟墓是地方当局临时做的！

说到江西，我父亲是1934年到的南昌，任江西省农业院院长。农业院在南昌城外三十华里的莲塘，那里建得很现代化，有自己的发电厂和自来水厂。据我现在的了解，那个农业院可能集中了那时中国最优秀的农业研究人员。好像当时国民政府也想把江西建成一个模范省。据我母亲说，我父亲最先“改良”的事情就是停止每周一的“纪念周”。你知道什么是纪念周么？就是全部人员集合在大礼堂或是操场，升旗、念总理遗嘱、唱国（党）歌，然后是“领导”训话或是讲话。我父亲最讨厌这些，所以一上任就把升旗、“纪念周”等活动全部取消。国民党也没管他，那时江西省的省主席是熊式辉。记得有一年，国民政府主席林森来看农业院，从此我父亲跟林森结交得很好。在抗战时，我们还去过住在歌乐山的林主席的家。

另外，我知道的就是我父亲做院长时很严肃。有一次农业院一个同事结婚，众宾客闹新房，热闹得很。可是我父亲一来，就没人闹了。他要大家闹，可是没人闹。他待了一会儿，没意思，就走了。他一走，大家就又开始闹了。我记得我母亲四十岁生日那天院里的同事（都是我们的伯伯、伯母、娘娘）来庆祝。好热闹，好开心！一直到现在我还记得。为什么那么开心热闹？因为我父亲外出不在家。

再后来，因为日本人打过来，农学院恐无法继续维持，我们一家便在1937年陆续离开了。经长沙、武汉乘船回到重庆。我父亲留在莲塘直到年底。说到抗日，当时的南昌市长朱有骞是我的舅舅，他是工程师，做过南昌市工务局长，好像也协助过建立马当要塞，抵御沿江上来的日本军舰。这是我小时候听说的。你文章里写到的我父亲跟胡适辩论抵抗日本的事，我以前并不了解。不过现在看来，我站在胡适那边。我从小在北京上幼稚园，就会唱"打倒列强,打倒列强,除军阀,除军阀。努力国民革命,努力国民革命,齐奋斗,齐奋斗。"不过什么是军阀，我就不懂了。反正知道日本不好。有一次在北京跟父母游中山公园（北海？），看见一小群穿着很整齐的人，说是日本人，我就要去打他们。记得战争开始，那时我才八岁，就开始每天看报，看挂在父亲书房墙上的中国地图，了解战争情况。

那个时代，我父亲的私人生活，我以为很难说简单。我父亲1900年生于今重庆市垫江县，20岁左右到美国留学。你在《两户人家》可以看到，他在去美国前依父母命结了婚。我母亲两岁时就做了孤儿，跟着哥哥一起长大，好在有姑父熊希龄的照顾。她家那边的人不希望她嫁给一个没人知道的四川人。可是我母亲到底是五四时代的人，认识我父亲后就一定要跟我父亲结婚。那是我父亲从美国回来在北大农学院教书以后的事了。当时我母亲那边的家人都很反对。由于姑父熊希龄的原故，在北京时她一直和几个兄弟姐妹、堂表兄弟姐妹住在一起，就连跟我父亲结婚以后也是如此，生活得极为愉快。我母亲去世前曾经写了一部回忆录。顺便提一下，熊希龄的事可以说的太多了，他的一生很值得研究。他的大女儿熊芝嫁给我的舅舅朱霖。熊芝的英文名是 NORA，是易卜生《傀儡之家》的主角。

说到家教，我母亲没有刻意教我们几个孩子如何做人，倒是给了我们不少好书看（我记得有希腊神话故事），好的唱片（我现在还记得，也还会唱一些从唱片里学到的歌）。母亲在北京女子师范大学学的是“幼稚教育”，她教我们唱歌。

在重庆沙坪坝，我最开始读的是南开中学。我喜欢南开，但没有念完。我个子比较高，坐在最后一排，可是眼睛近视看不清黑板，又不愿意戴眼镜，同学会笑戴眼镜是“四眼狗”。因为担心数学过不了关会留级，我就转到中大实验班去了。转学时有个智力测验，人家发现我英语不错，就收了我。除了英语，我对政治也比较感兴趣。当时主要订了两份报纸——《中央日报》和《新华报》，不过也经常换。我当时的立场是“反共但是并不拥国”，有点倾向于“第三势力”。南开中学那时候倾向国民党，蒋介石也喜欢来南开中学看看，当时抗战正酣，我们学生也很拥戴他。他来的时候，我们都跑过去向他敬礼，那时穿的都是童子军装。但是，自从看了一本美国人写的政治书，我对民主开始倾心。1946年春天到了上海后，我的政治观比较确定了，属于民主外加社会主义，算是费边（Fabian）社会主义吧。我在金陵大学读的是外语系，那时候还经常写信给家里，有时也会批评共产党，弄得我母亲很担心。我特别注重于戏剧文学是受夏济安（就是著名的夏志清的哥哥）先生的启发。我总是将文学与政治联系起来，所发表过的讨论中国现代戏剧文学的论文都是跟当前政治有关。

1982年以后我先后多次回大陆，主要是参加一些研究性质的事情。有几次回四川及重庆，跟老家的人团聚。奇怪的是，我们很少谈及我们的家事。记得我读初中时，当时家在重庆的井口，我父亲买了一个农场，里面多半是果树，有苹果、桃子、蟠桃、柠檬等等，现在都没有了。也许是不愿意再揭疮疤，土改、反右、大跃进、文革……过去的苦难太多了吧。

我父亲1984去世，我母亲1987去世。我们兄弟姐妹四个：我，董保和（妹），董保峨（弟），董保嵋（妹）。董保嵋是临床心理专家，于1996年因肝癌去世。我们都是在1951年感恩节那天到的美国。

我父亲共有四兄弟，他是老大。老二董时敏，也就是在重庆的董保静的父亲。你看《两户人家》中董可法（即我父亲）的兄弟们，可以了解一些。此处我不愿意多说。老三董时恒，重庆大学体育系毕业，后在成都的西南体育学院任教。四年前在成都去世。老四董时光，极为严肃，也有幽默感。解放前曾翻译法国作家雨果的《九三年》。他曾在西南联大学医，可是受不了解剖尸体，就转入成都华西大学改学教育。大概在1947年左右去美国Colorado大学留学。之所以选择Colorado 大学，主要是因为一首歌，“Moonlight on the River Colorado, how I wish that I were there with you……”叔叔这个罗曼蒂克的理由，我从未和人谈起过。大概只有我知道，我是跟他学的这首歌。他最后的人生你知道。

和我父亲一样，大陆改革开放后，我的看法变了很多。可是近两年来，我在网上看到太多负面的东西。像我这样生活在海外的人，只希望这个国家越来越好。

对于董时进这个被遗忘的知识分子，学者谢泳有这样的一段评价：

五十年代最初的日子里，中国著名大学里很多知名的教授都参加了土地改革，并且回来后写了文章。其他专业的教授写文章可能还有应景的成分，但是像当时清华大学教授潘光旦、全慰天、吴景超，他们都是社会学家，对中国社会问题过去都有非常高明的看法，但他们也写了针对董时进“江南无封建”说的文章，来证明土地改革的必要性。还有孙毓棠，他也以专家的身份写了《江南的永佃田与封建剥削》。一个时代，不管是出于什么原因，知识分子在整体上丧失了独立性，是这个时代最大的耻辱，也是知识分子最大的耻辱。

4．为什么是土地拥有农民?

旧时代有旧时代的自由。早在古罗马时代，为了摆脱贵族的控制，许多平民带着武器和生产工具离开罗马城，要到城外去建立真正属于自己的国家。面对这场“古罗马式罢工”，准确说是“罢国”，贵族与元老院不得不做出让步，满脸堆笑追上平民议和，平民随机提出要求，有权否决元老院决议的保民官制度即是由此而生。

幸福，首先源于可以选择。一个人有可选择的权利，也就有了谈判的权利。只有人人都可以自由抉择，人类生活与人类利益才有可能从整体上达到最优。无论是“出埃及记”、“出罗马记”，还是我即将展开论述的“出乡村记”，背后的逻辑都是每个人都应该拥有随心所往、自由迁徙的权利。

尽管迄今为止，自由迁徙的权利在上世纪50年代的新中国得而复失，尚未重新成为一项宪法权利，但不可否认的是，我将要描述的“出乡村记”里的自由内涵势必贯穿了整个中国历史。

中国人经常争论的一个问题是：“农民该不该拥有土地？”支持者多半认为那些土地本来就是农民的，国家理应归还地权。而反对者里也有不少替农民与政府“着想”，比如“有些农民孩子要读书，但手头没有钱，他要卖地；有些农民赌博赌输了，他要卖地，甚至卖宅基地、卖房子；把土地卖掉的农民就会成为失地农民，如果失地农民构成一个庞大的社会阶层的话，那么中国社会动乱之日就在眼前了，这是中国历史告诉我们的一个经验教训。”（魏城，《中国农民工调查》）李昌平同样担心农民会卖掉土地换酒喝。

大凡神志清醒者，都知道这种担心只是酒话——凭什么断定农民不会安排自己的生活与财富？天底下，因为赌博而卖掉自己的土地者又有几人？

上述争论并非本节讨论之重点。考虑到五十年前农民土地的得而复失，五十年来城乡分治限制了中国农民的迁徙自由，并上溯到千百年来各色帝王及其走卒对农民与流民的严苛控制，在此我更想说的是，在农民与土地之间中国似乎还有一个问题同样需要解答，即“土地该不该拥有农民”？

普天之下，莫非民土

我曾对比“普天之下，莫非王土”与今日中国的“普天之下，莫非国土”，“莫非王土”与“莫非国土”实乃土地所有制上的两个极端，前者土地属于一人，后者则属于所有人，但终究都不是“普天之下，莫非民土”，不是属于具体的个人。当农民失去土地又不能自由流向城市时，他们面临的是双重剥夺：一方面，原本属于他们的土地被收归集体所有，继而实际上为国家或者政府所有；另一方面，因为严厉的户籍政策，他们不得不困守故土，真的变成“土地拥有农民”了。此时，农民已经成为帝国土地上的附属之物，即我说的“帝国稻草人”与“帝国不动产”。

不能离开的天堂是地狱。没有谁是最后的胜利者。历代帝王的“地盘政治”虽然表面上风光无限，但对于王来说，同样暗藏无限危机与凶险。既然皇帝乐意如此“家天下”，乐意把有限政府变成“无限政府”，自然要担负“无限责任”。也正是这个原因，每逢改朝换代、王权破产清算之时，昔日莺歌燕舞的宫廷立即变成人间地狱，上吊的上吊，跳井的跳井，一夜之间所有政治权谋都开始让位于自由落体等力学定律。同样，在现代社会中，如果政府过度集权也会面临这种危情。关于这种危险以及有限政府的好处，清末的统治者已经开始察觉。1906年8月，载泽等五大臣出国考察各国宪政归来时曾递交《奏请宣布立宪密折》，折中提到实行君主立宪的三大利。其中第一大利便是“皇位永固”：

> 立宪之国，君主神圣不可侵犯，故于行政不负责任，由大臣代负之，既偶有行政失宜，或议会之反对，或经议院弹劾，不过政府各大臣辞职，别立一新政府而已。故相位旦夕可迁，君位万世不改……

至于那些被禁锢在土地上的人们，不仅要随时承受来自权力的种种侵害与剥夺，同样因为不许自由迁徙而丧失最后赖以自救的权利，其危险好比当一只船即将沉没之时，船上所有的旅客竟被禁止弃船逃生。

斯宾格勒曾在《西方的没落》里感慨人变成农民后就像变成了一株植物：“他生根在他所照料的土地上……敌对的自然变成了朋友；土地变成了家乡。在播种与生育、收获与死亡、孩子与谷粒间产生了一种深刻的因缘。”其实，人对土地的感情是一回事，自由又是一回事，而且没有谁天生是权利上的“植物人”——如果社会足够开放，如果农民的地权能被承认与保护，如果农民可以自由买卖自己的土地甚至弃地而走（如旅客在紧要时“弃船求生”），他们就会恢复“人挪活”的本性。这样的时候，他们的境遇就不再是“土地拥有农民”而是“农民拥有土地”了——正如是公民拥有国家，而非国家拥有公民。

逃亡满天下

说到农民进城，很多人都会想到上世纪八十年代开始的民工潮。

事实上，早在民国时期，中国知识界便已经开始关注当时的“民工潮”。根据1923～1925年的抽样调查显示，农村人口的离村平均数为4.61%，而进入30年代，农民离村率有了大幅攀升。据1933年国民政府中央农业实验所对22省农户的调查，统计出“全家离村之农家”共有1920746户，占报告各县总农户的4.8%；“有青年男女离村之农家”共3525349家，占报告各县总农户的8.9%。到1935年，全国22个省中举家外迁至城市逃难、做工、谋生、住家的户数比分别为14.2%、21.3%、15.4%、8.2%，四项合计达59.1%，到别村垦荒、务农、逃难的占36.9%。同一时期对青年男女离村之去处的调查表明，因各种目的离村进城的达64.9%，而到别村务农或垦荒的为28.5%。（章有义，《中国近代农业史资料·第3辑》，转引自《近代中国农民进城的社会史考察》）

1923–1925年不同地区农民离村规模比较

地区	全人口（人）	离村人口（人）	离村人口率（%）
江苏仪征	2084	30	1.44
江苏江阴	3414	80	2.34
江苏吴江	1372	67	4.88
安徽宿县	3478	105	3.02
山东沾化	5857	513	8.70
直隶遵化	9085	241	2.65
直隶唐县	6177	281	4.55
直隶邯郸	4236	77	1.82
直隶盐山	803	70	8.72
浙江萧山	10355	795	7.58

和今天一样，在中国近代城市人口性别年龄结构中，农村人口

流入城市者主要是男性青壮年人口，根据《独立评论》的老作者李景汉的调查，在1338位被调查者中，20岁至49岁“离村”的农民，占到71.28%。另据陈翰笙等人调查，广东、广西及河北等省的离村人口中，男性占85%以上，而年龄在20—40岁之间者，占四分之三以上。与此相伴的，自然是农田大量抛荒。1932年，《农业周报》刊文指出，“强健者多逃入城市，另谋糊口；而所残留于乡村者大都老弱贫病者流。农民麇集都市，都市固嫌人口过剩；但农民离乡，则农村基础根本动摇，农村经济惟有日见摧毁。”

至于农民为何抛家舍业或者拖家带口进城，理由自然繁多。比如，天灾、人祸。天灾古已有之，至于人祸，主要指胡适所谓“五蠹”（贫穷、疾病、贪污、愚昧和扰乱）之一的扰乱。近现代中国满目刀兵之祸，最惨酷者莫过于太平天国运动。而江西在中国历史上更是有名的战场。为了天堂，多少人失去故乡。

在中国冗长的历史里，“外患”往往都是偶发的；而“内乱”则多为历史的“必然”。在《晚清七十年》一书里，旅美历史学家唐德刚先生这样概括太平天国运动，“时至晚清，改朝换代的周期已届，政府的统治大机器彻底锈烂，社会也百病丛生。广东洪秀全，一个典型‘三家村’土塾师，科场失意，转以‘拜上帝会’之名，于广西聚众起事，企图建立一个梦想中的‘小天堂’。一群狂热信徒被逼上梁山，化宗教信仰为政治力量，终至酿成死人无数的‘太平天国’大悲剧。”

二十世纪中国对太平天国的美化始于孙中山。为了反抗清廷，他公开号召同盟会会员、革命志士宣传太平天国，宣传洪秀全，以激发斗志。据宫崎寅藏《孙逸仙传》记载，孙中山甚至首先以“洪秀全第二”自居，因此大家便以“洪秀全”来称呼他。之所以如此，一是出于对太平天国运动史料缺乏足够的了解；二是出于政治目的。不过，孙本人在这方面还算清醒，他只赞赏太平天国反清的“民族主义”，但并不欣赏太平天国“只知有民族，不知有民权；只知有君主，不知有民主。”因为这样，“即使成功了，也不过是历史上的又一个封建王朝而已。”但是，在对太平天国的评价方面，孙中山的确没有开一个好头。由于过度拔高太平天国的历史地位，其后国共两党对具有反叛精神的太平天国运动在相当长的时期内都抱持一种肯定的态度。到“文化大革命”时期，“四人帮”对洪秀全的吹捧更是到了匪夷所思的地步，洪秀全几乎成了真理的化身。事实上，对于太平天国运动不仅西方学者不以为然，中国知识界也一直不乏反对的声音。除了胡适、钱穆认为太平天国是背叛孔孟、违反中国道统的邪恶政权，冯友兰同样否定太平天国运动，因为“太平天国是要推行神权政治。假如太平天国统一了中国，那么中国的历史将退到黑暗时期。”及至八十年代，在不少讨论会上，一些学者指责太平天国靠巫术起家，“上层搞特权，下层讲平均”，人民全无自由，《天朝田亩制度》是公开在搞奴隶制。许多西方人对此也颇不以为然。

清帝逊位以后的几十年，中国依旧战乱无数。据统计，仅自1927年夏—1930夏天这短短3年中间，动员10万人以上的内战就多到近30次。由于长期战乱，大批散兵游勇变为土匪，一些没有生活来源的流民也加入了土匪队伍，不少地方因此成了土匪世界。河南南阳等地的农民外出耕田，有的甚至要背扛枪支以防止土匪抢劫。由于盗匪横行，一些农民只好求生于相对安定的城市。

在那个兵荒马乱的年代，农民的这种用脚投票很多具有逃难的性质。而这种用脚投票的传统在中国历史上也并不少见。以先秦为例，除了纵横家穿梭于各国之外，奴隶也经常逃跑。商代奴隶主贵族为了对付奴隶逃亡，采用断足等酷刑，惩罚逃亡奴隶。如此岁月，如果说统治者教化民众不外逃是为用脚投票避孕，那么以断足禁止奴隶逃亡则属于给用脚投票结扎。

然而，尽管面临各种可能的伤害，甚至死亡，追求自由终究是人的本性。据《秦汉逃亡犯罪研究》记载，西周逃得最多的一次能够逃走三百户。到春秋时期，随着社会变迁的加剧，以政治逃亡为主，外加民众逃亡（民溃）、士兵逃亡（师溃）的逃亡几乎成了各国人口流动的主要方式。和以前以后的时代不同的是，春秋时的中国气象万千，对于用脚投票、四散奔逃者，各国政府见怪不怪，除了瓜分他们的财产外并不追捕。对于逃到本国的人，即使不殷勤接待，至少也不搞现代国家的遣返。此时政治松弛，邦国林立，由于有“市场政治”这一得天独厚的条件，各国民众在用脚投票方面的确是收获了前所未有也后所未有的自由。之所以说“后所未有”，是因为秦汉以后天下一统，社会被严格的户籍制度所控制。从今往后，社会成员没有得到政府许可，取得合法手续，私自脱离户籍的迁移都将被视为犯罪。

除了上述逃亡的原因以外，二十世纪初中国农民出乡村同样得益于当时渐成气象的城市化与资本主义经济发展。费孝通在三十年代出版的《江村经济》一书中谈到，此前一二十年，上海附近的城市机缫丝业的发展极快，城市工业吸引了大量农村人口。江村周围的蚕丝厂也是遍地开花，许多女青年被吸收到工厂里做工，江村16—25岁的女青年共有106名，“80%以上现在村外的工厂或在合作工厂工作。她们就是新的挣工资的人”。

每当我重读《江村经济》里的这些段落，经济与社会生活中似曾相识的场景，难免会想起无以数计与小堡村村民一样满身力气的男男女女，他们因为中国城乡分治这一基本国策几十年不许外迁或打工，尽做“帝国稻草人”；而且，同样是他们，见证了上世纪八、九十年代以来民工潮像民国初期一样在这片土地上卷土重来。这种“而今迈步从头越”的折腾，又怎能不给人一种光阴虚掷、今夕何夕的历史悲情？一个多世纪以来，上溯到更遥远的年代，无论农民所为何由走出乡村，最真实的理由也许只有一个，那就是每个人都有逃避灾祸、追求美好生活的权利。而且，他们也有这方面的动力。正是这些权利的保守以及这些动力的驱使，使他们从一个死气沉沉的社会里走出来。不幸是，曾经冷暖自知、谋生天涯的背井离乡，在极端的时代竟然成为可望而不可及的理想。而这种权利，在新中国建国之初是得到宪法保障的。

户籍戒严

1954年，中国颁布实施第一部宪法，其中规定公民有“迁徙和居住的自由”。然而，1956年、1957年不到两年的时间，国家连续颁发4个限制和控制农民盲目流入城市的文件。1958年1月，以《中华人民共和国户口登记条例》为标志，中国政府开始对人口自由流动实行严格限制和政府管制，第一次明确将城乡居民区分为“农业户口”和“非农业户口”两种不同户籍。这意味着在事实上废弃了1954年宪法关于迁徙自由的相关规定，实行城乡的隔离与分治。到1975年，宪法正式取消有关迁徙自由的规定，此后便一直没有恢复。简单说，几代中国人的这项宪法权利和农民获得的土地所有权一样，变戏法般给变没了。

至于这一政策的目的，无非是为了发展经济、稳固新生的共和国政权或为实现“跑步进入共产主义”等乌托邦梦想。如有分析所指出，与西方国家先发展轻工业、积累了大量资金再逐渐投资到重工业的发展模式不同的是，当时中国优先发展重工业的战略“客观使得轻工业没有为重工业提供积累的机会”，只能通过“把农民固定在土地上，让他动弹不得，永远种粮食这种方式来实现资金积累”，从而演变为一场对农民的“掠夺”。对此，在1953年9月11日的全国政协常委会第49次扩大会议上，时为全国政协常委的梁漱溟直言不讳：

> 过去中国将近三十年的革命中，中国共产党都是依靠农民而以乡村为根据的。但自进入大城市以后，工作重点转移于城市，从农民中成长起来的干部亦都转入城市，乡村不免空虚。特别是近几年来，城里的工人生活提高很快，而乡

> 村的农民生活依然很苦，所以各地乡下人都往城里（包括北京）跑。城里不能容，又赶他们回去，形成矛盾。有人说，如今工人的生活在九天，农民的生活在九地，有“九天九地”之差，这话值得引起注意。我们的建国运动如果忽视或遗漏了中国人民的大多数——农民，那是不相宜的。尤其是共产党之成为领导党，主要亦在过去依靠了农民，今天要是忽略了他们，人家会说你们进了城，嫌弃他们了。这一问题望政府重视。

转天，毛泽东批评梁漱溟，坚持认为照顾农民是小仁政，发展重工业、打美帝是大仁政。施小仁政而不施大仁政便是帮助了美国人。随后几天，毛还在会议上还对梁漱溟使用了“以笔杀人”、“伪君子”、“彻底反动思想”等词语。有意思的是，就在梁漱溟与毛泽东争辩的时候，梁每一开始便有人将他打断，到最后会议决定对是否让梁漱溟发言进行表决。结果，除了毛泽东等少数人举手赞成梁漱溟继续讲话外，绝大多数人都举手表示了反对。就这样，曾经在延安与毛泽东可以聊上几天几夜的梁漱溟被剥夺了言论自由。这个历史细节十分耐人寻味，由此可见1949年后的中国社会渐渐失去了反对的声音，既非一日之寒，也非毛泽东一人所能为。

由于认识上的局限，在新中国建立之初，中央政府反复强调失业是旧社会遗留下来的问题，所以不顾一切追求“全民就业”，到1958年“大跃进”开始后，中国政府很快宣布彻底消灭了失业现象，以至于在以后的19年间取消了关于城镇登记失业者的统计和城镇登记失业率的公布。

有一段历史渐渐被淡忘。在1952—1957年中国一五计划时期，大约有2000多万农民工已经自由流动进入城市。然而在1961年1月到1963年6月两年半的时间里，大约有2000万人从城里迁出。究其原因，从1960年开始整个宏观经济出现严重衰退，到1961年甚至出现了高达27.3%的负增长。而这里最有决定性影响的是粮食危机已经发生。当大量青壮年劳动力离开了农业生产第一线，商品粮供应已经不能满足非农业人口急剧增长。

说到城乡矛盾，刘少奇讲过一段意味深长的话。1961年5月21日至6月12日中共中央在北京召开的工作会议上，刘少奇谈到农民为工业化承受的负担问题时说："现在地主阶级被我们打倒了，实际上是城里人跟农民争饭吃，争肉吃，争油吃，争鸡蛋吃，争棉花，争麻，等等。很多东西统统被收购起来，农民很不高兴。这样一来，就使工农之间发生了尖锐的矛盾。这个矛盾不解决是很危险的。"

按人均计算，全国农村拥有粮食消费量1957年为409斤，但到1960年只有264斤。过低的口粮，加之没有自留地和家庭副业来弥补口粮的不足，致使农村出现了大面积的饥荒，并且出现了严重的非正常死亡。据《当代中国的安徽》一书记载，1957年底安徽全省人口为3064万，到1960年底只有2557万，减少了487万。

由于大量的非正常死亡已经发生，考虑到不可能继续挖夺农民的口粮，中央政府决定精简城市人口以减少商品粮的供应。这些措施主要包括：一是鼓励职工返乡，三年间有近2000万人转回到农业生产，也就是上文提到的2000万人迁出城市，只不过由于不能公开否定"总路线"、"大跃进"和"人民公社"之三面红旗，这项涉及几千万人的大精简在当时执行得非常低调，没有作任何公开的宣传报道。二是开辟新的生产服务部门，使得城镇集体经济和个体经济有所发展；三是限制农民进城，劳动部门规定凡在城市的企业、事业单位用人，只能从符合条件的城市青年中招收，1961年之后，要成为国营企业工人一般首先要有城市户口；四是鼓励知识青年上山下乡，1962—1966年有129.28万名知识青年上山下乡，其中插队的为87.06万人，到国营农场就业的为42.22万人。

“狗日的户口”

斯诺曾经感慨长城让中国人长年处于某种“戒严”状态之中。事实上，越来越苛严的户籍制度同样使中国进入了某种紧急状态。1964年，国务院转批公安部户口迁移相关规定的基本要点时提出两个“严加限制”：对从农村迁往城市、集镇的要严加限制；对从集镇迁往城市的要严加限制。1977年，国务院第一次正式提出严格控制“农转非”，此后公安部具体规定了“农转非”的内部控制指标，即每年从农村迁入市镇的“农转非”人数不得超过现有非农业人口的1.5‰。

在《中国乡村，社会主义国家》（费里曼、毕克伟、塞尔登合著）一书结语，作者这样写道：

> 反市场的集体化教条主义把农民锁在村里，无视农民流动的要求和市场的力量，它们在有的地方已削弱了农民家庭文化中的保守成分。……由于贬低农民文化的价值，集体农庄看上去像一匹不能运货的跛驴。随着集体农庄与国家堵住了劳力流动的出路，不能充分就业的家庭劳力增加了。把额外的家庭劳动时间视为免费的农民家庭情愿辛勤劳动，谋取生计。因此，集体活动范围的无情扩大，使那些家庭感到家里像被盗了一样，而他们相信，他们的生活本可以过得更省更好。由于缺钱的集体农庄效益差且分配不公，农民家庭拼命地让某个家人在国营机构中谋得一份拿薪水的工作，不管什么工作，只要挣钱就行。为了勉强活下去，农民们只得适应这种环境。

对于中国的城乡隔离，秦晖先生写过一篇《南非，中国的前车之鉴》，将中国与南非历史上的暂住证做了简要的比较：“中国的市场竞争力，来源于中国的低自由、低福利、低人权。中国如果不搞全球化，就相当于朝鲜，不可能有什么奇迹；如果不是低人权，也就相当于现在的东欧国家，也不会有太大的奇迹——全球化和低人权这两个加在一起，就有了奇迹。中国经济奇迹的终极因素，就是两个：圈地运动，农民工——如果没有这两条，就无法想象爆炸性的城市化和世界工厂地位。”两国有个共同的景观，就是大批的城管在街上巡查，可以将没有暂住证的人抓走。这也是当年孙志刚在广州死于非命的时代背景。

在严格的户籍管理制度下，上个世纪整个六七十年代自然流动的人口几乎没有，城市与农村以及城市之间处于一种“隔离”状态之中。出生在农村的孩子如果想进入城市，只有考学、参军（提干）、招工（或者顶替在城市工作的父辈）、婚嫁等非常有限的几种。而这一切，无一例外地成为小堡村村民走出乡村、“鲤鱼跳龙（农）门”的具体途径。

户口制度是一个系统工程，它很快在城乡之间建立起一种基于政治、经济、文化、社会、教育等基础上的全方位不平等，农业人口因此沦为“二等公民”。

1980年代中后期，随着户籍制度的松动，“农转非”控制指标有所调整，一些地方开始规定农民交纳一定数额费用就可成为当地有效市民，户口交易也因此成为近30年户籍改革变迁中的独特现象。据有关报道，到1994年上半年，全国约有17个省共300多万人购买了城市户口，此项收入高达250亿元，这还不包括那些未登记在案的以及黑箱操作的部分。

若干年前，《新周刊》杂志为此做了一个名为“狗日的户口”的专题，为农业人口沦为城乡分治下的“二等公民”鸣不平。梳理这一差别，最具反讽意味的是，直到1983年“严打”之时，许多罪犯的宣判词里仍有一条是“吊销城市户口”，其口吻颇似“剥夺政治权利终身”。同样悲哀的是，对于此时的中国农民来说，这种“政治权利”却是生而未有，连被剥夺的机会都没有。即使有朝一日进城打工，也像是这个国家的临时公民，不得不“暂住”在自己的国家里。

“呼之则来，挥之则去”

三年内有近2000万人口转回农村，在《大迁徙——1961-1963年的城镇人口精简》一书中有较为详细的叙述。尽管该书为我写作此文提供了不少素材，但是个中部分观点着实不敢恭维。比如作者在结束语中说：

> 中国人民是最识大体、顾大局的，他们有很高的政治觉悟和强烈的爱国情怀，没有人民的理解和支持，这样大规模的精简要顺利进行是不可想象的。这么多的职工和城镇人口回乡、下乡，相当于一个中等的国家搬家，这是史无前例的，在世界上也是没有的。精简工作结束后，毛泽东感慨地说：我们的中国人民、我们的广大干部，好啊！叫做两千万人呼之则来，挥之则去，不是共产党掌权，哪个党能办到？！的确，只有中国共产党才有这样的魄力，才有这样的群众基础。

然而，在我看来，这次大搬迁所能反映的恰恰是一种强制下的无序。此时的计划亦不过是命令而已。当农民成为被驱赶的一群，只能服从而不能自主选择，所谓“政治觉悟”其实是和他们无关的。

关于中国人口由乡村到城市，早在上世纪八十年代，张五常有十分精辟的论述，部分观点更可被视为对五十年代末农村人口“大跃进城市”的一种批评。在《中国的前途》一书中，张五常这样写道：“中国十亿人口，八亿以上是农民。假若中国要在二十年后有足以炫耀的经济表现，以我个人的保守估计，在这二十年间必须有三、四亿人口从农村迁徙到城市去……假若这个大搬迁不出现，经济现代化就难有大成。”但是张五常坦言，“我不是建议中国当局要开始策划一些庞然大计，招兵买马，引进外资，在城市盖上高楼大厦，然后上山下乡，用精明的干部从农民中大量挑选适宜于工商业的人材，然后以徙置的办法，把他们安置在城市，分派工作单位。这是行不通的。唯一可行的办法，就是改变制度，让大搬迁由市场自动调节，由人民自己开动脑筋，自由选择，顺其自然地进行。一个骤然看来差不多是无法办到的大搬迁，只要制度一改，对症下药，其发展的顺利及神速，是会超出一般人所能想像的。”张五常开出的药方是要让资产有自由买卖的权利。这些资产不只包括土地及房屋，还包括劳力及知识。日本明治维新时期，将土地加上了转让权，农民及武士就大量涌到城市。明治政府事前并不知道这个大搬迁会发生，没有半点策划，但跟着的惊人经济增长率，一年之内就极其明显。在私产制度下的市场调整，反应之快之准，是远胜于任何政府策划的。这是因为市场是无数人的讯息组合，通过市价，不共谋而传达了可靠的信息。每个人看看油价，看看地产市价，看看就业机会，自作打算。

归根到底，社会有自我拓展的秩序与生长的节奏，非权力一厢情愿所能单方面完成。这也是我在乡村生活所获得的有关生命与繁荣的最直接体验。走进山野，不用你安排，万物自会生长。而小堡村的农民，在社会渐次开放的背景下，越来越多地走出乡村，体会杨万里写在《桂源铺》里的禁忌与解放：“万山不许一溪奔，拦得溪声日夜喧。到得前头山脚尽，堂堂溪水出前村”。

5.讨伐李四喜

前面关于“为什么是土地拥有农民”的几篇文章被一些网站转载，有的网站在短短一天内便有近5000条留言，这多少让我感到有些惊讶，但并不意外。

故纸堆里听惊雷。就在我梳理我的过往人生、乡村记忆以及所能接触到的与时代命运相关的材料时，总有一些细枝末节会让我不得不停下来。而且那里并非只有董时进这样能够以笔作战的人物。在接下来的章节里，我更要谈到一些平凡的人，比如李四喜。五六十年过去，生活在今天的人们早已经忘记了李四喜这个名字。然而，就是他，一位卑微而纯朴的农民，在上世纪五十年代掀起了一场声势浩大的讨论，而他的观点也被时人称为“李四喜思想”大加讨伐。

1951年7月18日，《新湖南报》发表了长沙读者章正发的来信，信中称：

> 我们乡里有一个同志叫李四喜，他做了十多年的长工，受了一辈子的苦，解放后才娶了一个妻子，生了一个小孩，去年我们乡里搞土改，他工作特别积极，又当选了青年团的支部书记。土改完成了，他分了田，就想专门回家生产，不愿意干工作，不愿意开会，干部去劝他，他急得哭起来说：

“我一生受苦没得田，现在分了田，我已经心满意足了，还要干革命干什么呢？”

该信认为，李四喜分了田就不愿干革命的思想是不对的，但不知《新湖南报》如何看待这种现象，希望给予答复。

今天一些大权在握的乡镇干部一定很难理解李四喜辞官不做的行为。同样不难想象的是，在那个鼓吹“继续革命”的年代里这样一封读者来信将会引起怎样的重视。为此，《新湖南报》在“编者按”中着重指出：“章正发同志提出的问题很重要，就我们所知道的，乡村干部在土改后不愿继续干下去，思想已经开始产生，甚至有个别区干部也有这样的思想。”与此同时，编辑部还提出了三个题目希望广大农民参与讨论：一、你对李四喜同志的思想看法怎样？你们那里的干部有没有这样的思想？二、只顾埋头生产不管国家的大事行不行？三、分了田是不是就算革命成功？革命革到什么时候才算最后成功？次日，该报以“分了田不干革命对不对”为题，号召广大群众参与“李四喜思想的讨论”。

读者们踊跃地参加讨论。从7月21日起，《新湖南报》第2版专门开辟了《关于李四喜思想的讨论》专栏，并选编了各地群众的来信，推动这一讨论的展开。7月24日，《新湖南报》发表长沙读者柳石泉的来信。柳石泉认为，李四喜同志要脱离工作、回家生产，这种思想也并不是完全不好的。在他看来，既然平常工作同志总是宣传说土地改革的目的是为了发展生产，人民政府奖励劳动生产，那么李四喜回家生产，多打粮食，支援前线，也谈不上有什么过错。该信同时表明在当时有些乡村干部认为干革命工作是一种“负担”，应该“轮流干”。如柳石泉所说，“农村中的农民很多，大家都翻了身，都分了田地。李四喜分的田并没有比别人多，他在土地改革中已经做了几个月工作，为群众出了很多力。革命工作是大家的公共事，现在让李四喜同志回去生产，轮流别人来做一做，不让一个人吃亏，也是很公平合理的。”

从上述观点可以看出，最开始的讨论还力图保持观点平衡。不过好景不长，为引导农民深入讨论，《新湖南报》为读者来信加上了“编者按”——既能为讨论增加某种方向感，又能及时“医治”部分不合时宜的观点。为了让更多农民及乡村干部参与到这场讨论，1951年8月8日，《新湖南报》发表题为“广泛展开关于李四喜思想的讨论”社论，指出“讨论的规模还不够广大，对群众的思想教育还不够深刻”，所以“希望各地的领导机关、本省各地报纸、农村干部或农民出身的干部，以及广大农民群众都来开展这个讨论”。在其后的编者按里又强调：“李四喜思想主要根源，是农村小生产者自私、落后意识的反映，没有看清革命的前途，对个人利益和国家利益的关系缺乏正确的认识。希望大家对这方面，继续展开深刻的批判和讨论。”

是继续革命，还是安心生产？这场讨论最后被定格为政府与媒体对农民的思想工作，李四喜关于幸福生活的直觉开始让位于政治高高在上的说教。所谓李四喜思想被理解为“土地改革后农民的松气思想”，其主要表现是乡村干部分了田后，不愿再做工作，要求回家“埋头生产”、“发家致富”。对于这种思想，湖南省委及《新湖南报》的态度是明确的。8月25日，《新湖南报》发表王首道的《批判李四喜思想、加强干部思想教育》一文，指出像李四喜那样满足了现状，不愿继续努力工作去争取更美好的将来，只看到目前的个人利益，埋头生产，不关心国家大事，不过问政治，这种自私落后的松气思想，显然是错误的、有害的。

一个月后，《人民日报》转载了这篇文章并在“编者按”中指出：“所谓‘李四喜思想’不但存在于湖南的一部分农村干部中，而且也存在于土地改革完成了的其他农村的许多干部中。这些干部分了土地就心满意足，不愿意继续做革命工作了。为了纠正这种错误思想，我们把王首道同志的论文转载在这里，希望各地读者普遍加以注意。”翌日，《人民日报》又刊文将《新湖南报》关于李四喜思想讨论的经验向全国介绍和推广。

和上世纪八十年代《中国青年》虚构了“潘晓”这个名字一样，“李四喜”同样是《新湖南报》编辑部虚构的名字，此人真实名字叫朱中立，是长沙县十五区乡村干部。之所以取了“李四喜”这个名字，是因为编辑部认为朱中立有四喜：翻身、分田、娶妻、生子。这个秘密直到1952年1月7日《新湖南报》刊发《过去是“李四喜”，现在是好干部》一文才为世人所知。此时朱中立已经成为从“李四喜思想”中被改造过来的典型人物，开始在一些县市做积极分子训练班报告，讲述他此前如何悬崖勒马，由“李四喜思想”的代言人转变成为一位合格的新社会的建设者。

半年后的7月9日，新华社编发《农民朱中立加入了共产党》一文时作了如下按语：

> 朱中立是湖南长沙县十五区的一个农民出身的干部，他原是“李四喜思想”的代表人，在土地改革后曾产生了松劲、“退坡”思想。现在他克服了这种有害的思想，具备了共产党员的条件，光荣地加入了共产党。最近他向长沙县乡村干部和积极分子训练班报告了他由“李四喜思想”代表人转变成为一个共产党员的思想过程。

透过这篇报告，读者了解到时年25岁的“李四喜”的一些身世：四岁半的时候，“李四喜”的母亲难产死了，做漆工的父亲将他寄养在外婆家七年。

> 十二岁起，我就开始了雇工生活，一直做了十二年，换了六个主人。去春土地改革时，工作同志三番四复地把我喊醒过来，使我曾积极领导农民斗争地主，分配土地。后来，我分得了两亩多田、四间大瓦屋，还娶了妻子，生了小孩，

毛主席给我成了家。解放、分田、娶妻、生子，真是“四喜临门”，我感到心满意足。我的个人发家致富的念头在土地改革刚胜利结束时就开始作怪了。去年三月三十一日在全乡庆祝土地改革胜利大会上，我当选了副乡长，大红花挂在胸前，心里欢喜了一阵，但立刻就后悔起来。眼睛老是望着鼻子尖，担心干了工作会耽误家里生产。

……干了个多月，生产没有结合工作，自己的生产果然落了后，眼望着人家田里禾苗“发乌”，自己禾苗“变黄”，心里更不耐烦，就干脆开什么会都不去了。工作同志找我谈，我就直截了当对他说：“要开会八升谷一天。”有人问起我：“假如大家都不干工作，反动派来了怎么办？”我说：“有毛主席在。”我忘记了自己翻身作了主人，忘记了地主阶级、反革命分子时刻在阴谋死灰复燃，忘记了保田、保翻身果实是每个翻身农民自己的事，更看不到革命的幸福前途。这自私落后的念头，一直害了我好几个月。

……

但我开初转变时，我还只知道要“保家”，还看不清革命的远大前途。区委书记就介绍我看苏联《红十月集体农场》的画片，叫我到长沙市参观了许多工厂，还看了《锦绣河山》等影片，使我不仅到了长沙，还看到了祖国人民两年来的伟大建设和美丽的远景。当我第一次坐上工人老大哥制造出来的汽车，走进工厂，我心里更明亮了：工人兄弟是一天到晚和机器大生产在一起的，因此他们对革命事业坚决、勇敢、忠诚，毫无个人顾虑。这又使我联想起只有在共产党、工人阶级领导下，农民才能洗刷缺点，走向社会主义。于是我要求加入中国共产党。

共产党教育了我，挽救了我，使我没有做一个只看见自己鼻子尖下一点利益的糊涂虫，而且初步树立了共产主义的人生观，成了一个光荣的共产党员。我自己走了一段弯路，感到痛心。所以我常常用现身说法，耐心地帮助想“歇劲”的农民兄弟醒过来。

“李四喜”现象并非孤案。土地改革完成后，在当时有许多农村干部产生了“革命成功论”，比如山西襄垣县一个党支部书记公开宣布解散党组织：“我们支部参加了抗日、打老蒋，现在分了地，日本、老蒋都打倒了，任务完成了，所以我们的支部宣布解散。”

透过“李四喜思想”大讨论，不难发现建国初期部分农民与乡村干部有着怎样的简单与纯朴。对比其后岁月里农民群体乃至各个阶层所遭遇的挫折，这场讨论的本质其实是革命者如何退出革命的问题。这些人因为想拥有属于自己的土地而参加革命，又因为不断革命回不到自己的土地上。他们本来只是需要土地，却被告知还有天堂。几十年后，当历史翻过国家全能而社会无能的一页，生活在今天的人们早已领悟：让本国国民能够自由地生活与生产，自主地选择留在乡村还是进入城市，才是中国当下最重要的政治，也是二十世纪以来中国最需要完成之革命。

革命的目的不是革命，而是生活本身。任何高蹈理想的政治最终还是要回到可以感知的现实的大地上来。毫无疑问的是，每个人对幸福的体验源于切身感受，而非一堆有关主义与幸福的公式或者推理。正如你可以分析出一个柠檬有什么化学成分，却不能分析出它是什么味道。事实上，上世纪七十年代末，一些农民开始以自己的方式组织生产、分田单干，同政治性生产或者命令型经济脱节，也正是基于农民自主的生活、理性与感受。

6.幸福的自留地

值得一提的是，在合作化过程中不少农民还有保留自留地的权利。1955年11月的《农业生产合作社示范章程草案》除了规定“社员的土地必须交给农业生产合作社统一使用”外，同时留了一个缺口，允许社员在不妨碍参加合作社集体劳动的条件下，经营家庭副业。同时，为了照顾社员种植蔬菜或者别的园艺作物的需要，应该允许社员有小块的自留地，但要控制在全村人均所占土地的5%以内。简单说，自留地的作用“主要是给社员用以种植毛猪所需要饲料之用，及种植自食蔬菜之用”。（《关于自留地计产及与毛猪饲料关系问题的认识》，《江西粮食通讯》1957年11月19日）

中国重新回到了一个“雨我公田，遂及我私”的时代，一个“空想的农业社会主义”（刘少奇语）的时代，直到后来进入“大公无私”的时代，连“我私”都没有了。在以后的漫长岁月里，农民的主体土地已经收归集体所有，并由集体统一耕作，但是自留地的命运则出现了很大的反复与摇摆，一段时间内收归集体耕作，一会儿又下放给农民经营。在“只准大灶烧火，不准小灶冒烟”的“大跃进”时代，许多自留地直接变成了公共食堂的菜园。

自留地效应

小时候我不知道家里的自留地与生产队里的农地有什么区别。不过，每次听到父母谈到自留地，或顺着母亲的吩咐去菜园里摘辣椒或掰茄子、豆角、西红柿的时候，心里总是有着某种难以言状的温情，你仿佛在野外找到了一种家的感觉。及至年长，有了些阅读与阅历，渐渐了解了那个时代的真实背景以及曾经发生过的饿殍遍野的惨剧，我才知道自留地对于当时的农民来说，更像是一个个搁置在夜航船上的救生圈。

广袤无边的原野，有一片属于你家的微小而唯一的土地，就像小王子在B612星球上有唯一属于他的一朵玫瑰花。遗憾的是，在一个权力压倒权利的年代里，没有谁能给绵羊画上一副嘴套，给玫瑰画上一副铠甲，而如果他失去了原本属于自己的土地，那么世界上所有的土地在那一刻都将失去光彩。

自留地的价值并不止于浪漫，在现实生活中它更具有令人折服的效率。杜润生在《杜润生自述：中国农村体制变革重大决策纪实》一书中这样谈到“自留地效应”：“农民对自留地和集体统一经营的土地，所持态度不同，经济效益则大不一样。2分自留地等于1亩集体地的收入，种粮食产量起码要高出1倍，甚至更多。”据说，他山西老家不少地方自留地能达到亩产1000斤。

同是在这本书里，杜润生为土地至今未能真正属于农民而深感忧虑：“没有长远投入的中国农民，在世贸组织中将更缺乏竞争力。几乎所有可与中国农产品在市场上竞争的国家，都没有土地调整一说，这些国家的农民，都拥有长期而有保障的土地权利，并能够在没有后顾之忧的情况下，对其土地进行长期投资。”

有自留地，小堡村的父老乡亲才可能像托克维尔笔下刚刚获得土地的农民一样等待收成，把他们的心和种子一起埋进地里。

让公田长荒草

吴思先生曾写过一篇《让公田长荒草》，将古代的井田与二十世纪中国的集体经济进行了对比，认为公田、私田就是人民公社制度下的大田和自留地，区别只在于各自的比例不同。井田制中公田不过九分之一，而在人民公社时期大田占了全部耕地的97%。前者只需要花费庶民的十分之一时间耕种，而后者却只能在业余时间种。但两者的相同之处在于，相较于井田制里的公田与人民公社的大田，个人耕种的私田与自留地的产量却高出很多。原因很简单，现在是“社员在公田里不像在自留地里那么好好干”，而过去是“民不肯尽力于公田”。

对此，睿智的《吕氏春秋》早有论述：“凡人主必审分，然后治可以至，奸伪邪辟之涂可以息，恶气苛疾无自至。夫治身与治国，一理之术也。今以众地者，公作则迟，有所匿其力也；分地则速，无所匿迟也。主亦有地，臣主同地，则臣有所匿其邪矣，主无所避其累矣。凡为善难，任善易。”（《吕氏春秋·审分》）

意思是说，凡是君主，一定要明察君臣的职分，然后国家的安定才可以实现，奸诈邪僻的渠道才可以堵塞，浊气恶疫才无法出现。修养自身与治理国家，其方法道理是一样的。现在用许多人耕种土地，共同耕作就缓慢，这是因为人们有办法藏匿自己的力气，分开耕作就迅速，这是因为人们无法藏匿力气，无法缓慢耕作。君主治理国家也像种地一样，臣子和君主共同治理，臣子就有办法藏匿自己的阴私，君主就无法避开负累了。凡是亲自去做善事就困难，任用别人做善事就容易。

用今天的话来说，就是将田分给众人种，不仅是一种分权，也是一种分责，权责对应，大家种地的积极性也就高了。

后来者小岗村

1957年春天，中共中央决定开展一场全党范围的整风运动。从这年5月上旬到中旬，中共中央统战部邀请民主党派和无党派民主人士举行座谈会。在5月13日的座谈会上，张奚若提出了反教条主义的问题。其后又将毛泽东及其倡导的时代概括为“好大喜功、急功近利、鄙视既往、迷信将来”。具体表现为：一、好大喜功，总误认为社会主义就是大，不管人民的生活和消费者的需要如何，只要组织规模大才过瘾；二、急功近利，表现为强调速成，把长远的事情用速成的办法去做；三、鄙视既往，许多人忽视了历史因素，一切都搬用洋教条，把历史遗留下来的许多东西看做封建，都要打倒；四、迷信将来，认为将来一切都是好的，都是等速发展的。

历史记住了安徽小岗村几位走进镁光灯下的农民，然而事实上分田单干并非在七十年代末才开始。“歃血单干”与其说是一个事件，不如说是一场持续了二十几年的运动。早在1956～1957年间，因为反对合作化，在不少省市有过一次“拉牛退社”、“包产到户”的风潮。1956年的《人民日报》还发表文章，提到了安徽芜湖地区生产组包工包产、四川江津包产到户，并认为这些做法“是完全对的”。（何成《生产组和社员都应该“包工包产”》，《人民日报》1956年4月29日）当然，这些“资本主义主张”很快被批判禁止。

六十年代，由于对集体生产丧失信心，包产到户在一些地方再度出现。农民说，远看1953年、1954年，近看自留地，这些都比集体搞得好。有些人还将单干称作他们的“总路线”，而政府之所作所为，是“张果老倒骑驴，一步一步退”。据杜润生回忆，1962年甘肃临夏回族自治州70%以上的生产队在短期内解体，推行“包工包产到户”和“大包干到户”，成为西北全区的一大政治事件。而全国各地陆续发生的不同形式的单干，据统计约占20%～30%左右。

时任安徽省委第一书记的曾希圣也支持搞“责任田”，而这“责任田”在实行后亦被称为“救命田”。只是这个做法很快受到了压制。在1962年的七千人大会上，曾希圣受到严厉批评，并被免去第一书记的职务。相较而言，此时农民经营的“责任田”与其后小岗村村民顶风作案、按下的血手印在本质上并无区别。到了1978年万里当书记时，小岗村却在不经意间成了引领潮流的时代英雄。

据说当时有老干部调查万里治下的包产到户，并责备万里脱离社会主义。万里便问他，“社会主义和人民群众，你要什么？”答曰：“我要社会主义！”而万里的答复是：“我要群众！”

农民还是那些农民，他们的思想既谈不上进步，也谈不上落后，他们所做的都依旧是相对于大时代而言显得近乎卑微的自救。区别只在于两个时代对村民自救与自治的态度。新时代的态度是“可以有”，而此前，从普通农民到改革者，因为没有获得国家的支持，他们的主张与实践稍一冒头，便像不但无用而且可能导致火灾的烟头一样被掐灭了。

类似普通人成为先行者的故事有很多，比如赣南学生李九莲的悲剧。1969年，因为在给部队男友曾昭银的私人信件和日记里诉说了自己对形式主义和个人崇拜的反感、对林彪政治动机和刘少奇政治结论的怀疑，李九莲被男友告发，迅速被打成现行反革命。两年后，林彪倒台，李九莲不但未被平反，反而在盛行“两个凡是”的1977年，也就是“文革”结束之后被杀害，理由是自我鉴定上的反动言论。而就在此前一年的5月，李九莲写了一篇文章，题目是《真理的标准只能是社会的实践》。读到这个标题，读者一定倒吸一口凉气。因为这正是两年后引发思想解放大潮的“真理标准讨论”的核心议题与核心观点——“实践是检验真理的唯一标准”。这个观点并不伟大也非创新（以前我也曾在胡适的作品中读到“实践是检验真理的唯一标准”这句话），伟大的是在逆境中坚持这一观点的人。当守卫常识的人变成了先知，悲剧不是正在到来，而是已经到来。

董时进的预言

在《山坳上的中国》一书中，何博传提到1985年第5期《湖北财经学院学报》上的一张图表，上面没有任何坐标，全部的说明不过是一段结论——“上述曲线的差异，正是社会主义优越性之所在”。何博传将这种没有经过任何论证而直接得出政治结论的图表称为“神话式政治图解”。今日世界，社会主义与资本主义不再互相为敌，而是取长补短，对于类似“神话式政治图解”，人们往往一笑了之。然而其中有多少人可以当之无愧地声称自己没有生活在一个个未经推理的神话结论里呢？

有一次聊天，柴静突然问我：难道你没有那么一天，如梦方醒，意识到现实生活和我们小时候通过教科书相信的美好社会不一样？我说没有啊，因为我很少通过教科书相信什么，我对时代的判断更多来自底层的经验与生活。

拜改革开放之所赐，今日民众不再闭目塞听，大多能相对从容地正视本国体制的诸种弊端与不足，不再以一个笼统的“社会主义优越性”来回避问题，这也是今日改革的动力或者民情之所在。在此，我想说明的是，自小生长在乡村，在中国的最底层，让我深知生活的艰辛，可以近乎本能地拂去时代的虚饰。而从经验出发，同样是人类理性的开端。

八十年代后期，也就是我读中学的时候，有件事让我一直耿耿于怀，那就是为什么我没有一张小时候的照片，而近现代历史上许多人物都有。这当然不是因为江南空气潮湿没有保存好，而是因为我生在农村没有机会拍照。

是的，乡村贫穷、落后，但为什么滞步不前？事实上在二十里外的县城，早在南昌起义之前便已经通了火车。虽然年少无知，我还不知道追问中国在过去的一个世纪里走了怎样的弯路，但类似的经历让我对经验之外的说教与推理多少有了些免疫力。如果我正忍受着饥饿的煎熬，我是断不能通过天花乱坠的概念推理出自己拥有酒足饭饱的幸福的。

说到饥饿，我已经没有多少切身的记忆。母亲偶尔会说起我小时候如何营养不良以及现在的小孩们如何油水足。不过，对于发生于五六十年代的大饥荒，我从大人们那里还是了解了一些。据祖母说，她有个女儿便是因为营养不良夭折的。“三年自然灾害”时期，父亲十岁左右，每餐分到的口粮只有一两米，而大人是二两米。由于吃不饱，父亲只好和村里的孩子们一起去挖野菜，或者跟着爷爷去山里剐柚树皮充饥。这不是个好差事，因为许多树皮都被别人剐干净了。而这些替补食物，早先都是一些猪食。人吃起来，不是出现解手困难，就是肚子会疼。我的父母一直患有胃病，恐怕和这场大饥荒不无关系。

母亲常常和我提起的是她之所以没有念完小学，一个重要原因就是“饿得头晕，书包都背不起”，后来索性不去了。事实上，此时江西的饥荒还不算最坏。这场被称作“三年自然灾害”的灾害，死亡人数虽然民间有三千万或者四千万之争，但就官方公布的数字来看，至少也在千万之上。而在极端的年代，人们甚至被剥夺了最卑微的自救的权利，要饭还要乞讨证，否则是“给社会主义抹黑”。不过，再严密的追堵，还是磨灭不了人们求生的意志。在我印象中，直到八十年代，仍然经常有来自安徽、河南甚至江苏等省的逃荒者路过小堡村要饭。后文提到的小堡村有位妇女，便是在六十年代初跟着她的母亲以及三个兄弟姐妹一起从江苏逃难而来的。

说起这场大灾荒的起因，村民似乎仍停留于重复当年官方的解释：一是因为遭遇了“三年自然灾害”，二是被苏联逼债。当然历史并非那么简单，几十年间，有心梳理历史或者不忘过去的人注意到，灾难的起因在于当时的内政出现了严重的问题。甚至，网上还有人在争论一个问题：在灾难发生的年份，中国是否同时在向苏联出口粮食？

1755年，当伏尔泰为里斯本大地震中死去的四万生命愤慨不已时，卢梭则回应道：发生灾难，错误不在大自然，因为不是大自然“把两万家庭聚集到六七层的楼房中的”。卢梭接着说，假如居民散居开来或是以另外的方式居住，“那么地震的次日，我们会在20个不同地方看到他们高高兴兴地活着，好像什么事也没发生似的”。

我是在《饥荒与政治》一书中读到上述材料的，这大概也是有关“风险社会”的最早论述吧。作者西尔维·布吕内尔认为，把眼前的困难归咎于自然环境、所谓的人口过剩或者食物产量降低等因素，就像许多外部观察家所言（他们或无知，或仓促，或不怀善意），这实际上意味着在解释饥饿现象时无视政治因素在当时发挥着多么重要的决定作用。

而按现在的危机干预理论，饥荒的发生通常都会有前兆，比如食物储存逐渐枯竭；市场上的食品价格提高，出现替代品（可食用的野生植物、动物）；最健壮和最有才能的家庭成员忙着为留在原地的人找寻食物；有社会意义或象征意义的物品被变卖；用于生产的牲畜被杀；等等。从食物匮乏到人口大量死亡是一个漫长的过程，而制止一场饥荒只需几个星期。若非政治上出现了严重的问题，这场饥荒怎么会没有预警，又怎么会持续几年时间？毛泽东听说信阳死了许多人还不相信，以为是阶级敌人在造谣搞破坏。

春种秋收，大量守着农地的农民活活饿死，不得不说是二十世纪最大的悲剧。他们有种粮食的义务，却没有获取粮食的权利。纵观全局，这次大灾荒源于一连串事件：兴无灭资、强制农民集体化、“大跃进”、强征农民余粮等，而最重要的一条是当时的社会反对意见已无立锥之地，这也是我在整理董时进相关资料时的一个最深感受。当政府或领袖开始统领一切、决定一切时，丰富的社会被国家装进一个篮子，如卢梭所说的，将所有人都“聚集到六七层的楼房中”的危机就会随时出现。

前文提到，董时进在1950年前后曾经上万言书反对毛泽东主政的土改，并坚持认为土改只是“慷他人之慨”，并从逻辑上推断出“一旦田地社会化了，什么人也没有田地”。言路受阻后，1951年他继续在香港出版专业书籍，指出当年正在启动的农业集体化的种种弊端。

对于呼声甚高的“苏联经验”，董时进的批评是，“苏联的集体农场是否能算是成功，是否真比单体或家庭式的农场好（就有关农业生产及农民生活的各项条件而言），是另一个问题。但我确知道，世界上最好的农业和最富的农民，都不是在苏联，而是在所谓资本主义国家。我也知道，苏联的农民一般都愿意成立独立的家庭农场，只是在政府的强迫下做了集体农场的场员。退一步说，即使承认苏联的集体农场有一部分的成功，然而也要知道，苏联是苏联，中国是中国，两者土地人口的情形，和历史的背景均判若天渊。”

与此同时，董时进更尖锐地指出：“这种制度（集体农场和国营农场），完全是回复到封建和农奴制度，绝不是什么农民合作，扩大经营，提高效率的意思。我一向以为这个办法是要不得的，害处很大的。我预料将来惹出许多乱子，杀死及饿死许多人之后，终究还是要作罢的。我不懂共产党的先生们，和高唱集体农场入云的先生们，何以如此胆大。自己对于农业有何研究及经验，对于家庭农场和集体农场有何比较的研究及经验（政府在短时间内办了少数几个农场，无论成绩如何，都是不配称经验的），竟敢把这关系国家命脉和几万万人民生活的农业经营制度，拿来当试验品！”

像那个时代孤独的先知一样，董时进所预言的许多事情在后来都一一应验了。董时进并不是什么先知，他只是一个自始至终保持其独立精神的知识分子。曾经，他是孤独的。他所在的时代忽略了他，并且受到了这种忽略的惩罚。历史所能赋予他的荣耀，恰恰是我们透骨的哀伤。

7. 六畜兴旺周杰伦

坐在电脑前，感谢班德瑞，让我有机会借着《童年的回忆》（*Childhood Memory*）的空灵乐声走进天堂。或像此时此刻，可以敲着键盘追忆自己远在乡村的逝水流年。

不知是何缘故，小堡村里的孩子们大多都写得一手好毛笔字，字里行间透着一股“杏花春雨江南”的秀丽。那些写得最好的，虽然无意赚个书法家的头衔，但在中国权威书法杂志上经常发表些作品，也不是什么稀罕事。每逢过年，孩子们都会忙着写春联。起初大家都是依葫芦画瓢，写些“天增岁月人增寿，春满乾坤福满门”式的传世客套话。

这些标准化的表达为中国乡村虚构了一种和谐盛世的气象。在我按约定俗成完成的所有纸上祝福里，最得心应手的莫过于写些诸如“开门大吉”、“万象更新”、“添丁入口”、“五谷丰登”、“六畜兴旺”之类的小春联，并分别将它们贴在正门、灶台、谷仓、风车以及猪栏、牛栏和鸡肆上。透过这些红艳艳的小春联，你会发现乡村文化里偶尔也有难得一见的精致，就像在一件破棉袄上突然找到一个崭新的标签。直到最近十几年，在商品化浪潮的席卷之下，孩子们当年DIY的、能体现乡野灵性的手工春联渐渐被印刷品取代，而那些包罗乡村万象的小春联也早已随风而逝。

多数时候祝福仍不过是一种合法的撒谎。拿“六畜兴旺”来说，稍了解点当地家畜史的人都知道这四个字是怎样有名无实。“六畜”本包括牛、马、羊、猪、鸡、狗，然而事实上长久以来当地并没有马和羊，所以充其量只是“四畜兴旺”。这些年我回小堡村，发现牛、鸡和猪也都“笑渐不闻声渐消”，徒剩“一畜兴旺”了。曾经盛极一时的家畜帝国，如今空空荡荡，终日只见几条看家狗在村头村尾游弋，早先活跃于“六畜”体制之外的鸭和鹅也不见了踪影。

事情还不算完全糟糕。夏日炎炎，走在寂静的村子里，偶尔还是会听到几声懒洋洋的猫叫。循声而去，我发现有位农妇家里竟然养了十几只小猫。细问才知是因为无人认养，几窝猫仔都留女主人手里了。虽然猫从未获得“六畜”的名分，但是这并不妨碍阿猫、阿狗凑成一对，成为当今乡下小巧而威武的绝代双骄。

阿猫、阿狗仍活跃于乡下，自然是得益于它们的社会分工。众所周知，在乡下猫和狗的主要任务是维持“治安”，它们具体负责看家护院、抓捕老鼠等现场感较强的工作，而非像猪一样可以异地规模圈养，在大长其肉后任人宰割。不过尽管如此，以我的观察，猫大概也快要退出农家舞台了。自从农民住进了由钢筋水泥浇筑的楼房，能够体现猫的存在价值的老鼠早已另谋生路，逃之夭夭。

最具影响力的家畜

谈到“六畜”，有必要悼念一下猪了。猪对人类的贡献主要有两个，一是在肉体上被人吃掉，二是在精神上免费代言人类的缺陷——又笨又懒又好色。在乔治·奥威尔的《动物庄园》里，蹄无寸铁的猪甚至升级为山寨版拿破仑或斯大林，成为分析人类“鬼打墙”式革命的一个道具。

早在几十年前，家猪曾经是中国“最有影响力的家畜”。这方面，当年有不少口号可作为见证，如“六畜兴旺猪为首，五谷丰登粮领先”、“扫盲不离书，增产不离猪”、“若要穷，提鸟笼；若要富，去养猪”、“作田不养猪，十有九年输”、“种田不养猪，好比秀才不读书”等等。以至于时至今日，像“要想富，少生孩子多养猪”这样以猪为本的致富经，在一些村落墙壁上依然清晰可见。

在阶级斗争盛行的年代，家畜界同样面临一场解放运动。在九江市的一个破落旧书市场里，我找到一份1960年创刊的《养猪生产》杂志，该杂志的发刊词便是借用了为猪鸣不平的《人民日报》社论：“自古以来，猪位于六畜之末，叫做‘马、牛、羊、鸡、犬、豕（猪）’，这种排法实在很不公平。按照六畜对于工农业生产和人类生活的重要性来说，应该是‘猪、牛、马、羊、鸡、犬’，也就是说把猪提升到六畜之首，才有天公地道。”

据这篇题为“猪为六畜之首”的社论说，自从党中央和国务院指示全国农村在今年（1960年）冬天要开展一个养猪高潮以来，各地养猪事业发展很快。“现在，我国人民应该树立雄心大志，要进一步争取在一个不太长的时间内，实现每两人一头猪，而后再争取一人一头猪甚至更多一点。”至于养猪的目的，则主要是实现农业的现代化和机械化，因为养猪业发展起来，“生产更多的商品猪出口，就可以更多地换回化学肥料、钢材和拖拉机来，直接支援农业的现代化”。

在那个时代即使不是为了出口，养猪也意义重大。如毛泽东所说：“一口猪就是一座小型的化肥厂。”据说“猪为六畜之首”是毛泽东首先提出的，此后广为普及。上世纪六十年代初，多产作家郭沫若曾经为此写了一首诗，为猪在十二生肖之末翻案，认为猪不仅要做“六畜之首”，更要做“十二生肖之首”：

猪为六畜之首，十二辰应该倒个头。猪是多产作家，试问何处不如马羊牛？哪项不及鸡与狗？专工虽小劣，博涉实为优。猪之为用大矣哉，浑身都是宝，浑身都是肉。不问鬃毛膏血，不问肺腑皮油。不问脑舌肠胃，不问胎盘眼球。杂草为粮产奇珍，粪溺使五谷丰收。以猪为纲，保钢保粮。猪肉一吨可换钢五吨，猪身是座炼钢厂。换取一部拖拉机，只用猪鬃十二箱，猪身是座机械厂。换取化肥十二吨，只用一桶猪肠，猪身是座化肥厂。发展工农业，多多靠在猪身上。一人一猪，一亩一猪，公养为主私为辅，百子千孙寿母猪。自繁自养开猪源，宁乡垛山皆可取。凭君一卷书，此乃养猪经，非是区区一印谱，养猪高潮掀上天，要使天公牵牛也牵猪。人民公社无限好，共产主义有前途。猪多肥多，粮多钢多，不亦乐乎！不亦乐乎！

此诗出自郭沫若为《养猪印谱》作的序。如今你很难想象“篆刻”与“养猪”有何联系，然而几十年前，既然养猪被纳入“政治养殖”，和当时的政治文化挂钩自是顺理成章之事。编者魏绍昌在书中这样谈到了这本书的出版：“这是我和三位篆刻家（方去疾、吴朴堂和单孝天）聚在一起，看到报上一则新华社北京电讯，报道‘全国有两千万头母猪怀孕待产’，我们四人深深地为这件喜事激动了，大家高兴极了，想到应该为这两千万头母猪送一份贺礼去。送什么礼好呢？商量的结果，决定为猪刻一部印谱送去，猪对人民的贡献这么大，完全有权利接受我们这样一份‘雅礼’。”这份“雅礼”难免让人想起肯德基的广告——一只拔了毛的肉鸡欢天喜地地向顾客夸耀自己的肉有营养。

几十年后的今天我已无从查找这本《养猪印谱》，只在网上零星见过部分页面的翻印，印文都是些与猪有关的时兴话：如“梅花猪”、“猪胎盘”、“一吨猪肉可换五吨钢”，等等。据编后记记载，该书主要分为社论篇、语录篇、良种篇和宝藏篇。最有趣的是当年各大报刊的那些一本正经的社论，如“为高速度发展养猪事业而奋斗”，落款是“《广西日报》一九五九年十二月二十八日社论”；“大搞社队集体养猪”，落款是“《新湖南报》一九六零年一月七日社论”；“让每头母猪多子多孙”，落款是“《北京日报》一九六零年一月十日社论”。

这些口号现在看来已相当另类，可归类于“恶搞”。不过，它们也因其紧扣时代的脉搏而极具文物价值——至少它们生动展示了在那个“以猪为纲，六畜兴旺”的年代里，猪在中国社会主义建设初期有着怎样崇高的政治地位、经济地位和社会地位。懂得一点中国历史的人不难发现，“大养其猪”的“经济运动”与明武宗朱厚照当年禁止民间养猪构成了政治主导经济的两极。当然，从人类中心论出发，猪有再高的地位也只是唐僧在妖精眼里的地位，委实不值得歌颂。离乡多年，我至今未忘的情景是，每到过年时，一头头家猪被按在大厚凳子上放血，在杀猪槽里剐毛，没多会儿，刚才还嗷嗷叫的肉猪便被分成了两大块半扇的猪肉挂在屋外冷冰冰的梯子上。

荒诞年代的故事从来不以喜剧收场，影片《地下》的温馨结尾只是库斯图里察的想象。在我查阅到的有限资料中，当年为猪治印的三位篆刻家里最不幸的是吴朴堂。这位曾经先后为蒋介石和毛泽东治过印的著名金石家，在“文革”之初便因不堪凌辱而弃世自杀，时年仅44岁。

中国人说，屋顶下有猪才成其为“家”。对于这些发生在“以猪为纲”、“大养其猪”年代的故事，小堡村里的年轻人自然并不知情，老人们对当年“一人一头猪”的盛况同样渐渐模糊了印象，更别说从他们嘴里听到养猪和政治有何关系。只是透过零星读到的一些诗文篆刻，我才浮光掠影地知道自己年少之时的生活是何等意味深长、意义重大。谁曾想，当年目不识丁的我和伙伴们在村口弯腰拾粪，竟也神不知鬼不觉地参与了那个时代的政治养殖。

直到八十年代，养猪仍是当地农民主要的副业。我的一位中学老师曾经受到他的长辈的奚落，忙一年都不如他家的一头母猪。从赚钱方面说那时候的确如此。遥想民国时期，文人靠稿费能够在北京买个四合院，而今天在《收获》杂志上发个十万字的中长篇小说，稿费不过两万元。1949年后稿费标准之所以一直走低，一个重要原因就是

“高稿酬不利于知识分子的改造”。王小波笔下特立独行的猪，显然是需要改造的。但究竟是惩罚更有效，还是奖励更有效，就见仁见智了。

性交役

人和动物有许多区别，比如在性方面：动物虽然有性自由，但终究是免费一对一的单挑，而人却发明了同时两人以上的性行为，发明了三宫六院和性贿赂；动物应季生长与孕育，该性爱时性爱，该生产时生产，而人却制造了避孕套、避孕药，学会了堕胎、结扎和阉割，甚至不忘将种种“计划不生育”的政策用到了其所能控制的其他动物身上。

了解养猪生活的人知道，家猪大多都是被“计划不生育”了的。在我的记忆中，老练的兽郎中只需轻轻一挥手，便将小猪那点祖传的枪支弹药扔上屋顶，接着再在猪身上抹点锅底灰草草了事，阉割仪式就算是完成了。从今往后，小猪这一辈子的使命就是为主人长肉，直到有一天被杀。

家猪世界，只有种猪和未被阉过的母猪才有能力过性生活并繁衍后代。种猪一生的任务就是交配，用王小波的话来说是人们的政策准许它当个花花公子。只是，这个“花花公子”当得也并不容易。

我在乡下上学时，经常能见到一些神情焦灼的大男人，将绳子拴在母猪肚子上赶路，为母猪寻找猪郎。常常不幸的是，在漫漫长征之后，到款款行礼之时，养尊处优的猪公竟然没有力气爬上母猪后背，以至于主持这场性交易的买卖双方不得不找来壮士，帮着把猪公前腿架上母猪，抓着它的肉矛朝母猪体内撩拨。如此场面，想必猪公当时也并不十分快乐——要不它叫得怎会那么不动听呢？

在完成配种之后，母猪的主人会给猪公的主人一些费用。依照诸世纪风月场里的规则，彼时的母猪是死活想不通的：大老远送上门来，被猪公聚众蹂躏，还得倒贴，还有没有王法？不过母猪的主人替它想通了，还是务实点吧，别的猪都已经被人阉了，物以稀为贵，何况是阳物！

并非所有时候都是母猪亲往猪公府上，有时候猪公也会被安排着游幸乡里。从早到晚，猪公被主人牵着，走遍五里三乡，像是幸福的国王、快乐的播种机。那是何等奇货可居的骄傲！所以，但凡见到母猪，猪公便抬头看天，摆出一副玉树临风、很有资源的大架子，爱理不理：喂，你有嫁照么？

猪公并不自由。猪公还是猪，虽说天底下就数它“有种”，它也不会成为《动物庄园》里不可一世的拿破仑，怎可与我们后宫佳丽三千的国王同日而语。更何况，既然主人恩准服一辈子“性交役”，就必须完成主人下达的任务，按要求及时会见不同肤色与体重的母猪。配种工作做久了，猪公心里大概也叹息着：想当初，看着猪兄猪弟尽受宫刑，还暗自庆幸自己将独享猪世界的性生活，谁料如今被消费，受尽性奴苦。

乡村周杰伦

为什么近年来猪肉价格长上翅膀？只需到乡下走走就一目了然了。和当年的繁华相比，如今乡村可谓萧条至极，现今满村子找不到一头猪。由于猪仔和饲料太贵，养猪赚不着钱而且过于磨人，再加上偶尔传来某村发了猪瘟的消息，许多村民索性连猪栏都拆了。就这样从此天下太平，看“麻将联播”时也不像从前那样分心了。

与此相映成趣的是，这些年家猪的远房亲戚——野猪却是越来越多。它们经常冲出山林，在庄稼地里搞有组织、无纪律的散步，吃食并且踩坏庄稼，刨坏田埂，让农民苦不堪言。由于山林茂密，又禁枪多年，野猪得以迅速繁殖。听镇上人说镇里正在组建一支打猎队，想必是大家意识到当地已经跑步进入了“一人多头野猪”的时代了。

一个夏日正午，我正在镇上闲逛，突然被停在路边车里的一位司机叫住。他和颜悦色地问我是否记得他。虽然多年未见，我还是一眼认出他来。在当地，他曾是专门给猪做阉割手术的著名兽医。我小时候时常见他背着有红十字标记的兽医箱子走村串巷。据说，在他权倾田野的时候，方圆几十里的猪都挨过他的劁刀。在闭塞的乡下，那是怎样一幅风风火火、纵横四海的英雄形象！看他劁猪，就像看一场免费的演唱会。

那天我们简单地聊了几句，准确说是我听他不停地复述自己当年如何赚了很多钱。看得出他十分怀念那段时光，他曾经是那个逝去的时代里的乡村周杰伦。只叹如今猪业凋零、辉煌不再，给猪做了一辈子的“抓革命，促不生产”工作的他只能在镇上给人开黑车了。

两个横行的“π”

生活不尽美好，一旦逝去，总会令人追忆，因为那些日子，你再也回不去了。而文字，就像夏多布里昂所说，它的作用亦在于帮助我们暂时回到过去或者留住往昔，帮助我们“挣扎着反抗时间”，有机会重新爬上“美好岁月的山坡”，看万物在各自的世界里尽情尽性，自由生长。

几年前还在巴黎的时候，我曾经写过一篇关于幼年见到的乡村动物性生活的短文，个中风景惊天动地、精彩纷呈。

我之所以写了那样一篇文章，是因为听了Laurent Voulzy 怀念童年的歌曲*Belle-île-en-Mer Marie-Galante*，略带忧伤的词曲让我不禁想起自己童年时的孤单、混乱，以及一群小孩子在年少无知之时屡屡犯下的管理小鸡、小狗们性生活的过错。抵制低俗、管理欢乐，我们这些孩子当年就是我们村的风化总局。

比如说对狗的管理吧。在小堡村，大家把发生在狗狗之间的性行为叫做“狗连花”。当公狗和母狗双双发情之时，会头朝两端，骄傲地将屁股连在一块。对于人类来说，这无疑是个先天不足、后天也无法努力的绝活，然而小公狗轻轻一撩神鞭就做到了。不幸常常是，狗们表演“性杂技”时总在人来人往的院落里，因而时常招来一些顽皮的小男孩儿的追打。在终于无法忍受孩子们的棍棒之后，它们会侧身仄行，依旧屁股相连，且战且退，像一只双头怪物，像两个横行的“π”。即使渐仄渐远，有毅力的小孩仍会追赶上去，猛击二狗的阴阳结合部，直打得狗们落花流水，性趣全无，裂开为止。老实说，我已经记不清楚小时候是否干扰过小狗的性生活——这种场面却是非常熟悉的——倘使有过，今天的我会为此感到羞愧。

相较于大人们的丰功伟绩而言，这种自责多少有些矫揉造作。毕竟，孩子们的所作所为充其量只是贪玩，而非贪心、世故甚至恶毒。当然，细心者同样会发现，我所描绘的上述细节其实已在一定程度上暴露了人类自幼年起便有了管理他者性生活的欲望，有了当上警察便想抓捕看黄碟夫妻的潜质，无法将心比心地体谅或者理解他者的幸福。

这种管理，连上帝也没少被参与。据萨德卡特·卡德里在《审判的历史》中说，中世纪的教会在每年元旦正式庆祝基督教的割礼节。当时有两个犹太哲学家还专门研究了上帝为什么热衷于除去包皮。结论是，除去包皮后男人会很快射精，可以留出更多时间来祈祷。直到十七世纪的欧洲，普通人会因为被怀疑通奸而被抓去接受刑讯，而如果是神职人员正抱着那个女子，法院会推定他正在执行神父的职务，认为他是借助身体在满足女人的精神需求。

牛的传人

我刚读高中的时候，有位吃商品粮的女同学问我生在农村会不会自卑。至今我仍诧异于她当时为何有此一问。一方面，在我的字典或者人生经验中从来就没有“自卑”二字，生活好坏一切更在于你是否尽力；另一方面，农村也并不像有些城里人所想象的那么糟糕，或足以令我这样的优秀少年“自卑”。尽管我深知几十年来中国农村更代表着一种被隔离的生活，一种真实的逆境，但我总还是能从乡村生活中找到一些真实或者美好的事物并且为此心怀感恩。至少我会自问，若非生长在江南乡下，我怎有那么多机会聆听底层、亲近泥土，纵情做一个货真价实的乡村牛仔？

没有放过牛的人生是不圆满的。在我记忆中，放牛更是许多乡下孩子人生的开始。从六七岁爬上牛背的那一刻起，这些孩子便成了家里的半个劳力、兽力资源部部长，也因此有了点同父母大人叫板的“话语权”。更重要的是，从今往后他不仅可以骑牛走出鸡鸣狗叫的村庄，了解故乡广袤的疆土、曲折的道路、起伏的山峦、茂密的丛林，还可以自食其力采摘各种野果并知道它们稀奇古怪的名字。他们牛人合一，做骑士，当牛仔，连鼻涕也流得意气风发。一切只是因为这些牛背上的孩子早早学会了如何用一根牛绳控制住胯下的庞然大物，而且他们不怕被牛掀翻，他们把对牛的声声吆喝当作自己“在野”人生的首次巡回演讲。

高枝啼鸟，小川游鱼。一年四季里，夏天的放牧生活无疑最令人追忆。在江南这个季节，大人们通常都忙于“双抢”（抢种与抢收），而“没有学问啰无颜见爹娘”的小二郎们则正好放暑假，可以组成自己的“放牛班”在每天下午到野外放牛。最壮观的场面莫过于，一些勇敢的小孩，无论男女，在牛背上“站戗杆”，像杂技演员一样直挺挺地被牛送到两公里以外的牧场。待牛群散去，各自吃草、嬉戏打闹、过性生活时，小孩子们同样团坐在一起寻欢作乐，打扑克、玩石子，或者成群结队摘野果，到附近的浅水库里游泳，小水沟里浇鱼。心血来潮时，有的小孩还会去骑几个月大的小牛，直到被摔得人仰牛翻；甚或挑动公牛打架，大家一起坐山观牛斗。

多年以后，当我在世界名曲《友谊地久天长》中听到“我们曾经终日游荡在故乡的青山上，我们也曾历尽苦辛到处奔波流浪”这些诗意的歌词时，首先回想起的却是像我这样的“乡村牛仔”在童年放牛与寻牛时的情景——只可惜那时的中国没有阿巴斯这样的电影天才，没有人拍一部善良的电影《何处是我朋友的牛》，以至于我们在童年时的纯朴生活无人记录，无人升华。

和许多走出乡村的人一样，也许是因为早年在乡下放过牛的缘故，我对城里人养宠物的风尚一直提不起兴趣。一方面是因为自己曾经沧海，在乡下养过牛，见过大世面；另一方面，你想在城里养头牛也没条件。更别说即使允许养牛，恐怕这牛也不安全。毕竟中国不是印度，印度的牛可以在闹市区里像哲学家一样闲逛，像城管一样胡来。

如果真想放牛，在中国城市里唯一与放牛沾点边的地方是股票交易所。只可惜，许多人受了交易所前面立的假牛的骗，跑到那里把自己的真牛也给放丢了。这样的时候，你会发现交易所里的放牛娃，个个目光空洞、面如菜色，丢了牛的他们都不愿回家，怕回家没法向家长交待。而那些偷了牛的做庄者因为练到“千里之外取人贞操”的化境，早已经一鼓作气，全身而退。

中国人牵强附会制造了龙图腾，并自称是“龙的传人”。其实“龙的传人”更多只是官话，是“真龙天子”用来忽悠臣民的。这是所谓的大传统，哪位皇帝不希望他的子民自觉是巨龙身上的一部分？然而，生于山野的草民们毕竟自由散漫，他们更倾向于认同自己是“牛的传人”。这是一种小传统，是一种体现个体价值的传统。这世界，你要说谁“真龙”，除了皇帝，其他人听了肯定会认为你在说他听力不好；而如果你说谁“真牛”，听者自会眉开眼笑，嘴角上扬如五月的牛角。和西方的海盗故事相比，中国更多的是放牛娃的故事。朱元璋小时候也是放过牛的，他开始也不是什么龙，其所谓“真龙”，不过是从“真牛”一步一步变过来的。这世界，没有谁不是凡人。不同的是有些人懂事早，打小便相信自己是“牛的传人”。为了有朝一日能够以某种最牛的方式在社会上呼风唤雨，他们立志一生都要做一个徘徊在牛A和牛C之间的人。

2008年夏天，我在翻阅胡适主编的《独立评论》时，发现董时进在发表了若干文章后有段时间销声匿迹。直到董时进后来带着《江西农业生产之现状及应采之政策》（《独立评论》143号）一文重出江湖，通过胡适的编辑后记我才知道“独立的老友董时进先生现在江西办农村复兴的事业”。在这篇文章中，董时进谈到江西耕地少、荒地多，由于独尊稻作，农业畸形发展，危害极大，因此建议江西要多养牛、羊和马，大力发展畜牧业和园艺业。这个建议自然是好，不过如果董先生能够活到现在，愿意到江西乡下来走一走，相信他一定会大失所望。如今这里不仅田地大量抛荒，连小堡村现在也只剩下了一头牛，从早到晚唱着单身情歌。

耕牛之所以渐渐消失，自然有许多原因。比如，当地牛价近万元一头，农民买不起；当地农业“合作化”渐渐成形，出租经营的“铁牛”不断将耕牛从田里赶走。许多人外出打工，没有富余人手去放牛；除此之外，还有一个重要原因是，现在许多农民用上了煤气灶，很少有人上山砍柴。几年下来，山上已经不适于放牛和寻牛了。

那些疯长的树木，难免让人想起那个“巧妇难为无柴之炊”的年代。早在一、二十年前，十几里开外的大村庄总有些大力气的农民成群结队，不辞辛苦到村里及周边村庄偷砍柴火。面对盗贼，当地人自然是要铁心护林，奋起反抗，于是冲突在所难免。最激烈的时候，甚至会因此闹出人命。谁知到如今，“留得青山在，无人砍柴烧”，甚至连几年前村民们常走的大路也被淹没在枝椏与茅草之中。在这里，不仅耕牛消失了，许多道路也消失了。而像我这样的“牛的传人”，已经找不着牛了。

8. 生育的故事

小堡村毫无规模，在二十世纪八十年代只有六七十人。不过据了解村庄历史的老人们说，村子最兴旺时也有七八十户人家，只因战乱的缘故，不但没有发展起来，反而衰落下去。除了战乱，日常的非正常死亡同样是这个村庄未发展起来的一个原因。

比如说初生婴儿的夭折。七十年代村里有户人家夭折了两个男孩。第一个孩子出生没多久便死于高烧，第二个则是因为母亲干重体力活引发早产而死。而这样的故事，村中并不少见。可怜这些孩子，只是轻轻推开了尘世的门扉，还没来得及看上一眼，哭儿声便没影了。

也许是因为贫穷落后，抑或视人命若草芥的年代还未消退的缘故，村里的农民和那个时代一样，对自己生养的孩子似乎并不十分重视和尽心。一个生在乡村的孩子若要活下来，不仅要经受“野蛮生长”更要征服“野蛮生育”。就像石钟山在《天下兄弟》里写的：“农村女人皮实，不把生孩子当回事，直到肚子疼了，才往炕上一躺，急三火四地把接生婆接到家里来；这边烧上一锅热水，呼天喊地就等着接生了。农村女人大都在家里生孩子，去医院一是没条件，二也花不起钱。因此，农村的接生婆遍地都是，有几次生养经验的，胆子大些，心细一些的，都可以干这个营生。她们不计报酬，等接生的孩子满月了，孩子的爹用毛巾包裹着十几个鸡蛋送来，就算是酬谢了。农村女人生养一点儿也不隆重，怀就怀了，生就生了。”也是这个原因，农村人通常没有过生日的习惯，因为很多人并不记得自己的生日。人民公社时期，许多农民一年忙到头，到年底一算账还欠了生产队一屁股债。所以，每家每户都忙着赚工分，即使是身怀六甲的妇女，在分娩之前，也要在地里干重活。而这些农村妇女还不至于健壮到像电影《香水》里的那位妈妈一样，可以把孩子生在烂鱼摊底下，拧断脐带站起来又接着卖鱼。而且，她生下的孩子还有特异功能，能用自己特制的香水征服世界。

除了上述生育悲剧外，有些孩子则是长到了几岁后夭折。一是死于偶发的疾病，二是死于意外。前者，现在看来都是小病；后者，在江南乡下到处是水沟与池塘，而孩子们也基本上是像鸡、狗一样放养。试想，一个小孩，刚学会走路没一两年，便不知深浅地走到水边，并且失足，怎可能不引发悲剧?

八十年代，村里先后有两个小男孩掉进水里淹死。其中一个死在冬天。当时全村人都在找这个孩子，最后发现他浮在水塘里，捞上来时浑身已经发青。那天晚上，孩子的母亲生了很大的一堆火，但是她再也没有等到这个孩子暖和过来。

在当地，孩子失足落水的情形并不少见，只不过有的孩子得到幸运之神的眷顾，在落水后及时被人发现并救起。若干年后，一切说来平淡，其实当时都是生死一线。

如上所述，造成婴儿死亡的另一个原因是在家里生产。很多年前，我曾听到隔壁一位生头胎的妇女从早晨一直叫到晚上。叫声之惨，可谓撕心裂肺。那样的时候，你能真切地感受到贫苦农民的一生是如何“自生自灭”的了。万幸，母子平安。如今这个孩子早已长大成人。2008年冬天，我在村子里看见了他。他刚从江浙一带打工回来，一副时髦青年的打扮，时常徘徊在邻家漂亮姑娘的门口，我想他心中一定在唱着《月光下的凤尾竹》了。

转年，当我再次回到村里，便听说他们已经结婚生子了。年轻人没有重蹈上辈人的苦楚，随着社会的发展，尤其是近十年来，村子渐渐告别了这种“野蛮生育”。哪家孕妇快生产了，家里人会包一辆车子，将她提前送到县里的医院。

斯巴达战士

费孝通先生曾在《乡土中国》一书里为乡下人的“愚”喊冤：农村人到城里不知道如何躲闪汽车，于是便有司机朝农民吐唾沫，骂他们“笨蛋”。费先生不平，说这不能说明乡下人“愚”。乡下人不知如何给汽车让道，就像城里人跑到乡下看到苞谷赞叹“麦子长得这么高啊”一样，一切不过是个知识问题，而不是智力问题，与“愚不愚”并无关系，更无关一个人的人格，以至于他要被人吐一口痰。

我常在想，部分城里人的这种傲慢其实也是源于某种无知或者不理解。假如他们对乡村生活多一些了解，对历经九磨十难的寂寞生命多一些敬畏与同情，或许他会转怒为笑。

在中国城乡二元分治的格局下，那些生长在乡下的孩子总会让我想起古希腊时期的斯巴达。相传斯巴达的孩子在出生后首先要过两道关：一是由专门的长老对婴儿进行检查，只有被认为以后可以成为一个合格的战士，才允许父母养育，否则他们就要被扔到山谷里的“弃婴场”。二是由母亲用烈酒给婴儿洗身，如果出现昏迷、抽风或者休克，便任其死去。过了这两道关，婴儿才能活下去，并在长到六七岁时被送到国家的“儿童营”过集体生活，成长为国家的战士。

亲爱的读者，在此我并不是说我所知道的农村孩子都遭受了斯巴达式的纪律与残酷，而是要赞叹他们如何在“自生自灭”的荒废之地开出了倔强的生命之花，赞叹他们竟然超越逆境长成了顶天立地的“斯巴达战士”。

倾斜的接生盆

城乡“二元分治”对农村生活的负面影响至今仍未消失。尽管几十年来中国社会已经获得了前所未有的成长，但是种种区隔是显而易见的。

为更好地了解这一点，有必要回顾一下接下来的两条新闻：

一是2002年12月20日《健康报》发表的《北京农村妇幼保健扎扎实实 孕产妇婴儿死亡率达发达国家水平》。报道说：“北京市农村妇幼保健工作近几年来突飞猛进，10个远郊区县孕产妇死亡率已由1992年的29.8／10万下降到2001年的8.45／10万，婴儿死亡率由1992年的14.43‰下降到2001年的5.62‰，这两项指标已达发达国家水平。”

二是2005年6月黎光寿发表在《南风窗》上的《黄岗婴儿高死亡率调查》：“2001年贵州省黔东南苗族侗族自治州黎平县黄岗村的婴儿死亡率高达60.53%，而该比率在发达国家平均为5‰，中国2001年为16.95‰。也就是说，黎平县的婴儿死亡率是发达国家平均值的120多倍，是中国平均值的36倍左右。”

据统计，从1944年到1949年，处于战乱时期的中国的婴儿死亡率是203.60‰，而1960年为109.92‰，1965年为72.13‰，1970年为51.95‰，2000年为32‰。不难发现，随着国家的安定与社会的进步，婴儿死亡率已经大幅降低。据黄岗村所在的双江乡计生站2004年3月28日上报给黎平县政府有关部门的一份调查报告显示：2000年，黄岗村共有初生婴儿32人，死亡18人，初生婴儿死亡率高达56.25%。2001年，初生婴儿38人，死亡23人，死亡率高达60.53%。2002年，初生婴儿23人，死亡12人，死亡率达52.17%，当年出生的孩子的缺陷率高达43.48%。2003年，初生婴儿32人，死亡13人，死亡率达40.63%。在黄岗，有对夫妇在20年间虽然生了12个孩子，但最终活下来的只有两个。

黄岗婴儿死亡率为何如此之高？对于这个问题，官方和民间各有说法，有些甚至有些对立，比如官方说农民不注重营养，而农民则说没钱买肉。由于交通不便，卫生条件差，而且奶粉和药品多有过期，在当地一个常见的情形是：有人病了，找来医生扎上一针，就不行了。

应该说，相较于中国广袤的版图而言，“达到发达国家水平”的北京农村与惨状连连的贵州黄岗更像是发展中的中国社会的两个极端，一首一尾，都不具代表性。然而，透过这两个极端的例子，一个真实倾斜的中国同样清晰可见。2005年，《华尔街日报》发表《中国农村依然需要“赤脚医生”》一文，谈到：“进入九十年代，医疗成本迅猛增长，而农村收入却难以跟上。对医疗成本的担忧已成为很多中国人节衣缩食的重要原因；人们在看病前必须预交押金，很多人只能靠向亲戚朋友借钱治病。在世界卫生组织最近对190个国家进行的医疗卫生公平性评价中，中国被排到了倒数第四位”。另一则来自卫生部的官方资料同样印证了这种不公平性：直到2007年，中国农村地区婴儿的死亡率仍是城市的2.42倍。

事实上，这种身份决定财富的格局不打破，即便到了北京，有些农村籍的孕妇也难免不发生意外。2007年，农妇李丽云之死显然不能简单归咎于她的丈夫如何愚昧、拒绝签字，背后的更多辛酸是贫穷让这位孕妇一次次地错过了孕检机会。

屈原有叹：“长太息以掩涕兮，哀民生之多艰。”看到发生在黄岗村的故事，回想我所在的村庄的过往，甚至包括我在前文提到的种种“计划不生育”，你的确该“哀民‘生’之多艰”了。

没有兄弟姐妹的社会

几十年来，政府虽然一直宣传“计划生育是一项基本国策”，然而事实上这里的“计划生育”指的是“计划不生育”或者“计划绝育”——谁能说给妇女结扎是为了“生育”而不是“绝育”？生育不用政府计划，性爱与受孕老天自有安排，政府计划并强制执行的不过是绝育与避孕。

而在早些年的宣传画上，几乎都是些没有逻辑推理的口号。比如在我出生后的一年，上海人民出版社出版了一幅“为革命实行计划生育”的招贴画，实行计划生育有以下几个好处——有利于学习马列主义、毛泽东思想；有利于教养后代；有利于妇女、儿童的身体健康；有利于“抓革命，促生产，促工作，促战备”；有利于民族的繁荣。

在“计划不生育”或者“计划绝育”政策极度苛严的时候，未生男孩的家庭通常都会想方设法再生一个男孩，哪怕举家外逃。在上世纪八十年代，小堡村生下超生儿的家庭通常都得交纳四五百元的罚款，或者被计生干部牵走一头猪。也就是说，那时候一个超生孩子的价格差不多正好相当于一头猪的价格。我有一个超生的表弟，他的小名就叫“四百块”，那是他当时的出生价，来到这个国家的路桥费。

网上流传的一些标语口号见证了那个时期的野蛮，如“普及一胎，控制二胎，消灭三胎”、“宁可血流成河，不许超生一个”、“一胎环，二胎扎，三胎四胎杀杀杀！”、“一人超生，全村结扎！”……尽管这些嗜血的标语口号我在小堡村未曾见到过，但在我的印象中，为了避免农民私自下环，做到彻底绝育，当地许多妇女都是被抓上了卡车，一批批地运到镇上去做了结扎手术。如果妇女抓不到或者中途逃走，干部们便会去抓她们的丈夫来结扎。无论这个政策有多高尚，无论被执行者是男是女，当他（她）们被抓上手术台接受自己并不想做的绝育手术时，其人格尊严与生命权利受到冒犯是显而易见的。

2008年全国政协十一届一次会议首场新闻发布会上，新闻发言人吴建民在回答中国的独生子女政策时透露，“任何政策都是从实际出发的，经过许多情况的变化，是不是需要对一些政策进行调整，有关部门正在考虑。”随后，计生委官员对此“调整说”予以否定。应该说，争论的出现已经是政策松动的开始。而现在乡村的“计划不生育”在有些地方执行得远不如过去苛严，没有完全进入张五常感慨的“没有兄弟姐妹的社会”。一方面，随着农民大量进城务工，以及对生活质量的追求，许多人并不愿意多生孩子；另一方面，男女比例严重失调与社会老龄化问题上升等，也使国家在“计划不生育”政策上做了一些隐性的调整。

与此同时，另一个声音也渐渐浮出水面。上世纪七十年代末中国开始全面推行独生子女政策时，山西翼城县作为两胎制生育特区保留下来。三十多年来在这个地方的反向实验表明，两胎制并没有比一胎制增加更多的人口，而且避免了一胎制所带来的种种副作用乃至于无数人道悲剧。

十几年前，也就是我还在上大学的时候，小堡有一位青年因为未婚先育，闹得鸡飞狗跳，险些被村干部砸毁房屋。2008年的夏天，我在村子里遇到他刚刚返乡的妻子。这对夫妻恩恩爱爱，一直带着独生子在浙江一带打工，日子过得还算温馨红火。由于厌倦了打工生活，一年后我再遇到他妻子时，她正准备投点钱到镇上开家小店。我不知道那个“该扎不扎，房倒屋塌”的时代是否已渐渐消失在她的记忆里了。曾经不容置疑的“计划不生育”政策因受到越来越多的质疑正接近尾声，只是没有人知道那个句号将会画在哪里。

9. 摸着石头进城

曾经读到一则新闻，说的是在与小堡相邻的新建县，有个不足400人的小村落，先后走出了三位进士、五十多位博士，大学生更是不计其数。诸如哈佛大学的博士、著名植物学家胡先骕便是从这个村走出去的。想着列位进士、博士，踩着同一条羊肠山路，集中从同一个村子走出，也着实有些壮观。不过，这一切并不让人感到意外。今日中国，有多少才子佳人不是从农村走出来的？不同的只是各自走出乡村的时间、地点以及方式。

和乡下人相比，城里人活得近乎茫然。表面上，后者每天都在奋斗，忙于各种晋级与各类考试，其实他们当中很多人都在为几张无用的证书耗费自己的锦绣年华，都是丢失了生活真谛的人。

城里人似乎总是有很多选择，下了单元楼，车钥匙在手里打转，他们会为去哪个馆子吃饭、到哪个商场购物发愁。如果几家馆子都吃遍了，就真觉得生活没有出路了。谈到为什么换一座城市读研，有学生对我开玩笑说：“学校周围已经没有什么好吃的了”。虽是玩笑，却也略值得回味。

而乡下人，因为只有一两条道路通向未来的旅程与外面的世界，生活过得简单而执著。无论是“生一梯子儿女”，还是拖家带口进城，因为清贫而无虚饰，他们的生活反而有着很强的方向感与使命感，让人不敢小觑。维系他们生活的是熟人社会与宗族文化下的朴素道德伦理，“城市病”似乎与他们无缘，他们为酒足饭饱而打拼，绝不像城里人一样因酒足饭饱而绝望。

这种简单与执著，同样表现在“出乡村”方面。在一个“虚掩着门”的年代，一个尚未脱去“土地拥有农民”的悖谬的年代，几十年来中国农民及其子女之“出乡村”，主要是以下几种形式：读书、参军与打工。而这一切，在我所叙述的小村庄里均有所体现。在此，我不妨称之为“进城三部曲”。

之一：上学记

相传圣西门在年少时，就开始命令自己的仆人每天用这样一句话来叫醒他：“伯爵，请起来，伟大的事业在等待着您”。和小堡村所有孩子一样，我年少时没有仆人，在那个时代能唤醒我的只是我的父母，而父母要我做的事情也只是靠着读书洗去脚上的泥巴，而不是什么伟大的事业。

我这里即将谈到的读书实指考大学，和我今天常说的“美好人生三部曲”（读书、写作与旅行）之“读书”显然有着完全不同的内涵。事实上，自从大学开始扩招以后，考大学不但不伟大，甚至已经为有些人所轻视了。

a．小二郎从政

我还清晰地记得1979年我入学第一天时的情景。那天上午，刚雨过天晴，我和一群孩子踩着村南的泥泞小道去小学。到学校，交了两块六毛钱的学费，领完了语文和数学两本书，然后就放学回了家。那时候的语文课本仍充满了政治气息，“你办事，我放心”、“毛主席的恩情比海深”这样的句子随处可见。不过，数学的格调较以前已经大有改观。“文革”期间的数学课本上面写满了阶级斗争的标语。

典型的格式是，一页上面写着“最高指示”，如“毛主席教导我们：‘千万不要忘记阶级斗争。’”下面则紧接着问题：“解放前贫雇农受尽了地主残酷的剥削和压迫。陈大伯租种了地主9亩瘦地，被迫交租4572斤。平均每亩被地主剥削去多少斤？”现在你很难想象，只是教孩子计算的课本里，处处是“狗地主”这样充满暴力与侮辱性的字眼。

虽然小时候通过教科书接受了很多政治教育，但现在回想起来，那些话语对我从未构成决定性的影响。毕竟，我启蒙于“文革”之后，此时类似“狗地主”这样的词汇已经消失，取而代之的是那个年纪还不能真正体会的充满政治色彩的爱的教育，如“邓妈妈送雨衣”，以及春风吹拂、江河解冻的种种故事。

在我生活的那个年代，战争的硝烟仍未散去。就在欧洲人传唱鲍里斯·维昂的反战歌曲《逃兵》[1]，高呼“如果需要流血捐躯，总统您先来”时，我们还在唱着“准备好了么，时刻准备着”、“冒着敌人的炮火前进”。长大以后，懂了些政治伦理，觉得自己从被系上红领巾的那一天开始，便算是“从政”了。当然，即便如此，你也不会真正认为自己的“从政生涯”始于童年。因为你这小二郎，那时候只有流鼻涕的尴尬，而没有流血的冲动。你的眼里，只有大千世界的重叠的影像，而没有真正的政治立场，更别说你会为这个政治立场奋斗几天。

无论如何，相较于从前的混乱岁月，一个去“泛政治化”的时代已经开启。只是，乡下人对于政治运动多少有些后知后觉。在我印象中，直到华国锋下台几年后，学校才意识到不能再挂华国锋的像了。那大概是我读到三四年级的时候，有天下午，来了几个陌生人将华主席的画像摘走。当时不知所以，其实那不过是大人们为一个逝去的时代追加了一个仪式罢了。

1. 鲍里斯·维昂（1920——1959），法国著名小说家、诗人、剧作家。《逃兵》讲的是一位法国公民致信总统，陈述自己为什么要逃避兵役，远走高飞。“如果需要流血捐躯/总统您先来”“倘若您要来抓我/请您告诉宪兵/说我手无寸铁/可以开枪射击。”

b. 一条鞭法

对于小堡村而言，1980年代的前几年至少有两件大事可以载入村志：一是村里（当时仍为生产队）合买了一台黑白电视机；二是村里出了第一个大学生。前者是空间意义上的，它让村民看到了外面的世界，尤其是城里“白人”的生活——有此对比，自是因为晒得黑黑的农民经常羡慕晒不着日头的街上人的缘故。我年少时写诗，怜惜农民的命运，也曾将他们比做“阿非利加洲的黑人”。而后者则是时间意义上的，它让村民们看到自家孩子可能的远大前程。这也是我和我的同伴们自小深切体验父母“一条鞭法”之诱因。

关于如何教育下一代，以及乡村父母在孩子身上赋予了怎样的希望，村里最有学识的一位农民（他同时是我的语文启蒙老师）与我谈到这样一段心路：

> 记得有次去了城里，看着城里人的白皮肤与城市里的阴凉，城里的繁华与悠闲，我觉得这辈子真是没意思，农民过的根本就不是人的日子。从那时起，我便在想，就是讨饭也要“把孩子奔出去”（当地土语，相当于“费尽心力把孩子送出农村”），不能让我的孩子和泥巴打交道了。

关于我的这位老师的故事，有两点给我印象最为深刻：一是如上所述，自从进城转了一圈后，回到家里觉得自己今生不幸、低人一等，在床上整整躺了三天；另一件事则是他对儿子苛刻的管教。

如今他的儿子早已经大学毕业，留在西部的一个城市工作，回忆起父亲当年对自己的严厉总是置之一笑。那是在小学暑假的一天，父亲发现他没做作业，而是和其他孩子们在“赌纸”（村里的孩子仿大人赌钱的一种游戏，以撕开的课本、作业本或烟壳纸当作赌资），于是将他提回家接受家教。

这位气急败坏的父亲先是逼迫他的孩子冒着正午烈日的酷晒到山里捡一小筐石子，然后让他把石子铺在门前太阳仍可以照着的台阶上，并让他在碎石子上跪一个小时。当孩子终于忍受不住开始大哭时，又被恼羞成怒的父亲关进盛稻谷的木桶里，直到孩子的母亲忍无可忍将他“救”出来。类似“严打”，在农村也算是司空见惯寻常事，我本人也曾像陀螺一样多次被父亲抽得满地打转，完全不堪回首。

透过类似家教事例可以看出，农民对孩子的暴力教育并非“一条鞭法”那么简单。而且，父辈对时代、对人生不可名状的怨怼也会变相转移到孩子身上。基于农村生活中的种种不如意，小堡村的父亲们定是要通过这样近乎残酷的责罚，让孩子知道他这一辈子面朝黄土背朝天，受过太阳多少苦与热，并引以为戒。我没有亲见那位父亲对儿子的责罚场面，然而每念及此事，回想起自己年少时所受的鞭笞，也不得不感慨：上帝是如何热爱人类，竟要让不幸人家的孩子多此艰辛！

c. 露天电影院

小堡村出第一个大学生是在1985年，距国家恢复高考已经整整七年。自那以后，这个村子像是打开了通往城市的闸门，经常有孩子考上大学。刚开始，每考上一个大学生村里都会放两场电影，包括小队请一场，大队送一场。通常学生家长还会办几桌酒席以表谢意，以尽乡谊。

也许是因为少不更事，或早习惯了在外面闯荡，我已经忘记自己曾经是以一种怎样轻松而淡然的心境离开故乡去上大学的。然而今天，当我写作此文，重新回忆起旧时的一些细节，点点滴滴，竟忍不住潸然泪下。

遥想当地当年——你，一个即将进城的“准大学生”，面对几桌盛载纯朴乡情与父母恩情的酒席，以及入夜时分渐渐飘起的汽油的芬芳，放映机射出的洁白如烟的光束，悬挂在屋舍墙头的电光幻影……而这一切都是为你而设，既是你所熟识的乡下人为你这个未来的城里人专设的人生庆典，又像是一场出乡村的仪式，一个成年礼。年轻无依的你，将从此背负行囊，走过村后的山坡，望着故乡九月阳光里相送的父母与乡亲，远走他城，孤身一人，担负命运。

时至今日，尽管村子里仍然偶有学生考上大学，却早已经不复旧日“风光”。现在不但没有露天电影可看，甚至连家长请客喝酒的热情都没有了。原因自有多重：其一是大学生越来越多，也应了经济学上“边际效用递减”之原理。其二是学费过高。以上世纪九十年代中期为界，许多高校前后几年间学费相差近20倍。面对如此高昂的学费，对于那些贫寒人家来说，考上大学着实不能完全算作喜事。其三是大学毕业后不好找工作。许多农民因此开始盘算，与其给孩子花几万元上大学将来还可能找不到工作，不如及早改弦更张、迷途知返。而成绩平平的孩子，也只想着拿个初、高中文凭，早点外出打工，一了百了。即使不能让自己的人生立即改头换面，至少能紧跟潮流，买个手机，然后一次次把它换掉。我在县中读书时，曾经听说有个在读学生，屡败屡战，连续复读了八年——人生黑暗至此，用乡下人的说法，此公偏偏是“卵毛都已经读白”。这样的执著，相信在日益开放的今天再也不会出现了。

d. 二又四分之一首歌

许多农村学生考不上大学，并非完全因为自己不努力或者愚钝。除了录取分数线相较大城市要高出许多之外，还有就是农村教学条件相当差。

八十年代曾经流行一个真实的笑话，说的是一位初中生在课堂上问数学老师：“为什么要先乘除，后加减？”那位老师想了一下后回答说：“那是国务院规定的。”我不知道这个笑话发生在什么地方，不过我是宁愿相信它是发生在农村的。至少，以我对农村教育的亲历与感受，它发生在农村我一点也不意外。

比如说我小学的音乐课，从三年级开始一共教过三首歌曲。一是聂耳的《卖报歌》。一直到小学即将毕业的时候，我和同学们唱的都还是“我是卖报的小行（xíng）家”。那时候，我的怀疑精神也真是少得可怜，只知道跟着老师走。恍惚之间，心想既然你要卖报，要赚铜板啊，总免不了要行走，而且你是小孩，自然就是“小行（xíng）家”了。另一首是《读书郎》，这是流行于上世纪四十年代的一首老歌，印象最深的是“没有学问啰，无颜见爹娘”和“唧里个唧里个唧里个唧”。有一年“六一”分场各小学搞歌咏比赛，我唱的便是这首歌。第三首是电影《马路天使》的插曲《四季歌》。谁知正要学唱“夏季”时便被校长叫停了，“四季歌”变成了“一季歌”，只有春天的故事。后来才知道这首歌被叫停，完全是因为春天的故事里面有“大姑娘”，有“情郎”，还有“鸳鸯”。考虑到这首歌只教了春季，我小学时学过的歌，实际只有二又四分之一首。

奇怪的是这位外表严厉的校长先生，不知何故在我小学还没有毕业时便消失了。直到2009年，我到县档案馆查一些资料，无意中发现他当年被开除了公职，原因是他违反“计划不生育”政策多生了一胎。关于这位校长，印象最深的是他在黑板上讲汉字。他有一个观点，“射”字和“矮”字一定是古人给弄反了。理由是“‘身’为一‘寸’，会意就是矮的意思；而‘委’、‘矢’相伴，合起来才是搭箭而射的意思。”不知道古人是否真的糊里糊涂犯了错误，但是校长先生的这番说辞，给我幼小的心灵注入了一种怀疑精神却是肯定的。

至于那时候的硬件，同样寒酸无比。小时候在书里读到两个细节会十分羡慕：一是城里刻苦的孩子能够在路灯下看书；二是小学课文《六个“墨水瓶”》里描写的列宁在监狱里的生活，因为那儿不但有面包，有牛奶，而且牛奶多得可以用来写字。我心想，那时候的生活可真是好啊！

值得庆幸的是，小堡村的小学生如今早已不用像我年少时一样勇闯独木桥，或在教室涨水时踩两脚稀泥了。2003年年底，著名歌星、港姐邝美云捐了一笔款，使小学不但可以重新选址盖起了几层小楼，还进了几十台电脑。此时，邝美云早已皈依佛门，法号如悦，是国际佛光会香港协会副会长，捐建的小学因而更名为佛光如悦小学。

说来凑巧，这些年当我的生活丢掉了音乐，听得最多的竟是邝美云唱的《大悲咒》。她的慷慨解囊，使我的小学成为当地的“地标性建筑”。2008年夏天，当我第一次走到小楼边上，也算是近距离真切地感受到了乡村巨变。和过去不同的是，现在上学的孩子越来越少。一是计生政策的直接影响；二是许多农家子弟已经在城里生儿育女，或举家外出打工。当年村子里十几个孩子上学打群架、闹派系的热闹情景不复再现——这一年夏天，我发现全村只有一个孩子在上小学。原来的中学，因为没有足够生源，已经取消了高考班。而我当年的部分小学老师县里不转正，一起去省里上访，才得以解决。其中一位老师在电话中向我感慨不已，“这个国家到底怎么了，为什么非要往上面闹了才能解决问题？”

至于中学，最无趣的当属思想品德课。一位头发花白的任课老师，课上只知让学生们依次站起来念课文，直到铃声终于响起，师生齐获解脱，鱼贯而出。长大以后，我觉得或许更应该感谢这位老师，正是他的无所事事无意间让我看透了政治宣教的虚无与空洞。数学老师年纪也很大，据说是个被下放的了不起的人物。有多了不起学生们无从知晓，只知道他有个“上下其手”的习惯：只要天气尚好，便一手摸着脑门，一手插进前面的腰带抚着小腹，在校园里安详地踱着步子。他像时间老人一样从容不迫，总是平平淡淡，慢慢悠悠。

e. 浅浅的一汪题海

生于七十年代的人，一定熟悉“书山有路勤为径，学海无涯苦作舟”这副对联。我是在村里第一个大学生的家里看到这句话的。及至年长些，更知道将“鸡声茅店月，人迹板桥霜”、“明日复明日，明日何其多。我生待明日，万事成蹉跎”之类的句子写成“书法”贴上糊满报纸的墙，以作励志用。

回想乡村孩子上学时的情景，虽散漫、自由却也难辞辛苦。严格地说，这种辛苦并不在于他们花了多少时间学习，而在于完成作业时环境有多恶劣。且不说平时的菜油灯以及15瓦的电灯不遗余力地损坏小小读书郎的眼睛；且不说稍有点风吹草动，这15瓦的电灯还要被吹熄……炎炎夏夜，面对扑面如山响的蚊子，有时你不得不宣布自己的人生进入某种战时状态：穿一身当年流行的绿军装，套两脚长筒雨靴，俨然老山前线上的战士。至于说花在学习上的时间不多，是因为此时乡下的孩子根本没有条件经历城里孩子望而生畏的题海战术。记得初三时，教物理的班主任只给了我们几位成绩好的同学一张B5纸大小的练习题，让大家传阅着做题，并叮嘱做完后一定交回——那就是我在中考之前见到的浅浅的一汪“题海”。

无题可做的时候，学生们多在教室后面的茶树林里练习踢腿，学唱《再向虎山行》里的“老婆唉老婆”。尽管到了能够跳起来踢腿的年纪，已经知道了反抗，但只要老师召唤，大家还是像读小学时一样温顺，像小猪一样被赶到地里帮老师或者与学校有些关系的农业单位拔花生，算是“学习生产两不误”了。

小学时帮老师家拔花生着实算不了什么，在现在的城里这算是一门“采集课”了。真正危险的事发生在上中学时。比如，被学校动员去山里灭火。那时媒体还在生产“赖宁式好少年”，鼓吹学生为打火牺牲是一种值得学习的高尚行为。就像政府鼓励职员与抢银行的歹徒拼命保卫国家财产一样，个体的生命在那个时代是被轻视的。

f.“我的老师没有姓”

汪中求先生以《细节决定成败》一书扬名。他曾是我中学的老师，而他上学时的条件更是差得让人摇头。据说他上小学的时候，村里只有一个老师。所谓学校只是一间大仓库，五个年级坐在一起，通常的安排都是一个年级上课，另外四个年级自习。当然自习的学生同时也不可避免地要旁听。回忆起这段往事，汪老师后来特别写了一篇题为“我的老师没有姓”的文章：

> 小学五年，我们只见过这么一个老师，根本就不知道这个世界还有别人也叫老师，因此，五年里，我们一直喊吴集瑚“老师”，就像我叫我的爸爸不可能叫“汪爸爸”一样，以后的30多年里，我也没有改变称呼，一直这么叫他“老师”。

1977年中国恢复中断了11年的高考，570万青年，带着久违的热情从四面八方赶向考场。恢复高考并不仅是恢复了知识的尊严，它更让社会有了一个正常的上升通道。正是借助这个通道，至1990年代，小堡村得以成为远近闻名的“才子村”。一个70余人的村庄，一共走出近10位大学生。因为当地泥巴沾不住孩子们的脚，远近村民谈及小堡村多出人才时，最后总免不了会说“祖坟埋得好”，仿佛列祖列宗能帮着孩子们在考场上作弊。二十世纪最后的20年间，小堡村一些有志气的父母拼尽全力，让自己的孩子考上大学。就在邻近的村庄因为农民外出打工开始小富起来，甚至盖起两层楼房时，村里尚无一台彩电。

整体而言，对于七十年代出生的农村孩子来说，由于远离了战争与混乱，极端的年代渐行渐远，生活虽然不像《上学记》里的何兆武与《巨流河》里的齐邦媛那样紧扣时代的脉搏，过得颠沛流离，但总还是会受到文明的造化，一步一步地向着更开阔的地方走。

之二：参军记

这个村庄虽然不大，也算是拥有中国海、陆、空三军兵种了。自上世纪七十年代以来，小堡村有三位青年参军。第一位入的是空军，曾在吉林服役19年，做到连职，1996年9月转业到了县地税局从一名普通的税收管理员做起。

严格说，他是小堡村我所知道的第一位洗脚进城的人。虽是同村，关于他的经历，我却知之甚少。只是在2006年《九江地税工作》的“行风建设专刊”上，偶然知道由于工作积极，他连年被评为先进。而在我的记忆里，除了他探亲时带回的飞机模型、东北人参外，剩下就是他每天清晨在自家屋前练军体拳时的情景。或许，这也是他带回村里的关于外面世界的全部消息。

直到八十年代初，我还看到过一户“特务”人家的女主人被剥光上身绑在电线杆上，看到过有人被戴着高帽子“游村”或者“游田”（乡下无街可游）。那时在乡下偶尔还能看到成捆的步枪。记得我上小学时，路过大队部，还经常能看到民兵趴在地上打靶。

我有位同学，父亲是大队书记，家里常年放了几条步枪，险些酿成大祸。话说某日这同学闲得无事，在玩枪时就朝着他的弟弟开了一枪。谁知里面正好装了子弹，这可怜的小弟，虽然大难不死，脸上从此多了一道重重的枪伤。

绿军装、海军帽、木制的手枪或者火药枪……在那个时代，当兵是件十分威武的事。受电影、宣传画和小人书的熏陶与启发，村里的孩子们最常玩的游戏就是打仗。尤其是在夏天，孩子们还会扯下长在池塘边的柳树条，将它们围成一个供隐蔽用的绿帽子，其威武程度并不亚于真正的军帽。

a. “桐油罐”去当兵

自从1977年恢复高考，尤其到了八十年代以后，多数农村父母开始将读书视为孩子出乡村之第一选择。至于参军，则属于“替补前程”，只有读不进书，做了“桐油罐”的人才会考虑。

事实上也是如此。九十年代以后，村里先后有两个“桐油罐”当了兵。一位在沈阳做武警，这算是陆军；另一位则在湛江南海舰队服役。前者服完两年兵役后，又签合同做了三年士官，最后觉着部队“朝五晚九”的生活实在枯燥难熬，况且自己又超了考军校的年龄，于是申请退伍了。后者在舰队则只待了两年。虽然兵种不一，但在退伍的遭遇方面却无二致。由于是农村兵源，从部队转业后他们都没有被安排工作。两人很少在村里人面前谈起自己“比农村还苦”的“军旅生涯”。电视里大红大紫的许三多，对他们来说更像是难以置信的神话。好在回乡后的生活还算平静，他们在家里种地、带孩子，偶尔在省城打点短工。也许正是因为退伍兵的这种落寞印象，使越来越多的农村青年认为服兵役是在浪费时间。

在过去，为了当上兵，许多家庭不得不托关系、走后门、做交易。谁家要是有孩子检上兵，从此他家的门楣上便有了“光荣军属”的字牌。在县城读书的那一年，儿时的一位玩伴特意来看我。我至今未忘他那天略带忧伤的表情，他在县里检兵没检上。他的成绩一直不好，很早便辍了学。这意味着对他来说，农家子弟出乡村的两条出路都已经与他无缘。此后他继续在家务农，婚后到江浙一带打工，不知什么时候染上了肝炎，最后转为肝瘤，死时不过30来岁。

至于他当年为什么没有检上兵，一是因为他的视力的确不好；另一方面，他也认为是因为自己上面没有人。谈到视力问题，我不知道当时他是否背过视力表。据说，为了过体检关，许多视力不合格的检兵者愿意花上几天时间来背这张“E”字表，以期蒙混过关。极为反讽的是，如今一些视力极佳的农村青年，为了逃避兵役，宁愿刺上纹身或指着视力表乱说一气。

今日中国社会日益开放、务实与多元，远离战争，过去那种“一人当兵，全家光荣”的年代已经变得无比遥远。伴随着市场经济高度发展、消费主义大行其道，年轻人不得不面临更多物质与金钱上的压力与诱惑。在这个消退了革命激情的和平年代，就绝大多数农村青年来说，当兵的首要目的不再是去战场上舍生忘死，而是为自己低人一等的人生谋求出路，为了宽阔自己的视界。然而，如果只是在部队喂了两年猪，或者在飞机起降前赶赶小鸟、扫扫地屑，当他们从军营重新回到农村时，竞争力不但不如大学生，甚至有可能不如一些打工者，他们就不得不另找出路。

b. 二等兵

我曾在网上读到一篇题为“多少退伍军人被城管逼成黑社会”的文章，作者在文中慨叹：“从来都是追杀毒贩的大哥，却成了现代化城市的丧家之犬无处容身，四处打游击的大哥，一天的营业额仅合乎生存。”标题虽然夸张，但是个中细节读者却并不陌生。2006年，来自农村的退伍兵崔英杰不正是因为摆小摊屡次被驱赶而怒杀了一名城管。退伍军人杀死城管所暴露的不是杀人者的残暴，而是包括崔英杰等农村退伍军人在内的底层社会之举步维艰。

“随人间风雨迁徙，怨不了无情天地。那苍天从不曾改变，留给我寂寞的誓言。走过人间千百回天涯，又回到深情的原点。”相信许多与我同龄的人都还记得王杰的这首《红尘有你》。这是有关法国海外兵团的电影《战龙在野》的插曲，王杰饰演同名主角，他是被仇家迫害、追杀而投军的。这部影片我多年未忘的一个镜头，正是这个面孔清瘦的男人，紧牵着他的女友在巴黎的屋顶上奔跑，亡命天涯。同样难忘的还有片尾曲《自己带自己回家》。王杰虽是雇佣兵，被人称为“亚细亚的孤儿”，却也是一个知道家在何方，知道为自己利益而战的雇佣兵。

任何时代都是这样，每个人其实都是在为自己的出路而战，而非简单地归结于某个宏大理想。法国陆军能从全球140个国家招募雇佣军，自有原因。比如除能领取丰厚薪水、五年后可以获得法国身份外，在服役的时候，雇佣兵每年还能享受一次漫长的法国式休假。法国人以享乐著称，当年的马其诺防线里不仅修了电影院，而且还有晒人工日光浴的设施。如今雇佣兵的日子也不例外。据说雇佣兵第一年假期就有20天，次年35天，此后每年有45天，而且双休日另算。

回过头说现在乡村的“征兵难”，过去是找关系入伍，现在是悄然抵抗。今日中国农村征兵，每次到征兵的时候村委会干部到处找人报名充数，或者将外面打工的年轻人叫回来，有些地方甚至花钱雇人充数，烘托出某种应征热情高涨的局面。与此相比，城里报名参军的人还算踊跃。之所以有此差别，就在于城市兵退伍后地方政府能给安置工作。而且，当兵也算是工龄。说到这一点，自称是“二等兵”的小堡村退伍兵多有羡慕之情，并且承认“这种不公平一直是这样的”。

当兵没有好的安置，上大学未必能找到工作，有些农家子弟越来越看好打工。既然读书与参军都有无法抗拒的沉没成本，打工这立竿见影的“第三条道路”，快要变成“第一条道路”了。只是，当他们真正走出村庄，掏出羞涩的钱袋“给铁道部门捐款”，从此走南闯北，甘苦自知，一切也并不像他们最初想象中的那样顺利。

之三：打工记

人行道上，嘈杂的人群熙熙攘攘，络绎不绝，有的慢条斯理，有的匆匆忙忙。我们只好从人群中挤出一条路。这人流像是一群无主的、惹人讨厌的狗，又如一班漫无目的的叫花子东窜西溜。这就是中国的人群。这种人群就是在今天繁荣的景象中也仍然可以看到。他们那种喜欢结伙成群走路的习惯，从来不慌不忙，跻身在那嘈杂的人群中却似乎旁若无人，似乎没有幸福，没有忧伤，也无好奇之心，只知道走路，看不出他们要上哪儿，只是这儿走走，那儿逛逛，他们孤零零地在人群中，可又从来不感到孤独。

这是杜拉斯写在《情人》里的一段话，其所描述的对象是上世纪初的中国人。相信这也是今日中国许多城里人眼中的农民工形象，他们经常被一些城里人误解、歧视与嘲笑；他们被视为成群结队的“闯入者”让城里人另眼相看，时而又像街旁树底的落叶一样聚散离合，任人无动于衷。

a．城市人来自金星，乡下人来自火星

奈斯比特说：“从农民到工人，从工人到职员，这就是美国简史。”这同样是一部法国简史、欧洲简史。以法国为例，1970年法国农民所占比例已经降为10%，而到2000年更不足2%。2002年，当我开始在杜拉斯的故乡法兰西及欧洲其他国家游历时，亦曾深切地感到今日中国与世界的差距主要不在城里，而在乡村。

我在法国西部乡村采访时，印象最深的便是沿途村庄文明整洁，一家家农舍别墅一般散落在绿草树荫间，不时有教堂、乡村邮局、小图书馆、家用轿车以及候车亭、公用电话亭点缀其间……全然没有“面朝黄土背朝天”的悲苦迹象，更找不到凡·高画笔底下“食土豆者”的阴暗与忧郁。在那里，你闻到了乡村泥土的味道，看到的却是城市背影下的悠闲的生活。相信这样的图景会给许多骂戴高乐机场不如浦东机场豪华的中国人当头一棒。评价中国是否崛起，首先并不在于城市里竖起了多少幢高楼大厦，而在于城市文明是否同时反哺乡村，在于中国农民能否彻底扔掉“二等公民”的头巾，并实现春联上的愿望：万象更新。

当然，法国也并非从来就是如此。早在100多年前，法国城乡之间一样存在着巨大的鸿沟。一位到过勃艮第乡下的巴黎人还在这样感叹：“人们无需去美洲寻找野蛮人。”法国经济学家阿道夫·布朗基亦表示：“生长在同一块土地上的两种人如此不同，以至于他们彼此

视为外国人。”这种城乡差距在同时代另一位英国政治家眼里则具体表现为：“他们之间没有交往，没有同情，彼此不了解各自的习惯、思想和感情，好像他们是生活在不同地区或不同星球。”仿佛“城市人来自金星，乡下人来自火星”。

历史会有惊人的相似，此时的法国正在开始一场历史性的“大搬迁”。1850年以前，外出的法国农民多只是充当季节性的打工仔，像候鸟一样在农忙季节成群结队地涌入劳动力相对不足的地区干农活，干完然后回家，颇有点像中国北方农村替人收割麦子的“麦客”。而在此以后，随着法国工业与城市化的发展，农村人口呈直线下降，农民蜂拥入城，“由农民成为法国人”，从此“永久性移民”开始代替“季节性移民”。直至今日，无论城乡，无论男女，人人享有平等的公民权。

在巴黎时，我也时常流连香榭丽舍大街。感谢徐志摩的这个中文译名，给人无限遐想。这里有著名的大公司、大银行，设计独特的香水店、酒吧、电影院以及丽都、路易·威登……但它既不暴力也不势利。这条大道上，法国总统能够威风凛凛地阅兵，农民同样可以撒豆成兵，占领香街，表达自己的爱与憎。比如有一年，法国农会将刚收割下来的麦子搬到香榭丽舍大街上，两公里长的地方装满了麦子，到了晚上，再当场用这些新鲜的麦子做原料，制作成面包，分给行人。另一次，农民们带来了8000多个土样，15万种植物和近700株长势完好的树木以及猪、牛、马和羊，目的是向城市人表明大自然的价值和农民工作的重要性。置身其中，你会感觉到，即使是在巴黎这样的国际大都市，土地依然是花园。

此外还有具体的利益诉求。2010年世界粮食日当天，天还没亮，一捆捆干草垛已经被放到了香榭丽舍大街的路中央，150名从法国各地赶到巴黎的农民点燃了草垛、汽车轮胎和柳条筐。大火迅速在香榭丽舍大道上蔓延，一时间火光冲天。组织者说，他们这样做也是迫不得已，因为法国的粮食价格实在是太低了。

没有哪个现代国家不保护农业，没有哪个现代国家不保卫农民合理的诉求通道。遗憾的是，今日中国人多谈血汗工厂，却忘了还有一个用于支撑血汗工厂的血汗农场。为什么工人收入很低却还能生存？一个至关重要的原因就在于还有比农民工更廉价的农民。正是那些守在故土的农民为这个国家提供了大量廉价的粮食、蔬菜、棉花等日常用品，中国这个“世界工厂”才能得以正常运转。

b. 由农民变成中国人

和当年的法国一样，今日中国农民也正在“由农民变成中国人”。根据国家政策的不同，有学者将农民进城大致分为三个阶段：一是从上世纪五十年代末开始的“红灯阶段”；二是1984年后的“黄灯阶段”，农民可以进城，但是必须自带口粮；三是从1990年代末开始，尤其是在2001年中国政府提出加快城市化进程之后，渐渐转入“绿灯阶段”。当然制度壁垒仍然广泛存在。

说到读书、参军之外的“第三条道路”，从1995年开始至今，小堡村16岁以上50岁以下的村民90%都有进城打工的经历，从新疆到东三省，从北京到海南岛，到处都留下了他们的足迹。与此相伴的是农业用地的大面积抛荒与粮食收入的锐减。2001年9月，我到永修采访一起特大的蘑菇中毒事件，在路过小堡村时，发现留守村庄的不过十来个人，而且是所谓“386199部队[1]”的残部，谓之“残部”，是因为许多妇女和儿童也被带出去了。

如零点调查公司董事长袁岳所说，中国的流动人口有一个很重要的特点，即富裕地区出来的，是经商的；中等地区出来的，是打工的；落后地区的人则出不来，因为这些地方的人可能连路费都没有。也正是这个原因，在中国的西南、西北贫困地区出来打工的人很少。

至于小堡村，属于“中等地区”。总体上看，打工者主要集中

1. “38”指“三八”妇女节，代指妇女；“61”指“六一”儿童节，代指儿童；“99”指农历九月初九，即重阳节，也是老人节，代指老人。

在江浙等沿海省市，通常都是夫妻俩一起出去打工。如果一切顺利，隔几年便会把孩子也接过去，并让他（她）就近读书。虽然他们身上还背着农民身份，不过很难想象有朝一日他们还会回来继续种地。2008年金融海啸来袭之时，有些打工者回村，但是他们首先想到的也是在镇上或者县城里寻一个铺面做买卖。如果找不着合适的，就继续到外面闯荡。对于种地这种“赔本的营生”，他们似已毫无兴趣。应该说，这也是中国社会的一个进步，只要人们不至于走投无路，尚有余地，就可以对当下这不体面的农村政策继续投反对票。

2002年年初，在《一个村庄里的中国》那篇田野调查中我曾谈到本村英雄大保兄弟“给铁道部门捐款”的故事。所谓“给铁道部门捐款”，是当地村民对外出打工者的一种失意描述与自我解嘲。而大保恰恰是“给铁道部门捐款”最积极的一个。关于他的故事，我会在后面《几户人家》一节中专文叙述。

值得一提的是，随着旧有体制不断被打破，读书与打工可能合二为一。小堡村周围的一些村庄，也有读了大学的农家子弟一心打工，十几年下来，他们做到了上市公司的高管，或在后来独创大企业，有了千万乃至数亿的身家。

出乡村记

写作此文时，萦绕在我耳边的是马克西姆(Maksim Mrvica)的钢琴曲*Exodus*（《出埃及记》）。在我心里，这首曲子比我曾经听到过的任何曲子都要古老，因为它贯穿了整个人类波澜壮阔的历史与命运。也因了这位克罗地亚“钢琴圣手”奉献的独一无二的明亮与自由、坚忍不拔的钢铁意志，在此我更愿意将它作为小堡村村民“出乡村记”的主题曲。

“出埃及记”讲述的是希伯来人在先知摩西的带领下走出埃及、

重归自由之乡的故事，而我在接下来的“出乡村记”里将要勾勒的则是几代中国农民淡出农村的一道侧影。

比较出埃及与出乡村，相同之处在于二者所描述的都是一群人，他们迫于生计或者只是向往另一种生活而不得不离开一个地方去了另一个地方，都经受了无穷磨难。不同者，“出埃及记”讲述的是一群人跟随先知从异乡到故乡，首先是他救；而“出乡村记”则是一群人分期分批，近乎自发地离开生养自己的故乡，而且要把他乡当故乡（所谓“融入”），在这里没有先知，没有神谕，也没有共同的目的地，每个人都只能自救，摸着石头进城。如易卜生所说：“全世界都像海上撞沉了船，最要紧的还是救出自己。”除此之外，还有一个重要区别是，出埃及的阻力与磨难来自想要离开的地方，而出乡村的阻力来自紧闭大门、制定政策的城市，来自他们想要到达的地方。如果说前者的主要特征是被绑架，后者则在于被隔离。

关于农村，我脑海中挥之不去的悲情是，在经历新中国几十年的城乡分治之后，如果将乡村和城市比作两个国家，那么从农村走向城市的农民工，更像是从一个政治与经济破产的国家逃向另一个国家的难民。农民对城市的情感是既爱又恨，藏于他们内心的痛苦往往是，进城既是为了重新寻找安身之所，同时又在客观上构成了对故乡的抛弃。近年来有国内学者实地调研证实，农村外流人口中35岁以下的青年人超过八成，整体素质普遍高于留守者。农村人口流动的结果是乡村最紧要的资金、人才、知识和需求大量向城市集中，以致造成乡村发展的“空心化”。在乡村我曾经看到一些老屋，一旦没有人居住，没几年便会坍塌。这些塌陷的老屋的命运，亦是今日渐渐“沦陷”或荒芜了的乡村之写照。

接下来的章节，我会细数几户人家的命运。我们无法无动于衷地观察周遭的一切。然而，我并不想简单地叙述人们生活变迁中的不如意。我相信对大多数人来说，写作都只是为了平息一种酸辛，或者出于精神上的审美与超拔，而不是唤起万般痛苦。虽然生命与生活中不尽如人意的故事，在你叙述的时候无法绕开、无法回避，但你总还是诚心诚意地希望能够从中找到一些潜藏于心底里的力量，正是这些力量让你在现实的羁绊与未来的命运中，逢山开路，遇水搭桥。倘使有读者因我过去的文章而伤感，倘使它们只让你流下眼泪而忘记生活的诗意与美好，只看得见这个世界的黑暗与曲折，我愿意自此搁笔，从此逃开良心上的自责。因为我从来不认为痛苦是财富，亦不相信“多难兴邦”这样自欺欺人的陈词滥调。倘使多难真的可以兴邦，仅以中国人在二十世纪所受的折腾与挫折，恐怕中国足以收购全球了。

10.几户人家

“中国就像一只游泳的鸭子，表面上风平浪静，身体下边却是翻江倒海。”有外国学者这样评价今日的中国。普通中国人的生活，亦可作如是观。

接下来的这一节，我将简单说说村子里的几户人家，介绍一下他们这些年来的生活。虽然只有些浮光掠影的琐碎，读者总还是可以从中触摸到我所见证的这个时代的一些音影。

给铁道部门捐款

从我熟悉的大保开始吧。这些年来，每当我返回家乡，只要他在，我总会去他家坐坐，拉拉家常，听他讲述过去年月里的辛苦遭逢、成败得失。只是岁月不饶人，转眼之间大保已经五十多岁。回想他当年精壮无羁的形象，到如今换作了满头白发，真有些不适应。

大保算是村里较早出去打工的人。从1995年开始，他便背井离乡，在全国各地南征北战。比之过去，村民们的活动范围不过方圆二三十公里；自大保开始，他们也要举着一张中国地图寻找生活的方向了。

先是随着一位亲戚到黑龙江搞建筑，几个月后，大保独自闯荡，像吉卜赛人一样漂荡在中国各大小城市。和吉卜赛人举家流浪不同的是，大保没有拉家带口，而是孤身一人，冷暖自知。

“仔细算算，这些年没赚什么钱，到处跑，赚点钱呢也都花在路上了，算是给铁道部门捐款了。不过，我真是去了很多地方，也不亏，见了些世面。别人没去过的地方，我都去了。”到2001年，也就是我开始在相关文章中提到大保和他的打工生活时，六七年间他的足迹已经踏遍了东北以及新疆、陕西、北京、上海、浙江、广东等省市，最南被招工到广东一个叫南澳的小岛上帮人打鱼。用大保的话说是“除了西藏哪儿都到过”。

大保说，那些年他干过的工种不下四十个，从搬家公司的苦力到车工，从做铝合金门窗到生产圆珠笔，最长做了四个月，少则几天。2000年以后，则主要在工地上做事，倒模、轧钢筋或者做水电工。

前些年，就在媒体比较集中讨论农民工的欠薪问题时，我曾问大保是否也被拖欠过工钱。一听到这问题，大保便立即来了精神：“有些老板是好恶啊，不给钱，不过你知道我平时蛮蛮的，哪受得了那欺负，他们不敢少了我的工钱。”和媒体上农民工的苦楚形象不同的是，大保说自己从来不找记者，也不找劳动部门，如果老板赖账，就直来直去——“拿不到钱，我会带把刀去老板的办公室，并且告诉他，如果我来了三次还不给，就杀了他。”话里话外，充满血腥气，是威胁，却又留有余地。不过，这一切真应了“横的怕不要命的”，见他如此气势汹汹，随时准备亡命天涯，再有钱撑腰的老板恐怕也会息事宁人，只好自求多福，给钱了事。

大保勇武，有关他年轻时的一则故事是，有伙偷柴的人想从村里护林人手里抢回扁担，拉扯不清，大保看得性起，一柴刀下去，但见柴刀从两手之间一掠而过，扁担被剁成两段。偷柴的那伙人见来者不善，赶紧收兵。

如今进到城里，人地生疏，大保能忍则忍，但真要遇到忍无可忍的事情，逼他那简单粗暴的作风抬头，也并非不可能。

真正熟悉大保的人知道他平时温良恭俭让，并不野蛮，更不会好端端欺负人。只不过，有的人会将气生在肚子里，直到有朝一日因内爆而发疯；有的人会将气发泄于他人或社会，严重者甚至酿成祸端。像大保这样有性格的农民，主张“冤有头，债有主”，要真上了脾气，死缠烂打，恐怕也是九牛难回。

人难免会有美化自己经验的冲动，相信大保也不例外。农民工维权绝非如此简单有效，遑论“孤军奋战，每战必成”。从逻辑上说，我也不认为这是多么好的一种方式。毕竟，暴力维权对于散兵游勇的农民工而言，更意味着种种深不可测的危险。身处现代国家，既然我们日日辛劳，养着政府，这些维持秩序的事就理应政府尽职打理。

提到政府，大保那“天不怕，地不怕”的秉性会立即得到收敛。这不仅因为年轻时大保曾经吃过公安的亏，而且在许多农民眼里，政府就是公安，公安就是政府。因为他们见到最多的，能够代表政府权力的，就是公安。或者说，在他们眼里政府已经缩减为一种强制力，而非民意（包括他们的意愿在内）执行机构。大保曾和我提起：“不怕政府让我坐老虎凳，就怕政府搞罚款。”这话说得有点极端，却也道尽了农民赚钱的艰难。农民不怕苦，只怕穷；不怕累，只怕自己可怜的收成被政府收走。

十年前的一个夏天，大保觉得打工实在赚不了什么大钱，便带了个探宝器回家。某夜，月黑风高，唤朋友二三，潜进隔壁村庄的山上挖某朝“驸马爷”的坟。不料，就在他们挖土正酣时，被赶来的该村村民痛打一顿。后来才知道，就在他们探宝挖坟时，该村长期藏在山上的一位杀人犯听见了响声，于是叫来村民“护宝”。据说大保后来还被那人讹走了点钱财。说到底，大保还是个本分的有生活理想的农民，他不仅怕政府，也怕杀人犯。

不过，在乡里那位杀人犯倒也并不狰狞，有时还会下山和附近村民打麻将。杀人犯白天在村子周围转悠，到晚上便睡到山上，怕政府来抓他。至于那桩命案，是几年前与同乡在浙江打工时犯下的，三个人绑杀了一位疑似老板，只劫得十几块钱，还不够买一张亡命天涯的单程票。几年后，杀人犯被跨省追捕，捉拿归案。

大保有两个弟弟。老二前些年因为肝病三十多岁便过世了，丢下一双孤儿寡母。一年后，家中老三娶了寡嫂，并且生了个小男孩。通过这个细节，也可以看到以家族自救为中心的传统文化在当地的影响。

大保一家四口，农业全部抛荒，除偶尔回乡掘宝失败，自己常年漂在外地。2000年前后，大保妻去浙江做裁缝，年收入有几千余元。大儿子上中学，七门功课加起来才考足一百分，辍学后跟亲戚跑北京做铝合金生意，带回年薪一千元。其时钱款，足供小儿子读书，但是小儿子不知读书，只知“读你”，做潇洒哥，很快也加入到“给铁道部捐款”的队伍中去了。

虽说是在外打工赚钱，两个儿子却没有让大保省心。几年后，两兄弟发财心切，先后被骗到大连搞传销，花掉不少钱，也因此有了一段大保“千里救儿”的可歌可泣的故事。

事情的原委是，大保的大儿子平时喜爱上网，遇到一个女网友，一来二去，两人打得火热。没多久，女网友给他推荐了一个赚大钱的机会，表示如果他愿意到大连来投资，两人一起创业，就同意和他恋爱，如果进展顺利，你挑水来我耕田，将来还可以考虑结婚。有这么事业爱情双丰收的好事情，谁能不喜出望外？没多久，大儿子经不住金钱美女的诱惑，便只身到了大连，而他也因此成了家里的化钱炉。

像所有传销故事一样，接下来就是向亲友圈钱或劝其入伙。过年的时候，急于发展下线的大儿子把弟弟叫去了。兄弟俩以在东北做铝合金生意为名，向家里先后要了三四万元，买了不到十套产品。再后来，两人又叫上了邻村的一位亲戚，说是去做生意，只要带上七千元本钱。那亲戚带了张卡，身上放了点现金，结果在路上不小心弄丢了一些钱。到大连时，发现要买产品，自觉上当受骗，便想打退堂鼓。

不过，既来投奔，菜叶子泡饭都吃了，地铺都睡了，不做点贡献就想溜之大吉，谈何容易？据说为了逼他买产品，搞传销的一伙人甚至拔出了刀，说我们知道你带了七千多块钱来了，必须买两份产品。这亲戚没办法，最后只好委曲求全买了一份。三天后，仗着自己机灵，该亲戚摆脱两个跟踪的成功逃脱，几乎身无分文地逃到杭州。而大保的两个儿子，由于投入甚巨，其时已经骑虎难下，加上心存侥幸，继续留在大连做他们日进斗金的发财梦。

那逃出来的亲戚将事情经过告诉了大保，大保自知事态严重，便和妹夫一起去东北寻子。到了大连以后，才知两个儿子干大事业的地方偏僻无比，不仅坐了很长时间的公交车，还渡了船，总算在一个孤岛上把他们找着。

要说精心搞传销的人洗脑手段真是高明。在洗脑之前，先给村里两位壮士启动洗脚程序，为远道而来的“大叔”、“大伯”接风洗尘，连洗脚水都不用他们倒，而且极尽殷勤地邀请他们加入传销队伍。两天下来，说得两人也颇有些动心。不过大保很快反应过来，一旦自己签单买了产品，接下来就要轮到他为别人洗脚了。更何况，大保也知道鸡蛋不能装在一个篮子里，既然两个儿子已经投进了几万元本钱下去，如果真能发财，有他们也足够了，犯不着让他再追加人力与投资。随后，他跑到派出所去咨询，得知卷入传销的人属于“违法不犯法”，心想两个孩子也没什么事，便决定回杭州继续做工。眼见两个儿子宁可为他人木盆洗脚，也不愿为自己金盆洗手，只好嘱咐他们实在发展不了下线，就回家吧。钱赔了也没有办法，不过不要再指望家里寄钱了。

由于在东北做铝合金生意的谎话被揭穿，没有机会继续邀请其他亲戚朋友加入他们伟大的赚钱事业，没过多久，无力追加“后期投资”的两兄弟便回来了。两人空手而回，一家人自是伤心不已，好在没有出事，只当是江湖险恶，买了一个大教训。为此，大保的爹逢人便说：

"两个鬼东西，在我这借几千块钱，说公啊你不用担心哦，回头还十万元给你。我当时就知道他们这生意做得有点问题。可怜的是他们的娘，辛辛苦苦在浙江做了十年衣服，屁股都坐疤了，几个月就被他们打水漂全给废掉了。"

类似的故事并非只发生在大保家。那几年间是当地受传销之害最为严重的时候。村里有几户人家误入传销陷阱，甚至连村里的第一个大学生也未能幸免。而我在附近村庄的一些亲戚有的更是大家小家一起动员，说是"在云南种花"，先后扔进了十几万元。我的两个表弟，在京津一带搞传销，打电话被我听出了破绽，亲自前往救出。好在他们没有卷入太深，通常只是买了一套产品，就当是交了学费。

而大保的两个孩子，经此黄粱一梦，也算是交足了生活的学费，从此不再那么好高骛远，开始脚踏实地在外面打工。几年后，大儿子与村里一位姑娘结了婚。没过多久，大保便升级做了爷爷。

由于一家人都在外打工，虽然被两个孩子糟蹋掉了一些钱财，但这些年大保家的生活条件还是有了明显改善。2009年夏天我去找大保时，他正在给新盖的二层楼做卫生间。"铺完瓷砖，这样卫生多了。"大保和我感叹还是家里的风景好、空气好，待装好了自来水，买了些电器，这乡下除了没有城市繁华，其他也不差什么了。

有时候，我总盼着在什么地方能遇上村里这些走南闯北的游击队员。有一年我在杭州附近的天都城开会，后来才知道当时大保正在那里倒模，近在咫尺，却不曾相遇。

打工的生活并非一帆风顺。大保和我说过，打工是个苦差事，考虑到不少人在做工时落下伤残（村里有位媳妇打工时被切断了手指），所以他给自己定了个规矩——凡可能切掉手指等身体部件的活一律不干。

然而就在前不久，他险些丧命。

事情是这样的，大保在九江的一个建筑工地干活，平时和工友都住在一幢没有装好栏杆的在建房里。某日傍晚他收拾楼上的木板，将它们一个个扔下楼时，谁知被其中一块木板上的钉子挂住衣服，就这样顺着板子从8米高的楼上摔了下去。村里同伴见他久久未去吃饭，至天黑时便四处寻他，直到在楼下的垃圾桶里将他找着。当时他已经昏迷，四肢摔断了三肢。幸有工友当晚将大保送到附近的医院，使他得以转危为安。

我是大概一个月后知道大保受了工伤的。我给他打电话的时候，他还躺在医院里，他的妻子特地从浙江请假回九江来照顾他。大保说，住院的费用都是包工头出的，不过他已经咨询了律师，他现在属于九级伤残，建筑公司理应承担部分责任。为此，他决定和建筑公司打这场官司。

生活中总会有些不经意的与不期而至的残酷。无论如何，谢天谢地，大保兄弟还活着。

新乡村猎人

“过去，这儿有许多野物的，1955年以前，村里三人合抱的千年樟树便有好几棵，但后来都被砍掉了。”阿毛向我抱怨几句，便背着一蛇皮袋猎物夹忙着上山了。

据老人们回忆，解放前，村里到处都是大树，有的树甚至大到可以镂船，只可惜五十年代被一个短见的村长以五毛钱一棵卖了个精光，如今只剩下现在一般穷山恶水。有时候你不得不感叹这个国家，除了空气、阳光和土地，没剩下什么古老的东西了。

近些年来，农村开始使用煤气灶，山林里枝叶繁密，加之大量土地抛荒，无人看管，野生动物又开始猖獗起来。有几年，甚至有专业的捉蛇队跑来抓蛇，在密林里，还能找到小碗口粗的蛇。农民们更是抱怨，现在旱地已经没法种了，刚种下的花生，隔两夜便会被成群结队的野猪拱个精光，再加上长耳兔子来袭，整个经济作物都给祸害了。原先“农业学大寨”开梯田向山坡挺进的农民重新退到了水里，独靠水田撑腰。就在这时，猎人以乡村英雄的姿势降世于田间，只是他们现在既没有小狗，也没猎枪。

上世纪九十年代，为了保护野生动物，整治社会，许多散落民间的枪支被一概收走，包括猎枪也都被收缴个精光。狗也被乡村“打狗队”偷着剥了皮卖到了镇上。苦于没有狩猎工具，最初有些胆大的猎人便把电线牵到了山上。这个行为的确过于冒险，它不仅可以电击路过的野物，同时还会电击过路的人。在发生两起人命案后，这一鲁莽的狩猎方式才算寿终正寝，所有新乡村猎人都只好重新回到冷兵器时代。

阿毛是个谨慎的人，他从来没敢电击野物，自始至终，他像电影《第一滴血》里的史泰龙一样，过着原始的狩猎生活。他狩猎靠的是两样东西，一是勤劳，二是上百个铁夹子。一般都是在农闲的时候，阿毛将那些猎物夹安放在方圆十几里的密林里。几年下来，野猪、兔子、山鸡、麂、白面狐没少逮着些。阿毛因此每年能够通过这点副业“多收三五斗”。还记得十年前，我准备给他拍点狩猎的照片时，他显得很慌张，他担心自己逮的有些动物违反政府的规定。阿毛认为在是保护自己孩子还是保护野生动物这个问题上，他和政府还有些分歧。而阿毛自己心里同时很清楚，“要不搞点野物，我家就没法活”。

阿毛是浊姓，在村里力单势孤，一切只能低调行事。他同时是乡里的特困户。之所以成为特困户，主要是因为他的妻子患有精神分裂症，既不能帮着他料理家务，也不能干农活。父亲还健在的时候，还能帮他一些忙，自从老人过世，一切都只能靠阿毛自己忙碌与担当了。

在我记忆中，阿毛的父亲是位和蔼的老人。小时候我曾听他讲过一些与日本鬼子有关的故事。据说有一次被日本人拉了夫，被关了几天粒米未进，只靠过路的人送点水给他喝才得以活命，直到后来异想天开，寻了个法子从屋顶上钻出，终于逃出了魔爪。阿毛的父亲有许多故事，年轻时他参加过当地反共武装熊扬鹰领导的青年救国团湘鄂赣义勇总队廿二支队，该支队为国民党在大陆的残留部队。熊扬鹰曾任当地国统区保安大队长、江西省保安司令部常备大队中队长、县抗日游击队长等职。至1949年，当年的抗日英雄已经沦落为一群“长期压榨人民，实行血腥统治”的特务分子，直至被当作“匪首”击毙。至1950年，当地山区活跃着近千名“反共游击队员”差不多都被当作土匪清剿一空。关于这一时期大陆的历史，台湾方面的说法是“反共游击队员三百万人壮烈成仁”。而阿毛的父亲，毕竟当年只是给青年救国团跑跑龙套，“连枪都没摸过”，待“匪患”既平，他也就带着阿毛在村里“复员”了。回想这一双孤零零父子当年留给我的印象，可谓是“破家失业，相依为命”。

村子里从前的许多事我并不知晓，我最早见到的两位女精神病人皆是在八十年代婚嫁而来。她们的丈夫，因为身体上的某种缺陷，加上家境一般，实在找不到老婆，最后只好退而求其次，先后娶了个精神上有问题的女人传宗接代。阿毛便是在三十岁左右才得以迎娶新娘的，当时他的父亲年事已高，等抱孙子已经等得很不耐烦了。

虽然妻子的行为举止让他的生活不那么体面，却也不负其所托，没几年便为他生下了两儿一女。而阿毛的父亲随后仙驾，也算是功德圆满，心想事成。如今儿女均已长大成人，只是那做母亲的却不问世事，继续疯着，终日蓬首垢面，胡言乱语。十年前的一个夏天，阿毛送女儿去北京打工。女儿在北京待了不到一个月，没找到工作，最后哭哭啼啼要回家。于是，阿毛便到省城去接她。两天后回到山里，发现一只被夹住的麂已经烂掉了。此后好些天，他逢人便惋惜：“一亩地的收成烂掉了！”不幸的是，不知受何刺激，听村民们说，后来他的女儿精神状态似乎也出了点问题。

两个儿子倒是聪明活泼。一个考上了大学，另一个在家做起了鸭司令。每次我们见面的时候，鸭司令总会和我谈起他的一些宏图远景。比如说，现在山谷间的农田大多已经撂荒，在下面修坝造一个水库，这样就可以搞立体养殖。既可以养鱼养鸭，又可以养猪。如果搞得好，将来还可以发展休闲旅游。

当然，修水库需要各方面的支持，由于没有钱，鸭司令目前还只能是随便想想——鸭司令是个很“随便”的人，但想起问题来，同时也很专注。他继承父辈的聪明才智，满脑子天花乱坠的想法。村里人很佩服阿毛脑子里时常冒出的精灵古怪。据说阿毛年轻时曾经将一张钱洗成两半拿去用。这事很快被发现，他被抓着后挨了批斗。今日回想起这一切，难免让人忍俊不禁。看，我的乡亲们是多么纯朴，想“洗钱”就真的把钱拿去洗了。

村里年轻一代，要么考上大学出去读书，要么早早出去打工或做生意，留在村里的只有几个年轻人，而他们都已经不像父辈一样安心务农。有的像鸭司令一样一人一支队伍，有的搭个棚子养起了野鸡。按说现在务农，较从前足够轻松，问题在于务农实在是无利可图，农产品价格过低，而农药、肥料价格又过高，忙碌一年，只够勉强糊口。为了做生意，有的人家买了电脑，接上了互联网，年轻一代告别了乡村信息闭塞的旧时代。在网上，我时常见到这些养殖专业户挂着QQ，透过他们写在QQ空间的絮语，孤独隐约可见。

说到阿毛一家，最让我关心的还是乡村精神病人的生存状态。在乡下，如果哪个男人娶了位“乱跑乱说”的女精神病人，他的生活将毫无质量可言。当然，种种不体面也与做丈夫的自暴自弃或者没有耐心有关。虽然内心有难以言说的苦楚，但如果他们能够勤快一点，能让妻子穿得干净一些，能够经常帮她们洗洗头，能够不让她们睡在地上，相信这些女人在村民们心目中的印象也会好很多。至少村民不会因为她们蓬头垢面的外表而直接断定她们是个“癫婆哩”。

有一次，我在乡下偶遇残协的一位专职专员，便向他问起村里附近有多少精神病人。谁知得到的答案竟是“现在基本没了”。这年头，人都很脆弱。我理解他的忧虑，却不能认同他的谎话。据我所知，仅在小堡村，一个只有七八十人的小村庄，便有四位精神病人，而且是清一色的女性。其中有两位发了一辈子的病。

除了阿毛的老婆，另一位的情形与其相似，却更悲惨。二十多年前，这个女人嫁到夫家，先后生了两个儿子。不幸的是，几年后她得了一场重病，因为无钱救治，活活病死在床。她刚过世的那年春节，我还看见这家人的门框上写着“母去是吾忧也，春来于我何哉”的挽联。不过，那时候两个孩子年龄还小，尚不知忧伤为何物。如今，两人都在外面打工，勉强维持一家人的清贫生活。

我曾经看到过一份官方数据，中国各类精神疾病患者人数在“一亿以上”，其中有“七成”精神病人未受有效治疗。看到如此之高的数据，对于近年来时常见诸报章的精神病人伤害案，你还会那么惊讶吗？

关心时事的读者也许会说，在这个时代，这个数字应该略低一点，因为有些人是“被精神病”的。当然你是对的，不过那些人属于不正常时代的正常人，不在本文讨论之列，本文只讨论真正的精神病人。

且不论是何原因诱发疾病，精神病人遇到的现实问题早已有目共睹，比如精神病治疗主要由家庭系统来支持，国家尚未真正担起精神障碍的救治，社会救助严重不足，绝大多数精神病人由家人负责看管并居家治疗等等。而且，许多人关注精神病人，更多是出于社会安全考虑，而非对病人日常生活权利的关注。所以你会看到，当某个地方突发一起连环凶杀案，而凶手恰巧在事后被证明患有精神病时，救治精神病人的呼吁才会又一次引起重视，但很快又被健忘的人忽略了。

在当地，通常谁家有了精神病人，如果家里能凑足钱，大多数人都会带病人去南昌或者九江看一次病。而这一次通常会将家里的钱也花得差不多。回家之后是好是坏，只能听天由命。家属也当自己已经尽力，便不再为治得好治不好这样的事情纠缠了。

说到治病，前几年我在县郊公路两边发现不少收治精神病人的广告。就在人们呼吁阳光政府的时候，县里成立了一家名为“阳光精神病医院”的私立医院。据主事的人说，2006年统计全县虽有1700多精神病患者，但到这里治病的每年只有100人次左右。县残联拨款资助250名额，每个人每年400元，相当于一天救助一块钱。

这无疑只是杯水车薪。

对于当地人来说，庆幸或者侥幸的是，这些寂寞的生灵，大多都安安静静，很少有攻击性的举动。他们生活在一个被我们认为不幸却又不闻不问的世界里，与空气交谈、朝道路微笑，或者不言不语，同他人眼里的盛世繁华井水不犯河水。

而我还是忍不住要问——为了这些精神病人及其家人的基本生活权利，也为了同时代所有人的良心安宁与体面尊严，为了减少更多的社会问题，谁来救助这些被遗忘的精神病人？

逃荒一家人

人有贫富之别，却无贵贱之分，每个人的生命中都有些东西值得记录。而在我所了解的有关村里的人和事，最让我难以释怀的是兰阿姨的生活与命运。

兰阿姨今年已经有六十多岁了。在2000年左右小堡村被“移民建镇”以前，她就住在我家对面，故而对她家的一些事情，我较为熟悉。兰阿姨一家，早些年过得非常不和睦。说三天两头吵架，大概也不算过分，并且时常有家庭暴力发生。而兰阿姨给我的最深印象始终是忠厚本分、忍辱负重。

2008年夏天，我回乡开始做一些有关本书的访谈，曾与兰阿姨有过几次长聊，比较详尽地知道了她生活中的一些酸甜苦辣。也是因为这份迟到的了解，我在随后的专栏文章中发了这样一通感慨——只要你愿意走到生活的深处，愿意去关注寻常人家的命运，就不会为余华小说《活着》里的残酷故事感到惊讶了。

第一次长聊是在下午。兰阿姨背着一个打农药的药水桶，从我家门口路过，见我回来后便热情地和我聊了起来。兰阿姨说，家里有四个人的田，加起来十多亩水旱田，不过粮价太低了，肥料越来越贵。现在很多地都改种了棉花。和种水稻比，种棉花要累人，要一棵棵收摘棉花，还要勤着打药。不打药，多大一个棉桃都能被虫子吃掉。

对于我提到的其他一些问题，兰阿姨也毫不避讳，都做了较为细致的回答。透过她的部分自述，读者将会对兰阿姨的生活有个较为全面的印象。

“我老家是在江苏省海安县，我妈你应该还有印象的，那时候你还没多大，她以前在咱们屋场（即村庄）住过。我妈可真是逃了一辈子的难。解放前最苦的是躲日本鬼子，家里的房子被烧掉了，逃难的路上又到处是鬼子的飞机炸来炸去，我妈和我说那时候到处都是尸体。不过解放后日子过得也不怎么好，主要是没饭吃。五几年割资本主义尾巴，家里一只鸡都不让养。有一次我和我妈一起去讨野菜，结果被村干部抓着。这村干部人是真恶，他将我妈的篮子打翻了，还揪着我的头发在地上拖了好几米，说是要批斗资本主义。那时候我其实还只是一个小孩啊！我记得当时还有过很短时间的一段单干，谷子收上来后，村干部带人满屋搜粮食，要收公粮，农民不舍得卖，想留给自己吃，便躲到山上去。这个村干部当年好坏，八几年以后真正单干后，他再也没有权力了，大家就当面骂他，问他当年为什么那么喜欢害人。这人最后也没得好死。

“‘三年灾害’我家里饿死了两个人。大概是1960年左右，没有办法，我爸就变卖了部分家产，筹了一点盘缠，让我母亲带着我妹出门逃荒。那时候要饭都难啊，不准讨饭，说是给社会主义抹黑。江苏、安徽、河南一些地方饿死了很多人，江西好一些，我妈就一路逃到了江西，落在了咱们屋场。在屋场能落下脚，也多亏我义父帮忙。当时他是队长，就收留了我妈。由于无亲无故，待了一段时间后，我妈便和他搭伙一起过日子。解放前我义父有个搭伙的老婆散了，一直没有结婚，有个孩子也没在身边。在当时，因为生活困难，兵荒马乱，有好多人家都是临时搭伙过到一起的。我义父的第一个女人就是因为老公被拉了壮丁好多年没回来搭上伙的，后来那女的跟了一个地主，就和他散了。

“在咱屋场安顿好了，几个月后，我妈让我二哥一家带着我一起来找她，当时我刚十六岁。我二哥一家在隔壁屋场插队。我义父在解放前曾经参加过熊扬鹰的土匪。刚解放的时候，他没有什么事，由于表现积极，不但没有受到处分，反而是做了生产队的队长。村里有些人也比较恨他，因为他对社员管得太苛刻。我听老人们说，当时大家吃不饱，想偷点、捡点谷穗都不行。每次收工回家之前，每个人的口袋都要翻一遍。有的人装几把稗子想拿回家熬粥喝都不行。最大意见是分口粮，我妈没过来之前，由于他只有一个娘，两人住在一起，他主张按户分，屋场那些孩子多、人口多的人家自然会有意见。所以到1965年搞‘社教’的时候，我义父就下了台。当时××村有户人家的儿子说我义父在解放前曾带土匪抢过他家，所以这回带头来批斗我义父，叫了好多人，将他打了个半死，肋骨都被打断了几根。前前后后斗了几个月。那时候我天天要服侍他。我义父其实也是个好可怜的人。他的腿当年中过日本人的狼烟毒，落了大脚病。再后来由于政府要驱赶外来人口，我妈一度被赶回江苏老家了。后来我义父又和××县过来的××搭了伙。由于三个孩子都在这边安了家，后来我爸也过来了。他知道我妈在这边与人搭伙过日子，也没说什么，他理解我妈妈当年的艰难。在这边做了几年的木工，有时候住在我家，有时候住在我老妹家。

“六几年的时候，咱屋场一共有两个人被斗得很狠，除了我义父，另一个就是我归里人（当地土语，指丈夫）。那是在‘文革’开始武斗的时候，我们结婚还没多久。我公公是贫下中农协会的组长，我归里人就做民兵连长。那时候当地有两派打得很厉害，一是叫做井冈山，另一派是大联合。因为是民兵连长，我归里人参加的是大联合，结果被井冈山一派人斗得下跪，连打带踹，膝盖跪伤了，好多天连路都走不得。

“我们一共生了五个小孩，有两个小孩没养活。那时候条件也差，养活一个小孩不容易。也不知道是为什么，我们家总是有吵架、打架的事。我这个人很善，可我和我归里人就是合不来。那时候要干的活也多，累了心情都不好。二十多年前，我想过和他离婚，可又舍不得三个孩子。至于那年闹得沸沸扬扬的那件事，我是觉得他太不把我当人，所以……我只是想气气他的。人活一口气。有年落雪，天啊天，我们吵了一架，我当时就走了，想去我老妹家。谁知道他追了两里路，把我衣服都撕了将我拖回了屋场，把我冻得要死。我女儿知道后狠狠地骂了他一顿。这些事都过去了，他发蛮的时候很蛮。当然也不总是这样，我当年没有和他离婚，还因为他好的时候对我也非常好，总是喊我的名字，一遍遍地喊，喊得心里暖暖和和的。我平时能忍就忍，不管谁欺负我，都不做声。至于后来，有人冤枉我和某某人有事情，那真是冤枉，人不知天知。有些人就是那么坏，喜欢在背后嚼舌头。现在老了，离土也不远了。哎，人生在世，就这么回事。有些事情不是你能把握的。我今年养了一窝鸡，本想能下几个鸡蛋吃的，结果几个鸡母子都死了，只剩几只公鸡，想吃鸡蛋都没有，天天还被吵得要死。

“我归里人也不容易，现在六十多岁还经常在外面打工，四处跑。前几年在南昌打工，被车撞倒了当时都没有人知道，过了好久才被送到医院，提起这件事我都伤心。在屋场没什么事做，有一阵子我也喜欢打麻将，别人一吆喝我就忍不住，结果输了些钱。我归里人回家后便问我他打工的钱去哪了，吓得我半死。不过现在上年纪了，他不动手了，只是把我狠狠地骂了一通，说你怎么不找药喝呢，怎么不找棵树吊死呢，哈哈，当时我真是很难过，输了钱难过，被骂更难过，两头受气。有一次打麻将，我差不多一天都没怎么和牌，结果输了一百多，我家细佬（当地土语，指最小的孩子）气得死，几天都没喊我妈，说别人不想要咱的钱，咱也不想要别人的钱，要是这一百多元不输掉，能吃几天好的。”

关于兰阿姨家的细佬，村里有个传闻是，有一次兰阿姨打农药没有看说明书——因为不识字，结果把地里的庄稼给打坏了，这位细佬一时火起，竟扬言要将兰阿姨如何如何，遗人笑柄。

那天，兰阿姨非常平静地和我叙述着自己生活中的点滴，时而发出爽朗的笑声。在我印象中，兰阿姨并不爱打麻将。从前返乡的时候，我也会陪着村民们打上几圈麻将，兰阿姨经常坐在我边上看我打牌，没多久她便打起瞌睡来。到大家快散时，她才睁开蒙眬的睡眼，问正要散去的各位“是输了还是赢了”。

兰阿姨与我说起的生活中最苦中作乐的一件事发生在1983年夏天。由于鄱阳湖地区发水灾，村里漫进了大水，许多人都撤到高处避水，兰阿姨和小女儿继续在自家床上睡觉。当时她家的水也已经没过了脚踝。谁知睡到半夜时，床突然塌了，母女俩咕咚都掉进了水里。

“哈哈哈，当时把我吓得要死。怪只怪那些该死的白蚁，平时把床脚都给蛀空了，等水一浸，床就倒掉了，害得我们半夜找了两条凳子，将床板搭在上面睡了一夜。”

兰阿姨说，农民好可怜啊，日子过得太苦，一年忙到头，一亩地的纯收入也就两百元左右。全家水田旱田加起来不过十多亩，如果只靠务农，全年收入可想而知。如果不是年纪大了，她会考虑重新出去打工。

“一年少说也能赚一万五六千，村里有些人在外打衣服，赚得不少。在外重要的是不要受人骗，不要被人骗去搞传销。”

几年前，兰阿姨曾经去女儿在浙江打工的地方做了一年工，“比在归里（家里）作田好赚钱多了。”不过和从前相比，由于采用抛秧技术，而且租机器收割，现在种地倒并不十分辛苦。在过去，就说种植一季水稻，从耕田、耙田、播种、扯秧到栽禾、耘禾、施肥、打药、割禾、打谷、晒谷，再到最后守到粮站卖粮食，一年到头忙个不停，真是苦死累死。兰阿姨说，平时打农药辛苦不说，最危险的是有一年耙田，摔倒了，她被耙齿挂破了腿肚子，骨头都清晰可见，很快田里染满了鲜血。

“要不是自己皮肤好，现在腿上会有一条很长的疤。”兰阿姨一半庆幸一半后怕地说。

“苦是苦，好在我到咱屋场四十多年，一直没有得过什么病。农民不怕生活苦，就怕发病。这些年，我被我归里人和细佬逼得要死。以前我归里人得肾炎、得黄疸肝炎，瘦得皮包骨头。上厕所时跌坐在窖板上，爬都爬不起来，差点掉到茅坑里去了。那时候只花了一千多元治好了。要搁现在，怎么也得花个几万元。前几年我细佬得了一身病，胃病、尿结石……花了几万元。好在现在合作医疗能报一些。当时我家细佬疼得连被子都撕破了，我和他爸看到也是心疼得不得了，直出眼泪，说就是卖屋也要把细佬的病给治好。”

最让兰阿姨操心的是孩子的婚事。虽然她一直以“细佬”来称呼自己唯一的儿子，但这个儿子如今实际上已经三十多岁。由于沉默寡言，家里条件又不是太好，一直未娶到媳妇。眼瞅着村里同龄人的孩子都上了中学，兰阿姨日益焦虑起来。而现在当地娶媳妇，男方先得给女方家里八万块钱，这对于兰阿姨一家来说，同样也是个不小的负担。

接下来，兰阿姨与我重新谈起了她的大家庭：

“我二哥过来的时候，已经在老家结了婚，并且生了一个儿子。到江西后就在咱隔壁屋场定居下来，先后又生了三个孩子，两男两女。大女儿有次发烧，没能及时退烧，给烧死了。我二哥是个可怜的人，有一次追别屋场来禁山上偷柴的人，追出好几里路，结果被人家一群人围住打得吐血，我猜可能是被点穴的人给摸坏了，从此一直卧病在床，又没有钱治，大概过了不到一年的时间，便死了。

“后来我大哥就从老家赶了过来，把我二嫂和三个孩子接回了海安老家。我大哥一直没结婚，就按我爸的意思和我二嫂结了婚，不过他没再要孩子，说侄子和崽是一样的。三个孩子也一直管他叫爸。不幸的是，小儿子老四掉水里淹死了。我嫂子这个人太马虎了。四个孩子现在只剩老大老三，两男两女变成了一男一女。

“前几年我大哥过世了，只活到68岁。说是说得肝癌死的，不过他病倒的真心原因是帮屋场的妇女打农药。老家田里虫子多，谷子黄了以后还得打一次农药，否则照样会被虫子吃掉。

“不知道怎么回事，在我老家有好多人在四五十岁、五六十岁就得癌症死掉了，而且死的多是男人。我哥帮忙给别人家里打农药，也是因为那些人家男人死掉了。说来也真是悲惨，我那个屋场共有七八十人，到我哥几年前过世下葬的时候，通屋场只能找到两个能帮忙的男人。我爸今年已经九十多岁了，我也奇怪为什么那里有那么多的人得癌症，不知道是不是和近些年的环境污染有关系。两个儿子先后都死了，几年前，我爸跪在我大哥的床边，哭得好伤心。我们几个子女一直没在老家，只有我大哥在他身边。老人家过得也是好可怜。”

谈起二哥的时候，兰阿姨给我印象最深的话是——“那时候实在是太穷了，家里吃都不够，要是搁现在，就是拼命我也帮着我二哥把病治好。村里××得了病，我也捐了点钱，虽然没救过来，但我总还是尽了一份力。”

兰阿姨说，几十年来回江苏老家次数虽然不算多，但是那边现在的日子过得的确要比江西这边好了。大哥过世的时候，她回去了一趟，看到许多人家都盖起了几层小楼。只是人太少了，过年也没有几个人，只有老人和女人在家。

“我路过扬州，现在真是富得不得了，走在那里你都分不清哪是城市，哪是农村。记得我逃荒的时候，路上到处是茅屋。”

至于兰阿姨的妹妹，年少时她曾经在小堡村里住过几年，待长大成人，嫁到了垦殖场几十里外的另一个分场。逢年过节，她时常会带着一双儿女到村子里来玩。两个孩子穿得时髦，而且说一口普通话，村里的孩子只当他们是城里孩子。事实上兰阿姨的妹妹并没有嫁到城里，而是嫁给了一个农民。不同的是，在七十年代，那片村子转为全民单位，可以吃商品粮、拿工资，属于有国家撑腰的农民。后来不愿种地了，他们也有机会进工厂上班。小堡村在七十年代本有机会转为全民单位，但是当时主事的大队干部拒绝了相关转制。因为这一决策，八十年代以后，这位干部饱受责备。有人批评他目光短浅，不知道为农民多考虑一点，否则现在每家每月都可以拿到两千多元的退休工资。有人批评他太自私，表面上是为了“农业学大寨”，闯出集体经济的新路子，实际上是因为害怕转“全民”后自己做不了“土皇帝”，担心自己权力上交，而在当时，生产大队有汽车、有窑厂，什么都是他这集体的一把手说了算。

这些年，我常听到村里的农民们感慨，如果当时那位一把手能够想得远一点，转了“全民”，几个生产队上了年纪的农民就可以“托国家的福”，现在不用种地，天天坐家里打麻将都可以了。当然，政策也实在难以预料，如果这些所谓的集体土地能真正属于农民，而且可以因此获得收益，恐怕这些农民又会赞扬当年那位一把手有先见之明。不过这也只是合理想象。这位一把手晚景并不好，一来暗地里总是被人责骂，二来由于既未转成国家干部，又没有转为全民，他自己每月只有两三百元的补贴，而其他大队当年同意转为全民单位的普通职工退休后一个月差不多能拿千元左右的退休金。

两姐妹在当地嫁的都是农民，命运却大为不同。妹妹一家早些年便已经在九江城里买了房子，不仅有医保，老了还有退休金，可谓住在城里“享清福”，过着相对体面的生活，妹夫为人也极尽温良，对妹妹呵护有加。而做姐姐的嫁的是集体单位，属于没有国家撑腰的人，至今仍站在太阳底下，背着一个大药水桶给庄稼打农药。

虽然偶尔也会感叹命运不公，说起妹妹，她总是满面笑容：

“我老妹对我很好，上次从九江回来，送我上车前还给塞了六十块钱，说姐你这路费该我帮你出。平时偶尔也给我点零花钱，最多一次给过一百。前几年九江发地震，我老妹立即给我打了电话，说姐啊，晚上不能住屋里啊，我们都搬在外面住了。”

如今回想起来，2008年我与兰阿姨的数次长聊是我搜集小堡村口述历史时最愉快的经历。她对我的信任与坦诚，超越苦难生活的豁达，让我难以忘怀。此时此刻，当我根据当时的录音资料整理出一些有关她的故事的时候，更发觉她几乎是从头笑到了尾，话里话外没有一点对自己人生悲凉的感叹。是的，都过去了，轻松得仿佛在谈论一部她刚刚看过的喜剧片。

由于几次聊天的时候都背着个药水桶，兰阿姨的这个形象一直烙刻在我的记忆里。一个饱受家族苦难的逃荒者，一个清瘦而不失风韵的普通农妇，一个日日辛劳而生活过得并不如意的乡间劳动者。还记得兰阿姨向我抱怨自家的那个药水桶不行，打起来很费劲，总压不出药水来，“有的人几百元买的药水桶，非常好用”。

幸福让人望穿秋水，不如意的事情总是不期而至。现实是，越来越多的虫子开始啮咬她并不美妙的生活。三年后的春节，就在各位游子与留守村里的“386199部队”会师，忙着切磋各式赌具时，我却发现兰阿姨神情落寞地坐在自家门前，终日无言无语。一问村民才知道头一年她生了一场大病，在南昌的医院里抢救了几天，此后又在精神上出了点问题，“到处乱跑，说胡话”。至于原因，村里人的解释多是生活压力大，一是生病花掉了很多钱，二是孩子的婚事至今没有着落。

我走过去找兰阿姨聊天，她再也不像从前那样热情地和我打招呼。当我陪着她坐一会儿，准备给她留点钱时，她竟然惊恐地叫了起来，说我还记得你的名字，谢谢你的好意，不过钱绝对不能收。据说前段时间有个亲戚想给她塞点钱，她也没敢接。兰阿姨说：“我不能拿别人的东西。”而她的归里人，与她患难一生的丈夫，早在几年前信了观音菩萨，屋里时常会播放一点佛乐。据他说，兰阿姨之所以生病，是因为“不识字”而误喝了东西。

我知道兰阿姨一生命运多舛，但是那么惊恐无助的眼神，却是我第一次见着。世事真是难料，就在2008年的那个夏天，她还神采奕奕地与我谈她的家族往事，谈一生的挣扎与挫折，甚至庆幸自己从来没有得过大病，而这次生病，差不多将她的生活彻底摧毁。

写这篇文章时，我给家里打了一个电话。母亲说，兰阿姨现在的身体有所恢复，比以前好多了。她的细佬身体也好了，养得很壮实，现在也在外头打工，一个月能赚两三千块钱，“只是很辛苦，一天站到晚，不知能做多久”。

无论苦难与欢笑，一息尚存，生活仍要继续。故乡，远在千里之外。我只希望下次回家时，能重见兰阿姨健康的身影，能听到兰阿姨爽朗的笑声。

第二章　前线与后方

背叛亲人已成为我的命运，
饥饿中我只有欲望却无谷仓。
——海子《太阳·土地篇》

一个士兵要不战死沙场，
便是回到故乡。
——沈从文墓碑文

1. 会开枪的农具

> 现在全世界都认识到，农业是最典型的发达国家型产业，只有提高农民素质，学会科学种田，提高劳动生产率，才能有强大的农业。日本《东洋经济周刊》1986年7月12日发表了日本国民经济协会理事长叶芳和的文章，提到当时发达国家农产品的40％～80％是为出口而生产的，“没有比农业更需要头脑、需要人才的产业了！”他提到美国农业成功的关键在于品种的改良和栽培技术，特别是水的管理上的进步。据说，一个美国农户如果有两个儿子，就会让优秀的那个去学农，较差的另一个去学经济，当银行职员。“非优秀的人才不能成为农业的接班人，这就是美国的现状。”

上世纪八十年代末，何博传在《山坳上的中国》一书中这样谈到国外农业为什么发达。与此相比，什么是中国农村的现状？

农村是中国的大后方，是转型期中国的根据地，而农民正是中国“社会金字塔”的地基，是藏于泥土的一部分。2005年9月27日，在中国科学院主办的中国农业与农村发展政策院所校学术研讨会上，国家统计局统计设计管理司司长鲜祖德披露了一组数据：全国有一半的行政村还没有通自来水；60%的农民还没有用上卫生的厕所；7000万户农民住房需要改善；1.5亿农户需要解决燃料问题；6%的行政村还没有通公路；2%的村还没有通电；6%的村还没有通电话；1%的乡镇没有卫生院；60%以上的县没有标准的污水处理场等。而根据此前国务院发展研究中心的一份调查，2001年县乡政府占全国21%的财政收入，却要供养全国70%的公务员，全国小学80%以上的农村小学，以及全国64%以上的农村初中义务教育。

前文提到农家子弟之“出乡村”，主要包括读书、参军与打工等几种形式。与此相伴的是乡村精英大量外流以及随之而来的乡村一天天的衰败，而且这是持续百年的衰败。

废科举，闹革命

先说读书。二十世纪初年，随着“新政”推行，清政府在教育方面做了不少变革，如改革学制、奖掖留学、废除科举、兴办新兴学堂等等。据说“厚黑教主”李宗吾便是在知道废除科举后，立即把家中所有四书五经都搬出来“一火而焚之”，颇有点“漫烧诗书喜欲狂”的意味。

然而中国社会并未就此改天换地，焕然一新。八股文自然是不好，如王学泰老先生所说，全文只能就题目展开，不能扩大，也不能缩小，就好比挖井，从井口到井底要一样粗。但是从积极方面考虑，科举制度并非只有几篇八股文或只是一个单纯的考试安排，它更是一个国家社会与政治的整合器。今天我也并不认为作为“科举近亲”的高考能考出我最重要的能力——那些死记硬背获得的标准答案于人生何益？高考对我而言是一组双向考察：一是考察我忍辱负重的能力；二是考察这个国家或者社会是否仍有其他可被信赖的出路。

若不是在一个鼓吹“知识越多越反动”的极端年代里，为了长治久安，每个王朝通常都会把“开科取士”当作头等大事来抓。难怪唐太宗当年看到许多求功名者前来参加进士试时，会发出“天下英雄尽入我彀中”的喟叹。而士人也多“以天下为己任”，希望能通过科举与皇帝“共治天下”。“天下兴亡，匹夫有责”这样的豪言壮语只能是顾炎武等读书人喊出来的，而绝不会出自我躬耕田亩的父亲之口。农民有自己的封闭性，虽然他不会说“帝力于我何有哉”，但只要你不去侵犯他，他就是一个国家。

虽然人们常用“学好文武艺，货与帝王家”来嘲讽读书人有出路而无出息，但是“朝为田舍郎，暮登天子堂”的种种故事也表明一个相对封闭的世界终究为底层社会留有一个上升通道。1947年，潘光旦与费孝通对近900名进士的出身进行研究，发现在明、清时有一半进士是农家子弟。而有功名在身的中下层农村士绅在士绅中所占的比例则更多，他们当之无愧是中国传统农村文化系统的主体，对农村社会生态而言，也是一个平衡器。

孟子说过：“士之仕也，犹农夫之耕也。”大意是说，让士做官，就像农夫种地一样天经地义。由于受过专业的精神训练与经典教育，作为四民之首的“士”通常被安排在政府部门工作，另一部分而散落于江湖，所谓“用行舍藏”（意思是“被任用就出仕，不被任用就归隐”）。

想必是受了官场文化的熏陶，高二时我选读了文科，村里有位世故的干部便断定我选读文科是为了将来做县长。殊不知我这个村里的秀才，从来无心于“用行”，当然也无意于“舍藏”。胡适之当年颠倒乾坤，没有枪杆子做后盾，挺直了腰杆子，也就挺直了笔杆子。

在传统中国，活跃于乡间的士绅更像是国家与农村社会的一个连接器：一方面，他们代表官府向农民征税；另一方面，又利用其特殊身份地位对官府保持着某种影响力，以维护本乡本土的利益，其威望即源于此。然而，由于新式教育的兴起与科举制度的废除，全国数以万计举贡、生员不得不离开故土，重新寻找属于自己的奶酪。各路英雄，无论是徒步的，还是坐轿的，纷纷涌入城里的新式学校，有的甚至远渡重洋。此时的中国，已经过了容闳凑不齐留美幼童的那年光景。就是在这个半开半闭的新时代，本为乡村中坚的士绅阶层，被时代的筛子筛进了城市，而乡村政权也从此渐渐沦落于土豪劣绅、地痞流氓之手。正如印裔汉学家杜赞奇所说，二十世纪二三十年代的中国，传统村庄领袖不断被土豪劣绅等“赢利型经纪人”所取代；及至民国，随着国家政权的内卷化，这些人再乘机窃取各种公职，成为乡村政权的主流。

与农村知识荒芜相比，清末民初的中国，在科举废除之后，各大都会聚满了因无法就业而对前途深感失望甚至绝望的青年知识分子。自觉前途黯淡的主要有两类人：

一是被割断科举脐带的士，他们永远失去了及第的机会。在有科举的时候，无论考多少年，即使是像本地某“高考元老”一样补习八年，也怨不得别人，诅咒不得制度，人们多半只会自责脑力不济、努力不够或者运气不好，而像洪秀全一样口吐白沫、揭竿而起者，毕竟是凤毛麟角。就像电影《肖申克的救赎》里的主人公安迪一样，这些失意的求功名者，只要对科举心怀希望，就会觉得自己终有出狱（考取功名）的一天。今朝身死考场，三年后又是一条好汉。

二是伴随着新兴学堂批量生产出来的学生。在旧时科举教育向新式教育转轨的过程中，新式学堂的数量和入学人数都有急剧的膨胀，而社会又不足以消化那么多的人才。据官方数字统计，1905年以前，全国各地学堂学生人数不到26万人，而到1907年，达到了100万人，到1912年，则将近300万人，几乎相当于1905年的12倍。也就是说，从1905年到1912年的七年间，全国学生增长了12倍。

正是基于以上诸种原因，有学者将1905年科举制度的废除视为新旧中国的分水岭，它标志着一个时代的结束与另一个时代的开始，其划时代意义甚至超过了辛亥革命。科举废除后，过去这种可供底层社会攀爬的梯子被人搬走，如萧功秦所说，“这些处于游离状态的人们，由于社会地位不稳定，前途的渺茫与心理失落感，就以异常乎寻常的速度，急剧涌入政治领域。纷纷竞奔官场，以争取权力、地位和财富资源，成为新政时期与民国的‘政治参与膨胀’的巨大力量”。

这是何等壮观的场面！新老知识分子一起寻找出路，急急涌入政治领域。事实上，当年许多留学生漂洋过海并不读书，而是以加入政治团体为潮流。而那时候的中国又没有百年后这一眼望不到边的公务员职位可考，待走投无路，报朝廷无门，许多人最后都拧成了一股反体制的力量。大知识分子尚有机会进入体制内，小知识分子唯自叹前路茫茫，城市不好混，就只好下到乡村。当然，下乡并非都是为了乡村建设，而是为了革命，为了夺回失去的城市。

会开枪的农具

再说当兵。此时当兵有两种：

一种是废除科举后，一些出身贫寒的农家子弟因为读不起书而选择从军。读不起书的一个很大原因就是“教育城市化”——那时候还没有“教育产业化”一说。由于新学堂多在城市，无疑增加了乡下人读书的成本。1907年的《爱国报》上有记载：“目下在学堂的学生，每百人之中，真正家道殷实的，未必有三家；勉强支撑架弄的，约有五六十家；架弄不了半途而废的，总有三四十家。”

私塾的废弃，同样意味着对乡村教育的一种摧毁。以江苏南通为例，在二十世纪初，一个普通农民的年均收为12～15元，然而为送一个孩子上初等小学，每年要花费35～50元。由此可见，一般人家根本读不起书。相较而言，原先一年只需几元的私塾读书成本则低得多，虽非理想中的“价廉物美”，却也堪承受，更得其所长。和有统一教材的现代学校教育相比，私塾则更重个性发展，老师因材施教，不用统一的教材，更没有什么统一的考试。以考试分数与标准答案决定学生优劣去留的所谓现代教育，更像是摧折贤良的竞技体育，而非陶冶心灵的人文教育。其时的塾师，想必也不会像二十一世纪初的中国乡村教师，小鬼一样跟在推土机后面，为镇党委书记助威，帮着铲平农民的庄稼。[1]

美国学者罗兹曼在《中国的现代化》一书中指出：“（新政的）舵手在获得一个新的罗盘以前就抛弃了旧的，遂使社会之船驶入一个盲目漂流的时代。”旧屋已去，新屋未成，如此动荡岁月难免给人一种“民国不如大清”的印象。由于城里新学堂学费昂贵，一般家庭很难供养子女继续求学，同时又因为军界“待遇甚优”的蛊惑，秀才从军蔚然成风。只可惜连年战争，炮灰盈丈。

另一种当兵则是被抓了壮丁的。显然这些人并不愿从军，但是在军阀眼里他们是和牛马、农具一样可以被征用的。套用马克思的话来说，他们都是些“会开枪的农具”。一旦兵败如山倒，许多侥幸活下来的溃兵因为“路径依赖”索性转业做了土匪，接下来去抢别人的“农具”。在一些地方，牛马被拉完了，种子被搜光了，甚至连种地的人都被拉上山了。田园已芜都不归，农村衰败，势所必然。

1．2007年5月，河南确山县发生一起“铲地案”。一支由机关工作人员、警察和教师组成的300多人的队伍，在刘店镇乡党委书记、乡长和推土机的带领下，对独山村的麦田进行了“大偷袭”。农民辛辛苦苦种植的近千亩小麦，就这样被乡镇领导派来的推土机给铲了。

2.到农村去

乡村精英仍在大量流逝，一去不返。一些优秀的农家子弟考上大学，毕业后大多数留在了城市；有一点技术和头脑的农民外出务工离开了农村，有的也在城里安家，彻底脱离了农村。远远望去，今日农村似乎只剩下一支“386199部队”留守。当精壮之士陆续离开，你很难分清楚他们究竟是攻入了城市，还是撤进了城市；正如你分不清这些乡村老人、妇女和儿童究竟是留守在后方，还是驻扎在前线。

食利与奉献

而我，因为清楚地看到农民在新中国建设过程中做出了怎样巨大的牺牲，看到这个时代的真问题以及无数“最可爱的人”如何身体力行，或散兵游勇或组织起来救济乡村，建乡村图书馆，我更愿将乡村看做是时代之前线。尤其当我想到这个时代贫富分化日益严重，想到城中富人腰缠万贯、纸醉金迷，乡下贫民却因为无钱治病而英年早逝时，在我眼里这些乡民更像是在前线阵亡的无名战士，而那些抽尽农村脂血却不反哺农村者则为叛军。

另一方面，乡村也是我以及无数住进城里的农家子弟在心理上的大后方与根据地。我很难像许多城里人一样为实际上“并不存在的事业”（如评职称、求升官、慕虚荣）终身忙碌——我更愿把乡村当作安顿我的灵魂的地方。由此，我将乡村概括为“时代之前线，灵魂之后方”。

2010年7月，我读到一则新闻，讲的是在就业压力增大、无数人争着考公务员的今天，浙江义乌市却出现了部分公务员把户口迁入农村，愿意回村里“当农民”的怪事。据说，义乌市有200多名拥有农村户口的公务员，被市纪检委、市委组织部等部门要求从农村迁出户口、办理“农转非”、退出村集体经济组织成员身份。

这个消息并不让我觉得意外。早在十年前，当有的城市开始吸引农民进城，只需几元工本费便可以换取城市户口时，我便提出了警告——“农民兄弟，小心你的地！”理由是，现在拿城市户口、吃商品粮的意义，和上世纪八十年代已大不相同。对于农民来说，有一块自己的地，终究还能够糊口，可真到了城里，既无积蓄与房屋，工作又无保障，最后恐怕真得流浪街头。事实上，越来越多的人也意识到，城里的失业者，如果没点家底，他们的生活甚至还不如在乡下一直清贫度日的农民。十年后，我当时的预言也算是应验了。除了推土机在征地时耀武扬威，一些精明的公务员穿西服扎头巾，化妆成农民，去挤占本该属于农民的集体资源。

说到“非转农”，如今诉苦的还真有不少农家子弟。他们上了大学，因为在城里找不到如意的工作，或者有志于建设家乡，最后又回到了农村落户生活。不幸的是，由于读书时已经“农转非”，他们也便失去了本属于自己的那块土地。这可真叫“读书赔本”了。我听到有人抱怨，作为非农业户口的农民，一方面，他们不仅要承担农村艰苦的劳动，承担城镇居民一样的责任与义务，比如计生（只能生一胎）；另一方面，他们又享受不了政策性的好处，既无城镇的医保、失业保障，也没有农村的合作医疗和低保。

与两头受气的大学生相比，义乌的这些公务员却是城乡通吃，尽得方便。根据新闻报料，如果本人户口在农村，旧村改造能分到108平方米的宅基地，可以盖起四层半的房子，这中间还有其他巨大收益。

人们又该笑话农民的集体产权如何弱不禁风、名不副实了。同样值得思考的是，为什么这些公务员成群结队，想将户口迁回农村就立即迁回了，而且很多还是保持了“双重户籍”，做到了“城乡利益一体化”。如此情形是否说明了这样一个隐秘的现实：虽然中国存在“城乡分治，一国两策”，但对于一些弄权者来说，这种差异是不存在的，因为他们手握权柄，可以赢者通吃。

这样的新闻难免令人沮丧。还是继续回到历史吧。意识到农村的整体性衰败，1930年年底《大公报》发表了一篇名为“中国文明在哪里？”的社论，以期唤起大众对华北农村困苦情状的关注。社论抨击“中国政治为都会政治”，冀望社会各界能够调查农民的民生状况。转年，总编辑张季鸾在《本报一万号纪念辞》中除强调《大公报》“不党、不卖、不私、不盲”之外，同时明确表示将调查农民疾苦列为首要任务，以期该报能成为全国人民生活之缩影：

> 抑中国地广民众，交通未开，中国人不仅少知世界，且少知中国。而中国现状，百分之九十以上之人口为乡农，在今日工业幼稚之时，农为国本，而乡间状况，都会不详，是以中国革命之第一要务，为普遍调查农民疾苦而宣扬之。此固报纸天职，而力亦不逮，故必须望全国读者之努力合作，凡属真确见闻，随时不吝相告，期使本报成为全国人民生活之缩图，俾政治、教育各界随时得到参考研究之资料。

有意思的是，在梳理这段历史时，我读到这样一则史料：为弥补文字描写的不足，《大公报》聘请画家赵望云为特约记者，以写生通信的方式报道农村现状。当年《大公报》曾有数百名通信员散布全国，而像这样委托画家以画笔报道农村实况，却是极为罕见的。

在《大公报》的支持下，赵望云于1933年春节前夕启程下乡。历时三个多月，绕行冀南十余县境，赵望云“终日坐着大车奔波田野，夜宿小店”，为《大公报》读者画了130幅农村风貌。据说这段时间，冯玉祥每天早上做的第一件事便是读《大公报》的这个专栏。后来，冯玉祥和赵望云还就此合出了一本诗配画的书。

往日不再，遥想《大公报》当年在天津之气度与格局，对比几十年后我在天津做媒体期间之无所事事、一无所成，难免觉得自己辜负了人生的光阴，错过了历史的先声，误入了现实的歧途。

县长就地正法

2009年年初，我到刚刚经受5·12地震的绵竹县遵道镇，参观万科在当地援建的几个项目。其间有幸获得一本书，该书详细记载了解放前绵竹县的教育及文化开支及所占财政支出比例，读来让人颇为感慨。

绵竹县1935～1949年教育及文化经费预算统计表

单位：元

年份	教育及文化费	财政支出支出数额合计	教育文化费占财政支出合计（%）
民国24年（1935年）	法币39681	146336	27
民国25年（1936年）	法币55739	201807	27
民国26年（1937年）	法币78278	244437	32
民国27年（1938年）	法币84737	351821	24
民国28年（1939年）	法币97458	327668	29.37
民国29年（1940年）	法币179140	593617	30
民国30年（1941年）	法币473618	2071199	22.8
民国31年（1942年）	法币1049654	5007119	20
民国32年（1943年）	法币1111383	8569187	12.9
民国33年（1944年）	法币3022320	34483313	8.7
民国34年（1945年）	法币7201633	64618572	11
民国35年（1946年）	法币38325835	384177373	9.9
民国36年（1947年）	法币117753913	1519338888	7.7
民国37年（1948年）	金圆券2821	346675	0.08
民国38年（1949年）	金圆券103123	2629817	3.9

摘自《乡村守护九十年——遵道学校志（1919年～2008年5月12日）第一卷》

上述材料及这次简短的西南之行，让我不禁想起了孙明经

（1911～1992）。孙明经曾经被蔡元培称为“拿摄影机写游记的今日徐霞客”，其编制的故事片《农人之春》曾在布鲁塞尔举行的农村电影国际大赛中获奖。1939年孙明经带着一个学生骑马投入川康科学考察，历时半年，拍了大量珍贵照片。正是在这次考察中，孙明经发现西康当地的学校校舍大都宽敞明亮，学生衣着整齐，令人耳目一新，而一些县政府却破烂不堪。好奇的孙明经就问一位县长：“为什么县政府的房子总是不如学校？”县长的回答是：“刘主席说了，如果县政府的房子比学校好，县长就地正法！”

“刘主席”指的是刘文彩的弟弟刘文辉。这番话听起来似乎杀气腾腾，但并非蛮不讲理。当时的人们对教育的重视由此可以略见一斑。为表示对刘文辉的响应，当时的巴安县县长赵国泰就曾放下繁忙的公务，亲自到当地小学代课教书，当起了国语老师。难怪有人说，刘文辉治下的西康省，重视教育早已成为自上而下、实实在在的行动。

感谢孙明经，他留下来的一些照片为后人真实地还原了当年的部分生活，让我们看到了义敦县县长站在寒酸的县政府前的留影，以及楼顶上与其形成强烈反差的未来的主人翁。而这逝去的一切，对比汶川大地震因校舍倒塌而死去的无数孩子，即使你是铁石心肠，也难免会悲从中来。同样令人悲伤的是，孙明经，这位著名的“影像知识分子”，在“文革”中受到批判。他的很多作品被毁于那一场浩劫。

“捧着一颗心来”

上世纪二三十年代，一批有理想有抱负的知识分子，如晏阳初、梁漱溟、董时进、傅葆琛、李景汉、陶行知等，纷纷下到农村。他们不像上山下乡时的知青因为响应政府号召而“扎根”农村，也不像现在许多大学生村官一样到农村寻找自己的“奶酪”，而是完全受着理智与良心的驱使，“捧着一颗心来，不带半根草去”。时人救国的热忧，不计名利的拼搏，着实令人感佩。

谈到这场救济乡村的运动，许多人首先想到的一定是晏阳初与梁漱溟。

先说晏阳初。晏阳初的一生最为人称道的是推动平民教育。关于为什么要帮助农民接受基础教育，康奈尔大学乡村教育学博士，与晏阳初共事的傅葆琛在起草《乡村平民教育大意》时这样写道：

> 乡村居民至少占全国总人口数百分之八十，故乡村平民教育是全国大多数人民的教育。而我国以农立国，农民却缺乏教育，致生产能力不足；故乡村平民教育是供给全国衣食住的人之教育。乡村居民天赋才智并不弱于城市人民，而其锻炼身心及与自然界接触的机会，实为城市人所不及；古今中外英雄豪杰、名将贤相、实业家、科学家出身于田间的甚多。一旦乡村人民接受教育，人才产生，未可限量。唯我国自改革教育制度以来，偏重城市，漠视乡村，至乡村学校寥若晨星，失学者愈显其众。

在晏阳初及其追随者看来，没有任何一国能越过其民众而强盛起来。“全国三万万以上的文盲，名为二十世纪共和国的主人翁，实为中世纪专制国家的老愚民。当今世界为民族智识的战场，以目不识丁的民族和饱受教育的民族相竞争，瞎子斗不过明眼人，这是何等显明的事理。”希望能够借平民教育开发这世界上最大的“脑矿”。1926年，“平教总会”开始在定县设立办事处。傅葆琛、冯锐和刘拓三位博士与若干工作同仁开始深入乡村。这是中国有史以来，读书人士大夫，尤其近一百余年高级知识分子首次实践“回到农村”、“回到民间”的口号。1929年，晏阳初到河北定县号召知识分子“走出象牙塔，跨进泥巴墙”，不要安居在太师椅上，空作误民的计划，而是要到农民生活里去找问题，去解决问题，抛下东洋眼镜、西洋眼镜，换上一副农夫眼镜。

二十年代北京一家报纸这样评价晏阳初等知识精英举家搬出闹市，来到道路泥泞、灰尘弥漫的定县农村安家落户：

> 这是迄今为止中国历史上最宏大的一次知识分子迁往乡村运动，帝制科举出身持有者、中国大学教授、学院院长和国家机构退休工作人员，以及许多美国重点大学的博士和硕士们，纷纷离开城里的职位和舒适的家，来到偏僻的定县农村，寻找复兴古老落后的人民生活的方法和途径，从根本上实现民主。

晏阳初不是为了扫盲而扫盲，而在于让大家能够读书明理，使民众褪去身上的愚、穷、弱、私四大病症，实现“免于愚昧无知”的第五大自由。和晏阳初相比，胡适有个著名的“五鬼论”，在《我们走哪条路》一文中，胡适认为中国最需要打倒的是五个大仇敌：第一大敌是贫穷；第二大敌是疾病；第三大敌是愚昧；第四大敌是贪污；第五大敌是扰乱。无论是晏阳初的“四病”，还是胡适的“五鬼”，这一切都不是革命所能一揽子解决的。身处转型时期的人们，最需要的不是一日千里的革命精神，而是一点点推动社会建设的和风细雨。

至于梁漱溟，这位“最后的儒家”认为，西洋文化涌入中国之后使沿袭数千年的中国社会组织构造崩溃，而新的社会组织构造又未确立，形成文化失调，这就是近百年来中国失败的根本原因。梁漱溟概括了破坏农村的三股力量，即兵祸、匪乱、苛捐杂税——政治属性的破坏力；外国经济侵略为主、洋行买办等为辅——经济属性的破坏力；礼俗制度学术思想的改变——文化属性的破坏力。基于“人生向上，伦理情谊”的儒家理想以及“中国有阶级斗争之力量，而无阶级斗争之目标”的时代判断，梁漱溟认为中国的自救在于建设一个新的社会组织构造；中国的经济建设“必走乡村建设之路”。至于什么是“乡村建设”，梁漱溟开宗明义地指出，“乡村建设，实非建设乡村，而意在整个中国社会之建设，或可云一种建国运动。”

同样值得一提的还有卢作孚。在其他志士仁人忙于“教育农民”的时候，卢作孚率先提出了“乡村现代化”的口号。在他看来，“中国的根本办法是建国不是救亡，是需要建设成功一个现代的国家，使自己有不亡的保障”，因为“如果我们长时间不能将国家经营好，总有人会亡我们的，纵没有甲，也会有乙”。卢的愿景是，“愿人人皆为园艺家，将世界造成花园一样”。

除此之外，还有高阳的无锡实验、黄炎培的徐公桥实验、陶行知的晓庄模式等等。据南京国民政府实业部的统计，在此前后共有团体和机构600多个，在各地设立实（试）验区有1000多处。不过，在我整理民国时期乡建运动的材料时，最让我心动的还是阎锡山的“用民政治”以及改革村制的设想。很难想象，这位教科书上永葆刽子手形象的地方军阀，竟有那么多光彩照人的主张。

从1917年9月开始，阎锡山集一省的军政大权集于一身，成为名副其实的“山西王”。也是因为这个原因，阎锡山才有机会自上而下推行他的“用民政治”。阎锡山曾经用“不亏负”来概括其“用民政治”的主要精神。什么是“不亏负”呢？阎锡山打了一个比方。他说，炭在中国，只是供蒸饭燃烧之用；而在欧美，炭的使用方法很多，如可作蒸汽之用，可供化学之用，使用方法可达七八十种之多。为什么同样是炭，在中国用途这么少，而在外国用法却很多，这是因为中国亏负此炭，而外国不亏负此炭，即炭在中国没有被充分利用，没有发挥出其全部功用。自然界如此，具体到人类社会也是如此。阎锡山认为，中国人的聪明才力并不逊于外国人，而中国人在很多方面的成就却不如外国人，是国家之政治与社会之习惯有亏负人民而造成的。民无德即为顽民，无智则为愚民，无财则为贫民，为求达到“良政治”，就要以“用民政治”“启民德、长民智、立民财”。

“二十世纪流血，二十一世纪流汗”，这是我关于两个时代的判断。透过上面提到的二三十年代各地掀起的“救活农村”、拯救农民的乡村建设运动，不难发现，从民间到官方，生活于那个时代的中国人多是在努力争取收获一个“流汗的世纪”。只可惜这一切蓬蓬勃勃的景象，被日寇入侵带来的血流成河无情中断。于官方，如阎锡山者只能喟叹“我辈从前终日汗劳，真可谓白费力三字”；于民间，梁漱溟在邹平建起的乡学村学也被当地暴民焚为灰烬，有的乡建干部甚至被暴民杀害。如有学者感慨：“一切又恢复到了过去的模样，仿佛什么也未发生。”百战旧山河，历史多无情，终点又起点。

乡建之子，云散风流

回顾当年救济乡村与国家的赤子，因了时代的因缘际会，他们个人的来去住留亦有所区别。

梁漱溟，1988年6月23日，这个自称“前生是一个和尚”的老人坦然告别人世。一辈子直道而行，却又能活到95岁的高龄，不愧为二十世纪中国的一道奇迹。

晏阳初，在1990年1月17日走完了他的百年人生，在美国纽约逝世。晏阳初的遗愿是：“我们都希望有一个更好的世界，但其确切含义是什么？世界最基本的要素是什么？是黄金还是钢铁？都不是，最基本的要素是人民！在谈及一个更好的世界时，我们的确切含义是需要素质更好的人民。”在接受赛珍珠访谈时晏阳初曾对全世界说：“我向全世界提出这一个问题，请求解答。为什么不能团结所有国家、所有地区的人民以共同打击我们的敌人——愚昧、贫困、疾病和腐败政府呢？”

卢作孚，他不仅致力于乡村现代化，同样是首屈一指的“中国船王”。1938年10月，在日军进犯湖北后，他坐镇宜昌，指挥船队昼夜奋战，将全部人员物资抢运到四川。此举被他的好友晏阳初誉为“中国的敦刻尔克大撤退”。抗战期间，卢作孚的民生公司有85艘船被炸沉炸伤，117名船员牺牲。关于中国的民族工业，毛泽东曾有“四个不能忘”的说法：重工业不能忘了张之洞，轻纺工业不能忘了张謇，化学工业不能忘了范旭东，运输航运业不能忘了卢作孚。不幸的是，这位中国人不能忘的实业家，在1952年的“三反”运动中因养子揭发而“畏罪”自杀。所谓“罪行”，不过是在公私合营期间，他与公司的公股代表在北京出差时互请吃饭、洗澡、看戏而已。

黄炎培，1965年年底在愈演愈烈的阶级斗争的气氛中过世，终年87岁。他留给后人的著名论断是“黄炎培周期律”。1945年黄在延安同毛泽东谈话时直言道：

> 我生六十多年，耳闻的不说，所亲眼看到的，真所谓“其兴也勃焉”，“其亡也忽焉”，一人，一家，一团体，一地方，乃至一国，不少单位都没有能跳出这周期律的支配力。大凡初时聚精会神，没有一事不用心，没有一人不卖力，也许那时艰难困苦，只有从万死中觅取一生。既而环境渐渐好转了，精神也就渐渐放下了。有的因为历时长久，自然地惰性发作，由少数演为多数，到风气养成，虽有大力，无法扭转，并且无法补救。也有为了区域一步步扩大了，它的扩大，有的出于自然发展，有的为功业欲所驱使，强求发展，到干部人才渐见竭蹶、艰于应付的时候，环境倒越加复杂起来了，控制力不免趋于薄弱了。一部历史，“政怠宦成”的也有，“人亡政息”的也有，“求荣取辱”的也有，总之没有能跳出这周期律。

对此警示，毛泽东的回答是：“我们已经找到新路，我们能跳出这周期率。这条新路，就是民主，只有让人民来监督政府，政府才不敢松懈。只有人人起来负责，才不会人亡政息。”

阎锡山，虽然擅长“在三个鸡蛋上跳舞”，晚年还是和蒋介石一起退避台湾，十年后病逝，终未能“将这把老骨头活着回太原”。阎在晚年主要忙于著书立说。反思国民党为什么兵败时，阎锡山认为国军不是兵力不够，是政略不够，“国民党辛亥革命推翻满清，是民族革命的胜利。打倒袁世凯称帝与北洋军阀，是民权革命的胜利。今日民生革命国民党未实行，被共产党拿起来，使国民党失去存在的根据。这可说明能适应时代需要，表现革命效用者，一定成功，否则自难存在。”此前的1950年12月31日，阎锡山在日记中这样写道：“对本半世纪之感想与今后之展望：今日为本半世纪最终之一日，亦为后半世纪开始之前夕……我的展望，是愿将本半世纪毁灭的前夕，变为安和人类的开始。人事全在人，只要有领导世界的资格者，领导安和，全世界即能得到安和。政治与人民亦如同农夫与禾苗，种瓜得瓜，种豆得豆。”

3．“不建设，毋宁死”

二十世纪二三十年代，眼见农村日益衰败，许多知识分子、社会贤达与政府官员都热情投身于地方自治与乡村建设。

而江西，在进入三十年代后，为“剿匪”所付出的惨痛代价使国民政府更知“深入民间”、“到农村去”乃当务之急。1932年11月，江西省政府组织王枕心、苏邨圃等人考察各省乡村建设，并派员分驻邹平、定县、无锡、俞塘等处见习取经。几个月后，由省长熊式辉任理事长的江西省农村改进社成立，开始筹建实验区。

在此前后，蒋介石已授意全国经济委员会，请派国联专家赴赣考察农村问题。很快，江西在国联专家的建议下设立了10个农村服务区，开展农村教育、农业实验、农村卫生与合作社会组织工作。至1936年，各服务区更名“实验区”，加上两年前建成的五个重点实验区以及九江师范、南昌师范的两个农村实验区，江西共有17个农村实验区。短短几年间，江西由中国的“剿匪”中心转为乡建中心，成为考察对象与舆论焦点。

董时进便是在这一时期受熊式辉邀请，由沪入赣，当上了江西省农业院首任院长。在为此“农忙”消失近两年后，当董重新为《独立评论》撰稿时，胡适还不忘在编后特别提到“独立的老友董时进先生现在江西办农村复兴的事业”，欣然之情，跃乎纸上。

“乡建大跃进”

为更好地了解江西乡村实验的这段历史，有必要重点回顾1934年先后设立的五个实验区，包括江西农村改进社创办的安义万家埠实验区和湖口走马乡实验区，江西基督教农村服务联合会创办的黎川高寨洲实验区，江西省特种教育处创办的南丰白舍好实验区以及江西第七行政督察区专员周作孚等人创办的临川鹏溪实验区。

根据农改社的说法，江西农村因受“匪患”深浅不同，社会情况各异，大体可以分为“匪区”、“半匪区”及“安全区”三种。而为建设新农村，就必须在各区先行实验。囿于人力、财力缺乏，三区不能并举，农改社先在安全区建立首个实验区。应省长熊式辉“竭力要求”，农改社最后将地址选在熊的家乡万家埠。好处是熊式辉私人出资赞助了该实验，缺点是该实验区因为“村落星散”、“人口不多”和“农田过少”而“不是我们理想中的区域”。

紧随其后，农改社在同年十月筹办湖口县走马乡实验区，由苏邨圃负责主持，旨在帮助农民“自治、自卫、自给、自强”。苏邨圃毕业于北京大学，时任职于国民党江西省党部。其最为人称道的是主张服务式管理，反对官民间的“主奴”关系，要求工作者具有热情而又谦恭的精神和态度，特提出在工作中要坚持“温良恭俭让”之五字方针。

按上述三区划分，农改社筹办的两个实验区分属“安全区”与“半匪区”。余下的高寨洲、白舍坪以及鹏溪县政实验区皆可归为“匪区”，主办方也各不相同。

高寨洲实验区位于黎川县，由中华基督教协会发起建设，燕京大学教授、基督徒徐宝谦任总干事。该实验区的成立在一定程度上是接受了蒋介石夫人宋美龄的动员，希望通过基督教文化改造当地的民情，以“消灭赤祸”。为此，中华基督教协会还组织了江西农村服务联合会，负责农村服务的设计。

南丰白舍坪实验区直接隶属江西省特种教育处，主要目标是在“特种地区”行“特种教育”。所谓“特种区域”，是指“曾被赤匪扰害区域”或“受赤化较深区域”。国民党认为苏区农民之所以“死心塌地闹共产”，是因为“中共产党的毒太深”，是故要以“特种教育”来纠正广大农民的错误思想，同时达到救济农村的目的。本质而论，“特种教育”的首要目的就是给共产风潮接种免疫。

相较其他实验区，位于临川的鹏溪县政实验区受到更多关注。该实验区由江西省第七区行政专员周作孚与临川县县长夏承纲筹办。周曾留学日本，归国后并在江西从教三十余年。其子周浑元是国民党的高级将领，蒋介石追剿红军的一张王牌。1932年，作为第七行政督察区行政长官，周作孚到临川“协剿”，两年后国军收复临川，周即开始集中精力进行实验区的规划。在他看来，定县、邹平等地的乡村建设皆是“太平盛世之研究事业，不能应贫苦难区之急迫需要”，像江西这样饱经战乱的“残破之区”，需要的是一场疾风骤雨式的改良，即：“一、用最简单之方法。二、花最少数之金钱。三、用最短促之时间。四、从浅近平易处着手。五、使男女老幼皆有组织。六、要乡村生活一概刷新。七、要各处推行可以无碍。八、要革命事业达到乡村。”(李璜，《江西记游》)在此精神指引下，实验区决定在每一乡村必建公园一所，间设运动场、苗圃、养蜂养鸡场。而且说到做到，短短26天内，周作孚在全县同时建设公园120多处。

如此“乡建大跃进”，真应了国民党大员李宗黄的一番慷慨陈词：“政权未夺获以前，应以革命为生活；既夺获以后，应以建设为生命。‘不革命，勿苟生；不建设，毋宁死’”。（李宗黄，《农村自治实验记》）几乎与此同时，李宗黄回云南老家逢密镇搞地方自治，同样创下纪录，“余去年回滇省亲，并奉中央命，顺便视察云南等处党务，回至田间，即将故乡之农村‘逢密镇’地方自治，于十日以内全部实现”。

不得不承认，在当时有许多人和周作孚、李宗黄一样，他们有着改天换地的热情，近乎天真地希望能以最经济的办法，求最大的效果。基于自己在故乡“十日以内全部实现”的自治经验，李宗黄还在《农村自治实验记》一书中谈到自己的一个梦想：“以中国二十四行省而论，每省约八十县，全国共约二千县，每县约二百村，共约四十万村，本党同志，原约八十万，清党以还，约在百万左右（连预备党员在内），假定每二人举办一乡镇自治，则全国农村自治立可完成，即退一步而言，每县党员或各级党委，能各举办一村自治，则亦可树之风声，模范全国。”该书由汪兆铭题写书名，并且分别有林森和蒋中正的“治始于乡”和“乡治楷模”题字，可见在乡村建设方面曾经得到国民政府高层的认同。

由于自身局限与时代之原因，这些实验区最终都昙花一现。不过，各个实验区都有可圈可点之处，时人也不吝积极评价。比如1937年，黄炎培曾先后两次谈到鹏溪实验区给他留下了美好印象：

> “江西善后工作，先后设农村改进区……我在临川参观第七区专员公署所办鹏溪农村实验区，一入村中，男女老幼皆彬彬有礼，屠夫放刀，织女停梭，皆来行礼。妇女会分任检查全村清洁，一月检查两次，一切设施头头是道，尤可喜的是耕牛保险，先是村牛疫，牛死百分之六十以上，乃延兽医治疗，同时施行保险……结果去年仅死一头。”“每头保险额为十元到三十五元，听牛主自认，包治牛疫。保险费取自百分之五。如保十元者，年纳五角。牛死赔百分之七十。”（黄炎培《赣游见闻》，《游客话江西》）

青年党领袖李璜对鹏溪实验区同样欣赏有加，“计经行四村镇。不闻臭气，不见游猪，无乞丐，无喧嚣，儿童妇女皆彬彬知礼，民众生活虽尚未一概刷新，而革命事业确已达到乡村，周专员以半年之力得此，其亲民勤事，与其职员之实事奉行，诚足多也。”(李璜，《江西记游》)短短几年间，周作孚在临川办夜校47所，问学处9所，私塾170所，尤其注意动员妇女，因为“妇女为国民之母，生活改良，要从家庭着手”。

并非所有乡村实验都起到了立竿见影的效果。以南丰为例，在“特种教育”实验之后，该地经济情况并没有明显的改观。1938年江西省国民政府组织的社会调查显示，南丰县在“特种教育”之后，仍是一幅凄凉景象：“人口减少，田地荒废，收复后房屋残破，耕牛农具，一无所存，殆已全濒破产之境。”〔《江西各县社会调查概况表》，见《江西近现代地方文献资料汇编》(初编)〕

乡村建设的主体与关键

谁是乡村建设的主体，如何调动农民参与其中，这是一个不得不思考的问题。面对农村的脏乱差，周作孚谈到自己在日本留学时，已觉“日本之强，系从人民之家庭强起，入日本人之家，其妇女未有不振作者，基屋内未有不精洁者”。为此，在其督率下，1934年6月实验区在一个月内填平粪坑六千个，而使之迁往偏僻处，改良茅厕四百所，使其臭气不闻于外……不过，类似举措受到了很大的抵制。有农民说，当年共产党来，都没有取缔，你们为什么要取缔？周作孚以民众的生活导师自居，虽然这种推动对农民不无好处，但是这种反对也表明，农民是否跟随与认同，是乡村建设能否取得成绩，是否有效率的关键因素。

与周作孚改建厕所时的“反对者蜂起”相比，董时进主持下的农业院在当地推广新稻种“鄱阳早”则要顺利得多，更得到民众的欢迎。因为农民知道了它的好处。农业院不仅是引进了稻种，提高了收成，而且在盐水选种方面，还把盐给买不起盐的农民使用。农业院或许是当时唯一不以政治挂帅而做出实事的机构。

谈到救济农村，董时进注意到一个现象：“近数年来，国内朝野一致高唱救济农民，复兴农村，然而救济之声浪愈高，农民之破产者愈多，复兴之高潮愈盛，农村之崩溃愈速，可见非复兴不得其法，必救济之未切实努力。”为此，董时进开出两个药方：其一是救济农民不能压榨农民，“譬如人之不起，并非生病，乃系被人殴打，体无完肤。欲救此人，首须停止殴打，否则扁鹊再生，亦将束手”。在此意义上，不图地方政府救济人民，“能维持治安，自己不去扰民就可以了”。其二，就是在经济或者技术上想方设法增加农民的收入。（董时进《论复兴农村》，《独立评论》，1933年6月25日）

与此相比，国民政府1934年开始在江西展开的乡村建设更像是稳定大局的权宜之计，而非真正以地方自治“奠民国万年有道之基”（刘世长编《地方自治讲话》）。具体到操作，主要有以下两个特点。

其一，乡村建设的首要目的是维护地区稳定，而非自治。

以“匪区”为例，经历了几次围剿与反围剿，当地民生凋敝自不待言。1927年至1934年间，白舍坪实验区所在的南丰，苏区占全县总面积的94%。由于共产党“遍设列宁小学、民众俱乐部及其他教育机关，每县动辄以百数十所计，对于民众尽麻醉诱惑之能事，驯至一般成人、妇女、与儿童所表现者，皆反常悖理之意识”，国民政府认为当下最迫切的是“实行特种教育，以纠正其思想，健全其人格，发展其生计，扶植其生存，使均成为良好国民”。直至后来江西在全国率先推行保甲制度，并以“管教养卫”代替“自治”，以官治代替民治，孙中山生前倡导的“自治”实已名存实亡。如此扬汤止沸的乡村建设，更像是国家进入紧急状态下的政治动员。而所谓“特种教育”，与其说是为重建乡村，弗如说是为重建意识形态。

原先的十个服务区，自从干事兼了区长，“服务与政治结婚”，其性质也发生了悄悄的变化。以前服务不问政治，可谓全心全意为农民服务，但现在兼负政治任务，就不能不执行一点“伤脑筋”的政令，不得不卷入政治的旋涡。个中难处，就像今日中国的村民自治，本来村长当选后应该全心对农民负责，可上面下派任务，让他们同时负责订报纸、抓计划生育。自从干事兼区长开始做“伤脑筋”的事情以后，农民分不清什么是服务区，什么是行政区，只知道“老师们变了心”。(徐盈《江西农村改进事业的全貌》，《游客话江西》)非政府组织（Non-Governmental Organizations）变成了新政府组织（New-Governmental Organizations）。

其二，乡村建设与农民最迫切的需要脱节。

梁漱溟当年搞乡村建设，时常苦恼于“乡村运动而乡村不动”。知识分子忧国忧民，可是他们办乡村建设的工作研讨会，农民代表基本没有，“仿佛乡村工作讨论会和乡村没多大关系，乡下人漠不关心，只是乡村以外的人瞎嚷嚷”。而梁将此归咎于“农村偏乎静，我们偏乎动；农民偏乎旧，我们偏乎新”（《我们的两大难处——二十四年十月二十五日在研究院讲演》，《乡村建设理论》）。这种“我们—农民”式的分析方法显然没有切中问题要害。如果农民真的偏乎静，偏乎旧，他们就不会义无反顾卷入到“打土豪，分田地”的运动中去了。

乡村建设者希望农村有一个光鲜的外表，农民的精神面貌焕然一新。然而，农民最需要的是有可以耕种的土地，是摆脱贫穷。当然，乡村也的确需要文化建设与文化扶贫，但是如果没有其他更货真价实的可以改变他们命运的政策与行为，这种文化上的帮扶并无多大意义。重要的是，这种素质论实际上也是一种潜在的归罪，即把农民生活之所以艰难困苦简单归罪于农民的素质低下。农民将此视为负担，概是因为提高素质对他们而言，是成为模范国民之义务，而非现代国民之权利。当说，农民不应只是被同情的一群，更应是一群有欲望的人。此欲望人皆有之，绝非素质二字所能概括与敷衍。

知识精英送文化下乡，可许多农民正挣扎在死亡线上，日出而作，日落难歇，“没时间读书”是因为这些书不能解决农民的燃眉之急。其不合时宜，就好比农民急着娶媳妇生儿育女，你却只送他一本书，并告诉他“书中自有颜如玉”。

农民本是农村重建和复兴的基本力量，没有他们的积极参与，乡村建设只能裹足不前。而对于农民而言，乡村建设的价值，既不在政治精英着眼于社会稳定的政治下乡，也不在于知识精英完成社会理想的文化下乡，而在于他们究竟可以从中得到什么好处。否则“多一事不如少一事”。由此更不难理解，今天这样急功近利、与民争利、逼农民上楼的新农村建设何以会受到农民激烈的抵制。

经年累月的被侮辱与被损害，使农民对来自政府的改造与建设早已“习得无助”，所以往往并不抱以热望。但如果因此断定农民组织不起来，又有失公允。为什么现今许多农民对村级选举无动于衷——“选不选都一样”，对修族谱却愿意出钱出力？究其原因，前者还没有让农民看到可兑换的“政治期权”，而后者直截了当，可以让他们的名字印在族谱上“流芳百世”。

虽然也殚精竭虑，但是因为未能真正走到农民的生活中去，所谓乡村建设，便成了社会精英“自己感动自己”却不能运动农民的事业。而国民党的军队花了几年时间，费了千辛万苦，最后不得不借着通公路、装电话、修筑如来螺发一样密集的碉堡才得以肃清“匪区”，随之而来的乡村建设却没有回答与解决一个重要问题，即为什么当年会有那么多农民甘愿为几亩土地冒死一战。

“几十万弟兄的尸骨，仅换来一个地归原主”

1934年，国民党要员彭学沛到江西考察，发现江西的农村到处是碉堡：“如同在巴黎到处看见裸体雕像一样，山顶不消说，只要是一个丘小冈，上面也有一个碉堡……碉堡有些是军队构筑的，有些是民众构筑的，有些是土匪构筑的，每碉上必有标语，远远便可以望到，异常显明，如果商店公司利用来贴广告，真可有意想不到的效力。”（彭学沛《江西农村匪区视察记》，《游客话江西》）小小细节，即可见当年战事之紧张。

从1934年开始，国民政府开始在江西大张旗鼓搞乡村建设实验，有人说也许正是因祸得福，这里的农民不再被漠视。在共产党被驱出以后，地方政府的首要工作便是对农村加以救济和援助。然而，这些农民并没有得偿心愿。

三年后，《大公报》记者徐盈自江西发回特别报道，文章以考茨基论法国大革命的一句话开篇：“不管加诸这些城市分子身上的压迫是如何强暴有力，但比之农民情况总要差胜一筹。”而该文前言标题即为“可怜的农民”。尽管在董时进的农业院等机构的支持下，因为引进稻种使粮食产量有大幅提高，但江西有一个很大的问题并没有解决，那就是土地问题。农民抱怨：你改良了种子，培育了树苗，可我们“良种无田”、“种树无山”。

文章直指土地问题的重要性：“‘打土豪，分田地’一个口号便是使共党在江西盘踞了六年的主因。而事实上，也是在土地问题愈严重的地方，共党统治的时间也最久。”徐盈据此分析，“对于土地问题的真相加以曲解固然不正确，而忽视土地问题的严重性的学者们尤不可宽恕”。就在此前，南京地政学院的研究员在调查完江西土地问题后曾经大声疾呼“时机不可错过”，正好利用这个区域做一个“平均地权”的实验。孰料时光流水匆匆过，这个问题因搁置而被淡忘。更令人担忧的现实问题是：“为什么佃农一天天的多起来？为什么匪后的土地相当集中起来？”

红军撤退后，熊式辉注意到，“当时黎川农民分得田地之后，竟有私自向逃亡在外县之地主纳租金者，而广昌田地分配之后，仍各耕其原有之田，而对于新得之田，多置之不耕”，原因是中国“土地制度根深蒂固，所有权的观念等于天经地义，一旦无条件的夺他人之田地据为己有，良心终觉不安。”(熊式辉，《海桑集》)然而，他忽略了一个重要的事实，即农民心觉不安，并不能代表他们不想拥有属于自己的土地。

回顾历史，当初国民政府根据蒋介石的要求制定了土地条例，主旨不外乎四项：“地归原主”、“保留其使用权”、“计口授田”及“征土地累进税”。前两项旨在稳定当时的紊乱状态，而后两项则为“平均地权”起步。不幸的是，国民政府之居安思危用错了地方，“平均地权”的想法很快打了水漂。虽然技术人员们殚精竭虑，改良了种子，培育了树苗；可农民说：我们“良种无田”、“种树无山”。

徐盈由此感慨，“我们很同情主持土地整理的负责人的苦衷，可是更承认某军官的激奋：‘几十万弟兄的尸骨，仅换来一个地归原主’是一句血泪语……若是仅以扶植大小地主的复活便算了事，那又何必抛掷了这么大的牺牲！”（徐盈《江西农村改进事业的全貌》，《游客话江西》）

乡村建设，是失败还是中断？

1937年4月，徐盈在万家埠实验区采访，谈到与总干事王枕心有关的两个细节。一是王枕心理论水平实在是高。为了推动乡村建设，王枕心写过一本叫《中国民族自救之路》的小册子，认为中国农村崩溃，如同得了慢性肺炎，外感帝国主义之经济剥削，内有封建势力之弥漫，是故农村问题不只在农村，还需内外一起调理。与此同时，农村问题也不是一方面的问题，需要整个社会的配合，农村的改进绝非是一种技术改良所能达到，必须有各方面的推进才有出路。要想做到这一点，就得唤起民众自治、自强的力量，使他们首先能够“自信”，并在此基础上形成“互信”乃至“共信”。

另一个细节更值得回味。当时徐盈正与当地农业指导员畅谈“三农”，忽然听说请来放映电影的“电影汽车”要开回省会了。王枕心为此非常着急，因为他已经通知各保来看电影，岂能失信于民——“就是熊主席要，我也有办法的”。可车子最后还是开回去了，这回不是熊主席要，而是林主席要。这里的林主席，是指国民政府主席林森，更可以说一个代表着随时可能中断这场乡村建设的外力的隐喻。

在走马乡实验区，苏邨圃希望借助政治力量扶助农民，以达到“四自”：自治、自卫、自给、自强。让他尴尬的是，从一开始，这个机构便不能真正做到自立，因为经费很成问题。而且这是一个较为普遍的问题。有一位教育视导员在看了江西农村实验区教育的情况后表示：“我去视察乡村学校，只要有教师，有校舍，有学生，我就给他满分，因为根本不能再苛求，再苛求乡村就没有一所能称得起是学校的。”（徐盈《江西农村改进事业的全貌》，《游客话江西》）

尽管乡村建设得到了政府与社会的一些支持，但就整体而言各实验区仍只是勉力维持。至于后来一个个销声匿迹，已非各位干事之精诚团结、励精图治所能挽回。一年后，日军入侵江西，位于赣北的走马乡实验区率先沦陷，宣告这场曾经轰轰烈烈的乡村建设运动接近尾声。

文艺评论家姜弘在《苏邨圃传略》一书序言中谈到，苏邨圃在五四运动前入北京大学学习，亲身参加了那场游行示威和火烧赵家楼的过激行动。他既是胡适喜爱的学生，又是李大钊主持的“马克思主义研究会”的成员，在报刊上发表过激进文章。但在步入社会以后，所奉行的却是“多研究问题，少谈些主义”，主张进行全面深入细致的调查，然后进行适合中国实际的改革。而真正的五四精神、五四传统，产生于那场火爆的街头抗议活动以前，《新青年》杂志所代表的启蒙主义新文化运动，才是五四的源头和正身。觉醒了的新青年走上了两条路，一条是激进的革命之路，一条是渐进的改革之路。前一条路经过“一二九”到延安的“抗大”、“鲁艺”和后来的一些“革大”、“军大”（革命大学、军政大学），后来直到“文革”；后者则是从北京大学到西南联大，从《新青年》到《观察》，后来几

经迂回反复直到今天。（姜弘《从一个人看一个时代》，《苏郇圃传略》）

回顾当年的乡村建设，是否还有一个“社会的五四”？政治的五四、文化的五四，在某种程度上说都可谓“精英的五四”，且具有理想主义倾向。清末民初，个人觉醒与社会建设并驾齐驱，尽管一度走到了无政府主义的极端，尽管历尽坎坷，几度沉沦，但建设一个可以期许的，即将远离“贫穷，疾病，愚昧，贪污与扰乱”这“五鬼”的美好社会，却是包括精英与大众在内的所有人的共识。

研究者多以“终于免不了失败的命运”为民国时期的乡村建设盖棺定论。不过在我看来，谈民国乡村建设运动，当以得失论之，而不应笼统地归之于“失败”二字。正如有学生因病辍学，中止了学业，你不能说他的书读失败了。更重要的是，透过这些未竟的乡村建设，我们从中学到与得到了什么。又毕竟，就历史增量而言，有些实验区的成果还是较为完好地保留下来。比如说万家埠实验区，距离小堡村不过二十公里，至今以“民国村”留存，成为当地开发农村旅游的一个重要景点。回顾百年中国，如果非要说失败，只能说历史上所有剥夺农民权利的改革最终都失败了。

虽说历史不容假设，如果政治归政治，社会归社会，社会建设能不因政治动荡而得以保全，今日中国将有何等可观的文明累积。同样要问的是，一个自称“不建设，毋宁死”的政权，何以丢掉大陆，败走台湾？倘使当年国民政府能像阎锡山所说在完成民族与民权大任时兼顾民生，能像后来在台湾一样进行土地改革，急农民之所需，历史会不会有另一种写法？有一点是已经发生了的，国民党的军队有能力将苏区的红军赶到陕北，却没有能力赶走自己在土地政策上的漫不经心。当它一错过再错过，历史终于失去了耐心，已经不愿再给它时间了。

4.计划政治下的“盲流”

对于国民来说，人生最大的不幸是他既挡不住历史前进的车轮，又挡不住历史后退的车轮，遭遇双重辗压。

前文回答了“农村是前线，还是后方”的问题，百余年来的中国，农村是既为后方又是前线。农民为了工业化与城市化，被圈在田间地头日出而作、日落而息，为国家发展源源不断地输送人力与物力，难免会给人一种身居后方的印象。即使是我本人，从城里回到乡村之时，也自觉像是回到了人生的后方。然而，每当你看到或者想起这些山野里的寂寞生灵，为这个国家所作的默默无闻的牺牲，以及他们正遭遇的普遍的苦难，你就不得不承认，这所谓的大后方实则为中国最真实的前线。所以，有一年夏天我在乡下和一些乡镇干部聊天时说：“今日世界的前线在中国，而中国的前线在乡村，是故中国乡村是世界之前线。影视明星送文化下乡，理应端正态度，明确自己实为劳军。”

乡村这种“既为后方又是前线”的暧昧印象，在建国之初表现得尤其明显。遥想当年满腔热血的知识青年与垦荒大军开始上山下乡之时，各地车站、码头红旗飘飘、人山人海，那时候的人们何尝不是将这些青年当作即将送上前线的英雄一样加以礼遇。然而，如果了解当时的一些历史，你又会发现，青年被大批动员下乡，实则是因为经济与教育等层面出现了重大的危机，也算是和平年代的“敦刻尔克大撤退”了。当危机来临时，农村再次成为时代的大后方与避难所。

据统计，1954年，全国约有60%的初中毕业生不能升学，约有63%的小学生不能升入初中，他们需要走上社会，参加生产。刘小萌在《中国知青史》一书中写道：学生们读了若干年书，因为某种原因不得不中断学习，转而从事某种职业或者回乡务农，本是寻常之事。“然而，由政府出面，号召不能升学的中小学毕业生从事劳动生产，并且强调回乡务农的必要性，则是旷古未闻的。”1954年7月11日，《中国青年》刊文解释国家不能花费很大力量来办教育的苦衷，此后教育部副部长叶圣陶曾经特别撰文，向家长呼吁如果孩子们未能升学，第一千万不要责怪孩子，第二千万不要责怪政府。今日回望，国民自知“责怪政府”乃现代政治文明之精要。然而，当时在西南地区看到“命苦不怪父母，地震不怨政府”这样的标语，难免在心底叹息这眼前的光景，恍如昨时。

广阔天地，“恩将仇报”

据小堡村村民说，村里没有下乡的知青，只在上世纪六七十年代下放过两个干部。后来他们回了城，时至今日，很少有人提起他们。不过，严格地说，如果按当年国家动员辍学的逻辑，村里还是自产自销过知青的。几位“中小学生土著”，包括我的父亲，虽非在城里生长，在六十年代也是因为国家出面而被从学校动员回乡务农。父亲记得最清楚的也是当年的那句口号——“广阔天地，大有作为。”这个口号源于1955年12月毛泽东的一句讲话：“农村是一个广阔的天地，在那里是可以大有作为的。”

领袖的授权与动员，使越来越多的城中青年被投放到农村。本来是为了化解经济与教育危机的行为，轻而易举地变成了一场高蹈理想的革命运动。1955年下半年开始，在全国范围内出现了一股中小学生辍学风，到1956年达到高潮，有些地方中学生退学休学的人数竟达到了总数的50%以上。大量中小学生回乡生产，农民认为反正也是回乡干活，书读多了也没用。而且，农业合作化以后，靠计工分吃饭的农民也希望孩子早些回家做“劳力士”，多挣些工分。

在一个崇尚知识、功能正常的社会里，人们多会将升学作为人生进步的阶梯。然而，在极端的年代里，读书、升学成了可望而不可即的镜花水月。不唯乡村，城里同样“积压”了大量待业青年。尽管有领袖的亲自动员，但还是有很多人因为某种“劣根性”拒绝回到农村去。有人抱怨高中毕业生参加农业是大材小用，“杀鸡怎能用牛刀？”很快有人自嘲：“现在没有了牛，只好用来杀鸡了。”1957年，甚至连一向温顺的天津中学生也组织游行，喊出了“绝不回农村”的口号。一些地方的学生甚至公开闹事，游行示威。

对此，1957年1月，毛泽东的态度是：

> 第一条是不提倡，第二条是有人硬要闹就让他闹。我们宪法上规定有游行、示威自由，没有规定罢工自由，但是也没有禁止，所以罢工并不违反宪法。有人要罢工，要请愿，你硬要去阻止，那不好。我看，谁想闹谁就闹，想闹多久就闹多久，一个月不够就两个月，总之没有闹够就不收场……这有什么好处呢？就是把问题充分暴露出来，把是非搞清楚，使大家得到锻炼，使那些没有道理的人、那些坏人闹输。

很快，政府的态度发生了变化。接连不断的对抗，使最初理想主义的温和动员开始让位于政治斗争的急风暴雨。1957年8月以后，随着反右运动的展开，不能正确对待自己的升学和从事生产劳动问题的学生，被理解为听信了右派分子的煽动。“有命不革命，活着等于零。”由于新生活是党给的，如果因为私利而反对党，在一个高唱“天大地大不如党的恩情大，爹亲娘亲不如毛主席亲”的时代，很快被视为“恩将仇报”。为完成上级分配的下乡动员任务，一些地方甚至采取了强迁户口、断绝口粮、给毕业生家长办“学习班”等强制性措施。而事实上，作为接收地的农村并不欢迎这些外来客，因为后者的到来，会挤占他们的口粮。

至于毛泽东并不反对的罢工，我曾在1968年7月26日出版的广州《刺刀见红》报上读到这样一则文字：“白云山下东风劲，珠江两岸红旗舞，广州形势大好。……罢工是在资产阶级专政的暗无天日的社会里，苦大仇深的工人阶级的一种革命行动……罢工是有阶级性的。在无产阶级专政的条件下，罢工就是对毛主席的不忠；罢工就是极大的犯罪。”

“逃农役”

1960年代中后期，一些不安心在农村扎根的青年陆续回城，同样被理解为受了阶级敌人的蛊惑，包括《人民日报》在内的许多媒体纷纷撰文号召“受蒙蔽的知识青年”、“立即打回农村去，就地闹革命”、“已离开农村的要迅速返回，杀它一个回马枪。”

与此同时，北京、上海、天津以及各大城市开始“政治大扫除”，其中一个被扫除对象就是回流的知青。这些已经被注销了户口的知识青年，被当作盲流驱赶。为此，相关人员随时可能出现在车站、码头、各公共场所甚至到居民家里“查户口”，以此“追逃”回城的知青，动员好歹也“杀它一个回马枪”。而在此前后，林彪之子林立果在《“五七一”工程纪要》中将青年知识分子上山下乡比做“变相劳改”。

农村虽然天地广阔，知青们的人生却从此走入了窄门，想方设法通过“二招一征（招工、招生和征兵）”逃离农村；一些城里的学生也开始早早辍学以“逃农役”。及至七十年代末大规模返城的闸门打开，一些知青为了捞到医生的病退诊断书不择手段：有的买病人的尿、X光底片，有的往胃里吞铅块、往血管里注柴油，有的有意吃过敏药，吃过量药物，制造高血压、过敏症和心脏病的假象。有的青年吃麻黄素吃得吐血，昏迷事件层出不穷。《中国知青史》一书里记录了这样一件骇人听闻的真事：

> 某知青假冒胃溃疡，用尼龙线拴着粗糙的铅片，吞入胃里，将线头系在牙缝里，然后上医院透视。医生通过X光机看到，这位挺胸站在机器前面的青年，胃竟然烂掉了五分之四！不禁大惊失色。他不敢相信这是真的，忙叫来另几位医生会诊。显示在X光屏上的仍是清晰可辨的铅影。医生惊奇得说不出话来。他悄悄地询问青年："你告诉我，你究竟吃了什么？说实话，我给你开诊断。"青年惨然一笑，解开牙缝里的线头，拽出一串血淋淋的铅块。医生难过得流下眼泪。他说："假如线一断，你就没命了！"

1955年，有人在升学考试之前就声明："考不上学校，就去考海军——投水，投空军——上吊，或者投陆军——流浪。"十年后，中国人高考升学的权利被整体剥夺了。在我写这组稿件时，偶然看到《高考1977》这部充满温情与善良的电影。在这部反映知青生活的电影里，不仅有"不回城，毋宁死"的试图自杀者，更有时刻等待一线生机、永不绝望的人。意味深长的是，当一个新时代的曙光初现时，你会发现，在这部电影里突然间所有的坏人都消失了。这一切，就像梭罗在《瓦尔登湖》一书中感慨的一样："春天已经来到了，我们还停留在冬天里……阳光如此温暖，坏人也会回头。"即便是那位嘴里天天喊着"枪把子"、"印把子"的场长，也变成了送知青及时赶考的力挽狂澜的英雄。这一切真应了"制度扭曲人性"一说。此时，你更能体会，这糟糕的世界，不是人坏，是关系坏。我们着力改造一个社会，首先需要做的是改造关系，改造制度，而非改造人性。

沧海盲流

回想近百年来中国人之“出乡村”与“入乡村”，不无遗憾的是，中国乡村至今仍未真正成为一个诗意栖居的所在，而依旧是一个苦难的象征。无论世居荒野的乡下人，还是误入歧途的城里人，都将“出乡村”当作自己人生的一项重要使命。糟糕的是，那些试图走出乡村的人，也一度被视为盲流加以围堵与遣返。藏在“盲流”一词背后的，是无限酸辛，是返城的知青有家难回，是进城的农民必须回家。同在蓝天下，乡村仿佛是监禁与流放之地。

什么是盲流，究竟是谁制造了盲流？回顾上述历史，我不认为当年那些回城不返乡的知青是盲流，也不认为其后陆续进城的农民是盲流，因为他们回城或者进城的愿望是真实的，也是经过深思熟虑的。这些为讨生活而四处奔走又被冠之以“盲流”的人，恰恰是这个时代最心明眼亮的人。与此相反，一个人未知真相而动，尽随时代的潮水而随波逐流，才是真正的盲流。这种盲流尤其出现在“计划政治”——严格说是命令而非计划——盛行的年代。当人们不能超越政治做自己的价值判断，不能根据自己的经验与欲望真实定位自己的远方，在标语的森林里迷失自己、成为盲流自是必然之事。

上世纪五十年代，刚刚成立的共和国的确是有一番雄心壮志。从那时开始，国家试图包办社会的一切。用哈耶克的话来说，这种“包办政治”暗合了某种“致命的自负”。当然，在“致命的自负”之外，似乎同样有一种“致命的恐惧”，尽管有些恐惧不啻为政府制造出来的“公共产品”。在那个特殊的年代里，斗争与斗争思维还没有完全结束，许多人相信，倘使生产、生活不在国家的视野之内，不由国家控制，国家似乎就处于某种危险之中。正是在此背景下，政府动员“狠斗私字一闪念”，并将工矿企业最好都由国营，学校则一律改为公办。1952年教育部曾经发文，决定自1952年下半年到1954年，将全国私立中小学全部由政府接办，改为公立，其中一个重要目的就是确保政治上的可靠性。而国家包办一切，似乎让百姓体验到了“生老病死有依靠”的社会主义优越性，但是今天回过头来看这段历史，难免有“以自由换面包”的印象。毕竟，有些东西，比如私域方面的自由，是国家不能包办的。

据有关方面统计，在此工作进行之前，全国私立中学占全国中学的比例超过了四分之一，而私立小学则占3%。在过去，学校有国立，也有私立，有社会团体乃至教会兴办的学堂，也有乡村百姓集资的私塾，人们可以根据自己的情况各取所需，毕业后自找门路。社会本可以自我调节。然而在国家体制下，一旦国家因为经济困难或者教育需要压缩整顿时，因为没有民办教育来纾解压力，就会给教育带来无可挽回的冲击与损失。

长于理财的人都知道不应该将鸡蛋装在一个篮子里。理政何尝不是如此？当国家包办一切，实际上也在积聚最大的风险。所以，还是让我们记住约翰·密尔的那句话吧：“比起个人来，时代更容易出错”。

当然，上山下乡运动在客观上也使狂热的革命浪潮渐渐退却。它名义上是让城市的年轻知识分子接受贫下中农的再教育，实际上是让他们认清了中国的现实，看到了城市与乡村的不平等，正是从生活经验中生长出来的批判精神让他们有朝一日重新回到城市时，不再那么盲目，而是开始听从内心的声音与眼底的现实。

5.革命的水稻田

“芝麻油，白菜心，要吃豆角吃筋筋，三天不见想死个人，呼儿咳哟，哎呀我的三哥哥。”上世纪五十年代，这个晋西北小调换了歌词，变成了：“东方红，太阳升，中国出了个毛泽东。他为人民谋幸福，呼儿咳哟，他是人民大救星。”最早我是在《读书》杂志上读到这首情歌原唱的。从生活中来，到政治中去，历史的细枝末节，常常有趣到让人唏嘘。你很难想象，一首细腻而凄楚的情曲，在只换了歌词后，听起来竟然像是宗教音乐了。而这，正是那个盛行毛泽东个人崇拜的年代里的真实故事。

谈到上世纪六七十年代的生活，村民印象最深的莫过于在当时，无论是出工，还是收工，甚至在田间休息时，都要向毛主席表忠心，学习毛主席语录。最常见的情形是，社员人人手捧红宝书，列成一排，齐诵毛主席语录，“敬祝毛主席万寿无疆”。

为毛主席积肥

当历史终于翻过那苍茫一页，今日回首一切已觉天遥地远。对于那个过集体生活的时代的故事，生于七十年代初的我只有一点浅浅的印象。比如，夏季某夜两三点，村子里锣声狂鸣，犬声骤起，睡意正浓的社员们纷纷赶到水稻田里，去收起昨日刚刚割下的谷穗——只因为狂风大作，山雨欲来。长大以后，我在六十年代的老电影《艳阳天》里找到似曾相识的场面。有意思的是，六十年代中国村庄的天气预报，竟然是靠乡里的邮递员亲自送来的。

而我亲身经历的集体生活，前文已经简单提到，大概也只有和童年的伙伴们一起，在村里村外拾猪、牛之粪，将它们倒在村口的一个大粪坑里，为社会主义积肥，为毛主席积肥。对毛主席的印象，想来父辈和我都是一样的。毛主席生前很忙，从来没时间赶到小堡村和贫下中农握手，也没有站在一大片稻穗中间，讲解广阔农村大有作为，让村里的孩子们围观。所以，小堡村的老老少少，注定只能在文字与影音之中见识这位最终被官方定性为“功过七三开”的新中国缔造者，这位“伟大的导师”、“伟大的统帅”、“伟大的领袖”与“伟大的舵手”。

具体到我这一代乡村少年，所能感受到的毛泽东的影响，文字方面主要来自当年无所不在的政治涂鸦或宣传。如村里俱乐部墙壁上的“毛主席万岁！万岁！万万岁！”“大海航行靠舵手，干革命靠的是毛泽东思想”。至于声音方面，尽管我曾见过有人被戴高帽批斗、被吊打，但小队集体歇斯底里喊口号的场面我早已全无记忆。在家里，偶尔也会听到母亲不经意间哼起“敬爱的毛主席，敬爱的毛主席，您是我们心中的红太阳……”但这样的声音也是很少的。在我幼年记忆里，听到最多的仍是“我家的表叔数不清，没有大事，不登门……”，它冷不丁就会从母亲的嘴里飘出来。小时候不知所以，以为母亲唱的是地方戏，长大后才知道这里的“表叔”都很有背景，来自样板戏《红灯记》。母亲在未出嫁时，曾经在她所属的公社里唱了两年的样板戏，并因此多认识了几个字。也是这个原因，母亲偶尔会有一点点可怜的优越感。在城里居住时，母亲不忘夸耀自己如何认得路牌，不会迷路，而村里有的妇女连自己的名字都不会写。

除此之外，母亲还会哼一些黄梅戏，如《女驸马》里的唱词：“为救李郎离家园，谁料皇榜中状元，中状元，着红袍，帽插宫花好啊好新鲜。我也曾赴过琼林宴，我也曾打马御街前，人人夸我潘安貌，原来纱帽罩啊罩婵娟……”只是母亲并不知道在黄梅戏的老家，造反派一度将黄梅戏改成了“红梅戏”，因为“黄”字代表了色情、反革命与资产阶级情调——在这个“全国山河一片红”的年代，这个国家只恨不能将炎黄子孙改成“炎红子孙”，将黄河改成“红河”——更不知道当年那位声音甜美、因唱《女驸马》与《天仙配》而红极一时的严凤英女士有着何等悲惨的命运！

1968年4月8日，因为“反对样板戏”而被认定为“现行反革命”、“宣传封资修的美女蛇”、“国民党特务”的严凤英在绝望之中吞药自杀，死后还被军代表刘万泉指挥开膛破肚以查找敌特发报机、照相机。此公意淫、残害他人之猥琐、恶毒与变态，令人发指。时至今日，每当我想起“我们的七仙女”、“我们的女驸马”，难免满心悲痛。一切正应了“自古美人如良将，不许人间见白头”。这个国家，这个社会，没人知道古往今来究竟摧折了多少美善贤良。

同样令人心痛的是，在那个集体迷失自我的年代，严凤英在遗书里写的竟是：“我严凤英生是毛主席的人，死是毛主席的鬼！”而那位不仅耽误严凤英抢救时机并且残害其身体的军代表，其后竟被评为“活学活用毛主席著作积极分子”。直到2009年被网友人肉搜索时，他正在南昌东湖区的一个小区里颐养天年。不唯刘万泉，当年的刽子手，又有哪位愿意站出来为自己的罪行忏悔认错？

今天的人们热衷于在练歌厅里宣泄用不完的热情。当我在一些视频网站上看到当年的革命小将们在广场上群呼万岁的疯狂场面时，恍惚之间会觉得那些异口同声的呼喊才是中国最早也是最富激情的“卡拉OK”。此国彼时，其来有自。它像是一个硕大无朋的练歌房，政治旋律与歌词都已经备好，只等你的声带按部就班地震颤。

我幼年亲自看过的有关毛主席的影像，印象最深的一次大概是1977年，也就是我四岁多的时候。大概是夏夜，我的的哒哒地跟着村里人去大队部看了一场有关“毛主席逝世”的露天电影——《伟大的领袖和导师毛泽东主席永垂不朽》。当时并不知道这部影片的名字，只知道那个叫“毛主席”的男人死了，却又不懂出现在黑边白布里的那些人为什么要哭。不知何故，那个夜晚的屏幕给我留下来的一些模模糊糊的印象，至今未忘。

八十年代以后，常会听到村民提起邻村一位中年妇女在1976年如何哭得死去活来。现在想来，既然这位妇女常被当作特例来说，或许可以说明当年的乡下人为毛主席哭丧时并不如我所看到的影像中那么激烈。而生于七十年代的我，因为年幼的缘故，更与过去种种政治戏剧有一层深深的隔膜。此时，我的生命刚刚开始，对死一无所知。在这样的幼年，即使死亡出现在影片中也是不真实的。我会因为某种欲望未得到满足而流泪，却不知道什么是悲伤，更不会像那部纪录片所形容的一样与高山和大海一起悲鸣。

两三年后，我久病在床的爷爷过世。出殡之日，作为长孙，按家乡“压丧”的风俗，我头扎红布坐在漆黑的棺材上，呆头呆脑、东张西望，由几个和蔼的本家抬着，为爷爷送行。奇怪的是，从家里到墓地，一路上我竟不知道哭——只觉得自己参加了一种约定俗成的仪式，而且你必须参加，别无选择。回想当年坐在爷爷的棺材上一声不吭，我很庆幸没有人教我哭泣。那时，我还不能体会失去亲人的痛楚，但也没有学会装腔作势。我茫然地看着这个花花绿绿的世界，既懵懂又纯洁。直到若干年后，我上了初中，才真正想念起爷爷来。这个可怜的男人，因为吃了亲戚送的乌骨鸡，转天便去见我太公了。至于纪录片中那位令千万人齐声号啕的领袖，虽然他改变了几代人的生活，却从来不曾走进我的生命。而那个万寿无疆的时代，伴随着那场至今仍未真正完成的风光的葬礼，终于开始重回自然规律，回到了生老病死的常识。

群口相声

“文革”时有一段时间，人们出门，无论说什么话，只要一开口，就必须说一句毛主席语录，然后再说要办的事。有个买毛笔的经典段子是这样的：

中学生：“关心群众生活——给我拿支毛笔。”

售货员：“为人民服务——你买哪一种？”

中学生：“我们都是来自五湖四海——多拿几支让我挑挑。”

售货员：“反对自由主义——不让挑，买哪支拿哪支。”

中学生：“我们的责任是向人民负责——你就多拿几种让我挑挑吧。”

售货员：“在路线问题上没有调和的余地——说不挑就是不能挑。”

中学生：“凡是敌人反对的，我们就要拥护——为啥不让挑？”

售货员：“凡是敌人拥护的，我们就要反对——不为啥，不让挑就是不让挑。”

中学生：“注意工作方法——有这样卖东西的吗？”

售货员：“一切权力归农会——爱买就买。”

中学生：“打倒土豪劣绅——你这什么工作态度？”

售货员：“友谊，还是侵略——咋的，你想打架？”

……

这不只是一个段子，更是真实的生活。关于这一点，看看那个时代爬满了各式语录的图书就知道了。时至今日，当我重新梳理上世纪六七十年代的记忆，虽然偶有似曾相识的印象，但更多的是恍如隔世的荒诞与奇异。那是一个几亿人一起说群口相声的时代。

香港中文大学的熊景明老师给我寄来她的传记《家在云之南》，里面提到"文革"期间她在云南大学收集到的"相声素材"。根据可能是从北京翻印来的《集会誓词》，学生们在集合操练时，不仅要戴着红卫兵袖套，还要边喊口号边完成下列动作。

集合：（众人大声呼应道）招之即来！
立正：毛主席万岁！万岁！万万岁！！（立场坚定！）
向右看齐：打倒刘、邓、陶！
向前看：胸怀祖国，放眼世界！
向右转：要斗私批修！
向左转：向林副主席学习！
向左看齐：心向毛主席。
齐步走：全心全意为人民服务。（三遍）
跑步走：紧跟毛主席，永远干革命。
稍息：提高警惕。（团结、紧张、严肃、活泼）
解散：加强纪律性，革命无不胜。

永远"形势一片大好"

尽管已经是和平年代，那个时代最流行的却是革命话语与斗争话语。1966年，"文革"刚刚开始，为了反对修正主义，小堡村所在的永修县因暗含"永远修正主义"而一度易名为"永红"。同时，为了配合"文化大革命"以及"抓革命，促生产"，转年3月24日，"永红县"还出了一份名为"第一线"的简报，编印方为"永红县革命生产临时委员会"。

前面讨论"农村是前方还是后方"，其实在这样一个全民皆兵的时代，一个人人都要“提高警惕，保卫祖国”的时代，从生产到生活，整个国家更像是一座兵营，每位公民都被收编成为国家的战士，是无所谓前方与后方的。人们永远生活在第一线，工作在前线，而且只能是这样。透过《第一线》这份刊物，你会看到那个时代迸射出怎样的刀光剑影，以及种种无孔不入、无事不沾的革命大话。在当时，甚至包括春种秋收、施肥除草这样的寻常农家事，通常也都要当作一场战役来加以修饰。

比如，1967年4月3日出版的《第一线》第四期，头版文章即为“高度集中劳力，坚决打好春耕生产这一仗”。4月14日的第八期树典型谈某大队“破私立公，大闹春耕”，“人听党的话，地听人的话。这个大队的党员通过整风，明确了方向，提高了思想觉悟，挺身而出，杀上了春耕生产第一线”。

现在的人们常常抱怨各级政府官员“报喜不报忧”，过去却是报忧也报喜，而且是大忧大喜。大忧是，阶级敌人永远活动猖獗，他们放火、投毒、散布流言蜚语、骗农民参与赌博、请客吃饭，亡我之心不死，甚至可能像影片《艳阳天》里的坏蛋一样为了破坏生产而掐死无辜的孩子；大喜是，无论环境多么险恶，形势永远“一片大好”。

所以，你在《第一线》这样的简报上会看到这样的话：“××公社广大革命群众，同全国各地一样，积极响应毛主席“抓革命，促生产”的伟大号召，在向党内头号走资本主义道路的当权派发起猛烈，向没有改造好的地、富、反、坏、右分子和一切牛鬼蛇神展开猛烈攻击的同时，猛促生产、猛促春耕，‘抓革命，促生产’形势大好。”（《第一线》，第10期，1967年4月19日）转天，简报又刊登了声讨刘少奇的文章——《全县广大贫下中农愤怒声讨中国的赫鲁晓夫》。然而声讨归声讨，到文章结尾依旧务必高歌一曲——“目前，一个以批判党内最大的走资本主义道路的当权派的大批判运动正在全县农村中进一步深入发展，革命生产形势大好，而且越来越好。”（《第一线》，第11期，1967年4月20日）在批判会上，一位老农说：“今天有我们伟大领袖毛主席的英明领导，翻了身，谁要再搞什么资本主义复辟，我就要用这条老命给他拼了。”连“老命”都要“拼了”，还是“形势一片大好”。李敖嘲笑今日中国是“形势大好，人心大坏”，回想过去那个时代，人人奉献牺牲，事业一塌糊涂，不啻为“人心大好，形势大坏”。

插秧歼灭战

还在乡下读书时，我没少陪父母一起扯秧、插秧、耘禾、收割稻谷。扯秧通常是在早晨。最享受的是，在回家吃早饭前，担两筐秧到自家的水稻田边，然后逐个拎起一捆捆新绑的秧苗，看它们被抛向水田时划出一道道优美的弧线，然后直挺挺地落立在水中央……当然，劳累也是难免的。插秧之时，虽然经常会受到蚂蟥与牛蟥等吸血鬼的叮咬，但我很难将插秧这平常的劳动与战争或者阶级敌人的破坏联系起来。然而在战天斗地的当年，有些读书、写字的人却可以完成这种荒诞的联想。

1967年5月3日第十七期的《第一线》，头条是“把活学活用毛主席著作放在首位，遵照毛主席打‘人民战争’的思想，打好插秧歼灭战”。文章开篇是这样写的：

> 全县广大贫下中农、民兵、红卫兵小将、造反派同志们、革命干部同志们：目前一场紧张而繁忙的早稻插秧战斗，已面临短兵相触的紧要关头了。机不可失，时不再来。春耕生产有强烈的季节性，因此县革命生产临时委员会要求全县广大贫下中农、民兵和革命干部以及各行各业的同志们、红卫兵小将们，紧急行动起来，遵照毛主席“不失时机地掌握生产环节”的教育，以“只争朝夕”的精神，集中全力，猛打早稻插秧的歼灭战，打响春耕生产的第一炮。

全县各人民公社，垦殖场革命生产临时委员会，在抓革命、促生产运动中，大力开展了活学活用毛主席著作的群众运动，用毛泽东思想指导革命和生产，有力地促使我县农村无产阶级“文化大革命”和春耕生产高潮沿着毛主席指引的道路奔腾前进……为此，各地必须遵照伟大领袖毛主席“革命战争是群众的战争，只有动员群众才能进行战争，只有依靠群众才能进行战争”的教导，动员千千万万的劳动大军，挖掘一切可以挖掘的劳动潜力，充分发挥人的积极因素，集中兵力打歼灭战，全力投入突击早稻插秧战斗。……我们要求各级革命生产临时委员会（领导小组）在大打早稻插秧的“人民战争”中，把学习毛主席著作的群众运动推向一个更新更大的高潮。做到越忙越要学，在斗争中学，在斗争中用，用毛泽东思想武装广大贫下中农的头脑，指导插秧行动。

值得一提的是，那个年代不少地方的插秧工作确有军队参加：

在大打早稻插秧歼灭战的“人民战争”中，县直各机关和当地驻军，抽调了近300名指战员和机关干部，组成若干个毛泽东思想宣传队，奔赴插秧前线，大力宣传毛泽东思想，帮助广大社员群众和社队干部活学活用毛主席著作，推动插秧工作。毛泽东思想宣传队的同志，必须……坚持和广大贫下中农实行“六同”，即是同吃、同住、同劳动、同学习、同商量、同批党内最大的走资本主义道路的当权派。

学习领袖的话语，就像是给社员贫瘠的大脑施肥。5月7日的《第一线》介绍了滩溪公社在插秧过程中战无不胜的毛泽东思想如何威力无穷的：“甘棠大队六生产队，在春耕大忙期间，五头耕牛被狂犬咬死了两头，有的社员产生了悲观情绪，这个队的生产领导班子，再一次组织大家学习了《为人民服务》这篇光辉著作，当学到‘我们的同志在困难的时候，要看到成绩，要看到光明，要提高我们的勇气’的教导时，贫农社员赵福行说：‘牛死了，人还在，我们不能等牛买来再干。’于是他和另一位贫穷社员杨春武挺身而出，拉了一亩多田的插耙。”为了给插秧战役擂鼓助威，有的公社甚至还油印了《插秧战报》。

待秧苗终于插完了，接下来5月12日的报道就完全是一幅“提前丰收”的景象：

> 林彪同志说：“毛泽东思想为广大群众所掌握，就会变成无穷无尽的力量，变成威力无比的精神原子弹。”今年早稻插秧之所以快，最根本的一条，就是通过无产阶级文化大革命，广大贫下中农更高举了毛泽东思想伟大红旗，更认真地活学活用毛主席著作，把活学活用毛主席著作的群众运动提到一个新阶段……（《用毛泽东思想武装起来的人最聪明最勇敢》）

5月16日的另一篇报道则说：

> 四月六日，这个公社的早稻插秧战开始打响了。在插秧期间，他们为了更好的按最高批示办事，用毛泽东思想去指导战斗，去激发每个民兵的斗志，各生产队以民兵组织为单位，都成立了毛主席著作学习小组，以“老三篇”和《毛主席语录》为主要学习内容，坚持开工前学，记工前学，饭后学，田间休息时学，碰到困难学，关键时刻学；作（做）到下田劳动带红旗，田头插毛主席语录牌，达到用毛泽东思想统帅一切，推动一切。……许多女民兵学习最高指示后，思

> 想提高了，干劲鼓足了，积极要求参加插秧的越来越多了。红桥大队楼花生产队吴传香，身怀八个月身孕，插秧仗打响后，她天天坚持参加扯秧；女民兵吴传英（女队长）说："毛主席对我们妇女这样重视，这样关怀，我们妇女就应该为毛主席争气。"因此，她在插秧战役中，天天都是晚上三点钟起床，下田扯了100多个秧天才亮……

然而，上述"先进生产力"毕竟只是写在纸上。1967年年底，"永红县"并没有实现想象中的大丰收。根据《永红（修）县1967年地方财政预算收支执行情况说明》："1967年地方财政收入完成2553213元，占全年任务的69.21%，按可比口径，比去年下降33.27%。"

为何最终没有实现"人听党的话，地听人的话"？主要原因包括："工业原材料供应不上；农业生产遭受严重的自然灾害；走资派为了破坏无产阶级文化大革命，转移斗争目标，大搞物资刺激及挑动武斗，以致人员打伤，大批人员脱离生产，严重地影响生产，造成费用增加。"痛定思痛，当时的总结是："千条、万条，归根结底，还是工作不努力，没突出无产阶级政治，毛泽东思想伟大红旗举得不高，活学活用毛主席著作不够，以致没有完成财政收支任务。"

战斗无处不在。我在《永修县志》上读到一则"文革"史料。据记载，1967年年初，"停产闹革命"使县政府瘫痪。几个月后，分化为两派的造反派发生大规模冲突，"七月四日，'井冈山'聚集贮木场，'大联合'调集民兵三面包围。凌晨二时，双方开枪射击，互有伤亡。十一时，'大联合'用六〇炮轰击贮木场。武斗中，双方共死亡10人"。

2010年年底，我在天津认识一位上了年纪的老乡，他曾经在"文革"时参加过武斗。回想起上面的事情，老人置之一笑。我尤其想通过老人了解的是，这两派在主张上有什么区别。老人说，当时打得天昏地暗，一派是“保卫毛主席”，一派是“捍卫毛主席”武斗刚开始时，两派还派人入户询问你站队愿站哪一边，有点像现在搞人口普查，有的一家分出好几派。不过到了后来，由于厌倦了暴力与混乱，越来越多的人做起了“逍遥派”。

当我在微博里谈起这件事时，有位山东的网友给我留言，说起他们家的故事：“我父母是保皇派的，阴差阳错地逃过一场恶斗，造反派胜利了，伤员很多，还同住一个病房，标志是胜利者病床上插红旗。失败者插白旗。像小孩子玩过家家。”世间事，想起来也真是让人觉得有趣——此地当年，不是各党各派竞争谁更忠于人民，而是人民各自为战，比拼谁更忠诚于唯一之政府与领袖。

关于“永红县”为什么会发生财政赤字，今天的中国人早已心知肚明：当年风起云涌的阶级斗争只带来了史无前例的混乱，并没有带来先进生产力。

6.识特务者为俊杰

最近这些年，互联网上突然开始流行起“蛋疼”这个词，为了男女平等、争夺话语权，女生们还很配合地发明了“乳酸”。如果能够多了解一点上个世纪的花边新闻，就知道在那个谣言满天飞的年代，“蛋疼”、“乳酸”却是真实存在的。比如1950年7月间在北京周边地区，便爆发过令人两股战战的“割蛋”谣言。

谣言说，为了造原子弹，苏联需要大量的睾丸、子宫、女人的乳房和小孩的肠子做原料。毛泽东答应了，于是就派出便衣部队到全国各地割这些东西送给苏联。“割蛋”的人化装成和尚、道士、商人、农夫，他们都经过专门训练，能飞檐走壁，白天侦查，晚上动手。割一个女人的子宫，拿到苏联能换三块现大洋。有的地方还传说：割一个人的肠子，“以肠作证”，给12匹洋布。就这么一条在今天看来荒诞透顶的谣言，在当时竟然真的有很多人相信。一个400余户村民的村庄，为此购买手电筒1000个，门户紧闭，彻夜亮灯，每晚消耗点灯煤油25斤。

全民皆兵，草木皆兵

前文写到插秧与劳动竞赛，这不禁让我想起曾经在网上搜集到的两幅旧年的宣传画。它们有着相同的名字，都叫《你追我赶》。一幅印制于1965年，画面中央是一位健壮的农村妇女，卷着裤腿，脚穿草鞋，担着满满的一担绿秧，走过细细的田埂，两边波平如镜的水稻田，映照着她满面红光。紧随其后的，则是一队同她一样生龙活虎、肩挑碧绿秧苗的男女社员。

与此相比，另一幅《你追我赶》则要有名得多。作为1964年轰动全国的“政治黑画”，其命运自然也更曲折。

1964年，《中国青年》杂志第24期刊发了辽宁青年画家李泽浩的这幅油画作品。按说这是一幅非常“主旋律”的作品，表现的是一群挑着担子疾行在芦苇丛中的“社会主义青年人”如何朝气蓬勃、满怀希望。当时，李泽浩刚从鲁迅美术学院油画系毕业并留校任教。作品发表后李泽浩还用这笔稿费交了党费，以“感谢党的培养、学校的栽培、老师的教育”。

然而，在那个既全民皆兵同时又草木皆兵的年代，就是面对这样一个“又红又专”的年轻人，许多独具鹰眼的读者还是在李泽浩的《你追我赶》中发现了大量“反动标语”与“反动暗示”。很快，《中国青年》陆续收到了几麻袋的读者揭发信：有人看到芦苇丛中藏有“蒋介石万岁”；有人对着阳光、灯光从背面发现了“反共”和“以血还血”；有人就芦苇倒向画面左侧认定这是“西风压倒东风”，是恶毒攻击伟大领袖毛主席关于国际形势“东风压倒西风”的英明论断——这可是名副其实的“捕风捉影”；还有人指出，画面中心有五个人物，四个人挑着稻谷挡着裤子，只有一个人是显出裤子的全身，其用意显然是“五个人穿一条裤子”，和赫鲁晓夫攻击中国一唱一和……除此之外，更有人别出心裁，指出作者的名字同样反动透顶，李是“离”，泽是“毛泽东”，浩是“好”，连起来就是“离开毛泽东好”，这难道不是要背叛毛泽东思想？

各路人马兴师动众，抓特务，抓反动派，抓阶级敌人，细抠油画里的每一个细节，指鹿为马，无中生有，甚至恨不得将其磨成粉以分析里面的物理成分，其精细程度难免让人想起曾经闹得风生水起的“周老虎”事件。不同只在于，今天人们拿显微镜看周老虎，是为了质疑和限制权力；而当年以照妖镜的方式看《你追我赶》，则是自欺欺人并在实质上抹杀社会共有的权利。正因为此，当有些人将“全民打虎”的起因归咎于政府的“诚信危机”时，我却更愿意看到社会变迁的另一面，并将此归功于中国公民探寻真相的能力的崛起，而这种能力，既受益于独立之精神与自由之思想的崛起，同样受益于互联网在中国的蓬勃发展。

应该说，在那个“你追我赶”的时代，阶级斗争等具有魔幻现实主义色彩的意识形态也是一张无形的互联网，它能将每个人充分调动起来，互相怀疑与杀戮，以便将隐藏在各地与各行各业的“纸老虎”捉拿归案，“一不怕苦，二不怕死”，“斩草又除根”。

冯骥才先生在其反思“文化大革命”的作品《一百个人的十年》里谈到一位从事原子弹研究的科学家当年如何死里逃生：

> 这天会场四周架起机枪，恐怖至极，群众都很紧张，因为说群众中还隐藏不少特务，有许多特嫌分子，谁知谁会被拉出枪毙。我想多半我今天真是‘死路一条’了。我至今不敢想当时的感觉，也很难清晰描述那感觉，大概由于面临死亡，大脑一片混乱。只听会上一个个宣布罪行，执行枪决，我仿佛只等着他们叫喊我的名字了。那个外科医生，说怪话的大学生，都被拉到万人大会不远的地方当场枪毙了。

不知什么原因这位叙述者当天没有被枪毙，侥幸存活下来。这段惊悚的经历留给他的结论是：“如果世界上还有比原子弹更厉害的东西，那就是‘文化大革命’！”

相声界流传着这么一个段子：“文革”期间，有人要侯宝林检举揭发相声界的反动分子，侯宝林就揭发了自己，理由是他竟然曾经妄想发动第三次世界大战。面对那必须做出的莫须有的揭发，侯宝林给出了这么一个幽默的答案。没有比嘲笑更反动的思想了。嘲笑，是庶民对一个荒诞时代最轻松也最直接的反抗。

今天，许多“爱国者”都在忙着抓“汉奸”，做着我所说的“只赚不赔的生意”。当然，这一切与过去的哪个时代相比，也只能算是小巫见大巫了。《三国演义》里有“识时务者为俊杰”一说，而生活在那个“大巫时代”里的人们最崇尚的却是“识特务者为俊杰”。通常，阶级斗争抓得最紧的时候，也是特务最多的时候，每个人都在内心架起了机关枪与瞄准镜，同时也将自己扔进一种时刻被人瞄准的困境，即多数人对多数人的监视。所以，你会看到，尤其在上世纪六七十时代里，特务无所不在：懂外语的教授成了里通外国的特务；象棋棋谱《渊深海阔》上的数字与口诀被认定是特务的联络密码，需要送到公安局破译；甚至，像容国团这样的优秀运动员也不得不因为“特务嫌疑”自杀，而他兜中遗书还毕恭毕敬地写着“毛主席万岁”。此外，还有专打信号弹的特务、美蒋空投的特务、偷听敌台的特务、会抽香烟的女特务……

在县里，我曾听到这样一个故事：县贮木场小学有个四年级的小学生，因为好玩，拿了一支粉笔趴在二楼的栏杆上写下了“毛主席万岁！”。很不幸，从楼下看“毛主席万岁！”几个字是倒的。这下不得了，被在楼下的同学看见了，这位小学生便成了写反动标语的反革命。小孩因此受了大惊吓，好在他的家庭祖祖辈辈都是贫农，根子红。老师也只好让他在班上作了几次检讨，在教室后面站了一个月。在那个年代，如此草草了事，也算是得到了幸运之神的眷顾了。

那个时代真正让你毛骨悚然的“特务”，不是上面这些想象中的坏蛋，而是住在你家里的温顺的告密者。关于这一点，写过《卧底》的章诒和女士和德国电影《窃听风暴》的男主角饰演者乌尔里希·穆赫都深有体会。在柏林墙倒塌之前，无数东德人和穆赫的妻子一样，甘做了床上的卧底、国家的特务。虽说名义上都是国家的主人，但实际上每个人都是“有床位，没地位”。

在这样的岁月里，自由通讯同恋爱、性交一样，是一种潜在的罪行。抓到的特务，总是和电台联系在一起，如果此人成分是“地”、“富”、“反”、“坏”、“右”，总免不了还会有一本“血淋淋的变天账”。六十年代后期，随着半导体收音机的普及，另一种意义的电台开始进入普通人的生活，略懂技术的知道如何找到与中央人民广播电台截然不同的声音。据有经验的人说，如果听了两分钟还没有念毛主席语录，那它十有八九就是敌台了。此外，语调、语速也有明显不同，相较而言，敌台播音语气柔和，不像大陆的革命播音员那么正气凛然、目空一切。糟糕的是，没有不透风的墙——更何况在这个大公无私的年代根本没有墙，谁要是多偷听几次敌台，难免会被神经兮兮的革命群众揭发，打成现行反革命，得到不应有的下场。当时同样流行“八分钱邮票”一说，只要“八分钱邮票”，被告密的就可能遭受冤狱。

“台湾特务”

“如果在三十多年前，恐怕张平宜早被当作特务抓起来了。”2011年我与王振耀先生在凤凰网做节目，聊起台湾《中国时报》记者张平宜在四川凉山一麻风村坚持做了十几年义工的事迹。

据我所知，与小堡村相邻的村庄也是住过些“特务”的，最负盛名的就是“台湾特务”。在我幼年的记忆里，有一段模糊却又真切的影像一直挥之不去。事情大概发生在1980年前后，那是一个秋天的中午，我去上小学，在路过位于河边大队部时，看见当时的大队书记正推着一位妇女在大队部的水泥坪上滚来滚去。水泥坪周围挤满了看热闹的人，据说这位被扒光了衣服的妇女正是本大队著名“台湾特务”的妻子。傍晚，凉风四起，当我放学又一次路过大队部时，周围的人群已经散去，而那位遭受着赤身裸体批斗的妇女仍被高高地绑在电线杆上，上身不知道被谁稀稀拉拉挂了一捆稻草。我至今仍能记起自己当日看到这个场面时是如何无动于衷，既谈不上惊悚，也不知道悲伤，只觉得那是撞入眼帘的平常一幕，一群大人在吵架或完成一个仪式而已。

奇怪的是，若干年后，当我向村民问起这件事时，许多大人对这次批斗竟然毫无印象——也许他们见得太多了？——以至于我开始怀疑我的这段记忆是不是来自于我曾经做过的一场梦。然而，理智却又告诉我，自己根本没有能力捏造一个与现实相等的梦境来诋毁那个已经臭名昭著的时代，尽管其时它正接近尾声。

事实证明了我的这一判断，在我为写作本书而又一次求证此事时，终于有当年的旁观者告诉我这一切都是真的，而且这场批斗是从“台湾特务”的村庄一直斗到了大队部，目的是让这位妇女揭发其丈夫的罪行。尽管从理论上说，“文革”已经结束，但谁都知道，肆虐于这片土地上的批斗与戕害之风，既非始于“文革”，亦未终于“文革”。

八十年代中期，也就是在我小学毕业前后，“台湾特务”一家搬到县城去了。据说这家人在街上做点卖冰棍之类的小本生意。一些人在背地里开始羡慕他们从此远走高飞，不再种地——用大人们的话来说是他们“晒不着日头了”。对于我们这些被禁闭在广阔农村的乡村少年来说，乡下人到城里卖冰棍、见世面也已经算是一种传奇了。与此同时，想着他们曾经遭受的被批斗的无边苦难，这家人真有点像是童话里的王子和公主，渡尽劫波，苦尽甘来，“从此过上了幸福的生活”。

大约十年后，当我考上大学并离开农村，多了些阅历与思考，真正了解到底层社会边界之宽、之广，就知道这家人在县城的生活其实并不幸福，亦不容易。而且，真相比我的想象更残酷。后来我知道，那位被批斗的妇女很早就成了寡妇。

“台湾特务”与我同宗，曾经读过不少书，土改时他家被划为地主成分。七十年代，因为有机会“收听敌台”，获得一些前所未有的信息，有了共鸣，于是给台湾方面匿名写了封信。谁知不久东窗事发，他被人顺着邮戳当成“特务”查出，因此被抓去坐了很长时间的“哑巴牢”。所谓“哑巴牢”，指的是那种既不宣判，也无人过问的牢狱之灾。再后来，据说是得了胃癌，这不幸的人没多久就死在监牢里了。

据年长的人说，早先“台湾特务”的小女儿读小学时成绩很不错。在当地，如果小学生考了前三名，小学会给家里发喜报，敲锣打鼓送到家长手里。然而，因为生长在一个“地主人家”，又有个“特务爸爸”，小女儿虽然有一次考了第二名，却被剥夺了送喜报的资格。为此，小女孩哭了几天，直抱怨她的父亲成分不好，害人害己。

逃亡一家人

那样的时代，由于受到意识形态教育的长期灌输，到处是想象中的敌人。我虽然受害不深，但是也会根据电影里的情境，想象自己被捕时能否经受考验。比如哪天我不小心磕了小腿胫骨，疼痛难忍，我会莫名其妙地问自己一个问题：如果敌人这样对我严刑拷打，我会不会投降？而且回答通常是，疼成这样，恐怕只有投降了。

我能记起的另一次“抓特务”也是发生在1980年前后，夏秋交替之时。有一天，大概是下午三四点钟，村子里突然人声鼎沸，来了不少外村人。大家交头接耳，激动异常。没过多久，大约三四十位民兵和村里精壮劳力各自拿着步枪以及锄头、扁担等农具，向村前的小山丘上跑了过去。当时都说是去“抓特务”，搞得村中妇女、小孩人心惶惶。那天晚上，诸位壮汉翻山越岭，目光如狼，终于在子夜时分抓到了几个“特务”。此时，“特务”们东躲西藏，快摸到了县城。

“特务”一行五个人，包括两个小孩。当然，他们并不是什么真正的特务，而是“逃亡一家人”。这家人来自安徽，一直在离村十里外的一家窑场包工做砖。大概是不愿做了，主事的男人就有点不明不白地卖了些砖，然后一家子偷偷卷铺盖，准备回安徽老家。而窑场发现他们不辞而别后，立即以“抓特务”的名义动员群众“你追我赶”，其气势，不下当年追捕“二王”。今天村民忆起“抓特务”，只当这是一件风流往事。据说当晚，前去追捕的村民搜走了异乡人的大部分现钱，只给他们留了一点路费。待天亮以后，一大群人就近到县城大吃大喝了一顿，接着又在电影院里看了场劝女人早做绝育手术的电影《甜蜜的事业》。就这样，大家耽误了一晚上工夫，莫名其妙在电影院里上了一堂“计划不生育”的课。此时，一个号召“少养孩子多养猪”的时代已轰然而至。

遥想当日，这群拿着扁担、藏着步枪的庄稼汉，有的还打着赤脚、穿着短裤，刚抓完“特务”，收获钱财，然后志得意满地坐在电影院里过90分钟小布尔乔亚的生活，是何等快乐逍遥！尽管这可能导致“断子绝孙”的“甜蜜的事业”与他们信奉的人生价值相去甚远。而在我幼年之时，能较早地听到“甜蜜的工作甜蜜的工作无限好啰喂，甜蜜的歌儿甜蜜的歌儿飞满天啰喂……”知道“我们的明天比蜜甜”，想必首先也得归功于小堡村村民当年之勇抓“特务”。

“不宜录取”和“恨不起来”

我在乡下读书的时候，填表时有“政治面貌”一格。由于不知道如何填，便请教老师。老师说，如果不是党团员，也不是“地”、“富”、“反”、“坏”、“右”的后代，填“清白”就可以了。这话听着像是黑色幽默。

“老子英雄儿好汉，老子反动儿混蛋。”在流行阶级斗争的年月里，即使是生活在最偏僻乡村的人，对这句话也不会陌生。前半句是京剧《连环套》窦尔敦的唱词，后半句是北大附中某位革命小将的发明创造。这些自称“自来红”的年轻人，贴出了赤裸裸鼓吹“血统论”的文字：

> 我们纯纯粹粹是无产阶级的血统，我们是地地道道的革命的后一代。而资产阶级高级玩意，反革命，大右派的环境中生长的你们，整天在家里受到的是黑、黄、白等杂七杂八的教育。你们不改造，就会“自来黑”、“自来黄”、“自来白”。……革命的重担落在我们肩上，大权一定要我们掌握！这里毛主席给我们的最大权力，谁敢反我们，就坚决专他们的政，要他们的命！

熟悉这段历史的人知道，正是因为反对“血统论”，遇罗克献出了年轻的生命。遇罗克生于1942年，由于父母被打成“右派”，他被剥夺了读大学的机会。1966年7月，为了驳斥当时甚嚣尘上的“老子英雄儿好汉，老子反动儿混蛋”，遇罗克写下了著名的《出身论》，因此入狱，并在1970年3月5日被杀害。

大凡有良知的人，面对这样的过往，难免发出“读书人一生长叹”的感慨。而人类历史，仿佛就是一个玩笑压着另一个玩笑编织而成。事实上，早在五十年代中期，中国还特别引进了抨击“血统论”的印度电影《流浪者》。影片不仅让主张“强盗的儿子永远是强盗，法官的儿子永远是法官”的法官得到了报应，而且为观众奉献了另一句著名的台词——“如果法律不承认良心，那么良心也不承认法律”。

遗憾的是，《流浪者》在中国生不逢时，很快被湮没无闻。直到七十年代末，当这个国家渐渐走出极端的年代，人们才有机会重新看到它，并且因之泪眼婆娑。就这样，“到处流浪，到处流浪”的歌曲在一夜之间传遍了大街小巷。

关于那个时代的事情，从我偶尔搜集到的一些散落民间的档案，亦可以看到许多平常人的命运如何因为“反革命”、“地主成分”、

"特务背景"等而被改变。比如一位生于1946年8月的邓姓女生，老家原在江西省余江县，1962年转入我的母校云山中学读初中，随后又转入永修中学。她的父亲1947年毕业于国立中正大学农学院，此时在云山垦殖场总场生产办公室做农业技术员。然而，1966年高考时，县委政审小组与江西省高等学校招生工作委员会九江考区办事处填的政审意见却都是"不宜录取"，理由是"该生祖父因反革命罪行被我镇压，两个舅舅潜逃。学生本人没有思想进步表现"。这幕后之手，何等残酷的"不宜录取"！它意味着无论"红旗下的坏蛋"如何"重在表现"，都是白费。

当然，并非所有针对她的评价都这么言简意赅，毫无情意。比如云山中学给予的初中政审意见便相对积极，呵护有加：

> 该生思想进步，为人老实忠厚。对党的方针政策认识较好，能开展自我批评，学习目的明确，学习一贯努力，学习成绩优良，劳动观点强，工作积极负责肯干，在日常生活中一贯严格要求自己，以模范行动带动同学，在群众中有一定的威信。现担任本校学生会学习部长，该生一贯表现很好。曾多次荣获优秀学生，优秀干部等光荣称号。同意录取，请优先录取九江师范。

而在县中，班主任给予的评价第七条是这样的："不爱文体活动，不爱说话，个性有时表现得急躁。因祖父被镇压怕影响自己的前途，背上了家（庭）出身的包袱，所以经常会哭。"

秋风秋雨愁煞人。简简单单几句话，如今读来，依旧让人无限忧伤。这位即将被"不宜录取"改变前程的女学生，如今已年过六旬，在我第一次读到她的有关资料时，我最迫切想知道的是她在其后的岁月里，是否心想事成，平静安好。

熟悉六十年代历史的人知道，准确地说，真正改变这位女生前程的并不只是针对她的“不宜录取”。事实上，从1966年这一届开始，因为“文革”骤雨将至，随之而来的“停课闹革命”使新中国在1952年建立起来的统一高考制度半途而废。无论你红与黑，所有的学生都“不宜录取”了。

不过，就像我随时不忘赞美的《美丽人生》、《送信到哥本哈根》、《窃听风暴》、《肖申克的救赎》、《雅各布的谎言》等反映美好心灵的电影，即使是在这样一个荒蛮的时代，一个把公开激发社会仇恨当作政治任务来完成的时代，我还是看到一些尚可暖人的东西，看到有许许多多的人像这位邓姓女生一样保持着某种虽无奈却又不失纯朴的心灵。由于父母都是出身于地主阶级，她在名为“个人自传”的供述材料中难免会提到“重在表现”的政策，以求革命政府的宽恕。但是与此同时，在谈到和外祖父的关系时，有这样一段话让我感触至深：

> 总之，我与祖父的联系是比较多的，平均每学期都去过一次。老实说，自己虽然认识到他是工商业地主，是个剥削分子，但思想上对他还缺乏憎恨的感情，是恨不起来……

古希腊哲人亚里士多德说：“吾爱吾师，吾更爱真理。”而我，一个来自乡野的平民之子，在理解了二十世纪中国经受的“真理之殇”后，更想说的却是：“吾爱真理，吾更爱母亲。”之所以有此比较，不是因为真理不可爱，而是因为真理不可靠——这制造了无数仇恨与霸道的人造真理不可靠。今日中国，也许你已经清晰地看到，至少从我这一代人开始，有越来越多的人意识到仇恨教育的种种坏处，并且对此深恶痛绝。而上述这位女中学生当年能保持对祖父“恨不起来”的情感，同样让我看到了那个黑暗年代的一丝光亮，看到了人性最宝贵的流露与留存。

7．几位乡镇干部的心里话

何世无奇才，遗之在草泽。2009年夏天，我回老家查资料，顺便走访了县里不同乡镇的一些干部，包括几位乡镇党委书记和乡人大主席。和他们聊天，了解他们的所思所想是件让人十分愉快的事情。虽然谈的问题多半只是浮光掠影，但也都值得记录下来，以免“遗之在草泽”。毕竟，由于种种原因，他们很少有机会甚至也不愿意在媒体上公开表达自己真实的观点。而像李昌平那样直接向共和国总理喊出“农民真苦，农村真穷，农业真危险”的基层干部，更是凤毛麟角。

我们的聊天是分别进行的，有的是在白天，有的在晚上，有的甚至只是因为避雨时的机缘巧合。

有文化的人都哪去了？

先说县民政干部C先生，他为人十分热情诚恳，虽是官员，偶尔你也会从他的眼里读到知识分子般的忧郁。听他感慨较多的是，现在是人治社会，而不是法治社会。与此同时，对一些媒体对乡镇干部的丑化也颇不以为然。C先生承认有些干部形象不好，但是这并不代表乡镇干部的整体形象，他们更不是一群头脑简单、蛮横无理，只知蝇营狗苟、山吃海喝的人。

C先生和我讲了自己的一段经历，当时他还是某个乡的党委书记。有一次，省电视台有个负责舆论监督的节目组到乡里拍当地农民打麻将的片子，并质问这位书记当地人为什么没什么文化追求。C先生听后很生气："你说我们老百姓打麻将没精神追求，我倒想问你们做电视的，生产文化产品更是你们的专业，你们扪心自问一下，你们提供了什么好的文化产品给农民，来提高他们的素质？"

短短几句话，问得刚才还咄咄逼人的几位记者一时语塞，悻悻而归。

C先生是读过不少书的，他曾经如数家珍地和我谈过陈寅恪、雷发达[1]。2009年6月他在西北某市出差，在机场翻到一本叫《中国不高兴》的书，刚读上几页，就断定那是本"垃圾书"，便扔一边了。作为一名久居基层的干部，想必C先生更了解这个时代的当务之急是"中国人不高兴"，而不是"中国不高兴"。我在县里停留的那几天，他正为当地退伍军人上访等事奔忙。

为农民造血

再说Y先生，某乡人大主席。大学毕业后在乡里工作了近十年，属于很想做实事的那种人，为人也十分敦厚纯朴。在我们相识后，偶尔还会在我的网站上留言，发表他对农村现状的一些看法。在他看来，农村之所以发展不起来，"说穿了就是农民处于金字塔底层，塔身和塔顶都靠塔底支撑（供养），而各级党委政府一味追求形象工程挥金如土，却不舍得向农村投入，导致农村长期积贫积弱、造血功能不足。"Y先生说，"我在基层工作十年来，一直在致力于农业产业

1. 雷发达（1619——1693），字明所，江西永修人，著名建筑家。康熙中期，他修建了故宫三大殿（太和殿、中和殿、保和殿），其中规模最大的数太和殿也就是人们泛称的金銮宝殿。雷发达因其独创的建筑工艺被世人誉为"样式雷"。

结构调整，按市场需求发展特色农业，改变传统的粮棉单一模式，否则农民就只能穷死，但上级农业项目资金被手长的人拿走，往往还有回扣，我在带领或引导农业特色产业时，没有经费，寸步难行。这些农村造血工作，没有人去抓。”

除此之外，Y先生对农村老建筑的保护十分有热情。2009年春我在阳光卫视做了一期“拯救我们沦陷的乡村”的专题节目，其中谈到老家附近一幢荒废的古屋，当时便是他当向导带我去的现场。那天时间比较赶，我们走访的地方不多，但在离开那个村庄时，他因“革命的世纪”毁坏一切、否定一切而发出的叹息，我至今未忘。

民主集中制和集中民主制

W先生是某个镇的党委书记。那天晚上，在他的办公室里我们聊了很久，印象最深的是他的三个观点：

其一是对“党政分开”的看法。他说，“党政分开”喊了很多年，似乎也是改革的一个方向，但是目前搞这种党政分开还不如不分开。理由是，大事情由书记拍板，政府执行，最后出了问题，都是政府负责，而作为决策者的书记却没有责任。“说得不好听，这种权责不统一的制度设计不就是为了保护我们这些做书记的么？”

其二是关于乡镇政权的尴尬。乡镇名义上是一级政权，实际上有名无实，什么也决定不了，还不如回到乡公所。现实是，上面决策，下面执行，出了事由乡干部背黑锅。他自嘲说：“如此权责不统一，我们这些乡镇干部就有点像‘人体盾牌’了。”

关于这一点，相信许多乡镇干部都会有共鸣。我在网上曾经听到一位做了几年乡镇干部的人这样抱怨：“上面千条线，下面一根针，国家什么工作都要我们参与，什么都给我们压任务，工作没日没夜，繁而无序，好的没有人给我们宣传，坏的东西全让我们担着顶着。中心工作下来时，任务一级级压得死死的，而且对正职来说都是摘帽的事，对我们一般干部来说也只能全力以赴，义无反顾了。在乡镇的，谁都明白：县里的，市里的，任何一个单位都是我们的上级，上级的任务是制订方案、发文件到各乡镇，然后检查验收。而镇干部才是真正的执行者。我们拥有的是完不成任务的焦灼和愧疚，觉得上对不起党委政府，下对不起广大父老乡亲，即使完成了任务，劳动成果还不一定属于乡镇干部的。同时，乡镇干部很苦，生活条件苦，办公环境苦，工作环境苦，多少次被群众谩骂，多少次被围住大门，多少次被指桑骂槐，又有多少次被动地迎接一次又一次的检查，所以有乡镇干部说：乡镇干部就是被轮奸的对象，而且每次还要装着有快感！”

其三是对民主集中制的理解。大概是喜欢思考的缘故，W先生说周围很少有能与之交流思想的朋友，好在时常能在网上读些东西。时至今日，市场经济已经无所谓社会主义属性还是资本主义属性了，W先生同样发现，民主集中制不光是中国有，美国也有。他说，“你看美国搞的也是民主集中制，而且搞得还非常不错呢。四年一次大选，大选一次即民主一次，之后由当选的总统集权组阁，怎么任人唯亲也无人过问。真用错了人，捅了篓子，只怪自己倒霉。”

那个淅淅沥沥的雨夜，我们没有做更深的交流。不过，关于民主集中制的问题，我在心底里早就有了答案。而且，在我结束与他的谈话，回城不久后又做了一次见证。有位记者朋友和我谈到他们单位不久前搞的一场“公平、公正、公开”的选举。有意思的是，具有投票资格的编辑记者都是几位主事的大人指定的，所谓先集中，再民主。

显然，这不是真正的民主集中制，而是“集中民主制”。民主集中制与集中民主制的区别就在于：前者民主是集中的前提，后者集中是民主的前提；前者的重点是民主，后者的重点是集中。如果被集中的代表都像农民代表申纪兰老人一样以不反对为荣，或像其他许多人一样把当选代表当作政府授予的一种政治荣誉，那么民主议程就会因为没有反对派而失去意义。

城里人甘于继续接受类似的集中民主制，难免让我怀想起乡下人公选村长的好处，那多少有点民主集中制的意味。可叹又近乎悲壮的是，一群未受良好教育的人，甚至尚未脱贫的人，在实践“一人一票搞民主”，又一次被认为最适合担负起中国未来的命运。

第三章　阴阳界

这是考验人的灵魂的时代。

——潘恩《美国的危机》

名编壮士籍，不得中顾私。
捐躯赴国难，视死忽如归。

——曹植《白马篇》

1.鬼子来了

熟悉我的朋友知道我处事乐观、内心安宁。之所以乐观，一是坚信人类有向善的一面，非向善不能自救，相信社会终究会往好的一面走。二是无论从哪个角度上说这都是一个苦难深重的国家，我因此更愿意将保持一种乐观向上的态度视为自己的责任。至于内心安宁，从我如何随遇而安地读书即可略知一二。我可以花一上午的时间，坐在地铁口，迎着风和人海，翻完随身携带的几本书，也可以在刚下长途列车时一手拖行李，一手举书，且行且止，边走边读，忘记旅途的疲惫和街市的喧哗，直到把它读完。生活真的是可以沉浸其中而又不必过得那样匆忙的。

然而，当你在读书与生活中了解了有些人，知道了发生在他们身上的某些具体的苦难过往，你对当下与未来最多只能保持一种谨慎的乐观（而且，谢天谢地，这已经够多了）。是的，人心向善，可是刚刚逝去的二十世纪展示给人类的却是史无前例的残酷。1900年4月开幕的巴黎万国博览会上，来自世界各地的4000万访客还在为人类在十九世纪取得的一点科技成就沾沾自喜。谁料想，在接下来的一个世纪里，当新潮的社会理想和科学技术合而为一，人类只是提高了自相残杀的效率。

几年间，当我不断返乡，开始梳理日军当年在我老家蝗虫过境的历史，了解他们施加于我无辜乡民的种种羞辱与杀戮，我必须承认，比起影视剧里的历史演绎或者教科书中的宏大叙事，我在寻访本乡本土的历史时所获得的完全是另一番痛苦体验。因为悲剧就发生在那里，因为你了解周围的每个村庄与山岗，每条道路与河流，每一处渡口与庙宇。你能一一叫出它们的名字，你能听懂每一句夹杂痛苦的乡音……当幸存者向你讲述当年就发生在你所在的村庄及其周围数公里以内的种种奸淫与屠杀，其时你已经置身其中，一切如同亲历。土地在燃烧，乡民在机枪声中像庄稼一样倒下。而他们，土生土长，从来不曾伤害东方另一个遥远的世界。

在我很小的时候，时常会听村里的老人谈起“日本佬”的故事。那时候并不知道人世间的残酷，只当是从老一辈人那里听一些和电影一样随时熄灭的奇闻逸事，故而谈不上有多么忧伤。更何况，在看完那些抱着必胜信心与必胜结尾的电影之后，你还会与民同乐，沾沾自喜，在回家的路上享受某种凯旋的乐趣。道路是曲折的，尾巴是光明的。一个不谙世事的小孩，如果天天看的都是些《小兵张嘎》式的浪漫电影，说不定他还会误以为抗战时期的中国尽是“阳光灿烂的日子”。

这种浪漫主义一直持续到今天。联想到现在一些苦中作乐的影视剧与多难兴邦的新闻剧，有时候你不得不感慨这真是一个长于将坏事变成好事的民族。所谓“娱乐基本靠抗日”，现在绝大多数抗日类型的影视剧从本质上说都是喜剧片。日军就像是天上掉下来的一群怪物，当他们举着膏药旗，东倒西歪地走上中国荧幕，使命只有两个：一是被中国人嘲笑，二是被中国人消灭。而真正反思这场战争的电影，在我印象中，或许只有姜文的《鬼子来了》，可怜它还没有机会公映。再看《举起手来》、《追杀横路靖六》一类的电影电视，仿佛日本天皇当年派到中国来的不是一支杀人如麻的军队，而是一个供中国人寻欢作乐的马戏团。

接下来我要说说鬼子是如何杀进我们的村庄的。关于这一点，本地老人们记得最清楚的是“戊寅跑反”。“戊寅”指的是1938年，也就是民国二十七年。而“跑反”就是逃难的意思。自古以来，人们将逃避兵乱（谋反）称为“跑反”。当地民众开始跑日本兵的反，已是这一年深秋的事。

先交代一下背景。抗战初期，“不知飞机、坦克为何物”的政府军节节败退，没多久便迎来武汉会战。在接受淞沪会战只知死守一城的教训后，蒋介石决定借助武汉以外的天险，“守武汉而不战于武汉”，九江至南昌的南浔一带因此成为武汉会战的重要外围战。而小堡村所处的永修县隶属九江，距南昌不过三四十公里，又有修河可守，自是保卫南昌的北端门户。

武汉会战是抗日战争进入相持阶段的转折点。1938年10月的九江外围战中，身为第九战区第一兵团总司令的薛岳几乎全歼日军106师团，这就是历史上曾经与平型关战役和台儿庄战役齐名的“万家岭大捷”。只因为这位薛总司令在抗日前曾经领军追剿红军，抗日后又积极打“反人民”的内战，待他日功败垂成，撤到台湾，其人其事也便在这片土地上烟消云散了。至于张灵甫，许多人只知道“活捉张灵甫”和孟良崮，却不知道他当年初出茅庐，誓死抗敌，正是在万家岭落下了腿部的残疾。遑论他们，在意识形态斗争激烈的过去，蒋介石在抗战时期的坚持也被大打折扣。蒋纬国曾经回忆他抗战时期的父亲，在重庆孤立无援时，常常叫妈又叫天。大陆最早出版的有关蒋介石的传记是陈伯达的《人民公敌蒋介石》。“文革”前期，傅雷夫妇之所以被逼自杀，一个直接原因就是红卫兵从傅家搜到一张褪色的蒋介石旧画报。

万家岭大捷被人忘却，还有一个原因，那就是它并没有扭转武汉会战的颓势。十几天后，当广州沦入敌手，国民政府意识到武汉战略地位已失，更不想让南京的孤城血泪在武汉重演，于是宣布放弃武汉。由此，日军很快在10月27日占领武汉，并在江西境内攻占德安，只差过境永修直取省会南昌。10月30日，蒋介石飞抵南昌视察防务，批准薛岳兵团撤至永修修河南岸的计划，“修河保卫战”由此拉开序幕。小堡村位于修河南岸六公里处，接下来的几个月，和沿岸其他村民一样，日日听到的都是枪炮之声。此时，位于修河北岸的国民县政府驻地艾城已为日军占领。

对于国民党的军队，历史在当地人的记忆中也慢慢缩略为98师。虽然人们已经忘记了它隶属79军，忘记了师长王甲本的名字（几年后，已晋升为79军军长的王甲本在衡阳附近与日军肉搏牺牲），更不知道这就是第一支抵达上海参与淞沪会战的王牌师，但对于98师却一直是赞不绝口。比如，98师军纪严明，驻地屋里屋外都打扫得干干净净，无随地大小便，借了老百姓的东西都归还；部队在村北两公里处生火做饭，然后由挑夫挑到阵地上，吃不完的就给难民吃；在部队开始撤退时，如果在路上遇到难民，一定会让难民先走。

当时，国民政府军在修河南岸部署了49、70、79共三个军，共十几万人，战役一直持续了几个月。而日本人后来之所以能够打过修河，当地人认为这主要归咎于两方面，一是国军换防时调走了98师，二是有军队放水。前者确有其事，当新调防来的队伍溃不成军时，98师为此大为光火，却也回天无力。至于是否有人放水，则不得而知。《永修县志》的记载是，1939年3月冈村宁次在修河北岸亲自督战，日军出动大量飞机轰炸南岸沿河工事，炮火密度同样超过苏州河之役，再加上大量使用了毒气筒、毒气弹、小发烟筒和二苯代胂氰，21日终于在修河南岸冲出一道小口，直至彻底击破防线。

而最初的这个突破口正是修河南岸我祖母所在的村庄阳山廖家。日军已是何等恼羞成怒！据廖家的老人们说，日军打过来后，该村有一半人惨遭屠戮。谁料几年后日本投降，冈村宁次竟然无罪脱身。

关于日军杀人放火的历史，老人们至今未忘。

“日本佬打过修河时，就是从我这里过的河，我这屋场（村庄）二三百幢房子全部被烧光了，一个村庄被杀掉了300多人。有一家人，全家7口人，其中有5个崽，全部闪（躲）在飞机洞（防空洞）里，完全被杀光了……日本佬来到我村庄时，我们就逃到南边去了。我爷娘（父母）带我四兄弟逃到云山时中了毒，就那样被毒死了，只剩下我俩兄弟回来。”——廖运全口述，生于1925年12月10日

所谓“中了毒”，是指中了日本人的毒气。据老人们说，一旦沾上了这些毒，就会今天一个水泡，明天一个黄泡，到后天便长出谷堆一样的疮。有不少人因为中毒死掉，或落下病根。记得在我小时候，小堡村和邻村还活着几位两腿又烂又粗的老人。长大后才知道那全是因为受了日本毒气的害。但是放毒的日本人不怕这些，用老人的话说是“因为他们戴了一个猪头样的东西，在眼睛那里有一块玻璃”。

另一位老人的叙述解释了为什么当时有许多村民没有出去逃难而惨遭灭门。

民国27年，国民党第九战区薛岳的部队在这里布防，大约守了半年，到1939年2月（农历），日本鬼子突破了修河防线，最后从我这里找个薄弱口突破了。当时老百姓不晓得这里的情况，有些胆小的人早就跑到云山、燕山里去了，而胆大的人想在家里做生意赚钱。国民党军队在这里布防时，这些人到涂家埠、马口去进货，贩一些橘子、花生、酒来卖，一担货能赚到几十块钱。做生意尝到味道的人就不舍得走，到日本佬突破这里时就跑不掉了。我这整个村庄大大小小被杀死了300多人。日本鬼子一来，一个这么大的村庄，有200多幢房子，全部烧掉了，没有剩下两三幢好房子。——廖昌恒口述，生于1925年7月9日

我的祖母生于1924甲子年，当时已有15岁。所幸她一家人胆小，

没有在意那一点破家失业和围堤上的小本生意，早早跑到山里逃难，躲过了灭顶之灾。只是由于身处乱世之中，据我的舅公廖运金老人说，家里还是有个兄弟被日本人的乱枪打死，“那时他已经能挑两床被子”。

谈到逃难，生于上世纪二三十年代的老人或多或少都记得当年的那首“跑反歌”。

> 我是永修人，谁知当难民？想起逃难一段情，实在好伤心。戊寅九月九，德安失了守，前方队伍往后走，永修不得了。日军进了城，放火又杀人，奸淫掳掠说不尽，逼死老百姓。我们无主张，顶多往后方。逃难好艰难，有米又挑担。又怕飞机丢炸弹，又怕跑不赢。走了几百城，不见老百姓。只见难民和伤兵，实在好伤心。

如今已经无法查考究竟是谁写的这首“跑反歌”，朴实无华的文字背后是关于这片土地的无限悲情。

至于小堡村，因为离突破口不过六公里，当日同样惨遭荼毒。我家祖上的房子便是被日军焚毁，那是村里唯一一栋有天井的老房子。而据我后来查到的国民政府时期的统计数据，占领永修的七年间，日本人在当地一共烧毁房屋12545栋，而1935年全县户数亦不过17972户。县乡受害之惨烈，可想而知。

2. 刺刀下的公民课

近些年来，每遇中日关系紧张，许多爱国者便会喊出“抵制日货”的口号。然而，具体到如何抵制日货，现实又让他们立即犯了难。且不说全球化时代的商品，你中有我，我中有你，什么是纯粹的日货已经很难定义，即使是两国文化本身，也有着千丝万缕的联系。比如说，以下这些“日货”便是自十九世纪末陆续流入中国，已经被用了一百年，你如何抵制？有什么决心抵制？

> 人道、人权、反动、反党、反革命、斗争、方针、文明、文学、公开、主席、出版、代表、主义、共产主义、地主、市场、民族、世界观、代言人、生产力、形而上学、改造、改良、批评、表演、材料、金融、迫害、玩具、所有权、知识、政治家、政党、美化、思想、科学、高潮、原理、时间、浪漫、真理、理想、常识、劳动、游击队、国际、间谍、悲观、传统、新闻、广告、复习、保健、人力车、化妆品、内容、联想、警察、电话、电灯、图书馆。

类似词汇还有很多，出乎我意料的是，小时候读来十分亲切的

“小熊座”、“大熊座”竟然也是日本制造。而根据一些学者的专业统计，十九世纪以来流入中国的重要日源词汇少说也有四五百个，最多则可以算到两千个，甚至连“为人民服务”都是来自日本的舶来品（更别说如今互联网时代又有大量日本新词流入）。这些词汇和现代汉语生长在一起，若要剥离，恐怕不只是严重影响到中国人的日常书写与表达，连孩子们的所有教科书都要重新编写了。

文化互相感染、渗透，本是文明演进的金科玉律。虽然中国可算是东方文明之母国，但日本西化较中国早、较中国成功也是事实。只要是抱着一种平等、自由的意愿，着实谈不上什么文化殖民或者话语殖民了。就像当年日本的遣唐史从中国带回文字，不但没有让日本文明面临灭顶之灾，反而让它脱胎换骨。

遗憾的是，千年之后，中国不但没有从日本那里获得让本国文明脱胎换骨的机遇，反而面临了一场命悬一线的灭顶之灾。清末以降，两国的命运正如法兰西院士佩雷菲特在《停滞的帝国——两个世界的撞击》一书中所感慨的一样，日本崛起的时候，作为其“文明的故乡”的中国，却倒在一片灰烬里。

皇民化统治

继续讨论之前，请恕我孤陋寡闻。我原以为“皇民化统治”这样的词汇，只和东北、台湾等地方有关，竟忽略了日军在侵占永修没多久后，便借着刺刀下的伪政权强推一系列教育改革，开始了面向沦陷区的皇民化统治与奴化教育。

如果仅从课目表看，讲课的内容还不算单调，至少比我读中小学时还要丰富一些。比如，当时的初一课程设置就包括了代数、国文、日语、历史、地理、公民、军训、劳作、图画、音乐、作文及精神讲话12门课程。每周6天课，每天上午9点到11点50，下午从2点到4点

50。每节课50分钟，而精神讲话为一小时。之所以比其他课多出10分钟，恐怕也是为重视起见。

尤其值得一提的是日语课，一周要上6节，而国文课反而只有4节。一位当年在县城念过书的徐姓老奶奶还记得，最早给她上日语课的老师，大家都叫他“佐寺太君”，他上课时从来只讲日语。除了学什么“啊、咦、呜、哦、喔、丕、打、西、斯、涩、缩”，当时还教过一些日本歌曲，“由呀的古呀得得，底了哇拉得，啊得了子那底那，啊呀嘎……前进么前进，啊里啊嘎得……”具体唱的是什么，老人已经记得不是很确切了。这是一位十分不幸的女人。1945年，她还只是个十一二岁的孩子，人生才刚刚开始。谁料想，就在日本人投降撤退时，她捡到一颗炸弹，玩的时候不小心被炸瞎了眼睛。

课表中的“公民课”更是耐人寻味。早先恢复上课时，学生们被要求带上毛笔和墨水，涂黑或者直接撕去以前教科书里的一切有关抗日及三民主义的内容。虽然我一直为今日中国各中小学校未设公民课深表遗憾，但可以肯定的是，日据时期所谓的“公民课”，绝不是教育国民如何维护自己与尊重他人权利的公民课，绝不是关于个人自由与尊严的公民课。任何有点头脑的人都知道，如果公民没有抵抗暴政的自由，没有批评与改造政府的自由，那刺刀下的“公民教育”先天就是一种关乎驯化与顺从的臣民教育。

我说沦陷区的“公民课”给了我一种荒诞的印象，而残酷的年代就是这样的荒诞。无论多少生命灰飞烟灭，无论多少家园被拆被焚，这世界总会有人，因为无知或者势利，去粉饰太平，标榜文明，声称其所处的社会正在走向前所未有的伟大与和谐。所以，你会在沦陷区看到“松竹梅岁寒三友，中日满东亚一家”、“拥护和平新政府，健全东亚共荣国”这样的春联。

而最是荒诞的，莫过于日伪政府向沦陷区居民广为散发的一幅宣传画：一位带着女儿半坐在床头的摩登女郎，伸出洁白如雪的胳膊，对着一群行走在暗夜里的队伍隔空喊话：“你们难道不晓得你们妻儿们，天天夜夜盼望着你们回家么？快快停止抗战回家中！”

强奸犯告诫受害者的家属须知怜香惜玉！世界上还有比这更滑稽的事情么？谁都明白，如此宣传的目的旨在瓦解中国抗日军民的斗志，然而它既无信用，也无其他实质性的作用。更不难推断的是，从逻辑上说，上述床头美女的呼唤似乎更适合瓦解日本军人的斗志。毕竟，这些手握长枪、客场作战、把全家压缩成一张照片装在胸前口袋里的侵略者，也会思念亲人，也有妻儿远在故土等着他们回去。人生既如白驹过隙，何苦还要费时费力于“鬼子进村”，又何苦非要在异国他乡为一个并不存在的理想杀人放火，直至终于落了个魂断异乡？

可惜当年的日本没有托马斯·科温那样的议员，否则他一定会因为反对这场非正义的战争而这样质问他的日本同胞：“难道在我们的国家已经没有了埋葬死人的空间了吗？”

和平的奴役

地方沦陷后，尽管有许多小孩为日人所杀，但自从汪精卫政府在日人刺刀下“安了民”，那些来自东洋的杀人机器、“马背上的恶魔”，对他们这些小孩的态度表面上好了很多。有位老人回忆，当时他还只是个少年，有一天在路上遇到了一群日本兵，就在他学着大人慌忙作揖并招呼“先生哪！”的时候，其中一位日本兵就拿出台湾的花米种和一些雪白的米，说：“小孩子，你们是良民，汪精卫主席叫你们回家种田。”据说，原先没有安民时，路都不敢走，“日本佬安了民以后就太平了一点，就敢走路了。有些好的日本佬在铺子里叫我们吃糖，‘咪西，顶好！吃啰！’”

有时候，日本兵还会将小孩拉上马背，骑上一段时间。或者让在街上要饭的小孩摔跤，谁赢了就给个牛肉罐头，输了的则只给一把米。当年在街上讨生活的年轻人，回想起这些往事，都说是“到日本人那里要饭”。通常长相好的、干净的孩子会得到优待，而长了瘌痢头的、比较脏的则被驱赶甚至被殴打。

就像姜文的电影《鬼子来了》里挂甲台村的村民一样，如果生活只是循着如此缓慢的节奏进行，乐声喧哗，没有屠杀，没有以命相搏，天真的孩子们还会坐在村口等衣着光鲜的异乡人发糖吃，你会相信历史上的“改朝换代”在中国的这个角落已经或者正在完成。这些温顺贤良的农民，有朝廷而无国家观念。对他们而言，外敌入侵亦无外乎乱世一种，只当是蒙古人灭了宋朝，满洲人灭了明朝，当那些在血腥的屠杀中幸存下来的人，接受了“和平的奴役”，也便慢慢认同了日本人对民国这个“朝廷”的侵占了。

只是历史并没有简单地重复。传媒通讯的发达、知识分子的广泛参与、政党政治的介入以及中国成为二战之局部，使日军不可能像以往那样只需推翻一个朝廷便可以收获一个国家了。更重要的是，现代民族国家观念的形成。清朝灭亡，灭的终究是家天下。而从十九世纪末二十世纪初开始的中国革命，不是简单地割去中国人脑后的家天下的猪尾巴，而是让共和的观念渐渐在精英人群的心中生根发芽。中国已不再是谁家的天下，更非异邦的天下，而是自己的天下。绝大多数政党，最初革命的目的也在于建立一个现代国家。

在欧美国家讲到战争与和平时人们通常会想到“枪炮与玫瑰”，而这些日本兵带给中国的却是“枪炮与糖”。日军侵华，之所以一边杀人越货，一边鼓吹甜蜜的事业，争做“遣糖使”，无外乎这些糖对“沦（陷区）二代”有麻醉作用。然而人类终究相信良善美爱，这些糖和日本天皇可怜可耻的梦想一起，最后也都化成了污秽。

“闻道有先后”

故乡天下沦陷。现在一些上了年纪的老人，虽然绝大多数并没有在日本人控制的学校里上课，但他们至今还记得一些简单的日语——准确说是一些简单的词语，比如“麻吉”（好朋友）、“哟西”（很棒）、“米西米西”（吃）。不过，对于曾经生活在日人刺刀下的人们来说，最能让他们记住的日本话，往往都与其被侮辱与被损害的痛苦记忆有关。

据说，当年过日本人的哨棚（岗哨）时，男男女女都要“脱裤子检查”。小孩也要，怕的是裤裆里放枪。通常情况是，在离哨棚两三米的时候，日本兵用手一指，进进出出的人就要脱掉裤子并转个身让他看，而查证的日本兵终日像个泥菩萨一样坐在台子上。需要牢记的是，在递交良民证之前，一定要先给那个假泥菩萨敬礼叩头，否则就会挨打，严重的甚至会被杀头。

见证或者亲历类似恐怖的事情多了，住在街上的人便会热心地将自己的痛苦经验告诉偶尔进城的乡下人。据一位住街上的老人回忆：“过哨棚时，有些乡下远处的人不晓得，我们就告诉人家，对日本佬要礼貌，要给他叩头，叩了头就不打你。有的日本佬打人，还会先问你要怎么打。如果是‘山边新交’，是巴掌打，‘磨林新交’是拳头打，而‘南破新交’是用脚踢。打完后还会问‘你的明白？’”

不少老人回忆往事时都会谈到这些词语。听到类似的故事，类似的细节，我偶尔会想到这样的场面：这些苟全性命于刺刀之下的乡亲，当年也曾坐在一起讨论日语里某个叽里呱啦的词语的具体含义，然后去指导别人，让自己的痛苦经验化做一种先于他人了解或掌握的知识，只当是“闻道有先后”，慢慢地大家也就彻底麻木了。

这种联想多少有点残酷，但它并非不真实。由于日本人长期盘踞县城，只是偶尔下乡打掳，街上人所见证的事情、可以交流的信息远比乡下人多。在乡下，人们甚至不知道“太君”的意思。难怪某村妇女这样回忆1945年日军撤退时的情景，当时她已经有20多岁——“中国兵来了，还和日本佬两边联合起来吃酒，我们地方办酒接待日本佬，就中国太君、日本太君那样叫的，中国兵和日本人在一起吃酒，吃完就散掉了，日本佬走日本佬的，中国兵就在这里驻扎下来了。”

回想当年之饱受欺凌，老人们痛苦如昨，听者又何尝不是如此。几年间，当我一次次回归乡野，走访并接触到有关当年的一些口述历史，最让我心难安者，除了无穷具体的苦难，还有另一个“发现”，那就是当地农民见到日本兵时喊得最多的竟是“先生”，而不是“太君”。而在此之前，由于受了无数抗日片的熏陶，我一直以为中国良民遇到这堆杀人机器时喊的都是“太君”。

有人考证说，“太君”一词属中国制造，是某些爱拍马屁的中国人为日本军官特别发明的。这样也好，无关紧要，你只当“太君”是个新的物种。然而千真万确的是，当日本兵强奸妇女、焚烧他们的房屋时，当地村民不仅向“太君”求情，还会撕心裂肺地哭喊，“先生哪，先生哪……”有个村子，在知道日本人第一次要来时还摆出一幅“有朋自远方来，不亦乐乎”的架势，组织了一堆人在村口放鞭炮迎接。待日本人进了村子，这些人还在不停地说“先生来了，先生来了……”殷勤如此，整个村子还是被虐杀近半。

据我所知，除非遇到教书先生，这些土生土长的农民一生中是很少有机会称别人为先生的。可怜这些乡民，高贵地活在自己家中，却又卑贱地活在这个世界上。他们卑怯地将来自遥远世界的陌生人称为先生，一厢情愿地认为这些人知书达理有教养，是一群比自己富贵且有出息的人。然而很不幸，正是这群与他们素昧平生的“先生”，手握刺刀，足行万里，摧毁了他们的家园乃至生命。

“先生哪，先生哪……”无论是田间地头，还是市井街衢，这样的求饶让人何等心痛！在那里，我听到的不是两个国家的战争，而是弱者无力回天的呼喊、细若游丝的求救，是纯朴乡村对文明世界的彻底绝望与嘲讽。在这样一个世界，强者总是不遗余力地驯服弱者，希望他们毕恭毕敬，然而所有的苦难无一不在重申，如果不能保卫自己，弱者对强者的尊敬从来一文不值。

3.阴阳界上的乡村

永修隶属九江，紧邻南昌。西北是云山（又称云居山），属绵延于湘、鄂、赣三省的幕阜山脉之余脉，东北则是水域宽阔的鄱阳湖，连接高山大湖的是一条横穿永修全境的修河，经过县城后东行30公里，即由吴城注入鄱阳湖。

谈到这条河，我忍不住要多说几句。由于没有桥梁，直到2000年老家一带的农民都只能通过摆渡到县城。最难忘的是我小时候，村里人包括我的父母为了将各自种在池塘里的一点蒿笋挑到县城里卖，凌晨两点便要开始赶路，待赶到河边扯着嗓子叫醒船家，终于过了岸，还得挑好长一段担，才能赶上早市。这算是村里人唯一的一点副业，其时路上的艰辛劳苦，现在想起都令人心痛。好在虽是夜里渡船，村中父老一切安好。

但我知道，这条河是淹死过许多人的——且不说抗日时期在这里沉落了多少日本人和中国人。我曾经在民国图书《农村生活丛谈》（1937年申报馆发行）中读到作家汪锡鹏的一篇文章，里面提到他与修河摆渡人的一段对话。船家抱怨世道不太平，自己不单是招呼客人渡河，“还要招呼客人能渡过河去”。上了船却又过不了河的人有两种：一是穷人，唉声叹气，一时想不开，只好寻死；二是富人，一年到头在镇上大吃大喝，待上船后又醉醺醺往河里掉。而且类似悲剧

“多的是，天天有，年年的这个时候有”。

可叹的是，类似悲剧并未终结。直到2000年，我还听到有农家妇女因为还不上贷款，当着同船的前来清收的乡干部的面，直接跳进了滔滔河中央。

关于修河，二十世纪有三个地方尤其值得记载：

一是从1958年“大跃进”开始，政府在20多年间先后征调了包括小堡村村民在内的七万民工，在山里将河拦腰截断，终于建成了亚洲最大的土坝水库——柘林水库。想必是受了新安江水库更名为“千岛湖”的启发，又靠着庐山，为开发旅游，这片有着997个山岛的水域近年有了“庐山西海”的美名，吸引不少天南地北的人前来观光戏水。

二是前文提到的修河保卫战。1938年10月，冈村宁次率部兵临修河以北，占据了县城。为保南昌，蒋介石调集十几万部队布防在修河南岸。怎奈苦守数月，迫于敌人的迫击炮与毒气弹，又逢天降大雨，国军终于在转年3月功亏一篑。这年春天，日军若蝗虫过境般席卷修河南岸，烧杀奸淫，无恶不作。没过多久，待攻下南昌，便又扛着膏药旗继续南下西进，只留下一小股部队驻扎在县城。

三是涂家埠铁桥的历史。据我所知，早在南昌起义之前，涂家埠就已经通了火车，叶挺和贺龙率领的起义军当年便是通过这条铁路（南浔线）赶到南昌给自己的胳膊扎上白毛巾的。

关于这段铁路的历史，郭沫若曾经写过一篇《涂家埠遇难记》，当时他是北伐军第二方面军总指挥部政治部主任。8月3日，正在九江的郭沫若在得知南昌起义的消息后，立即同李一氓、阳翰笙等人，坐上铁道上的“手摇车”往南昌赶。不料到涂家埠车站时，里面已挤满了由南昌北逃的程潜、朱培德的兵。他们被起义军缴了械，在弄清郭沫若的身份后，这些人立即舞动乱拳飞腿，将郭沫若从月台打下铁轨又从铁轨打上月台。

据说，这场混战不仅让郭沫若丢了北伐时期的一些日记，还丢了挂在腰间和藏在皮箱子里的不少支手枪。在“遇难记”的末尾，郭沫若不无感慨地说，“这武器没有成为人民的武器，而成为反人民的武器了。”

1904年，南浔铁路开始由商办江西铁路公司集资兴建，1907年1月开工，1916年5月竣工，它是中国历史上最早的几段省内铁路之一。然而，据《永修县志》记载，仅是铁路线上的涂家埠铁桥便在北伐、抗日和解放战争期间先后数度被破坏：

> 民国十五年，当北伐军进攻南昌时，破路队农民每夜手持铁锄钢铲，破坏南浔铁路和桥梁，截断敌军交通，阻止敌人援军，给敌人以沉重打击。
>
> 民国十六年，“八一”起义前夕，铁桥曾遭到南昌朱培德军队的破坏。
>
> 民国二十七年，日军陷马垱，中国军队为阻止日军南下，6月13日，下令停止南浔铁路运输，17日开始拆毁南浔线铁轨，并炸毁全线66座大小铁桥。涂家埠铁桥桥墩炸塌。钢架坠入河底。
>
> 民国三十四年，日本投降前夕，南浔线铁轨被拆除并交付浙赣线使用，南浔铁路被破坏殆尽。
>
> 1949年5月，国民党军队溃逃时，将桥南第三孔，62.5米穿式桁梁炸毁。南端大桥坠入河底，北端钢梁横于桥墩，大桥支离破碎。

据当地老人们说，有一次炸桥时，附近一头老母猪的肠子都被震了出来。

“两个朝廷”

1940年，也就是民国二十九年、昭和十五年，日本人告示安民，附近农民都被要求到县城照相、领取“良民证”。而原国民县政府此前早已转移至西北的群山之中，并留有自卫队和特工队（当地人称之为“老便”）继续抗日建国。由于同时受着两个政权的管辖，又同时为两个政权站岗放哨、交钱交粮，做“双料国民”，小堡村周围一带农村便成了当地有名的“阴阳界”。“阴阳界”一词，既是政治地理概念，同时因为“阴阳两隔”等俗语，难免给人一种命悬一线的阴森之气。当然事实也是如此。

按当时乡下人的说法，现在正在“改朝换代”，有两个朝廷、两个国家，一是民国，二是昭和，而民国在阴界，昭和在阳界。境内修河，虽不若台湾海峡宽阔，从此也有了自己的“两岸三地”，即河北的日占区、山里的国统区和河南的阴阳界。此时的中国，虽然没有从国内政党中发展出两党制，但在阴阳界却有了日本党与中国党轮流执政，日本党管白天，中国党管黑夜。

自“安民”以后，许多外出逃难的农民陆续回到了村里。之所以急着回家，除了在外缺衣少食外，还因为他们担心自家东西被“发国难财的”给偷走。虽然人人皆想避开刀兵之祸，但终归还是有些大胆发财的人，他们跑到逃尽了人家或刚被日军血洗了的村庄里去捡东西，权当是自己的“战利品”。北伐之时，当地居民已经深受“南兵打北兵”之苦，所幸时间并不算长。如今沦入日人之手，经年累月，又有国民县政府的便衣要求他们“忠于前朝”，生活在阴阳界的人们难免觉得自己的生活进退两难。通常情况是，鬼子白天到乡下打掳，作恶无数。到了晚上，便轮到国民县政府的便衣队出动。他们来到村里悬赏——捉到一个活的日本兵或者汉奸赏一千块，提个头去是500。对于走单的鬼子，他们自不会轻易放过。如果真遇上两党火并，但凡只要日方吃了大亏，一个村子的百姓恐怕都要遭殃了。布水寺大屠杀就是一例。同样糟糕的是，每个地方都难免有几位心怀恶意的“消息灵通人士”，使得一些可怜的庄稼人因为一点小事情，不是得罪了阴家站，就是得罪了阳家站。用当地一位老人的话说是，“最后杀来杀去，杀的都是些老百姓”。

也正是因为过去有太多刻骨铭心、九死一生的磨难，从北伐到抗日，从内战到饥荒乃至“文革”，虽然改革开放以来的中国仍有诸多不公平、无正义的事情让他们愤愤不平，但对于现在相对平静的生活，老人们在不经意间总还是会流露出对这个时代的感恩与知足。这让许多不满现状的知识分子深感疑惑，然而只要他们真正了解了上述这些历史，也就不难理解何以有此民情。总体而言，每一代有每一代的任务。年轻一代为未来着想，自是诚恳希望能拥有一个“让每个人都活得有尊严”的国家。而老人们朝过去看，认为一生的进步已经基本完成。

回想那个刺刀闪闪的年代，除了生命之虞，人们同样担心不能安心生产与生活。“安民”之后，农人再次回到田地，却不得不抱怨这地没法种，因为说不定哪天就会被抓丁拉夫了。对于阴阳界的人来说，一方面他们必须尽中国国民之责，盖房修路、运物送粮，为勉力维持的国民县政府出力，为抗日添柴。而且，一切都得小心翼翼。如果有去国统区的挑担任务，只能在近天黑时去，半夜回。因为若被鬼子发现，认定“和中国军队有勾结”，没准性命难保。除此之外，为防日军来犯，还要轮流放烽火哨。另一方面，他们又不得不受日人役使。直到1945年无条件投降，从湖南退下来的日本兵仍在当地拉夫，挑运粮食、马刀和枪支到湖北、安徽一带去。有一位背不动了，竟被日本人一马刀砍下了脑袋。此前，更是出尽劳力，时时担惊受怕。早在维持会建立之初，拿了“良民证”的当地农民便被组织去为日本人做事。由于国民县政府的游击队不时搞破坏，除了修路盖楼，日本人还抓了一些良民去守路护桥，许多人因此有去无还。

最主要的任务是守护南浔铁路，按日军的要求，他们在铁路沿线扎了许多茅棚。每个茅棚三人一组，并且要烧一堆大火直到天亮。如果日本人过来查哨，没人应声，没有口令，或者铁路被破坏了，又该有人遭殃了。轻者被没收良民证，没有良民证，连马路都不敢去，日本兵说你是中国军队；重者整个哨棚里的人都可能被活活打死，或直接装进麻袋扔进铁桥下的修河喂鱼。

由于时有棚哨因为路桥被破坏而受连累，当年站过岗的老人对便衣队的看法因此一分为二："便衣队呢，你说好还是坏？说好呢，是破坏日本佬的交通，但炸桥后他们就溜走了，坏就坏到老百姓头上来。"所以，在当时如果知道国民党的游击队来炸铁路，哨棚里的人就请求他们到没有人烟的地方炸，以免自己惹祸上身。这些话在有些人看来多少有些"政治不正确"，却也是这些乡民的真情实感。人终究有自私自利或自我保护的本性，否则人不能自存。

令人不齿的是，由于日本兵没那么多，在一些急需人手的地方，有些当地人还被要求穿上日本人的军装站岗。大概是知道了冒充皇军的威风，有人竟然狐假虎威，只当自己也是"太阳旗下的蛋"，开始横行霸道起来。有个小混混，不知道从哪弄来一套日本军装，招摇撞骗，更不忘把它当作强奸专用制服，祸害本地女子。说来也巧，有一次，一位被他抱住的妇女很快将他认出，并且直呼其名："某人哪，你要强奸我啊，我生都生得你出。"吓得这个混混落荒而逃。可怜这个流氓强奸未成，临走还扯了女人脖子上的银项圈。

最大的祸害仍是入侵者。现在他们虽然不像原先那样大队人马下乡，但三五成群到阴阳界打掳却是常有之事。其所作所为，无非还是烧杀、奸淫、掳掠。且不说平时的零星杀人，一些报复性或者妄想型的大屠杀也并不鲜见。焚烧民房更是司空见惯。有户人家，烧完盖，盖完烧，一年之内被鬼子烧了三次。后来大家有了些经验，只要发现鬼子可能进村，便赶紧挑来几桶水，随时准备灭火。有的村民还因此"冒犯之举"被杀了头。至于女人，更是日本兽兵糟蹋之对象。一位徐姓老人不忘旧年的屈辱，说鬼子奸完女人后，还要让他“像畜生一样”舔净女人的下体，以供他们继续寻欢作乐。

日本兵尤爱群欢，因此奸杀不少良家妇女。有时还要求农民团坐欣赏，或者参与强奸和乱伦。“一把好长好长的刺刀就指在你身上，你要是不干的话，马上就杀掉你。”所以，一旦有被同村男人强奸的悲剧发生，女人的丈夫也只能自我宽慰，“怪不得人家啊，他也是被逼的。”有的女人受不了被当众侮辱，就寻死去了；有的母亲，不忍心女儿被太多日本兵祸害，于是主动宽衣解带，以求分担。

灯红酒绿

从整体上说，即便日军依旧恶行累累，但对于沦陷区百姓而言，“安民”后的秩序终究好过大军过境之年。究其原因，至少有以下几种：

其一，杀人放火是手段而非目的，既然日军侵华是为了占有中国，就不会让自己成为生活在孤岛上的统治者，所以会通过“皇民化统治”尽量笼络或者奴役人心。一方面，日军会假意讨好沦陷区居民，暴行较之先前势必有所收敛；另一方面，日军也在积极推进“新政”，培育“新民”，收买合作者，通过“以华制华”瓦解中国人的斗志，并借此宣示“改朝换代”大局已定。

其二，地方自卫意识明显提高。大批日军过境之后，国民县政府在国统区与阴阳界重建了保甲制度，村民也主动轮流放“烽火哨”。一旦发现日军有何动静，立即通报。害怕村庄被包围的村民畏而远之，通常会藏进山间窝棚住上数日。即便来不及外逃或者心存侥幸，男人们也会将村里的女人藏在棺材或者事先挖好的土洞里。这样做也有双重风险：一是如果日本兵因为找不着女人发泄而发疯，村中“留守男人”难免遭殃；二是女人被藏得久了，也可能窒息而亡。

其三，当地人也在努力适应“改朝换代”这一过程。虽是乱世，从各乡镇的维持分会到县维持总会再到伪县政府，那点扭曲的、弱不禁风的秩序还是在缓慢生长。“中日亲善”的机会也越来越多。乡下有些胆大又想捞油水的女人，每当日本人来打猪杀鸡，她们就自告奋勇，帮着脱毛、烹饪，待一个个吃点走了，剩下的便全由她们带回家。有些女人得了好处，甚至还会等着日本人来，寻欢作乐也不避让。几年下来，还有人“托日本佬的福”，做起了皇军的情妇。有位姑娘，自从和日本兵住在了一起，家里收入大增，不论鱼肉，“光弄到的粮食放在楼上都压断了两根楼棱”。这些女子通常并不会为害乡里，反而会就着乡情与日本人周旋，时而还会借着手头那点水月镜花、朝不保夕的可怜阔气，接济跑反归来的难民。在此意义上，她们和日伪政权里部分乡情未泯的人一样，在某种程度上也起到了润滑剂或者缓冲带的作用。

其四，因为战事稍歇，又在一个地方共同生活，部分日本兵也有人性萌发之时。

由于日军的封锁，国统区与阴阳界少有盐吃。人们只好用辣椒、霉豆腐当盐，有的用陈墙土的硝熬盐，实在不堪忍受，而黑市里一斤盐要一担谷。一些小孩便会弄些红薯、芋头和日本人换盐吃。当住在“国统区”或阴阳界的农民过河来买盐吃，有时候日本人会在碉堡里往外撒盐条，待大家挤成一团，便朝着农民浇水，而他们在上面笑。有时换完盐，还有被搜回去的。有个人偷了一包盐，被日本人发现了，抓着后被绑在旗杆上，让狗活活咬死了。

好在伪县长陈允兹在日本人那做事，能帮着弄些盐条子，河南岸的人便时不时地到北岸县城领条子买盐。有个渡口是一个叫岗本太君的把守，表面还算和善，许多人便从这里进城。不幸的是，为了领盐条子，有一次船上坐的人太多，结果把船弄翻了。好在日本兵上前用竹篙搭上岸一些。虽然这次翻船依旧淹死了18人，但这个搭救的细节也表明，虽然侵华日军乃禽兽之师，但有些禽兽终归有着一点人性。

其五，沦陷区渐起的灯红酒绿消磨了中日双方的斗志。比如慰安所陆续开张，仅在永修吴城便有几家，门口分别挂着“慰安所”和“日华金钱”的牌子。据老人们回忆，“慰安所”里都是些穿和服、讲日语的日本妇女，而“日华金钱”里的慰安妇则穿中国衣服，既能讲中文又能讲日文，多是新加坡等地的华人和朝鲜人。

唐德刚先生在小说《战争与爱情》中谈到日本妓女举世有名，建妓院也是日本人的拿手好戏。不过，在沦陷区的皇军慰安所里，皇军需要慰安妇时，一切都是免费供应。所以，为了赚点外快，一些日本妓女时常偷偷越界，要与中国男人在床上一起画大东亚共荣圈。如此一来，也成全了那些有着家仇国恨却无力伸张的中国男人的“床上爱国主义”，让他们当阿Q、开洋荤、出重价，在这些日本女人身上“咪西、咪西”，以向天皇泄愤雪耻，抗日救国一番。如果说入侵中国与强奸妇女是“双重进入”，找日本妓女“行爱国房”，也算是扳回一局了。

当然，即便是沦陷区，并非所有男人都这般只知“为国捐精”。刺刀之下，乱世之中，每个地方都会有自己的英雄故事。抗战结束后，著名方志学家吴宗慈在其所编《江西通志》中记载了永修“义盗蔡家明”的故事。蔡本是当地有名的武师，弟子数百，平时只是在周边盗马偷牛、坐地分赃。按说如此“鸡鸣狗盗之辈”，又是长辈，最名副其实的称号当是“贼王”，而非“义盗”。

又毕竟，时势造英雄。虽已年近花甲，当日军打到修河，蔡家明这等乡村领袖岂能袖手旁观！很快，他便响应国军“抗战建国”的号召，带上原班人马，专偷日军营地的马匹与军火，偶尔甚至还打打伏击。据说蔡家明屡屡得手，头次进城便成功捎回步枪、机枪与弹药若干。而最风光是，有一次这伙人竟然赶着日军军马从日营中驮回了小钢炮（六〇炮）。直到后来，蔡英雄被日本重兵追得无路可逃，只好纵身跃上一棵大树，随后被敌狼狗发现，为鬼子的枪林弹雨射杀。生命如此凋零，也似落叶归根。

两年后，江西《民国日报》以赫然大字追忆“义盗”蔡家明抗击日军、以身殉国的旧闻，一时轰动各地。

不过，在一个无组织的社会里，虽然有人心向背，但像蔡家明这样以身相搏的英雄好汉毕竟凤毛麟角。无论生活在怎样的时代，对于普通人而言，如何安身立命终归是头等大事。强权之下，少数人奋起反击，为灵魂努力征战，多数人隐忍苟安，为肉体尽责繁衍，也算是人类社会中的一个常态。

4．农民为什么消极抗日？

年少时爱看《霍元甲》，爱唱片头粤语歌，最拉风者除了“万里长城永不倒，千里黄河水滔滔”，便是“开口叫吧，高声叫吧，这里是全国皆兵”。此时，毛泽东像渐渐淡出，而流行于各式文化衫上的霍元甲（黄元申饰）形象渐渐成为代表中国力量的新图腾，让你觉得“分（昏）睡百年”后的中国好不威武！如果谁敢欺负中国，全中国人就像现在的大学生考公务员一样，都一起上了。

然而，待年岁渐长，对社会与人生有了些自己的理解，发现世界远非那么简单，“全民皆兵”的歌声更是过于浪漫。毕竟，生活于尘世的人们，无论天下承平，还是动荡岁月，各有自己的当务之急。且不说现实中的“霍师傅”在“全民向钱看”的年代了断红尘，从此出家做了和尚，回望历史，直到抗日战争全面爆发，中国也没有真正形成“全民皆兵”的局面。

至于古希腊的斯巴达和上世纪五六十年代中国之“全民皆兵”，则另有内涵，在人类历史上也是难得一见。当每个个体迫于军事共产主义而别无选择，只能争做手持利剑、不谈私利的公民；当国家因为唯一目标而被改造或者简化为一辆开足马力的战车，你又不得不承认，这片土地虽然不若从前那般“分睡百年”，但终将重新回到沉睡的年代。而且是集体沉睡，更大的危险自在其中。

逃兵役

回望中日之战，事实上早在率军北伐遭遇“济南惨案”之时，蒋介石便已深知日本将是他一生的敌人。只可惜那时的中国，连年混战，民不聊生，旧潮未去，新潮未立，实在没有本钱和日本人拼，所以蒋介石便采取了“以空间换时间”的策略，希望能够一心搞建设，遇事能忍则忍，“小不忍乱大谋”。此“大谋”就是卧薪尝胆，积聚国力，以备他日再与日人一战。然而，如意算盘终落空，任凭你忍辱负重，日本的刺刀还是齐刷刷伸到了卢沟桥，伸到了夜上海，伸到了武汉城，伸到了我们村。

和宋朝一样，中华文明的生长又一次被外敌入侵彻底打乱。如齐邦媛在《巨流河》里所谈到：“一九二八年到一九三七年以南京为首都的中国充满了希望，到处都在推动新建设。那段时期，近代史上有人称为‘黄金十年’。日本有正式记录提到，军方主张早日发动战争，不能再等了，因为假如现在不打中国，待她国势强盛起来，就不能打了。”

无论从哪方面说，这都是一场没有准备好的战争。不只是武器，还包括人。

“一寸河山一寸血，十万青年十万军”。谈起二十世纪中国的抗日战争，人们首先想到的是“八年抗战”与“全民抗战”。实际上中国的抗战早在这八年之前便开始了。“全民抗战”同样需要大打问号了。蒋介石曾经说过：“中国持久抗战，其最后胜利之中心，不但不在南京，抑且不在都市，而实寄于全国之乡村与广大强固之民心。”但是，国民政府正面抗战所能动员的，更多是青年学生，至于农民则完全是另一番景象。以我在当地寻得的资料，并翻检其他地方当年的历史，更多农民选择了不抵抗，至少是没有积极抵抗。而这方面，逃避兵役便是最好的注脚。

除了外逃和花钱躲避兵役外，当地老人还谈到其他三种办法：一是改变年龄，由于兵役年龄是在18～45岁，所以年纪大的改大，年纪小的改小。在当时，许多人的年龄也无法确定。以前考察年龄的唯一根据是家谱，但在动荡年代，不少家谱毁于兵祸，已无从查找。所以许多人知其伪报，却也查无实据。改动几岁，通常也看不出来。二是找个差事当，如情报员、科员、乡丁、保丁、区队长、文书、乡干、副官等，这些一般还能免夫免税，拿薪晌。许多人后来有了历史遗留问题，和当年取巧逃役不无关系。此外就是混个文凭，山里国统区的国民小学因此挤了好几百人。据说真正的学生恐怕不到一半，很多人早就不是学生，他们名为读书，实为在“拉丁区”躲壮丁。

农民之所以热衷于逃避兵役，未能积极抗日，至少有以下几点原因：

其一，麻木于兵祸。

晚清以降，中国已是“全国皆兵（祸）”。从鸦片战争到太平天国运动，从辛亥革命到紧随其后的军阀混战与北伐战争，然后是国共之间的混战（围剿与反围剿），直到日军大军压境，这片土地早已经被打得千疮百孔，成为名副其实的“热土”。如此混战局面，再有理想的政府恐怕也只能是勉力维持，而民众更是苟全性命于乱世。

不幸被拉去当兵的人，没什么文化和背景，多是些生活中的失败者、铤而走险者。在军阀混战、党同伐异的时代，他们更像是私人武装，只知道冲锋陷阵，一旦不幸战死沙场，却不知道究竟为何牺牲。一切正应了明恩溥当年的嘲笑——量身高只量到肩膀的中国士兵是“除了脑袋，其他地方都可以派上用场”。而被打得溃不成军的，又化作土匪，深入浅出，成群结队祸害百姓。从兵乱到匪乱，毕竟这都是些有枪又有组织的人，到哪里都可以胜过手无寸铁的涣散的一群。如时人所说，兵匪自是希望天下越乱越好，“譬如拾柴枝的人，为要给拾得盈握盈筐的柴枝，就唯恐天不打飓风，而为了飓风倒塌的屋宇，毁伤的人畜，他是不管的”。

而农民，注定是被侮辱与被损害的一群。他们更习惯于在自己的小圈子承受人生的意义，更愿意花更多时间关心猪栏里的猪仔，而不是谁来坐江山。你可以说这些人自私、短视、不求长进，但这确实是生活给予农民的经验，谁当皇帝都一样。除了让自己活下去，对其他事他们早已经无能为力。面对逆境，他们将所有不幸与痛苦委之于命运，“命里有时终须有，命里无时莫强求”。这种宿命感同样被他们用来思考国家的命运：中国人被日本人打，是命里注定的事情；日本人杀到中国来，只怨中国人命短；至于这个国家是不是该绝，自有命运安排，用不着自己操心。

由于战时的统制经济与日军对部分交通的封锁，战争所给予农民的是买不起食盐、卖不出谷米，是整个生活的举步维艰。既然战争如此残酷，那么眼下最重要的事情，就不是参战，而是让这种“全国皆兵”的战乱早点结束。

其二，重文轻武。

虽然胡适等知识分子希望中国政府富国强兵，建立起“有兵的文化”，但这个愿望一直没有实现。从整体上说，中国人重文轻武，向往和平，信奉“好铁不打钉，好汉不当兵”。

而这种倾向，到清末尤其严重。由于清朝属异族统治，兵源愈发稀少，而且良莠不齐。1793年，据马戛尔尼使团第一次访华时的观察，许多士兵与其说是军人，不如说是民兵或者农民。除了重大场合身着制服外，他们平时穿得同普通百姓一样。他们更多是在和平时期起作用，但缺乏战争要求的勇气和纪律。更有意思的是，见到特使时他们不是拿火枪而是拿扇子致敬。“当我们突然出现时，他们便匆匆忙忙换上制服。但穿上制服后，他们更像是要登上舞台而不是去进行军事操练。”在镇江，有2000名士兵进行军事操练，但是装备只有弓箭、刀、剑和几条火枪。头盔从远处看金光闪闪，但是走近了让人不得不怀疑它们是涂了漆的皮革，甚至是用经过烧煮的纸板制成的。五颜六色的制服、衣冠不整的形象，没有一点尚武的气派。马戛尔尼使团虽然无功而返，但是他们通过“北上”与“南巡”，已经看到所谓“大清帝国”不过是一座“雄伟的废墟”。

在佩雷菲特看来，“30万满人现在之所以能成功统治千倍于他们的汉人，只是因为他们夺取了一个未作变更的机器——天朝官僚制度，该制度控制了一个永恒不变的等级体系，而且大家各司其事：皇帝负责统治，内阁负责管理，官吏负责行政事务，农民负责种地，工匠负责制造，商人负责做生意。这套机器像精巧的天使运行仪一样环环相扣，咬合得很完美。”（佩雷菲特，《停滞的帝国——两个世界的撞击》）只是，稍有点动荡，无论是内力（太平天国），还是外力（鸦片战争），这个帝国便已经处于风雨飘摇之中了。更可笑的是，当英法联军攻入北京时，在城头抵挡西洋炮弹的竟然是一些纸龙与符咒。

其三，受制于贫困。

如前文所述，自然灾害、洋货倾销以及连年混战是农民走向贫困的主要原因。这里仅以养兵为例，看农民有多少负担。根据1929年的一份统计，当年中国兵额达220多万，军费开支占到全国支出的92%，而世界五大强国的合计兵额也不过206.6万。据估算，养活一个士兵每年要花费200元，而每个普通壮年人在家一年只需40元生活费，且不说他一年因为生产建设尚有收入，仅就消耗而言，一个士兵花去的费用相当于居家农民的五倍。如此穷兵黩武，怎能不国弱民穷？

抗战之初，有学生下乡动员农民，但当后者从学生口中得知抗日“短则一二年，长则三五年”时，第一反应却是：“我们不被日本人打死，也要饿死了。” 如果被劝急了，农民还会反问：“我们这座山，几坵田，烂屋壳，也怕日本人抢去不成？”对此，来自城里的青年学生是既感慨又同情：“抗战需要大家有钱出钱有力出力，但农民有农民的难处，他们今天捐了手里仅有的五毛钱，明天早上便没钱买盐了；他一天不上街卖菜，一家几口便活不下去。为此，他们想方设法逃避兵役和劳役，有的后来甚至会为了少量钱财为日本人卖命。”

甚至，当学生要求农民报名参加训练时，有些农民也很不以为然：“我们每天都做得两头黑，哪里还有时间受军事训练？……你们有钱人，读书不管家，要操练就操练。”虽然未必是对学生有意见，但是这些为生活所迫的农民对国家的现在和未来缺少感情却是真实的。

是的，爱国很好，混个英雄还可以光耀门楣，流芳百世，可是爱国同样是件十足奢侈的事情。生在这样一个风雨飘摇的年代，“国家”、“民族”与“主义”等都是些遥不可及的概念，既不能当饭吃，也不能当衣穿。对于许多活得朝不保夕的穷人来说，“救亡图存”不是什么大道理，它首先是要让自己和家人能够活下去。

其四，不公正的社会难于凝聚民心。

一个长期缺乏公平正义的国家，无疑难聚民心。这也是导致农民消极抗日之关键。虽然此时知识分子与青年学生办刊、办报、组织Party，时而下乡演说，也算是做了不少启蒙与救亡的工作，却又显得那么格格不入。一些宣传抗日的学生被人讥讽为多管闲事、标新立异、借名逃难。据1938年出版的韦健夫编《怎样动员千百万农民》一书介绍，在武昌甚至还有村民殴打大学宣传员的事件发生。打人者说：“你们还是帮助政府压迫我们，我们先打死了你们再打日本人去。”如此挫折，让宣讲者欲哭无泪。

中国城乡之间的这种脱节与隔阂，让我想起发生在古罗马的一则故事。据说有位巡游作家在西班牙西部的一个小镇里给当地居民背诵悲剧中的一段独白，从来没有听说过什么是戏剧的小镇居民竟然把戴着面具、穿着厚底靴的演员当作妖怪。

为什么农民会麻木于时局，会消极抗日，甚至连抗日宣传都要抵制？体验了乡村生活的城里学生不忘抱以理解之同情：“他们并不是没有热情与力量，实在是所有的热情与力量都被生活的圈套笼罩住，被社会的势力磨洗掉了。”而这“社会的势力”，曾经和正在给底层民众追加多少不公与不义！正是这些不公与不义，瓦解了一个本应存在的命运共同体。你说国家危在旦夕，可农民因疾病、扰乱、贫穷困苦而危在旦夕的时候国家又在哪里？你说新生活将要开始，可农民整天接触的都是些具体的柴米油盐、五谷六畜，是“义不容辞”的乡镇保甲，是厚此薄彼甚至可能公报私仇式的抽丁以及勒索式的救国公债，是各路兵匪城管一般追得大家鸡飞狗跳，是免缓了兵役的公子哥继续游手好闲，而平时作威作福的官老爷们大难临头各自飞。既然有吃有喝的乡村领袖们都不愿做救国的栋梁，贫苦农民就更无本钱和热情单兵抗日了。

就征兵而言，虽说政府标榜“三平原则”（平等抽签，平等负担，平允免缓），实际上很难落到实处。在农村，除了乡镇保甲人员和乡丁保丁，再除去念书的学生和公教人员以及有枪的流氓地痞，所剩壮丁本来无多，最后大量兵役任务就只能是落在那些老实本分的庄稼汉身上。从这方面说，又必须承认，尽管农民“消极抗日”，但最后在战场上舍生忘死的，其实多半还是农民。

现在有“农民工”，过去有“农民兵”。在风雨飘摇的二十世纪里，许多中国农民便是这样被时代的风浪连根拔起，最后又悄然回到了农村。像曾经血战台儿庄的农民将军仵德厚一样，打过蒋介石，打过共产党，打过日本人，打过内战，出狱后又回到老家种地、养羊三十余载。尽管命运各不相同，绝大多数农民兵都是生得寂寞，也死得寂寞。

对于农民来说，最让他们担惊受怕的是，不管什么单丁独子，或全家生活所靠，一经拉住便要捆绑送队。不消多久，在饥寒拷打之下，“壮丁”就变成“瘦丁”，“瘦丁”就变成了“死丁”了。可怜这些用农民血汗雇来的农家子弟，还没有见到鬼子，便先牺牲了。而原来的家庭，在主要劳力被抽走后，生活立即成了问题。正因为此，一些农民宁可倾家荡产，凑钱雇人冒名顶替，也不愿一家人生死茫茫，两头受难。

重庆《商务日报》曾经刊载一份调查，某县应征者93%出自五担租以下的农民。在一些地方甚至还出现了“壮丁公司”，聚集一批流氓地痞去抓人。如果哪个地方缺壮丁，可以直接到这里来买。如此气势与排场，当不逊今日北京抓捕访民的安元鼎[1]。至于那些“冒牌壮丁”，自然没有心思上战场。他们只想着中途能够侥幸逃脱，与妻儿老小团圆，或找机会继续冒名顶替。

其五，政府弱于组织动员。

当年的国民党要员常常有一种耻辱感，因为日本嘲笑他们所领导的中国是群“无组织”的乌合之众，而非一个可以被尊重的现代国家。为了让这个国家变得有组织，找得到组织，为此孙中山从苏联照搬了党化教育。与此同时，世纪之交从美国舶来的地方自治思潮继续发酵。

两者近乎天然矛盾，各谋发展也都并不理想。关于这一点，只要看看当年陈炯明与孙中山的冲突即可略知一二。前者，陈炯明在《中国统一刍议》中力陈：“党化教育更属荒谬绝伦。盖党者不过团体之谓，绝无神妙之说。”（更别说国民党后来的“清党”在客观上清出了未来取而代之的反对党）。后者，正是因为陈炯明主张联省自治、拒绝出兵北伐，才使他因为“背叛国父”而被定性为“叛党”。这一定性，在某种程度上表明了国民党人当时对地方自治的真实态度。虽然三十年代国民政府“积极训政”，在不少地方推行地方自治，但终究刚刚开始，只是一个试验与探讨的阶段，这和美国独立战争之前的乡镇自治完全不可同日而语。

而在政党竞争中，国民党终于失去大陆，败走台湾，更与以下两个因素有关：一是其精英政治时与底层脱节；二是理论宣传输于对手。两者合而为一，即国民政府对底层社会的动员能力弱。

孙中山曾将三民主义对接到“民族问题联俄、民生问题容共、民

1. 北京市一专业保安公司，几年前在京设立多处“黑监狱”，与某些地方政府勾结，收取高额佣金，以关押、截访上访民众为业。2010年被北京市公安机关查处。

权问题扶助工农”，但在后来的权力争夺中，国民党很快与共产党分道扬镳。前者政治基础主要是社会精英，而后者走的却是底层路线，直至有朝一日终于星火燎原。

而孙中山之所以希望共产党加入国民党，最主要是想借此新鲜血液振兴国民党，让“新青年”改造“老同志”。孙中山认为共产党人有“明确的思想和无畏的勇气”，是他所需要的“真正的革命同志”。北伐前后，当时的三大党中，青年党以《醒狮》为旗帜，共产党以《中国青年》和《向导》为阵地，借“主义之争”争夺群众，而此时的国民党几乎没有与“在野党”相提并论的理论基地，其党报如《广州民国日报》和上海《民国日报》所侧重的更多是新闻而非宣传。有时，《民国日报》甚至还会照搬《向导》上共产党人的言论，以此作为全党学习材料。对于相关批评，国民党也只是偶尔抗议。（王奇生，《革命与反革命》）

了解中国近现代史的人知道，在1925年下半年至1926年上半年期间，毛泽东曾一度接替汪精卫代理国民党中央宣传部部长，兼任机关报《政治周报》的主编。此前毛泽东还在上海给组织部长胡汉民做了一段时间的秘书。如前所述，1922年，为“振兴国民党以振兴中国”，孙中山响应共产国际的号召，抛弃了以往国民党《规约》中关于“党员不得兼入他党”的规定。随后，当年著名的共产党领导人如陈独秀、谭平山、林祖涵、瞿秋白、蔡和森、毛泽东、张国焘等及大批共产党员、社会主义青年团员先后加入了国民党，并可保有“双重党籍”。此时，国民党号称有20万党员，而中共党员不过400多人。

至于再后来两党格局的变化，早已广为人知。我曾读过三四十年代不少知识精英与国民党政治精英的政治主张，他们无不大谈国家建设，许多人也在身体力行，有些言论至今仍不失其先进性，然而其政治动员的力量，甚至不如我无意间寻到的一本内战时期东北局宣传部编发的《农村政治课本》。理论动员不如利益动员，后者循循善诱，直接告诉你为什么穷，蒋介石有多坏，国民党为什么不抗日，以及成立农会、参加革命将获得怎样的好处。而且，言必称“咱们穷人”，亲切近乎耳语，更别说配合土改、阶级斗争还有各种“艺术宣传”。

对于艺术与宣传的关系，在《西行漫记》一书里埃德加·斯诺曾有一段耐人寻味的解释：“很多人会说，‘为什么把艺术扯了进去？’但从广义来说，这就是艺术，因为它为观众带来生活的幻觉。”而这方面，国民党政府并不擅长。

国民党弱于宣传与组织，这在动员抗战时同样暴露无遗。比如，不少官员自视过高，以为下到基层督促抗日是自降身份；许多乡村，甚至包括县镇的政府所在地，在抗战已经搞了一年半载后都没有一张动员的墙报。政府动员的人浮于事让许多下乡学生抱怨：“上面要求下面做动员，下面也说要动员，但是奉令是一回事，组织又是另一回事。乡绅垄断乡政，只顾忙自己的事。”甚至，“这些人不但不能真正帮上忙，反而可能成为一种阻碍”。

学生辛辛苦苦宣传抗日，不仅被农民误解，还可能招致政府部门的反感。国民党大员李宗黄对此便颇有微词：

> 全国学生，只从事于爱国运动，而不专心于本身学业，往往藉爱国之名，行懒惰之实，只有气的发泄，而无力的养成，全国青年，多成废人，例如去年中央大学学生，时常弄风潮，纠集各地学生，到京请愿，莫不慷慨激昂，口称“对日宣战”、“打到东京去”。后来听得日兵到了上海，正好出去抵抗，但他们一千二百余学生，只逃剩得六七十人，其余的那些完全逃了，到了果真出发到上海做救护工作时候，又逃去两人，只剩一二十人，这就是他们爱国运动的表现了。

此措辞虽不失得理之处，但对于手无寸铁、涉世未深、尚知爱惜生命的学生而言，未免过于苛责了。

由于地方自治尚未落到实处，乡镇的政治运行更多依赖于保甲制度。然而，这种重义务而轻权利的制度更像是一台抢运农村人力与物力的抽血机。就征兵而言，上面动员“全民抗战”，到下面被简化为“抓丁拉夫”，整个乡村于是就成了中国的“拉丁区”。各区各联保常常因为兵额配赋太多，上峰又催得太急，于是就上街乱抓人。除了散兵游勇、地痞，更有外地过路人被抓。有一次，某个连的排长派底下的新兵出去拉丁，误把连长拉来，并将他吊打一顿。在确信是连长后，当兵的慌了神。想来想去，只好将这连长活活打死，然后刨个坑偷偷埋了。

当农民苦于种种贫困与不公，不能亲自治理自己的土地与社区，又无望于彻底改变，他们对政治自然会漠不关心，如林语堂所说的“国事管他娘”。他们想不出眼下的中日之战与以往的内战有何区别，和自己已然贫贱到底的生活又有什么关系。甚至，许多被时人寄予厚望的乡间知识分子，在抗战爆发之后，仍在村边的小河里忙着钓鱼，在家里忙着“修长城”，而不是想着如何去加固当地的城防。

连绵不绝的兵祸，一望无际的贫困，暴力不期而至，正义下落不明，大家各扫门前雪，哪管他人瓦上霜……凡此种种，都是当年农民消极抗日的理由。结果是，“在许多壮烈的战役中，始终未闻有乡长或村长挺身而出率领村民死守乡土，或尽责协助军队维持秩序。因为这许多村老爷们，不早早溜之大吉便摇身一变已为道地汉奸”。

一位研究抗战史的朋友曾经对我叹息：当年日军在华北扫荡，常常是后面走着两百个日本鬼子，前面走着两千个中国鬼子，即通常说的“二鬼子”、“皇协军”。如果不是这样，中国的“八年抗战”哪里要打上八年？！

风吹稻浪，太阳旗飘扬。这些“膏药旗下的蛋”，在当年的侵华战争中打得真是好不过瘾，他们不仅可以在中国抢钱、抢粮、抢女人，而且还可以直接在中国征兵。

爱家者

细问此时的中国人何以一盘散沙，归根到底大家并未形成一个真正的命运共同体，甚至也不相信家族之外有命运共同体。而这同样适于解释为什么到后来有越来越多的人拿起了扁担与锄头。在亲眼目睹了亲人被屠戮、家园被一次次焚毁后，已然绝望的他们终于忍受不了日复一日的被侮辱与被损害，才真的起来反抗，以期早日结束这场醒时的噩梦。

所以，在当地有关民间抗日的若干材料中，可以看到这样的故事：

之一：马口中房村人淦长世，年二十二岁，务农，身体魁梧，精通武术，1939年5月，有日军二人来村掳掠，淦乘其不备，持棍击毙一人，另一人持枪反击，淦中弹身亡。

之二：1942年，滩溪群众在滩溪桥下密埋炸药，向日驻军警备队诡称中国兵到达滩溪街，日军信以为真，集合20余人冲过木桥，踩发炸弹，三名日军炸得尸体横飞，余皆逃窜。

写下前面几节文字的时候，我的脑子里挥之不去的是美国电影《爱国者》里的一个镜头：义愤填膺的农夫马丁大叔（梅尔·吉普森饰）不顾安危冲进被英军点燃的自家房屋，找出一把斧头和几条枪，然后带上两个手无缚鸡之力的幼子，去半路上营救随时可能会被英军绞死的大儿子。几分钟前，当着众人的面，就在家门口，他的二儿子被残暴的英国军官射杀。

故事发生在美国独立战争期间，这位父亲的名字叫本杰明·马丁。早年他曾经扛过枪，打过仗，深知战争的残酷无情。好在终于有一天，他可以解甲归田，生儿育女，过上和平常人一样的日子。有一片属于自己的田地，一个幸福的家庭，一大堆可爱的孩子，还有什么不知足的呢？马丁最大的兴趣是当一个木匠，亲手为自己做一把摇椅，让自己的后半生在摇椅上慢慢摇，而不是在写满刀光剑影的战马上出生入死。正因为此，当美国人向英王乔治三世宣战，各州开始讨论是否应该征兵以抗击英军时，马丁十分坚决地投了反对票。理由很简单，他是一个有家庭的人。

在马丁看来，一个有家庭的人是无法奢谈爱国的，因为少了谁这个家都不完整了。而且，根据以往的经验，他知道战争一旦打响，最后战场将不是在前线，而是在每户人家的房前屋后。所以当有人说“宣战是为了反对乔治三世的暴政”时，马丁立即反问，“为什么要害怕三千英里以外的一个暴君，而不害怕一英里以外的三千个‘暴君’？”

马丁首先是一个爱家者，正是因为对家的这份热爱使他客观上成为一个为人称颂的爱国者。尽管曾经顾虑重重，但当家园被毁，儿子被杀，马丁还是义无反顾地拿起了武器。从农夫到战士，变的只是身份，事实上马丁什么也没有变。无论是起先反战，还是在后来成为高举自由旗帜，带领美国人民冲锋陷阵的时代英雄，怯懦也罢，勇敢也罢，首先都是为了保卫自己的家。

在此意义上，所谓独立战争、卫国战争，归根到底都是保家战争。否则，你将很难理解今日中国，本是和平的年代，为什么有人会站上高高的屋顶，朝着自称代表“国家利益”的拆迁队扔石块、放礼炮，呼吁媒体帮他们打一场家园保卫战。更有甚者不惜一死，愿为保卫家园献出自己宝贵的生命。

在这位美国农民身上，观众可以看到华盛顿的影子。影片结尾，马丁之所以功成身退，重新回到他的家乡，是因为坚持这样一个信念：打仗不是为了打天下，不是以“血酬”换取权杖与爵位，甚至都不是为了缔造一个国家，更不是像格瓦拉一样不断革命，把将子弹射向敌人的胸膛当作一生中最大的快乐，而是为了从此可以不打仗，可以安安心心地做一回农民，可以继续设计制作他的摇椅。正如上文提到的不愿“继续革命”的李四喜。

大概是为了说明家庭的重要性，影片还精心设计了一个细节，马丁的妻子的项链吊坠是个北极星，而他恰好有七个儿女。北极星与北斗七星，是马丁一家的方向，也是独立战争时期星条旗的方向。

同理，抗日战争虽然被理解为中国人的“保家卫国战争”，但对于普通人来说，历史所能见证的更多仍是“保家战争”。他们要保卫自己的家庭成员不被屠戮，保卫由家庭延伸而出的土地与财产。只有每个人都在为自己的利益而战，这样的国家利益才可能真实可靠，才可能符合国民的真实意愿。

正因为承认国家的价值在于保卫“公民之家”，所以美国一直保持这样一个传统——不仅藏富于民，而且藏枪于民，以增强国民自卫的能力。试想，马丁当时如果只是拿着根棍子与一群手握长枪的英国兵拼命，即使曾经留学少林，恐怕也是救不出他的儿子的。

农民消极抗日，顾小家却不顾大家，与国家在他们心目中的地位不无关系。远在明末，顾炎武曾说过“天下兴亡，匹夫有责”，可这“天下”指的是大家共有之天下，而非“家天下”。由于从来不是国家的主人，皇权之下人们习惯操心的是如何做个好臣民，而不是谁来做皇上。如果真有改朝换代，那是上天要收走某个皇帝的天命，一切也轮不着他们来想。此所谓“家天下兴亡，匹夫无责”。而这种“家天下”的观念，直到近代才略有消解。与此同时，也是因为历史上从来没有公民观念与公民概念，不了解世界上还有“元首制”，中国人在第一次见到古罗马帝国的“Imperator”时，才会慌慌张张译成了“皇帝”。殊不知，古罗马的“Imperator”和中国以天下为私产的“皇帝”完全是两个概念。

谈到个人与整体的关系，没有比罗斯福的这段话说得更好的了：

在每一片土地上，时刻都有使人分道扬镳和使人走到一起的种种力量在发挥作用，在为各遂其志而奋斗的时候，我们乃是个人主义者；但在作为一个国家而寻求经济和政治进步的过程中，我们就成了一个整体，不是全体向上，就是一起坠入深渊。

今日中国社会，较臣民时代在许多方面无疑已经发生了重要变化，包括公民意识、公共精神的成长与现代国家观念的形成，等等。抗日战争时期，人们只有战火烧到自家门口才知道抵抗的意义；而现在，即使是千里之外的房屋被强拆，素不相识的网民也会公开表达自己的反对意见，因为他们不仅有了公民意识，而且在他人的命运中看到了自己的命运。过去需要用巨大苦难才能形成的命运共同体，如今只需常识就可以形成了。

5.两位县长的故事

还是回到具体的命运中来吧。接下来说说抗战前后两位县长的故事。由于时代久远，又逢特殊的政治原因，他们的生平与故事，如今在当地早已湮没无闻。我也只是近几年因为写作本书的缘故，才偶然知道了他们的一点事迹，并由此顺藤摸瓜，查阅了一些资料，又走访了当地一些老人，对当年共治永修的两位县长的作风与命运渐渐有了相对清晰的印象。

流亡县长

先说杨华松。虽然当时有属地回避制度，但杨华松是一位土生土长的县官。早些年我曾听村里的老人们谈起过他，据说我爷爷那辈人还给他抬过轿子，最让人难以忍受的是杨老爷有180斤，甚至在日本人追赶时，也还要坐着轿子逃跑，累得轿夫们一个个叫苦连天。再后来是我回乡参加县一中65周年校庆，了解到这所学校就是他在山区里打游击时创建并且兼任校长。学校以“礼义廉耻”为校训，遵从“读书不忘救国，救国不忘读书”。而杨县长兼任一中校长，救亡、启蒙两不误，也算是另一层意义上的“政教合一”。

那个时代的县长，表面上看虽然像现在的某些县委书记一样权倾田野，实则没有多少实权。在古代，一向是“客不修店，官不修衙”，因为没有这份预算。汉代才有郡财政（这相当于元明清时代的省财政），直到1935年才有县财政。没有财政支配权的县官要想修衙，不是自掏腰包，就是税外收费，或者向上级打报告争取拨款，但这都不是件容易的事。更何况，既然是“铁打的衙门，流水的官”，列位县大人通常也是多一事不如少一事。自1910年1月9日，清廷正式颁布法院编制诏令，正式宣布行政官与法官分离，县长的审判权旁落，可以借机渔利修衙的机会就更少了。

虽然后来勉强有了县财政，整体而言，国民政府时期的县长仍沿袭“包干制”，县长在任期间，只能领点可怜的工资，既无钱修衙，又无地可卖，也不置公物。新官上任时，甚至连总理遗像、党旗、国旗都要自己带上。若不捞点外快，一年县长下来，这县长就破产了。至于沦陷区，更流行“背包县长”，背一个布包，悬一颗县印，将流亡政府演绎到了极致。我曾谓有些官员，头脑简单，遇事只知动用武力，真可谓“穷得只剩下条枪”，而当年这位杨县长，受日军的封锁追剿，活得颠沛流离，虽然拉起了一支队伍，却也因为缺粮少盐，真落得个穷得只剩下条枪了。

不过，就这么一个胖乎乎的县太爷，走到哪里自己都是国军的“辎重”，能够在日本人的枪炮边上维持县政府“金枪不倒”，也实属不易。由于实行“焦土政策”，在日军大兵压境之时，国民县政府先是纵火烧毁了县城，然后将政府迁至云山山区。其后几年间，由于这里地势险要，日军久攻不下。

上中学的时候，我曾“暗访”过这片深山老林。那是八十年代的一个夜晚，学校组织了一卡车的中学生去山里打火，一直折腾到晚上两三点，像当年鬼子一样历经千辛万苦。好在终于没有引火烧身，否则读者就看不到我这篇文章了。

说到杨县长抗日，不得不提的是1943年9月4日的云山堵击战。当时日军痛下决心，出动了2000多人上山下乡清剿国军，不曾想被“杨家将”打了个落花流水归去也。由于这是在日军十倍于我、装备优劣悬殊的情况下的一次大捷，此战获国民党第九战区司令长官部和省政府的嘉奖，县政府也因此收获了52箱弹药、40发“八二”迫击炮弹及两千块大洋。国民党《中南日报》、《民国日报》还以头版头条进行了报道。

“马上要实行宪政”

让杨县长更风光的事当是日本宣布无条件投降之后。据当事者回忆，1945年9月15日早晨8点半，在流亡县政府的小广场上，全县各公法团的全体官兵和县中师生员工共五百多人庆贺复员还治。站在前列的学生，除了高擎青天白日满地红的旗帜，还举着几幅布条对联。其中一幅是“五载守故乡，艰苦久尝悬壁胆；四知遵祖训，清廉惯饮在山泉”。

何谓“四知”，另有典故。据《杨氏宗谱》记载，杨华松是史上著名清官杨震的后代。杨震生在东汉，为官办学，得一世清名。据说，有一年他去山东赴任，半路遇到一位前来送“脑白金”的老部下，杨震不想与这位故交交出事故，拒不收礼。对方便说，今夜月黑风高，正是行贿的好天气，我趁着夜色送你点东西没人知道。一来二去，杨震便给那人做了一次流芳千古的思想工作——“岂可暗室亏心，举头三尺有神明，此事天知、地知、你知、我知，何谓无知？”这就是《后汉书》记载的“杨震暮夜却金”的故事，杨震也因此得了个“四知先生”的美誉。

同样备受礼遇的还有杨华松。就在这一天，这位民国版的“四知先生”，由四位健壮的民夫支着轿子，像骄傲的国王一样巡视“恭候杨县长出山还治”的人马，一路上浩浩荡荡，好不威风。待终于到了可以举行盛典的大村庄，那里同样旗帜招展、人山人海，更有“革命尚未成功，同志仍须努力”的对联和“促进地方自治”的标语。在这次团结的、胜利的庆祝大会上，杨县长还发表了重要讲话：

> 从民国二十九年（1940）年主持永修县政已五年零九个月了，我始终一本三民主义宗旨和守土有责的革命军人天职，保住了云山这块抗日根据地，与凶狠残暴的日寇进行过数百次大小血战，共歼灭日寇百余人，生擒日军五人，策动汪伪组织人员弃暗投明者八十多人，消灭死心塌地为虎作伥的汉奸二十余人。这都是中央和委员长领导有方，广大人民群众的支持，全体将士用生命而取得的。现在抗战是胜利了，但建国大业还很艰巨，马上要实行宪政，县是一级地方自治单位，要搞好地方自治，还有很多工作要做，我们要恪守一个主义，一个政府，一个领导的教诲，以抗战的精神和毅力来完成地方自治……

这些文字难免给人一种“剑外忽传收蓟北，初闻涕泪满衣裳”的悲喜滋味，更让人感叹那一时代人们的理想。在我搜集整理民国时期的旧文献时，曾经读到当地人在1943年写的《赣江南北》，作者为沈传蕃。该书由蒋经国题字并作序。当时沈在蒋经国手下一起建设新赣南。作者在书的结尾写到自己的一个梦想：破坏和平，蔑弃人道的法西斯强盗德、意、日拖到1945年秋天完全崩溃，日皇退位，日本实施民主政体，并解除全国武装，而中国也在几个月后开始实施宪政，颁布宪法，实施选举，“劳苦功高的伟大领袖——蒋总裁，当选为第一任大总统”，而作者也回到老家，成为第一任县长，重修县政。

不知作者如何准确预言二战在两年后结束，接下来是下面一段：

> 我那夫人的本领真大，一连生了五男二女，这时都成了人。长子学习海军，做了海军少将；二子学习陆军，做了陆军中将；三子学习空军，做了航空队长；四子学工，做了某

> 大工厂厂长；五子学习政治，就在本乡做个乡长；大女儿学医，在自己家里，办了一个小医院，以利本乡贫苦大众；小女儿学教育，就在乃父所办的学校里执教鞭……我虽年逾古稀，因平日修养有方，体格还很强健，就慨然同着夫人，带着简单的行李，跟长子游遍了南洋，跟次子游遍了全中国，跟三子游遍了欧美。这时我国已经是东亚的一等强国，天下的刀兵，早已化为玉帛，国际设有一强有力的和平机构，政府和人民，得以全力从事于科学之研究，所以出产丰盛，物质文明，旅客是乘飞机往来，交通极便利，天涯若比邻。

可叹历史并没有像沈传蕃梦想的那样走向和平，而是走向了一场新的残酷的内战。

庆祝大会结束后，接下来是夜间千人大游行。人龙所到之处，无不灯火通明，许多人兴奋得一夜未睡，以为一个崭新的时代即将来临。至翌日清晨，游行队伍抵达小堡村附近时，离日军驻地仅几里之遥。而杨县长平生办的最窝囊的一件事，便是从这一天开始的。

谓之“最窝囊”，当然不是说杨县长“马上要实行宪政”、“搞好地方自治”的梦想很快泡汤——这是全中国的大窝囊，小小杨县长如何担得起这个责任。杨县长的“最窝囊”是：当他率众行至修河南岸，准备去接管伪县政府并接受驻当地日军投降时，发现远处前来投降的日军军容整齐、刺刀闪闪。由于害怕日军诈降，为避免不必要的牺牲，这一干人等便在河边一个村庄躲了起来。

很不幸，就在杨县长隔岸“静观其变”的半个月里，汪日政府及日军留下来的绝大部分物资钱财都被其间赶来的国民党第三十集团军105师第436团“劫收”。待杨县长终于壮着胆子被人抬到修河北岸，该团早已满载而归。国军留给杨某人的，只有两匹日本战马、一只狼狗、40条破枪以及保险箱里若干无用的储币。除此之外，还有12位“县伪汉奸”等着他收监看押，其中包括汪伪县长陈允兹。

三重牢

和杨华松一样，县长陈允兹同是本地人氏，其父陈法禄在清末曾经考过拔贡的功名。可怜陈允兹还是个遗腹子，由母亲阮氏抚养成人，并由外祖父资助入学，在九江师范毕业后，先是做了县城小学的教员、校长，后晋升为教育科长、县党部书记。1938～1939年间永修沦陷后，各地搞维持会，再后来在此基础上成立汪伪县政府，陈允兹便做了“刺刀下的县长”。据说，陈当时之所以能当上县长，还因为有汪兆娥牵线搭桥，到南京面见了曾经“引刀成一快，不负少年头”的汪精卫。

汪兆娥并非什么名人。民国时期，永修有两个女人与当时政界风云人物关系不浅。一是吴城章亚若，即蒋经国的地下夫人，在生下蒋孝严、蒋孝慈后离奇死亡；另一位即汪兆娥，她是汪精卫的四姐。早年，汪精卫的父亲汪琡带着一身师爷本领在广东做了番禺县长王彤阁的幕僚，即现在所谓“战略知识分子”。由于共事同心、肝胆相照，两人不久便结成了儿女亲家。汪兆娥奉父命嫁到了本地大埠王村——王彤阁的老家。待王家父子先后过世，汪兆娥孀居寡欢，便就近改嫁了姻亲陈赋园，并育有一子陈世英。辛亥革命后，汪精卫路过九江时还特地绕道乡下探望四姐。三十年代，汪做了行政院院长，陈世英曾经满怀希望到南京求官，只因他既一无所长，又无文凭，所以只被汪安置在铁道部的图书馆里做了普通职员。1938年年底，永修北岸沦陷时陈世英抛下汪兆娥逃到了南岸山区，投靠了于此避难的国民县政府杨华松。两年后，当汪精卫“公开叛变革命”，陈世英当年之离母而逃亦被解释为“大义灭亲”，受到国民政府江西省主席的高调表彰，并且当上了县临时参议会的参议员。

汪日政权建立后，已年届七十的汪兆娥有心前往南京投奔胞弟，谁知刚出本地便遇到了一股游击队。同年3月22日由汪日政权主办的中联通讯社还详细报道了几位日本兵“勇闯匪窟”解救汪兆娥的英雄事迹。被解救后，汪兆娥答记者问，表示自己一切财产都被匪徒抢劫，所幸生还，余下之愿望就是早日赴宁面见亲弟。据说，陈允兹便是借着这次机会去南京拜会了汪精卫。而汪兆娥从此便和汪精卫、陈璧君生活在一起，未再回永修。

历史自然不会记住汪兆娥这样的小人物，她只不过是一个大时代里的小花絮。剩下的故事，我只知道汪伪政权倒台后，汪夫人陈璧君在南京羊皮巷的观音堂藏宝，便是听从了汪兆娥的建议。谁知后面这位这位小脚老太太天天去庙里烧香，被人跟踪，最后被抄了老底。

1941年，国民参政会第二次大会召开时，远在南洋的陈嘉庚拍来“十一字电报提案”——“敌未出国土前言和即汉奸。”和汪精卫一样，由于有过同日本人屈辱合作的经历，陈允兹很快被人戴上了“汉奸县长”的帽子。不过，就事论事，当地人对他的印象竟然好过国统区的杨县长。几年前，当我第一次读到上世纪八十年代一则有关陈允兹的文史资料，始觉此人颇不寻常：

> 今天，陈允兹其人已经作古三十五年了，可是他四十年前行止，在人们的脑海里犹留下了深刻的印象，有些年岁较大的老人偶谈起那段惨痛的往事，无不感叹地说：“陈县长”（老年人还是这样称呼他）是个好人！他在鬼子的屠刀下救了好多老百姓，那时候要是没有他，陷区人民不知要怎样遭殃。（王启坤《汉奸县长陈允兹》，《永修文史资料》）

其后，无论是我陆续搜集到的一些文字资料，还是我回乡偶得的有关他的口述历史，都表明这位“汉奸县长”为当地的确做过不少好事，简要说有以下几方面：

其一，在日人刺刀下救人无数。比如，某天有几个鬼子遭国军便衣袭击，导致大量群众被日本兵抓捕与拷打。陈闻讯后偕同日本联络官，亲赴南昌日军师部交涉，言明本地良民对此袭击并不知情，只是中国军队所为，得到了日军师部谅解。又有一次，一位上街买菜的日本兵遭便衣枪杀，为了报复，恼羞成怒的日军将一街百姓全部拘捕并且钉死门窗，准备烧杀泄愤。紧要关头，陈允兹来到现场与日军头目交涉，表示若不释放群众，宁可不做这个“县长”，日军只好就此让步，改罚这一街人在铁路边跪晒两小时的“日光浴”，一场浩劫由此避免。1944年间，日军苦战湖南，在永修强拉民夫四百余人，交给伪警察局局看管。陈暗令警察局长从后门放跑所有乡亲，待鬼子前来提解，已是人影全无。面对鬼子的责问，陈一问三不知，只当是在“打酱油”。

其二，体恤阴阳界和国统区民众的疾苦。由于日本人控制了生活物资尤其是食盐的供应，这些地方常年少盐吃。为此，陈允兹给这些地方暗中运盐三万斤。平时押盐时，保安团还会配合农民偷走几船盐。若是有贩盐的被日本兵捉到了，陈也会亲自去当保人，将他们保出来。

其三，支持国民政府抗日。为了和国民县政府保持联系，陈允兹在县城南门修河对岸（属阴阳界）设碉堡一座，明为保卫县城，暗为与杨华松部联络方便。鬼子有什么行动及时传递，国统区来人也在此接头。若要进城，碉堡还派人负责护送进城，所以这位伪县长家常有不速之客，只是对鬼子“瞒天过河”。

类似的故事还有很多。也许是坚持做了几年好事，问心无愧，或认为可以将功抵罪，所以在日本人撤退时，陈允兹并没有因为畏惧“汉奸”身份外逃，而是将伪政府改组为“永修县治安委员会”，维持当地治安并协助国民县政府办理接收事项。后惩治汉奸条例颁发，南昌高等法院根据国民党政府惩治汉奸条例“不问职务大小，只问行为若何”的规定，顺应民意，上报最高法院判处陈允兹有期徒刑三年。据说得知陈被收押后，永修十四个乡镇的百姓思念前情，纷纷具状请求政府宽待。

接下来的故事无比凄凉。三年后陈允兹刑满释放，回到县城。以“汉奸”之名服刑自有万般艰苦，不过他的历史问题并没有在国民党的牢里一次坐完。1949年国民党退守台湾，很快陈又面临新政府的追查。为了避难，有天晚上陈允兹带着儿子逃到了修河边距县城只有五里地的一个陈姓村庄，从此一直生活在地下室里，直到1953年9月被公安抓获。

因为同是陈姓的缘故，起初我误以为这个村庄便是陈的老家，在后来的寻访中才知道另有隐情。据该村陈章天老人（生于1928年）说，村子与陈允兹并无关系，而他之所以能够在这里生活几年却不被发现，也是因为“陈县长”为该村及当地做了许多好事，“大家都念他的好”。比如有年冬天，日军因为铁路被炸抓了包括陈村在内的许多村庄的农民，就在大家即将饿毙之际，被陈允兹说情救出。农民纯朴，不识主义，却多知感恩，所以陈一旦落难，自愿鼎力相救。为了帮他藏身，村民们先是搭了一个茅棚，后来又特别为他挖出一个地下室。全村十几户人家，轮流给他送饭。因为担心人多嘴杂，后改为由一户人家包饭。谁知几年后这家的女人不小心跑了口风，终于东窗事发。据陈章天老人说，事发那年夏天，他正在水里打鱼，看到许多拿枪的人来了，便知道陈允兹出了事。当时还抓走了几位村民，一时间搞得人心惶惶。

记得我第一次向村里某位妇女打听陈允兹的事情时，她似乎仍有些警觉，在问明我的来意后，她的第一反应竟是问我是否要为陈允兹“平反”。虽然被称为“汉奸县长”，虽然抗战时期本地的确也出过一些大奸大恶，但不得不说的是，我对陈允兹的遭遇颇为同情。我不能断定陈当年出任伪县长是不是“以身饲虎”，也不知道他是否有其他恶行，但他在日人刺刀之下力求一方乡民的安宁以及“做官如坐牢”却也是真实的。若再加上后来分别坐了国民党与共产党的两次牢，陈允兹的人生便可以概括为“三重牢”。而且很不幸，由于长年生活在潮湿的地下室里，长了疥疮，又受了无穷无尽的惊吓，在被捕三个月后，陈允兹死在了牢里，最后还是陈村的人将他从牢里抬回埋葬。而陈的家人当时都不敢去认尸。

至于县长杨华松后来的命运，我只获得很少的一点信息。一是在1946年10月15日出版的《民报》上查到他因为“贪污渎职，违法舞弊，包庇汉奸”等缘由，经皖赣监察使署派员查实被弹劾，但不知道这里的“包庇汉奸”是否与陈允兹有关。二是五十年代初杨曾一度外逃出省，但仍免不了被“跨省追捕”的命运，在押回县城后被镇反枪决。据老人们说，杨华松的后辈现在生活在兰州，前些年曾经远道而来祭祖，却不曾找到父辈的墓地。

山峙水流

以上是我能尽力打捞到的抗战时期有关本乡本土的一点人和事，这两位县长的故事在当地早已经湮没无闻，官修的县志里也不曾有他们的任何记载。回想他们当年的努力与遭际，在我梳理这些历史细节的过程中，也难免会心生感慨。

一是对国难与社会自救的理解，也就是我常说的“国破山河在”的意义。

1938年，江西省政府主席熊式辉与蒋公子经国在小堡村二十公里远处办了江西地方政治讲习院，并出版《地方政治》周刊。在创刊号上，我读到一则《打破心理上的错觉》的短评，并深以为然：

> 一般“局外人”易犯的毛病，就是：以为平津失了，华北整个完了；广州失了，整个广东就完了；南昌失了，整个江西就完了。好像某一个省城丢了，在他心理上的某省整个地图，似乎都起了一层暗云；某省区几点几线被敌人侵占了，便会交织成全省沦陷的悲哀；某地被炸了，就认为全部毁灭，靡有孑遗：于是乎恐慌，于是乎悲观，于是乎苟安偷活……殊不知，某一省城丢了，某省仍在我全部控制中，而且处处可作省城。某地被炸，若干房舍居民安然无恙，商店旅栈照常营业，街上行人仍是往往来来；即使炸的最惨，损失最重，第二天的太阳仍然是从东方出来，仍是月啼花落，山峙水流。

虽然当时国家破碎，同样害怕被日军“跨省追捕”的国民政府也从南京流亡到了西部，但是山河还在。而这山河，断不只是自然意义上的，更是社会意义上的。日军当年之所以未能灭亡中国，正是拜“社会山河”之所赐。而本地乡亲之抗日，无论是守在山里的国民党游击队，还是留在河边日伪政权里的陈允兹，我在他们身上看到的不是乱世中的权力与主义，而是乱世中的社会与人心向背，乱世中的山河。

笔者深知，在一个可以让秦桧下跪千年的社会，一个至今仍“汉奸”帽子满天飞的国家，很少有人（甚至包括我自己）愿意相信汪精卫“公开叛变革命”是“我不入地狱，谁入地狱”的“以身饲虎”，重新评价他同样意味着某种深不可测的风险。然而，以我对历史、社会与人性的有限理解，我依旧认为，当年的“和平建国”虽然输在气节上，虽然也难免有忍辱含垢、唾面自干的利益交换，但从陈允兹县长在本地的作为看，这种屈辱与委曲求全似乎也在日军与中国百姓之间形成了一个缓冲地带，对于保卫沦陷区灾民的生命财产多少起了些作用。毕竟，多数民众从逃难路上陆续回到了原来的田地，在刺刀边上活了下来，是谓国虽破而社会未亡。只要社会继续存在，就有可能让一个被颠覆或被侵占的国家起死回生。正是在此意义上，直到今天，我一直认为任何政府（无论外来的还是内生的）“颠覆社会”之害，远甚于“颠覆国家（政权）”。

在整理两位县长的资料时，我脑海里总是浮现出一种意象。面对牵着狼狗，扛着枪炮的日本人，杨华松守山如山，寸土必争，与日军正面冲突，其意义在于守土；陈允兹守河若水，在“体制内”周旋，其意义亦在于护民。简单说，汪日政权里虽然不乏十恶不赦的坏人，但也未尝没有良心犹存、徐图自救的“卧底”。不幸的是，他们无一不是这个时代洪流里的可怜虫，一旦上了贼船，便被认为没有了一个好人。

二是对历史的理解。2010年夏天，我在自己居住的小区里遇到一位白发苍苍的老人。我们素昧平生，他原是武汉大学的教授，虽已年近九十，精力却很好。那天，我们坐在阳光底下聊了很长时间。当他了解到我对今日中国的一些观点，也难免感慨我这代人在言论方面有些勇气——“敢讲真话”。然后，老人开始自责一辈子过得战战兢兢，无所成就。我于是对他说：“您能在二十世纪活过来，已经是莫大成就。”老人默然片刻，然后朝我点了点头。

遥想故乡当年的乱世，十几万国军都守不住修河，一夜沦陷，个体生命更是轻如蝼蚁。如此离乱的家国，能活下来何尝不是奇迹？苟全性命者，能在这样的乱世，或为守土，或为保民，或只是想活下去，同时不忘尽自己一点卑微的本分，即使不能收获历史的温情与敬意，但也不必被全盘否定。

作为“汉奸”与“反革命”，两位县长在正统的革命叙事中皆非善类。然而，当你了解了上面这些已经鲜为人知的细节，你又不得不承认，在那个动荡而混乱的世纪里，这些在当时或后来被当作“人民公敌”收监或者处死的人，他们也曾过着有血有肉的生活，有着与你我相似的乡土情谊，恐惧、善良与欢喜，有着忍辱含垢、为民请命的过往，有着令人悲伤又复同情的命运。他们“站错了队”，但他们的人生都远没有被贴上的一个个“汉奸”、“反革命”标签那么简单。在此，我无意为任何人的罪错辩护，但我敢肯定，如果不能走进平常人的命运，你就不可能真正了解一个民族的屈辱与抗争，了解历史事件背后的逻辑，了解一个国家的现在与未来。

6.地方如何记忆？

从历史到现实，无论从哪个角度上说，这都是一片苦难深重的土地。中国历史上从来不缺纵火者与嗜杀者，日军侵华对中华文明的毁坏，远超过中国历史上的任何一场战争。它不只是二十世纪中国的劫难，更是整个东方文明的劫难。它不仅毁坏了中国千百年来的文明累积，干扰了现代化进程，更在某种程度上毁坏了中国人的心灵，使这个原本与世无争的民族，不得不长期生活在一种历史的仇恨与羞耻之中。为了宣泄仇恨、淡化羞耻，于是有了无以数计的“抗日喜剧”。

常常听人说，中国人是“以历史为宗教”。话虽如此，古往今来中国人却从来没有认真地检讨过自己的历史，更少有具体入微的个体记忆与地方记忆。而在我看来，只有个体记忆优先于集体记忆，地方记忆优先于国家记忆，才有可能形成一个值得信赖的集体记忆与国家记忆，而这也正是乡土记忆的价值所在。

说到日军侵华，此地自有无尽磨难。在有关访谈中，一位老人这样回忆发生在当地的一起轮奸案：

> 陈家桥的陈文德从东岸村那里讨（娶）老婆结婚时，轿子抬到了狗子岭，日本佬把抬轿子的人叫到一边，把新娘从

轿子里捉出来强奸，过了12个（被12人轮奸）。强奸后都爬不起来。日本佬走后，那个女的叫轿夫："老表，你来哟，我没死，你抬我去哟。"轿夫过来就朝那个女的肚子上踩一脚，一踩精液就流了出来，人就没死，救到了。（王文明口述，生于1927年）

口述史里的新郎、新娘以及亲人也许并不知道卢沟桥是什么，但是从那一刻开始，他们知道什么是鬼子进村，无恶不作。

我还曾经听老人们说过周围的几个村庄发生过大屠杀，有的村庄都杀绝了。或者某个山坳里有万人坑。对于发生在当地的大屠杀，有较多记载的是布水寺大屠杀。1939年元旦，几个日本兵因为在经永修前往德安的途中遭到了中国军队的伏击。为了报复，日军在永修梅棠山上的布水寺大开杀戒，一次屠杀了400多位躲在那里的难民。

时光堆积，历史一代一代地被遗忘与淹没，包括上文提到的蒋介石调集十几万军队参与的"修河保卫战"，如果不是我走入田间寻访一些老人，搜集一些平常难得一见的文本，对于这些本土记忆我将一无所知。我行遍天涯，满脑子装的都是这个世界的大事件，直到过了而立之年才有心了解一点点家乡的历史，我为此羞愧难当。

有此遗憾，其过错并非全然在我。从少年开始，且不说我们在课本中所接触到的抗日史，"一寸河山一寸血"早已经被简化为一部政治正确的革命史；就应试教育本身而言，也并不鼓励学校开展本乡本土的历史教育。更别说，在这样一个健忘的国家，一些原本广为人知的事件，因为很少有人继续关注和讨论，隔不了几年就仿佛什么也没有发生了。

从2008年的夏天开始，为了梳理过去几十年乃至百年来本乡本土的记忆，我不断返乡，从田间的口述历史到档案馆的材料，从九江、南昌的旧书摊到网上的二手书店，我尽可能多地了解当地的历史，打捞沉沦的记忆。顺藤摸瓜，了解得越多，需要记录的东西也就越多。我相信最真实最值得信赖的历史，不是在政治广场上的振臂一呼，不是某个主义的从此流行，不是一场血腥战争的名字，而是无数具体的小人物的具体命运。

说到布水寺大屠杀，我有意关注这座寺庙的现状。虽然它已经劫后重建，但是有关当年大屠杀历史的记忆，在这里几乎无人着墨。你也许会说，他们记住了“南京大屠杀”。但这并不能掩饰中国人对历史的淡漠。生活在乡村，你需要了解城市的命运，但你更应该知道本乡本土的历史。而这种对历史的淡漠，包括对近在眼前的1949年以来的历史的态度，时常让我想起我在欧洲的一点见闻与心得：一是我走访法国的一些村庄时，发现村子里多半会有一个纪念碑，为了纪念当地在一战或二战时期死难的“孩子”。二是在诺曼底有个叫奥拉都尔的小村，那里同样承载了法国二战史上最为惨烈的记忆。1944年6月10日，纳粹党卫军用机枪和手榴弹集体屠杀了奥拉都尔600多位村民。战后法国政府保持该村原貌，没有进行修复重建，只在村口立了一块牌子，上面写着：“记住”。三是科隆有位叫Gunter Demnig的艺术家，设计了一种绊脚石，安放在德国的几百个城市，它们由黄铜铸成，每块上面都刻了一个犹太受难者的名字和他的生卒年月。2008年有一部叫《绊脚石》（*Stolperstein*）的德国纪录片谈的便是这件事。两年后，德国人把若干块“绊脚石”带到上海世博会，也让中国人看到了另外一个世界以及他们对历史的态度。

与此相反，最不乐见的一种历史书写是，在一个地方，没有乡土历史，只有国家历史；没有邻人的历史，只有人民的历史；没有对历史的省思，而只记住一堆目光远大的仇恨。

我至今未忘小时候在《可爱的永修》上读到有关当地历史人物时的喜悦，时间那么远，地理又那么近。回望几十年来中国的教育，为什么不能为当地学生提供一些原生态的史料，让他们就近了解一个村庄，一个小镇，一条河流，一座城市？为什么饱经沧桑的老人不把他们所见证的时代与人生经历写下来留给子孙？几年间，在我不断梳理这些乡村记忆的时候，我的内心总是充斥着这些声音：没有地方的历史，何来国家的历史？没有个体的记忆，何来共同的记忆？没有具体的人的命运，何来民族的命运？

谁人故乡不沦陷？（5页）

“停止抗战”（213页）

“如果县政府的房子比学校好，县长就地正法！”（149页）

你筢草，我装筐，还与去年是一样。乱草装一篮，不够一天燃。可惜多少好煤矿！不见有人去开采。（绘图：赵望云　配诗：冯玉祥。下同）

身上寒，肚内饥，天尚未明去种地。压垄石，播种机，父在前拉子后推。一面拉一面摇，还怕种子撒多了。种子已入地，不知几时又被外人占了去。

不是水灾便旱灾，到处都是贪污官；土匪强盗遍地行，农村哪得不破产。城里空空少人迹，比较农村人还稀。

三十年代乡村（147页）

革命宣传画（312页）

保护土地

上图：农村标语，摄于安徽绩溪

下图：《时代周报》相关采访配图（481页，钱津宁绘）

乡村广告（386页）

荒弃的粮站（282页）

古宅（477页、200页）
上图：童年记忆中的天井。
下图：被树木占领的古宅。

礼拜日（433页）

接宗谱（407页）

选举现场（351页）

机器（88页）

样板村（477页）
上图：小岗村路边饭馆招牌及标语颇具特色。
下图：一位老妇走过南街村的东方红广场。

上庄访胡适（477页）
上图：胡适故居附近路牌。
中图：上庄小巷。
下图：作者与胡适侄孙胡育凯先生在胡适故居前。

有故乡者有恒心

第四章　隐忍、混乱与抵抗

民，善之则畜也，不善则雠也。

——《逸周书》

只有在黑人有投票权时，

奴隶制才会被禁止。

——道格拉斯《对美国反对奴隶制协会的演说》

1．城乡不平等的起源

> 穿的粗布衣，吃的家常饭。腰里掖着旱烟袋儿，头戴草帽圈。手拿农作具，日在田野间。受些劳苦风寒，功德高大如天。农事完毕，积极纳粮捐。将粮儿交纳完，自在且得安然。士工商农轻视咱，轻视咱，没有农夫谁能活天地间？

晏阳初的这首《农夫歌》曾经广为流传。而我真正以农村人的身份走入社会，还得从我第一次卖粮开始。

第一口啤酒

十多年前，法国作家菲利普·德莱姆写过一本名为《第一口啤酒》的散文小集子。该书由34篇小文章辑录而成，写得细致入微，都是生活中的小事情，如喝第一口啤酒、在海滩上阅读、早餐时读报、在影院里看电影，等等。我印象最深的是帮人剥豌豆时的情景："大拇指在豆荚的裂口处一压，豆荚就顺从地、情愿地张开了。"如此平淡的细节，相信会给那些尤其是曾经在乡村生活过的人们带来某种温馨的记忆。

德莱姆在该书的中文版序言中不无感慨地说，在法国和在世界各地一样，"人们忍受着没有时间的痛苦"。想来也是悲哀，现代人虽然早已经衣食无忧，却像是被“成功学”诅咒，绝大多数人都在为并不存在的事业终日劳碌，荒废自己宝贵的人生光阴。

好了，在您认定我走进写书评这个行当之前，我还是趁早回到生活与回忆中来，讲述我生活中的“第一口啤酒”。大概是1984年秋天的一个清晨，也就是在我刚上初中的时候，不知出于什么原因，父亲让我跟随村里的几个大人一起到最近的一家粮站去卖两麻袋谷子。一行人随车到了粮站，然而好说歹说粮站的大人就是不收本村的大人运来的谷子。万般无奈，大家只好继续租着车赶到十几里外镇上另一家粮站。记得当日酷暑难熬，直到下午两三点这些粮食也没有卖出，而我早已又饥又渴，于是就在粮站附近的小卖部里买了平生第一瓶啤酒。我一饮而尽，然后就躺在树底下的石条凳上睡着了。

老实说，我一点也没有品味到德莱姆写在《第一口啤酒》里的美妙，更未见那“近似于蜂蜜与冰冷阳光的颜色”。虽说饥不择食、渴不择饮，但我还是觉得啤酒非常难喝，像想象中的猪潲水的味道。这个印象，直到上大学后，啤酒喝得多了，才稍稍有所改观。再后来，我对啤酒有了美好记忆，也只是在电影《肖申克的救赎》里的监狱屋顶上，而不是在我的生活里。

“少一味粮食”

不要误以为当天我只是平平整整地躺在石条凳上。如果您有点历史感，也许还会发现这疲惫不堪的乡村少年更是躺在一场见证农民命运的时代波折之中。正是从那年夏天开始，刚刚尝到一点单干甜头的农民首次遭遇“卖粮难”。世事白云苍狗，沉浮难料，而就在此前没几年光景，各生产队的大小干部们还在像“鬼子进村”一般在农民家里翻箱倒柜，查他们是否私藏粮食，是否“粮心”大大的坏了。如您所知，五十年代末到六十年代初，尽管在农村出现了大批农民饿死的情况，农民仍旧被逼着交“爱国粮”。此前搞劳动竞赛，更是鼓励农民早送“爱国粮”，而且“早送早光荣！”似乎一群人饿死在农村是自生自灭，只有饿死在城里才可能是政治事件，是人道主义悲剧。

据凌志军在《1978，历史不再徘徊》一书中记载，在当时医生如果诊断出大批人生病死亡的原因是饥饿，便有可能会挨整。在一个叫“武店”的公社，医生王善身在被问到为什么浮肿病治不好，少了什么药时，说了一句“少一味粮食”，结果官员当场将王逮捕，以攻击人民公社之罪交由群众大会批判。类似的故事、相同的逻辑在当时并不少见。

韩国电影《北逃》里有句经典台词：“难道填饱肚子比祖国更重要吗？”可怜当年的中国农民，和所有生活在封闭年代的人们一样实际上“无北可逃”，更可怜有无数人因为种种原因活生生饿死在粮库边上。

此后之所以出现“卖粮难”，首先归因于生产力的大解放。1980年前后几年间，各地农村陆续破除人民公社体制，开始推行家庭联产承包责任制，解放农村生产力，调动了农民积极性，他们一个个劳累如常却已意气风发。这一切的确有点像歌里唱的那样，“我们的家乡，在希望的田野上”，“生活在人们的劳动中变样”。

当粮食产量迅速增加，冲击原有的收购体系，使其不堪承受，“卖粮难”也就不期而至了。而且，与卖粮难几乎同时出现的还有“打白条”。农民虽然“多收三五斗”，但是增产不增收，好不容易卖掉了粮食还拿不到现钱。

经年累月的卖粮难在一定程度上促成了农产品流通体制的改革，然而，随着改革的深入，“城里感冒，农村吃药”的现象却有增无减。从上世纪九十年代开始，农民的收入增长缓慢，负担却与时俱进、与日俱增。谈到农民负担，许多人首先想到的莫过于“乱收费、乱摊派、乱罚款”。事实上，以农民一年的收入计算，即使不被“三乱”，他们的生活水平并不能提高多少。这也是为什么现如今虽然取消了农业税，但许多农民依旧贫困之原因。

2009年夏天我回到县里，一位乡党委书记对我大发感慨：虽然现在取消了农业税，但是农民的日子并未因此好过；你只要一想到工农业产品交换时有着这个大“剪刀差”，就知道最重要的事情还没有做。他直言不讳：“要说取消点农业税，农民的生活水平就有所改善，说难听点那纯粹是忽悠。”

如今乡下，偶尔你也会看到有些人家也用起了空调、彩电和冰箱，中国乡村在物质上获得进步是显而易见的。然而需要说明的是，这些电器通常都是家庭成员外出打工所得，而不是来自非国民待遇“在野派”的居家劳动。更何况，就目前的农业生产本身而言，种地赔本的事情并未完全消失。近年来的乡村变化真应了那句话：农产品价格比眉毛长得还慢，而农资价格长得比胡子还快。最让农民心理不平衡的还有，国际农产品价格上涨更是大胡子的速度。也正是这个原因，早已意兴阑珊的农民只把农村当作安顿生活的后方而非谋生之地。无论是自己种地还是将田租给别人种，通常也只是收点口粮。在此情形下，农村土地大量抛荒，自然在所难免。

至于当年我曾经见证过的几家权倾田野的粮站，如今早已经荒弃凋敝，蒿草满街，不但不见满头大汗前来送粮的农民，甚至连从前颐指气使打白条的“白军”也都已经逃之夭夭。灶台还在，铁锅无存，屋舍的内墙也已经爬满了爬山虎。随着中国粮食流通体制多年来的改革，购销市场化的推行，民营的粮食购销企业和个人在基层得到迅速发展。尽管农产品低价依旧雷打不动，但只要市场放开了，各路提着麻袋和秤杆走村串户的贩子也会有竞争意识，农民因此可以做到表面上的“养尊处优”，只等他们上门收购。过去那种在粮站苦等几天卖不掉粮食的情况已不复存在。

一个悄然的变化是，炎热的夏天，原先是终于失去耐心的农民与粮站里的“白军”大打出手，而现在这种打斗则主要发生在抢生意的贩子之间。我在前文提到的当年那位扒光“特务家属”的衣服，推着她满地打滚的书记，离任后也做起了贩子。有一年，他在附近某个乡里收购花生，被当地一伙花生贩子打了个半死。由于身体本来有病，没过多久，这位曾经威风八面的书记不到六十就死了。

奔跑的马车

我的南开学生来自不同阶层，他们当中有的人在寒暑假回家或者找工作时坐飞机，有的则连学费都交不起。一位来自农村且有些才气的学生不无感慨地对我说，“今日中国，半边是滚烫的热钱，半边是凄凉的生计”。年轻的学生并非看不懂中国，他们知道财富的倾斜与种种不公正在分裂着这个国家。而这种贫富分化是我在九十年代初刚上大学时还不能完全体会的。尽管那时候我曾经体会到什么是贫穷。

谈到中国农民对国家所做的贡献与牺牲，早在2004年年底陆学艺先生便在一个高规格座谈会上列举数据如下：

首先，工农业产品剪刀差还很大，农民每年向国家贡献1000多亿元；其次，国家通过农村税收和支农支出收付相抵，农村每年贡献也是 1000多亿元；再次，近20年内通过征地总共从农民手中拿走2万亿元以上，平均每年又是1000亿元；此外还有农民工的巨大贡献。据专家计算，每个农民工每年创造价值2.5万元的财富，而所得约为8000元，每个农民工每年的贡献为1.7万元，2002年9460万农民工，合计贡献16082亿元。

通过上述几项城乡不平等的制度安排，中国农民每年向城市做了大约两万亿元的贡献。与此相关的另一组数据是各国政府对农业的扶持态度。世界上绝大多数国家都会加大投入，补贴农业生产。然而，在过去相当长的时期内，中国农民不但得不到补贴，而且还要不断为工业化、现代化、城市化输血。即使是在近些年，伴随着中国经济有了较好的发展，政府对农民的补贴依旧捉襟见肘。2005年世界经济合作组织的一份报告显示：中国政府补贴给本国农民的钱只占本国农业总产值的6%，而欧盟诸国平均是34%，美国是20%，日本是58%，韩国是64%。

2003年，我在法国一期杂志上看到有关中国腾飞的专题报道，封面用的是电影《卧虎藏龙》里的章子怡，但见这位东方姑娘一袭轻衣，足踏火箭——中国何等速度！然而事实上，谁都知道此时的中国更是一个“悖论王国”：口号与行为、主义与顺口溜、东部与西部、豪奢与赤贫、白领与黑领、城市里的新留学运动与农村的失学大军，农民进城与贪官外逃，生活于底层的人更自嘲是“赚买白菜的钱，操卖白粉的心”……

中国城乡之间的巨大差距有目共睹，在此不妨简要罗列。

收入差距方面。在上世纪八十年代中期，中国城市居民与农民的收入差别达1.8倍，到2004年，城乡收入差别扩大到3.2倍，而到了2007年，虽然几年间国家加大了对农业的投入，但是这个差距继续扩大到3.33倍。而且，这是一个以户籍人口为标准进行统计的数据，如果以职业人口为标准进行农业、非农业人口收入的数据统计，差距势必更大。要想了解中国城乡差距的真实状况，就应该把2亿多农民工的非农收入计入城市居民收入而不应该计入农村居民收入。事实上，早在2002年，国家统计局有官员坦承，若将城市居民的一些隐性福利、优惠折算成收入，中国城乡居民收入差距可能达到6：1。

医疗方面。2003年SARS引起了国家与社会对公共卫生体制的反思。在2005年1月召开的全国卫生工作会议上，官方就“看病难、看病贵”总结的五大病因，其中第二条便是医疗资源分配不均衡，80%在城市，20%在农村。农民对80年代以前的农村合作医疗有一些怀旧之情，也在情理之中。在农村推行家庭承包责任制以后，农民不由自主地将原本由国家与社会担负的责任都归到了自己名下。到1986年，农村合作医疗的覆盖面由七十年代的90%下降到了4.8%。无奈之下，农民只好“小病拖，大病扛，重病等着见阎王”。

社会保障方面。先不妨回到历史，为什么腐朽的资本主义没有像列宁等革命者预言的一样走向死亡，没有发生饿死数千万人的“自然灾害”？如果需要找原因，至少有一个原因，即资本主义建立起了自己的最低社会保障制度。1998年诺贝尔经济学奖得主、印度经济学家阿马蒂亚·森在《贫困与饥荒》中认为，当饥饿现象发生时，社会保障系统尤为重要。世界上富裕的发达国家之所以不存在饥荒，并不是因为就平均水平来说那里的人是富有的，而在于这个国家的社会保障系统提供了保证最低限度的交换权利。

而在这里，绝大多数农民没有养老保险，没有医疗保险，没有劳动保护，没有工伤事故保险。终身为农，没有童工一说，也没有退休一说。

教育方面。农家子弟没有平等的受教育权，恐怕是最不需要什么论述的。中国的二元分治，同样表现在二元教育制度上。城市中小学教育基本是国家投资，而农村中小学教育基本是以摊派的方式由农民自己投资。所谓义务教育，异化为农村孩子有义务去上学，农村家长有义务交学费，与国家无关。更不公平的是，农家子弟受教育条件本来就是最差，而高考的分数线却要比一些大城市的孩子高出许多才有希望考上大学或者考上好一点的大学。

张英洪先生在《农民权利论》一书中谈到长期以来中国的教育深陷在三个恶性循环之中。第一个恶性循环是臣民教育，第二个恶性循环是应试教育，第三个恶性循环是收费教育。对于农民而言，教育产业化更是在收费教育之后的雪上加霜。作为一个外国留学生，我在巴黎大学读书的学费一年只有230欧元，而同时期中国普通大学的收费已经5000元左右。如果按所占人均年收入比例来计算（法国人均年收入为25200欧元，月工资为2100欧元，中国农民人均年收入为5500元，月均收入合458元），法国为0.9%，而中国则是91%！

经济权利方面。有必要对上文提到的“剪刀差”做进一步说明。所谓“剪刀差”，指的是在工农业产品交换时，工业品价格高于价值，农产品价格低于价值所出现的差额，因用图表表示呈剪刀张开形态而得名。它表明工农业产品价值的不等价交换。如果价格背离价值的差额越来越大，叫扩大剪刀差；反之，叫缩小剪刀差。尽管农民不知道这个概念，却有着受害无穷的体会。每当我回到乡下，最经常听到他们说的一句话就是："谷价没涨几块，肥料价却翻了一倍。"毋庸讳言，从表面上看，这种"剪刀差"体制只是照搬苏联模式建设社会主义，其实质上是从农民身上抽血，以给养市民与城市化、工业化建设。

就业方面。在《失衡的中国——农村城市化的过去、现在和未来》一书中，作者将中华人民共和国的劳动部、厅、局等机构称为"城市的机构"，是"十分之二公民的机构，从来而且似乎永远如此"。长期以来，政府只负责市民的就业与培训，政府在统计失业率时，也只统计城镇居民的失业率，仿佛那些农民根本就不存在。

谈到城乡不平等，卢跃刚先生曾经打过一个生动的比喻：一驾向前奔跑的马车，上面本来坐着两个人，一个是城里人，一个是乡下人，他们同是马车的主人。后来，车跑不动了。老实巴交的乡下人就下去推车。马车又开始向前跑。可是城里人只顾自己风光，忘了把乡下人拉上车。车越跑越快，筋疲力尽的乡下人被远远抛在后头。乡下人努力地追上去，可他发现，车上已经没有了他的座位。城里人永远驾车在前面跑，乡下人永远在屁股后追，久而久之，便形成了一种规矩：乡下人想搭车，要看城里人脸色。乡下人这才大梦初醒：自己成了苦力，成了一个只会"种庄稼的怪物"，马车已经不属于他了。

故事并没有因此结束。事实上，从上世纪九十年代后期开始，越来越多的城里人同样发现，马车也已不再属于他们。看各地政府的豪楼美宅名车，你就知道"天下为公"在有些人那里已经异化为"天下为公务员"。

从身份到契约

写下《城乡不平等的起源》这一题目，也不是因为有着卢梭那样的雄心壮志。不过，卢梭在探寻人类不平等起源时所表达的部分观点我还是赞同的。比如，这前不着村后不着店的文明使人类堕落，远离了本性；而人类又不可能回到古时的平等，徒然心向往之。又比如，卢梭认为任何人都不具有统治自己同类的自然权利，合法权利的基础是人民自愿订立契约。在此基础上，人们虽然失去了“自然平等”，却获得了社会契约的平等。

社会契约的伟大意义，十九世纪英国法律史家梅因在《古代法》中有很好的概括：“所有进步社会的运动，到此处为止，是一个‘从身份到契约’的运动。”至于如何保持这种契约之伟大，使之不沦落为一种表面上的契约、实质上的强买强卖或打白条，不使平等的公民权利沦落为一种具有歧视性的拉丁权利，关键就在于如何扶正契约精神并订立契约了。

前文说到“打白条”。打白条有两种，一种是经济生活中的打白条，两方做生意，本该“一手交钱，一手交货”的。然而，交钱的一方因为某种优势或便利，拒绝立即交钱，这种拖泥带水把原本可以当天完成的交易以债务的方式延时，让生意只做到了一半。另一种是政治生活中的打白条，有号召力的个人、政党或政府允诺民众将来会得到某种好处，却又以某些原因加以限制，如现在条件还不成熟，导致这个承诺始终不能兑现或无限期暂缓。

具体到政治白条也有很多种。有的是一种谋略，这种允诺就像曹操当年为了让士兵赶路便想出个“望梅止渴”的办法，以抵抗困乏，鼓舞人心。有的则纯粹是为了赖账与拖延，当生意已经做成，打下白条者尽享“欠债的是爷爷，讨债的是孙子”的好处，做一天和尚撞一天钟，得过且过，种种借口都像是缓兵之计。有的或者直接将墨迹未干的白条撕毁，使所有政治债务一笔勾销，窃国大盗袁世凯当年称帝，便是一例。虽说袁世凯登基之时年号为“洪宪”，但这和宪政也没有多大关系。更何况，有宪法并不等于有宪政。倘使宪法上的权利不能兑现，那么这宪法就成了天底下最大的政治白条。

拉丁权利

世间风物异彩纷呈，世人旨趣各不相同。比如，许多人知道郭德纲，却未必知道唐德刚；知道拉丁舞，却未必知道拉丁权利。为了更好地了解中国农村与城市之间的不平等，在接下来的这一节我有必要简单说说什么是拉丁权利了。

什么是拉丁权利？一切还得从古罗马说起。古罗马开疆拓土之时，对一些古老的拉丁城市采取了一种分而治之的政策，以瓦解与罗马对立的拉丁同盟。与此同时，在允许这些城市保留自治与先前的统治形式以外，由罗马单方面为其订立条约，给予这类城市的男性公民一种新的权利——“没有参政权的罗马公民身份”，这就是所谓“拉丁权利”。这些获得部分罗马公民权的拉丁男性公民，可以受罗马法的保护，但是作为“半罗马人”而没有选举权与参政权。

“拉丁权利”成了二等公民的代名词。而这种拉丁权利在不同时期不同的地方亦有不同表现。比如清王朝当年对汉人做官便作了许多限制，汉人虽然在法律上受清王朝的保护，实际上在政治权利方面仍只是“半清朝人”。具体到新时代的中国农民，他们在名义上是共和国公民，但是种种非国民待遇，也使他们成为“半共和国人”。

否则，你就很难理解为什么几十年间农民会被圈定在农村不能进城，为什么会有农村户口与城市户口的天壤之别。即使近些年来城门大开，还有令人称奇的暂住证。这个证件像战时通行证一样似乎在暗示这个国家的城市进入了某种紧急状态，而这种紧急状态实际上是对农民进城权利的紧急剥夺。严格地说，我在这里将中国农民所享有的非国民待遇比作拉丁权利，对古时候的拉丁城市亦有失公允，因为至少它们享有自治权。而农民的自治权，很多时候只能缩减为负起“自己治病的权利”，而非“自我治理的权利”。

不设防的乡村

二战时期，罗马、巴黎曾经是“不设防的城市”。之所以不设防，任由德军长驱直入，是因为害怕德军毁灭其古老的文明。有一部电影，虽然叫“罗马，不设防的城市”（*Rome Open City*），写的却是当地人的反抗。然而在中国，乡村虽然给人一种封闭的面貌，与“open city”完全相反，然而，其不设防却是千真万确的。

一次座谈会上，笑蜀先生提到这样一个观点：中国农村现在是最无力抵抗的时候。闻者无不默然。从整体上说，相较于战乱时期今日乡村无疑有大进步。然而在“皇权不下县”的旧时代，地方读书人与宗族领袖或多或少还是起到支撑乡村、抵抗种种外来入侵的作用；而现在，这些力量近乎土崩瓦解。至于组织，工人有工会，妇女有妇联，青年有共青团，私营企业主也有自己的协会——虽然有些组织名不副实，比如我在报社工作时，印象中工会只负责每月发五斤鸡蛋，仿佛时刻在暗示我要是想谈什么其他劳工权利就只能“玩蛋去”。但不管怎么说，虽然没有权利工会，这福利工会好歹也是个“涉利组织”。然而农民连这样一个发鸡蛋的组织都没有。所有福利，只能从自家老母鸡的屁股上掏。

农民所受到的种种不公平待遇，世人早已了然于胸。由于身份原因，农民在城里就业困难重重。通常，除非通过高考或参军提干等几种有限的方式变更其身份，农民子弟只能继续当农民——直到社会开放了，农民才有机会升级为农民工。

退休本是一项劳动者的权利，与休息权有同等性质。然而根据《宪法》第44条相关规定，这一权利也只限于企事业单位职工和国家工作人员，农民不能“养政府防老”，而只能养儿防老。当养儿防老也靠不住，就难免会出现付达信这样的农村老人，不惜在北京站广场持刀抢劫，以故意“抢劫入狱”的极端方式解决自己“两年没吃过肉”的生活困难与养老问题。北京亦有青年农民，为能享受监狱里的公费医疗，不惜以身试法。类似“自由换面包”的辛酸故事，不禁让人想起欧·亨利的《警察与赞美诗》。

如上所述，衡量拉丁权利与普通公民权利的区别，关键就在于选举权与参政权。在推翻帝制以前，中国农民被排斥在国家政治生活之外，只能是做臣民、顺民，其结果是经年累月的矛盾引发社会大动荡，直至改朝换代。这便有了黄炎培所说的“周期率”怪圈。新中国成立后，农民在政治上获得了一定程度上的解放，名义上他们与工人阶级一起结成政治上的联盟，共同执掌人民民主的国家政权。然而，事实上难得进城参政的农民所拥有的权利更像是一种辅助性权利。几十年前，历史虽然创造了农民陈永贵进城当上副总理的奇迹，但这并不意味着农民的政治地位有了根本改变。

为什么农民的权利得不到保障？为什么农民进城做官后制定的政策仍在向城里人倾斜？除了农民没有自己的维权组织外，全国人大代表选举城乡不同比例的现象也一直为人诟病。如1953年的《选举法》对农村与城市每一代表所代表的人口数作了不同规定，即自治州、县为4∶1；省、自治区为5∶1；全国为8∶1。这个比例一直延续到1995年，新《选举法》才统一把各级人民代表选举中的农村与城市每一代表所代表的人数改为4∶1。在直辖市、市、市辖区，规定农村每一位代表所代表的人口数，应多于市区每一代表所代表的人口数。从历届全国人大的构成来看，第一届有农民代表63人，占5.14%；第二届67人，占5.46%；第三届209人，占6.87%；第四届662人，占22.9%；第五届720人，占20.59%；第六届348人，占11.7%； 第七届与工人代表合占23%；第八届280人，占9.4%；第九届240人，占8%……由此可见， 在历届全国人大代表名额中，农民所占的份额与其有80%多数人口的事实极不相称。有人计算，即使按农村与城市的每一代表所代表的人口数为8∶1的理论模型设计，假设农村人口占80%，城市人口占20%，则农村选出的代表也应占到33.3%，实际情况显然与此不符。而这一切，直到2010年3月修改选举法，城乡“同票同权”才得以确立。

2008年几亿农民工中终于出现了3位人大代表，媒体竞相追捧，更给人一种石破天惊的感觉。如有评论指出，各版本《选举法》之所以如此规定，主要是为了在国家政治架构中突出“工人阶级”的领导地位，而工人阶级当然是生活在城市的。无论借口如何，大家心知肚明的是，这样的规定既不合乎公民一律平等的宪法原则，也不合乎公民选举权平等的政治原则。

除此之外，更关键的是现有农民代表如何履职。2009年两会期间，已年届八旬的农民人大代表申纪兰在接受媒体采访时的一番表白同样意味深长。从1954年第一次骑毛驴到长治市，再辗转到北京参加全国人代会，这位全国人大代表先后跟毛泽东握过手，跟周总理吃过饭，被江泽民称为“凤毛麟角”，她也是中国唯一从第一届连任到第十一届的全国人大代表。她说55年来“我当代表就是要听党的话，我从来没有投过反对票”。这句“政治正确”的话也许反映了申纪兰老人的真情实感，然而“55年从来没有投过反对票”在这个时代已经略显突兀。以下是2009年两会期间《南方都市报》刊出的一段专访：

记者：那一年见到主席了吧？

申纪兰：我们都想着见毛主席，有的人说，见了毛主席，死了也不后悔了。开完会，主席接见我们，我们跟他照了相，握了手。我们都感动得眼泪都在眶子里把眼都蒙住了，看不清毛主席的脸，只看到下巴上的痣，只觉得毛主席的手很厚。大家都抢着跟主席握手，好多代表都没握上。

……

记者：现在代表们表决的方式跟过去不一样对吧？

申纪兰：两码事，过去是举手，现在是按。

记者：你过去有不举手的时候吗？

申纪兰：我非常拥护共产党。当代表就是要听党的话，我从来没有投过反对票。

在普通农民不能通过一人一张的选票左右公共政策以前，来自农村的人大代表本来就屈指可数，而许多代表又心甘情愿地放弃了反对的权利，只将此履职视为自己的政治荣誉，这无异于将农民的参政权拱手让出，让分饼的人同时第一个挑饼。当农村成为不设防的“无人之地”，城乡差距只能是越来越大。

然而当我们回顾历史，在古罗马时期代表平民利益的保民官之所以受人尊敬，就在于他们不仅是罗马平民用脚投票换来的结果，更在于他们可以适时说出“veto”（拉丁语，意思是“我反对”）。保民官的人身自由神圣不可侵犯同样将这种神圣性赋予平民。如果政府官吏对任何平民采取危害行动，保民官有权加以阻止。到后来，他们甚至对政府的法令或者元老院的决议拥有了否决权。现在联合国安理会五个常任理事国拥有的“一票否决权”，即是以古罗马的这一制度为渊源。据称，为了便于随时接待平民的申诉，保民官长期住在罗马，家门到晚上也是开着的。

正是看到农民只有顺从而无抵抗公共政策的权利，上世纪九十年代，当《中国可以说不》那本书开始流行的时候，我更认为这个时代最需要的是“中国人可以说不”，是“中国农民可以说不”。否则，任何不合理的政策都可能在毫无杯葛的情况下顺利推行，这也是上世纪诸多不幸的根源。世间万物，都逃不出一个因果律，农民的非国民待遇，正是在他们一次次失去“说不”的权利后收获的。而农民以及全体国民若要获得应有之权利，首先得拥有说“不”的权利。如波多黎各政治家乔治·迪戈所说：“‘不’，肯定是，而且也是唯一的能够拯救被奴役的人们的自由与尊严的词。”

2.无权无势者如何抵抗?

前文说到，此一时代的当务之急，不是“中国可以说不”，而是“中国人可以说不”。我在这里强调的“说不”，其意义未必是具有进攻性的否定，而更多在于具有保守性的拒绝。我不否认你的房屋的价值，但你也不能提起锄头，将我所拥有的房屋捣毁或抢走我的土地。

“中国第一炮兵”

我们已经听过太多因为拆迁与征地酿成的自杀性悲剧了。回想2010年那位武汉农民“以土炮抵制拆迁”的故事，则多少让人眼前一亮。就像一个原本无精打采的人，听到了一个温暖的幽默，会心一笑。

我最初了解到杨友德的壮举是在微博上。印象深刻的是那张照片。这位穴居一隅的武汉农民，像个训练有素的丛林战士。他的家园此时已被改造成战壕与哨所，仍然冒着青烟的炮筒和它的主人一样桀骜不驯。

如果你只是看到这张照片，而没有任何其他说明，你一定误以为这是发生在东南亚某个战乱地区的新闻照片，或者是一张电影海报，就像电影《阿凡达》里潘多拉星球上的原住民抵抗地球人的进攻。身处转型期的中国，这片神奇的土地，人们之所以不再需要小说，正是因为现实每天都在上演魔幻大片。可怜那些困顿失措却又志得意满的导演，似乎更热衷于演绎、杜撰历史上某些子虚乌有的宏大战争，却对现实中层出不穷的“一个人的战争”视而不见。

在中国跑社会新闻的记者更像是战地记者。随后曝光的新闻采访也不时透露或者营造着这种“战时气氛”，极具影像的质感。比如某日，“又有几十人来到，有的人手拿盾牌，头戴钢盔，用推土机推进”。杨友德喜欢把维权叫战斗，或者说“打仗”。“如果说他们一个月攻打一次，我们一个月都会提心吊胆，不能睡觉，不能生产。这种折磨，只有经过抗日战争的人才晓得那种恐怖。我们就生活在恐怖当中。”你也许会说他的言语不无夸张，但那种“枕炮待旦”、寝食难安的心情却是无比真实的。这位武汉农民，将底层的抗争从“无兵器时代”、“冷兵器时代”带到“热兵器时代”，真不愧是“中国第一炮兵”。看到这样的新闻，你真忍不住要感慨农民的创新能力——没有农民，中国怎么进步？

伊迪丝可以说不

美国西雅图有个叫伊迪丝·梅斯菲尔德的老太太，生于1921年，1966年搬进了巴拉德西北46街的一个两层楼的小房子。2007年，开发商计划在那个地带建造商业楼，征地拆迁进行顺利，但到了老太太这里，卡住了。尽管开发商一次又一次地提高赔偿金额，超过市值好几倍，老太不为所动。老太太相信，钱不能收买一切。对于老太太的“固执”，美国人没有炮制出什么“公共利益”来逼老太太就范。老太太也没有请律师，没有到华盛顿上访，没有投书媒体请求帮助，更没有像唐福珍一样自焚抗议，像杨友德一样自制“土炮”，只是对开发商说一个很简单的词——“No”。是的，如果老太太的物权能得到尊重，说个“No”字就足够了，轮不上记者、律师及其他公义之士义愤填膺地跑去维权。

理论上中国农民可以说不，市场经济不允许强买强卖。如果生意谈不拢，最理想的状态当然是杨友德只要说一个“不”字就可以了，何苦要这样动火、动刀、动土炮？不幸的是，在现实生活中，“联合推土机”南征北战，权力与资本之手所向披靡，征服城市，沦陷乡村。

无权无势者如何抵抗？相较以前那些自杀式抗议而言，杨友德的“不自杀”显然多了一些理性。从他与记者的对白中可以看到他一直能够控制自己的抵抗节奏，这是一个时间感非常强的人。比如他会站岗放哨，“外面有亲戚朋友，如果有保安在集合，挖土机在挪动，我得到这个信息，就会24小时待在上面。吃饭就用吊桶吊上去。睡觉就在上面的躺椅上睡。”而且，杨友德坚称自己放土炮是为了延缓拆迁的进行，他不指望这门土炮能保护他，但希望能够争取110赶到的时间。

这几年，因为经常回到乡下，与农民和基层干部有了较多接触，我深感民情的变化。而这种变化，尤其体现在个体权利观念上。杨友德，这个看似置之死地而后生的农民，其所忙碌的恰恰是要有尊严地活下去。没有谁比杨友德更爱惜自己的生命。在他看来，自杀是没尊严的。

记得唐福珍自焚事件发生后，除了谈到那是一场“屋顶上的矿难”，我还谈到“悲观是卧底”，即悲观会与不如意的环境形成合谋，里应外合，掀翻我们的斗志。而且，从逻辑上说，那种自杀无异于是对自己的不幸命运落井下石，无异于在别人加害你时你自己又加害自己一次，而且后者是致命一击。

杨友德始终保持着一种斗志。这一代人，不愧受过卫国战争电影熏陶，打起“卫家战争”同样驾轻就熟。当然，最重要的是他不绝望，不悲观，甚至也谈不上崇尚暴力。他并不往人群中“开炮”，他更像是在发送求救的信号弹。他相信亲朋好友，也相信政府，甚至不忘对政府“分而治之”——“是下层瞎搞，上层是光明的”。无论如何，他还要获得媒体与社会的支持，同时将具体的拆迁者从庞大甚至抽象的政府机器中剥离出来。简单说，是在不断给自己做加法，给拆迁者做减法。如果拆迁者只是别人握在手中的一把刀，那么他就要让这把刀与手剥离，使之被还原为一把刀，再锋利也没有力气助其挥舞。

没有谁愿意生活在暴力与残酷之中。我在这里谈杨友德的胆识谋略与据理力争，更愿看到他点燃的永远是民权之礼炮，而非暴力之土炮；更愿听到人们追求公正的声音，不比旷野里的烟花寂寞。

对于杨友德案，我也注意到一个事实——征地的是一家地产公司。当地派出所对他的行为也表现出罕见的仁慈与宽容。假如他面对的是政府，又将如何应对？他是否还可以大声说“不”？

水稻田里种树

2010年5月初，我回县城参加图书馆的开馆仪式。在九江下的火车，有朋友在车站外接我回永修。因为朋友的提醒，我才发现沿途有许多树种在田里。

据朋友说，这里的树是省里统一要求种的，叫什么“一大四小工程”。让我好奇的是，当时本省森林覆盖率超过60%，在全国排第二，哪儿用得上特别安排绿化农田，用得着毁坏那么多农田？碰巧的是，当我在网上问询这件事的时候，《新京报》就此事刚做了一个调查——《江西强占耕地建225亿元绿化林　砍大树种小树》。据称，从2008年开始，江西省提出建设“一大四小”工程，预算225亿元（2009年江西全省财政总收入928.7亿元）。根据当地文件规定，公路两旁延伸10米范围内，必须栽上树苗，因此占用道旁农田现象普遍。路边常见直径约50厘米的树桩。当地人告诉记者，原先种植的杨树，至少生长了10年，有的达20年，现在则被砍种上新树苗。“一大四小”工程，也因此被当地农民嘲笑为“砍一棵大树，种四棵小树”。更有意思的是，这种栽种标准，被当地官员总结成“白天不见村庄，晚上不见灯光”。

网上的反对意见主要集中在以下几个方面，比如林业厅收取巨额规划费是否适当；是否存在垄断购苗谋差价的问题等等。我虽然没有就此调查，不便评述，但是有些问题想起来并不复杂，比如制约江西经济发展的主要矛盾，不是绿化问题，农田更用不着绿化。以前听说过用油漆绿化荒山，现在乡村道路没有真正建好，却有大量的钱用在种树上，用树苗绿化农田，着实令人匪夷所思。荒唐的是，在一些长满了树的山上，也重新种上了树。更荒唐的是政府想怎么种就真的能怎么种。

2010年夏天，日本专栏作家加藤嘉一到南开来看我，聊到他老家伊豆。据他说，在伊豆买一块500平米的土地，盖上房子，包括装修，也只要相当于100万人民币的价格。这位自称“三岁便开始种地”的青年才俊，当被我问及他的父母乡亲是否上访过时，他笑着摇头。道理很简单，在那有农协负责协调这些事情，而且，农协提供的不只是专业的、可持续的维权，它还让各地农协共通信息之有无，知道自己最真实的生存状态。

“除了这些，从外貌上看，日本农村和中国的农村没有很大区别。”这是那天加藤嘉一给我印象最深的一句话。它让我忆起当年在法国农村的观感。乡村现代化，远非修几条公路，盖几排房子那么简单。没有真正属于自己的土地，没有拒绝他人侵入的权利，没有决定自己未来命运的选票，你就不能说农民是这片土地上的真实主人。

抵抗与观念

百余年来，“争民主、争自由”的革命、革革命风起云涌，无论革命还是反革命，从整体上说这个民族都付出了相当惨痛的代价，而且很多在今天看来都是无谓的挫折与残酷。而这些挫折与残酷的发生，无一不与权利被轻视甚至被抛弃有关。

为更好说明权利观念与时代变迁的关系，不妨从近百年中国历史中截取三个片断：

其一是1928年，为了使小资产阶级变成无产者参加革命，中共中央指示湖南、湖北省委实行“烧杀政策”，“杀尽土豪劣绅、大地主，烧地主的房子”，湖南特委执行这一政策后，把从宜章到耒阳一线400多里长的公路两侧各5里内的城镇及农村的人和财物一律撤到边远乡村，然后把搬空的房子烧掉，片瓦不留。此暴行引发大批农民反水、以暴易暴，导致一千多名干部被杀。在《一个革命的幸存者——曾志回忆录》一书里，曾志特别收录了这段回忆，说明革命一旦违背民众利益将自食苦果，故引以为训。上世纪二十年代，革命暴力盛行，在观念上许多农民并未接受自己是革命的一部分，或至少不认为自己应该不计代价参与这场革命。此时私权观念仍根深蒂固，当私权遇到暴力，抵抗甚至报复随即萌发。

其二是上世纪五十年代，革命已经完全压倒生活，革命暴力与“建设暴力”并存，后者最具代表性的就是农民“被集体化”。虽然一部分人选择了抵制，但绝大多数人心甘情愿将自己奉献出去，包括上交刚刚得到的土地，砸锅卖铁去炼钢，有的甚至不惜献身。随着革命形势的展开，许多革命者及革命群众的确认为既然自己已是国家的主人，私权便不再重要。内在观念与外在压力合流，方有公有化运动之势如破竹。

其三是本世纪初，革命暴力已经消退，“建设暴力”犹存，后者以暴力拆迁为代表。此时的民情与五十年代整体上的默默无闻大相径庭。个体的权利尤其是物权等观念渐渐深入人心，“钉子户”甚至成了时代精神的引领者。围观者的“无直接利益冲突”实际上暗含了“观念上的冲突”，因为他们不再认同强拆者侵害民权的行为。

上述“观念上的冲突”是近三十年来中国最大的变化之一。它意味着制度上的抵抗虽然还未形成，但“观念上的抵抗”却在不断发酵。一方面，它解释了今日农村社会为何冲突不断；另一方面，它也在一定程度上指明了中国的未来走向与当务之急，即如何让公权力停在农民及所有无权无势者乃至全体公民的栅栏之外。

3.第二颗子弹

人类，多么荒谬而自负的物种！把几头近乎灭绝的野兽关进了笼子，便以为征服大自然了。人类，又是何等多灾多难！和野兽相比，他不仅要面对疾病和风雨的伤害，更要面对发生在经意与不经意间的同类相残，挨着刀枪、钢管和扁担。

且不论一座座火山爆发，一顶顶王冠落地，落地后的王冠又让一群群人抢得头破血流，即便是在和平年代里，人类世界同样是险象环生。夺命的池塘、有毒的奶粉、徘徊在幼儿园外的刀客、马路上伺机报复社会的卡车司机、不可一世的城管，以及无药可救的疾病、空虚食人的矿井、九死一生的空难、嗜血的"躲猫猫"……这一切随时可能没收一个人的生命。更别说，日常生活中的人际挫折已足以令人垂头丧气：亲人的离逝、家庭的变故、朋友的背信弃义、"一个义人也没有"，种种绝望更教会人们放弃抗争，甚至放弃生命。

减去12年

那些来自意料之中或想象之外的灾难，让每个人都在生活中走钢丝，而人们赖以生存的也不是《宪法》，而是基于日常经验的种种"活法"。正是这个原因，又目睹了无数生离死别，知晓了人世间的种种灾难，每当我看到一位长寿的老人，想到他（她）能活过漫长而多灾多难的二十世纪，便不由得心生敬畏。让我叹息的是，今天的北京已经赶上巴黎，人均寿命超过80岁，而我所在的村庄却难得一见八十岁老人，最长寿的通常也都在七十岁左右故去了，算一算人均寿命大概只有六十多岁。

2005年的一份研究报告佐证了我的判断。由于医疗服务保障的城乡差异，中国大城市的人均寿命比农村高了12年。数据显示，2002年大城市的儿童死亡率为6‰，接近世界发达国家的水平，而贫困地区则高达54‰。阳光之下，任何人的生命都是宝贵的。同在中国，当你知道生活在农村意味着你比城里人少活12年，你就更能明白城乡之间有着怎样致命的不公正。

上世纪八十年代，北京作家谌容写过一篇小说《减去十年》，感叹被“文革”耽误的十年。当你知道这个国家的农民比城里人平均少活12年，你作何感想？

当然，在农村也有活得比较长的人，比如家在江苏的陶兴尧老人便活到了九十多岁。谁知戎马一生的他，却在抵抗镇政府的一次拆迁中绝望到引火自焚。

汪中求进城

2010年春节之后，我在北京与中学时的老师汪中求先生久别重逢，聊了近两天一夜。如今他已经是一位了不起的畅销书作家，一本《细节决定成败》能卖到数百万册。然而当他回想自己当年走出农村时的情景，至今仍略显激动：

> 小时候家里穷，摔一跤父亲不会心疼我膝盖摔破了，而是责怪我把衣服摔坏了。因为膝盖会自己长好，而衣服不会。七几年我读完中学便回村子里务农了，当时才十五岁。

按现在的说法是童工。想去乡里做信息员，没关系。奶奶认为我一辈子能做的最好工作就是到乡供销社当一个售货员，同样没关系。回到生产队里帮人拉渔网，累个半死还被人欺负。好在读了些年书，生产队便让我开手扶拖拉机。由于年纪小，身体还没发育好，再加上基本没吃饱过，不知道开翻了多少次车，有次被车甩出三四米远，险些把命搭上。要赶上下雨，被雨浇得眼睛都睁不开，车还得往前开。为了修车子，肚子里不知道吸进了多少柴油。

总之当时在乡下受尽了苦，还赚不到什么工分。到后来，听到有些同学上了大学，我也准备去考大学。终于托了关系，报上了名。由于已经辍学三年，许多课都没有上过，那一年我真是拼足了命在读书。记得我们四个同学，站在石钟山上发誓：如果考不上大学，就从石钟山上跳下去。有家长知道这事，还捎来口信，说如果你们真考不上，就跟我到山里去采石头吧。好在天遂人愿，最后大家都考上了。

那年考完后，我在家里继续务农，我很想知道成绩，又不太敢去县里看，于是挑了一担稻草到17公里外的县城去卖，就像游击队化装进城。待卖完了稻草，然后提着一条扁担去看成绩。辛苦一年，确信自己终于考上了，当时觉得此时自己死掉也没有什么遗憾的了。

年轻时我觉得人世间最大的不公，就是城乡差别了。现在的人很难想象，我在县城第一次走进白瓷砖铺的厕所时都尿不出来，因为我舍不得或者害怕把它弄脏，就好像你不会在我家沙发上尿尿一样。十六岁那年，我有机会给当地的鱼苗公司去卖鱼苗，要在九江住宿一晚。那是我第一次住旅馆，而且是近百人的通铺，就这样还要十块钱一晚上。而我在乡下一天只能赚两毛钱，这意味着我在城里住一晚上，得在乡下工作50天。你说那时候农民有什么资本进城？记得

> 小学二年级的时候，有一次我高烧不退，父亲以为我快不行了，于是和我说，孩子，如果你这次能熬过去，有什么心愿我都满足你。我和父亲说，我的心愿就是你能给我两毛钱，我想买一本连环画。然而在城里，随便坐一次公交也得四毛五。
>
> 在我上大学后，同样深刻地体会到这种不平等。为什么城里孩子上学时是一个皮箱子，而我的箱子却是两个钾胺磷的纸盒子？想到这些不公平的事，我当时真有一种仇恨，恨不得有炸药将这个世界全炸掉。甚至，在我刚上大学的第一年，还有一种报复社会的心理。我不怕你笑话，当时在街上看到城里的女孩，有一种占有欲，有一种幻想的撕碎的快感、强暴的冲动。但这绝不只是性的原因，而是想为内心的愤怒找一个出口——为什么城里人和乡下人之间有那么多的不公平？

汪老师对时代有着异于常人的痛感和理解，更是个时时不忘自救的人，所以才有了今天的成就，获得让自己还算满意的社会地位。尽管一切已经境过时迁，但是他曾经的愤怒，即使是在今天的社会，我还是可以隐约感觉到的。谈到当年的心境，汪老师与我坦言，倘使没有赶上改革开放，没有机会正大光明地改变自己的生活，也许他已经成为一个坏人。

王尔德说，“每个圣人都有过去，每个罪人都有未来。”为了更真实地反映那个时代的人们的内心世界，也征得汪老师的同意，在这里我尽量原汁原味地记录了这次对话的部分内容。坦率说，在听到汪老师的这些话时，我都觉得十分震惊——这些翻江倒海的心事完全颠覆了过去他在我心目中的冷静、安宁的形象。由此我也在想，这样一个国家，在每一张貌似平静的面孔下面，究竟隐藏着怎样的报复与危险？又是怎样在日常生活中不断凝聚、消解、卷土重来？

谁来通缉在逃的正义？

为什么三成被通缉的命案逃犯都是年轻人，甚至是未成年人？为什么他们大多数都来自农村？2009年11月16日，广东警方公开悬赏通缉50个命案逃犯，大多数人都来自农村。为此，我写了一篇相关评论发表在上海的《东方早报》上。随后，我看到的是数以千计的留言：

> 我记得九七年我与兄长去东莞打工，到了才知道，到处在抓暂住证，我们刚到的那天晚上就在山里的坟堆里睡觉的。第二天就被抓了，罚了三百块，可我们身上只有一百多块了，没办法，工还没找到就欠了二百块。像这样的事，在那以后的很多年经常发生，我听比我们早去打工的同学说过，当年他们都抢过钱的。为了什么？只为了吃一饭而已。我三天没吃饭的时候都有，那时候很横的……（网友甲）
>
> 犯罪并不是他们的本意，谁喜欢杀人，谁喜欢贫苦，这一切的一切都是这个国家，这个社会所造成的各种因素，导致了他们走上这一步。有的人家里父母都到外打工，而自己在生活上、学习上遇到的问题都没人可以商量，不知道怎么解决，缺少父母的关心呵护。80，90后并不像我们的父辈那样能吃苦，也不像父母辈想的那样，坚强。希望人们都来关心、关爱、关注我们农村的孩子，让这种悲剧别再重演。一个孤独的儿童彷徨无知地长大，那是什么样的心路历程。（网友乙）
>
> 我是一个80后农民的孩子，自幼丧父，高中没读完就辍学，我无论在家人还是老师的眼里都是一个品学兼优的好孩子。出来打工老板拖欠工资那是家常便饭，睡过马路饿过肚子，可我从没想过去偷抢，我现在年薪拿到五万五以上，想

混好确实很难……（网友丙）

农村孩子也有自己的希望，自己的向往。或许，有极少数的孩子被都市的繁华，外面世界的纸迷金醉所迷惑所驱使。但谁又能明白他们对外面世界的好奇，对生活的无限向往，对知识的不懈渴望呢？我们不能以以偏概全的眼光看待这个问题，乃至社会、世界。我们需要给予的，哪怕只是那浅浅的微笑，只有那善意的提醒，就足够他人这一冬天的温暖。（网友丁）

……

无数留言，让人看到的是无尽悲悯、感动以及挥之不去的无奈。“别人与我比父母，我与别人比明天。”这句话感动过无数人，更让许多有志气“贫二代”少年意气风发、抖擞精神。然而，与此同时，你又不得不承认，在现实生活中很多孩子是既与别人比不了父母，也与别人比不了明天。尤其是那些没有机会读到大学，甚至早早辍学了的从农村出来的孩子。

“逃犯多是农村孩子”，这样的结论虽然令人震惊，却也并不意外。广州大学一项基于广东三大监狱新生代农民工犯罪调查最新数据的研究显示：八成犯罪的新生代农民工，在幼年时期被留守农村无人看管，近六成属于“盲目流入城市犯罪”。 据全国妇联统计，目前中国农村留守儿童已经达5800万。

写到这里，我不禁回想起小堡村附近三位犯案的少年，是乡下的孩子变坏了，还是外面的世界变坏了？这些孩子在去城里之前与到城市之后，究竟遭遇了什么？什么样的际遇使他们敢于铤而走险，仓皇间以死相搏？为什么他们在农村没有杀人，而到了城里却杀人了，而且，杀人的动机往往不值一提？

如此残酷多变的际遇真让人感慨！早在上世纪八十年代，当乡下孩子听到“外面的世界很精彩，外面的世界很无奈”的后半句时，虽惆怅总还是心有所安，想着有来自故乡的声音——“我还在这里，耐心地等着你”。而现在，初出故乡的少年，怎么成了杀人犯？是外面的世界不够开阔，还是因为故乡回不去，内心已经坍塌？抑或兼而有之？

关于这条新闻，我同样关心的是相关报道的结尾。据说警方已经承诺，对举报有功的群众，将给予5000元人民币奖励。维克多·雨果曾经说过：“多建一所学校，就少建一座监狱。”5000元赏金虽然不多，但如果提前用到这些孩子身上，该有多好！

可怜这些孩子，在城里找不到属于自己的河流，却发现自己像是乡下许多农田，成了被抛荒的一代，发现这繁华城池不过是个比农村更荒芜的地方。想着这些农村孩子如何在被社会抛弃后自弃，从逻辑上讲，当下最应通缉的不是犯罪的孩子，而是在逃的正义。

老农的愤怒

今日中国社会，为什么越来越多的人愿意以死相搏，是因为绝望，还是因为勇气？为什么会有层出不穷的群体性事件？为什么在骚乱中“无相关利益人”会卷入其中，并朝着警察扔石块？如果只是说社会矛盾比过去激烈了，显然是不够的。过去不是没有矛盾，只不过在过去很多人都被掏空了权利观念，且学会了忍气吞声。而现在，随着社会的开放与分化，当人们接受了越来越多的平等观念，他们就越发容易体会到不公正。如果官员不能平等地对待这些人，久而久之，他们也会不平等地对待官员，视官员为异类。也难怪有人甚至会简单地将中国分为两类人：一类人在体制内，一类人在体制外，利益水火不容。

2009年年初，我在思想国网站上搞了一个小活动，希望网友们能够在回乡探亲时带回一点见闻。有个老家在安徽农村的网友讲了这样一个耐人寻味的细节：

> 大年三十那天，一位70多岁的老人站在我家的门口说："我身上有两颗子弹，一颗留着保卫我自己，另一颗留着参加第二次'文化大革命'。"

虽说"每个人都有自己告别文革的时间"（艾晓明），但老人在过年时的这番表白，难免让人觉得毛骨悚然。这"第二颗子弹"再一次表明，走向托克维尔所寄予厚望的温良社会并非人类的必然。在中国尤其如此。长久以来，中国人虽然饱受臣民意识之苦，但是"不患寡，患不均"、"王侯将相宁有种乎"等平等意识却从来没有彻底磨灭。在我看来，中国并不缺少自由与平等的传统，而是自始至终没有建立一套真正行之有效的制度以确立这种自由与平等；而能保障这种平等、自由不得而复失的制度必须是基于权利观念。

现在有些人怀念"文革"并非因为"'文革'好"，而是因为"现实坏"，又无力改变，以至于他们一相情愿地认为在那样动荡不安的年代里自己将被赋予颠覆强者的力量。回想这位安徽老农的愤怒，你也许会说他失于偏激，但你又不得不承认，只有在一个崇尚并保障自由、平等权利的世界，这"第二颗子弹"才有可能在人们的心底消逝。人生中的幸与不幸，很多时候就在于有的人温良一生，日子看似平静如水；有的人终于忍无可忍，将自己当作"第二颗子弹"射了出去。最不幸的是唐福珍与陶兴尧这样的抗争者，他们没有保卫自己的"第一颗子弹"，又将"第二颗子弹"射向了自己。

当我重新整理上述这段文字的时候，网上正在热议姜文的电影《让子弹飞》。在此我想补充的是，一个枪手，射出了自己的子弹，说"让子弹飞一会儿"，那是淡定与从容；但如果是一个即将迎接子弹的人这样说，那他不是死于麻木就是甘于被杀。

4. 故乡之斯巴达

科学家与政治家的最大区别是什么?

对于这样一个开放的问题，世人一定有无穷多的答案。而我的回答是，科学家是拿动物做实验，而政治家是拿人做实验。前者把动物解剖了，不会说这是为了动物的利益；而后者，甚至在发生了大屠杀之后，可能还会标榜这一切只是为了使自己的国家有一个美好的未来。至于思想家，只要他不与暴力合流，总还是要显得慈悲些。对于动物，他们会在想象中完成自己的实验。

比如说鱼便是思想家们常用的道具。从庄子的“濠梁之辩”开始，中国书生早就体会到了“子非鱼”的思维之乐。透过“鱼肉百姓”、“人为刀俎，我为鱼肉”、“鱼游釜中”等成语亦不难发现，自古以来中国人便是习惯于以鱼之困境来观照自己的命运的。同样，西方人也十分善于运用鱼这一道具。英国人威廉·申斯通在论及法律时从鱼与渔网的搏斗中获得灵感：“法律就像是一张网，触犯法律的小的可以穿网而过，大的可以破网而出，只有中等大小的才会束手就擒。”寥寥数语，道出了这人世间的许多真相。

人对人是斗鱼

1983年，美国著名导演、《教父》之父弗朗西斯·科波拉拍过一部名为《斗鱼》的电影。

也许你还不了解什么是斗鱼，斗鱼或许可以称得上是这世界上最好斗的物种了。这是一种小型热带鱼，它主要生活在东南亚泰国等地，雄鱼之间常常会为抢占领地、争夺雌鱼等进行激烈搏斗。而且，交配期间，如果不是两情相悦，雌鱼都可能受不了雄鱼的激烈撞击而导致死亡。有一种说法是，假如你养了一条斗鱼，并且将一面镜子镜面朝里放在鱼缸壁上，过不了多久，你就会发现这条斗鱼像是一位莽撞的泰拳高手，向镜子一次次冲锋，直到撞死为止——要不怎么说它“莽撞”呢！

科波拉的影片将观众拉回到上世纪五十年代的一个美国小镇，好勇斗狠的暴力文化在这里得到继承与发酵。受上一代人的熏陶，年轻一代很快像斗鱼一样加入到这种好战而混乱的生活中来。主人公是一对亲兄弟，哥哥“摩托小子”曾是镇上人见人怕的风云人物，不过，自从在外面的世界有过一番闯荡之后，他显然十分厌恶了这种生活。为了启发弟弟不要重蹈他过去的那种打打杀杀的人生，有一天，早已经“金盆洗手”的哥哥站在一只养着斗鱼的鱼缸边上，给弟弟讲了这样一段话：“在鱼缸里的两只斗鱼会斗到一只死了为止，如果在河里它们就不会这样残杀，因为它们都有足够的空间生存。”这位忧郁而敏感的“摩托小子”似乎过早地理解了这个封闭的世界给年轻人带来的伤害，决意在心理与地理上为弟弟打开一扇自救之门——“我希望你骑着摩托车离开这里，沿着这条河一直到大海边。”

影片的结尾令人哀伤，不过个中道理却被说得非常透彻。科波拉的哲学是，在一个封闭社会中，人们像生活在鱼缸中的斗鱼一样，为一些无谓的事情争执不休。没有开放，只有封闭；没有江河，只有鱼缸。或许，这才是一个人遇到的最为真实的困境，是许多悲剧之所以发生的根源。那拥挤、阴森的监狱，成为罪恶的渊薮，又何尝没有这个原因？正如中国政法大学何兵先生所说，如果把监狱修得像地狱，它就会培养魔鬼。

大村崛起

回想过去的乡村生活，从小学一直到中学，我算是见证了不少混战。有时候，因为一些不三不四的“罗汉”的挑衅，也难免卷入其中。只是因为心有外面的世界，自觉来日方长，“将有所为也”，通常都不会有过多纠缠。我在县城读书时，清晨偶尔还能在大街上看到一条条长长的血迹，想必是头天晚上发生了激烈的殴斗。然而，如果你真正了解农村生活，就会发现，这帮“流氓赤膊鬼”的小打小闹，和中国农民的“打大阵”相比，着实是上不了台面。

说到械斗，这些“打人命”的蠢事，通常都是发生在较大的单姓村落之间。至于小堡村，因为小，人数未过百，又买不起核武器，实在经不起打，做不了“大村崛起”的梦，不但不会挑事，遇事通常也是忍气吞声，以和为贵，因此少了些血腥的场面。

早在上世纪八十年代，煤气还未普及之时，每逢邻近大村庄的人到小堡村的禁山上偷砍柴火，村民们通常也只是简单追赶，像赶鸟一样轻描淡写地吆喝几声，绝不会越界引发冲突。

乡下并非只有田园牧歌，大村庄欺侮小村庄的事情时有发生。在当地，曾经有段时间，一些大村庄的人甚至会组成“秋收小分队”去其他村的地里偷花生或摘棉花。如果被抓着，你去质问他，他还会开导你要通情达理：“我说你这个人啊，我只是摘了比较差的棉花，好的不是都给你留下了么？”也是这个原因，一旦花生、棉花熟在地里了，农民们会立即将它们收进屋内，以防不测。

而小村落若真想与大村庄在武力上一争高下，难免会吃亏，甚至要面临“亡国灭种”的危机。举例说，在小堡村东北的鄱阳县有个夏家村，这是个大村庄，它的边上有一个姜姓小村庄，寥寥落落就几户人家。1996年春节前后，两村庄有两人因为看电影发生了一点纠纷，结果大姓的人吃了亏。翌日，这吃了亏的夏姓人在村里一吆喝，说看电影时受了小姓人的欺侮，很快就有人附和，“那还得了，我们大姓的人竟然受到小姓人的欺侮！”于是，在光天化日之下，夏家村的几十个人直接杀到那小村庄，将那一家三口活活打死在房里，然后点一把火把房子也烧掉，权当焚尸。这个夏姓村庄也并非所向披靡，早在一百多年前，因为被误传欺负了一位太平军战士，数千村民几乎被闻讯赶来的太平军荼毒殆尽。

环顾小堡村方圆两三百里的地方，由于靠近鄱阳湖，聚集了不少同姓的大村落，械斗之场面，可谓惊天动地。仅以解放后为例，1953年，某县因为祭祖引发械斗，有六万人卷入骚乱，历时一个月才得以平息。因为部分区、乡人民政府受到冲击，这次械斗最后被定性为“反革命械斗”。“反革命械斗”尚且如此，更别说“文革”期间发生的“革命械斗”了。类似械斗不唯“文革”才有。毕竟，如前所述，在改革开放之前的三十年里，整个国家有如一座军营，理论上人人都应该成为“斯巴达战士”。至于“生男生女都一样”的妇女解放，在一定程度上也是暗合了“斯巴达精神”的。既然人人都是战士，性别自然不再重要。关于这一点，只需看看那个年代的宣传画就可略知一二了。不用你细心，就会发现那时候的战斗英雄与劳模，多是女性面孔。

救村保种

在乡下，械斗大多都是因为土地、山林、水利等争执所引发，而且多在两个不同的县、乡之间。1980年，永修与邻县两地农民因水利纠纷发生严重恶性械斗，参与者不仅有公社党委成员，而且还动用了民兵枪支、手榴弹。有如此阵容，流血伤亡自然在所难免。

八十年代赣北最轰动的一次械斗发生在宜春市。1988年12月4日至13日，宜春市分属两个乡的两个村庄因采挖煤炭发生纠纷，引发大规模宗族械斗事件。事情的起因是，为了争取素来有争议的两村之间的一座山的煤矿开采权，先是甲村一村民被乙村一村民用鸟铳打死，接下来乙村一村民被甲村村民打死，冲突由此升级，最后发展为串联同姓参加的大规模宗族械斗。期间，双方参与械斗者无法无天，胡作非为，擅自在公路上或者村口设卡，扣留双方人员和车辆，关押人质；双方出动大批村民，携带土炮、长铳、鸟铳、土制炸药包、导火索和手榴弹等，占据山头，互相对射；攻打村庄，放火烧房；砍伐油菜林，炸毁电排站和水库涵洞，围攻殴打基层党政干部。如果不是在官方文件上看到这些细致的描述，你一定会误以为这是哪一部反映战争年代的电影里才有的情节。

发生于1989年的“2 · 20”事件在当地同样轰动一时。据官方资料记载，事件的大致经过是，这年2月20日（正值农历正月十五）永修某村村民上祖坟时与邻县一村近百人发生冲突，返回途中遭到后者土炮、土铳的伏击，当场杀伤本县10位村民，重伤3人。卷入其中的民警的54式手枪被抢，被永修村民缴获的土炮最后被推进了河里。

相似冲突，江西中、南部也屡有发生，甚至有过之而无不及。1990年7月，吉安县一唐姓村庄与另一个村庄发生械斗，唐姓村庄串联了附近六个村的族人，又从外地约来几百位同姓人。与其对峙的另一村庄则规定16～60岁的成员都要参战，于是双方集中了3000人参加械斗。同年2月15日，吉安一王姓村庄为与黄姓村庄一决雌雄，特别组成了“七人整顿秩序筹备领导小组”，派人到外乡动员同姓数百人前来参战。事前开动员会，在祠堂祭祖，喝血酒，放铳三响，分四股向对方进攻……这种宗族之斗，颇有些“救村保种”的意味。这些冲突并非江西独有，亦不以江西为最。我曾经看过一则有关湖北械斗的资料，为了动员村民死战，村里出台特别规定：“凡死亡的，发给烈士证书，抚养其子女；受伤的，家族出资治疗；坐牢的，村里给予补贴。”

如此情景，与小岗村村民当年写血书分田单干亦颇有些神似。回想上文提到的种种刀光剑影、以命相搏，你会发现，中国农民其实并非天生隐忍苟安，问题只在于他们不知为何而战。毕竟，像小岗村那样有识见的例子只是凤毛麟角，在大多数时候，农民因难辨真伪、随群而起，最后总免不了会闹出一些阿Q式“同去，同去”的悲情笑话。可叹上下五千年，不知为何而战，农民有能力一次次改朝换代，却没有能力改变自己的命运。

关于械斗，小堡村村民谈得最多的是1993年10月发生在本县与邻县的一场械斗，因为边界河流纠纷，双方出动了千余人互殴，结果造成7人被淹死，几十人被打伤的惨剧。据说掉水里淹死的人，多半是因为身上绑了些防弹、防枪的“护甲”。此事虽不久远，民间的相关描述已各不相同。2009年夏天，我走访这个乡，当年曾经参战的人员因生活回到了正常的轨道，对这场械斗已经不愿多提。未知详情者则以讹传讹，或搞发明创造。有人甚至将这一事件简化为“八人守岸，战胜千人”的乡野传奇。

“江西之斯巴达”

中国人时常给人一种暧昧的印象，一方面胆小懦弱，另一方面好狠斗勇，有拳匪精神。历史仿佛是游走于臣民与暴民之间的钟摆。而中国的通俗文化里哺育美好心灵的作品实在少得可怜。说到四大名著，文化批评家刘再复更直指《水浒传》和《三国演义》是中国的地狱之门，败坏了中国的世道人心。

上文提到的械斗之风并非解放后才有，也不是大革命时代鼓吹阶级斗争的结果。寻常年代的械斗，最后闹得血光遍地，家破人亡，多半与宗族之间的寻仇有些关系。

民国时期的小说家李定夷曾经撰写过一部《民国趣史》，其中一节所谈的便是江西的械斗。文章开篇即说：

> 江西械斗之风，以赣南之赣州、南安宁都及赣北之饶州、南康各属为最盛。而械斗的原因，最初都不过是些“鼠牙雀角”之争。但每一次之斗死伤恒数十百人，而仇雠相寻尚未有艾其结仇最深。战局最烈者，尤以赣北乐平之南东乡王叶两姓为著。故其尚勇之风，亦颇不减于当日之斯巴达。

据载，赣北乐平县王、叶两家大姓，因为世仇，往往没过几年便有一次大血战。而一旦要开打大阵，即使是远走他乡的人，也会摸着黑赶回村庄。至于这些游子为什么愿意舍命归来，理由不外乎是自己祖上或者父兄有人死于械斗，而今日斗局已成，正好是报仇良机，怎能错过？

其时械斗的场面，李定夷亦有所描写：

> 军器除刀矛外，亦有旧式大炮，以备抵御冲锋。每次临阵，必有一二舍身劫炮之人，于两军相近之时，冲入敌阵，以移动其射击之方向。该阵陡失抵御之力，而冲锋掩至，安得不败耶？故其战时，往往借一二之生命，以制全胜也。得胜之后，对于败北者，不徒待之如俘虏，尤必袭入该村，杀其妇孺，毁其庐舍，填塞其井，铲尽其苗。偶或败北，则全村为墟，故械斗之先，非将妇孺子女及动产预迁邻村不可，其惨无人理，可谓极矣。

待这场血仗终于打完，县太爷才带着仪仗队，拉响警笛下乡缉拿真凶。此时，村里便找几个替死鬼前来抵命，每个抵命者通常都能得到三百块银元的抚恤金。为此，村里的一些无业、无畏之士还会抢着报名，只恨名额有限，不能都有这“忠孝两全”的机会。至于他们为何这般视死如归，李定夷的分析是："盖该乡勇武既相习成风，自然轻视生命，谓慷慨替死荣名也。"对于阵亡之人，除了享有家祠的祭祀外，村里还要把各人作战时的血衣写上名号和时间，安置在祠堂里，目的是为了激起后来者报仇雪恨之心。

如此惨烈的现实，在我第一次读到它时首先想到的是电影《巨蟒与圣杯》（*Monty Python and the Holy Grail*）里的情节。《巨蟒与圣杯》是我看过的一部最"无厘头"的欧洲电影，它以调侃的方式讲述了亚瑟王和圆桌武士们接受上帝的旨意去寻找圣杯的故事。最滑稽的一幕是发生在亚瑟王与守桥的黑武士之间的打斗。尽管黑武士被亚瑟王先后砍去了四肢，但他每次都跟没事人一样，继续挺身战斗。最后，亚瑟王只好说"我们战成了平手"，然后扬长而去。而四肢全无的黑武士还在那里嘴硬，说自己只是受了皮肉之苦——"你要敢回来，我就咬断你的双腿！"

一代代播撒仇恨，种下仇恨的人最后必定为仇恨所吞噬。如此狼奶教育，其结果自然是冤冤相报，直到各村人马打个精光。关于这两个"斯巴达村庄"的械斗史，《乐平县志》的记载是：在1869—1924年间一共发生过7次械斗，死亡970余人，毁坏房屋1000余幢，两姓原有670户，到1949年只剩300户。

从斯巴达怎样到雅典？

甘地说：以眼还眼的结果是全世界都成为瞎子。和过去相比，无论是改革开放之初，还是一百年前，如今发生在宗族之间的械斗越来越少。这当然首先得益于鱼缸困境被打破。如前所述，今天的农村社会已经发生了大变化，许多精壮之士都已经外出打工或以其他方式进城，他们像《斗鱼》里的"摩托小子"一样领略了外面的世界，找到了属于自己的江河，而不再像斗鱼一样，在一个窄敝的地方，为一些并不存在的仇恨死守与死战。转型期的中国正在一步步走向开放社会，而开放社会没有敌人。

与此同时，那些可能引发大规模械斗的宗族文化，也远不如从前那样具有动员之力。虽然今天仍不断有群体性事件，但都各有原因，很少与宗族冲突有直接关系。这个社会似乎已经告别了过去所有的宏大叙事，人们重新回到了个体与小家庭，开始为自己而战，而不再为那些并不存在的利益而战。

也许正是这个原因，尽管近些年来中国的许多村落都在忙着重建族谱、重修祠堂，但是以我在乡村之所见，我更愿意将其理解为一种文化上的重建，理解为一群被抛入现代社会的孤独农人，开始在曾经被视为糟粕的传统之中寻找温情与慰藉。正如西方的教堂已非十字军东征的大本营，东方的祠堂也将不再是械斗者血衣飘飘的藏身之地与励志之所。从对群体暴力的推崇过渡到对个体权利的伸张，本书作者亦相信，二十一世纪初的中国农民正告别“暴民⇌臣民”的诅咒，行走在由斯巴达通向雅典的当途。

5. 人类为什么会失去温良？

前文谈到的人对人的虐杀与剥夺，让我想起法国大革命前的几封书信。相信它们可以帮助读者解读一个社会何以充斥暴虐、失去温良，而人们又对此习以为常。

宽宏大量的杀人

自从离开布列塔尼，我一直怀念那里明晃晃的太阳雨以及文明与秩序，然而在历史上，它也是一个飘满血雨腥风的所在。1675年，布列塔尼地方的下层阶级，曾聚众反对新税。这次骚动被当局残酷地镇压下去。见证了这一恐怖事件的塞文涅夫人在给女儿格里娘的信中有这样行云流水的描述，仿佛在写小说：

> 我的亲爱的女儿：你从埃克斯寄来的信，写得太可笑了！在把信寄出之前，至少要再回看一遍。你会对你写的那么多赞美之词表示吃惊，但你又会因为喜欢这样不厌其烦地写了这么多而感到自慰。可见，你已经吻遍了普罗旺斯地方的所有的人，是不是？不过，只要你不爱闻葡萄酒的香味，就是你吻遍了布列塔尼地方的所有的人，也不会

令他们满意。

……你喜欢听雷恩地方的消息吗？那里下令征税10万枚银币，如果不在24小时内交出，就把税额翻一番，并派兵去征收。当局已把一条大街的所有居民撵出家屋，而且不准任何人收留，违者处死。因此，一大群倒霉的人，其中有孕妇、老人和小孩，在恋恋不舍地离开这个城市时号啕大哭；他们不知到何处去好，既没有吃的，又没有栖身之处。前天，一个开舞厅的小提琴师，因偷印花税而被车裂。他被五马分尸……，并将他的四肢放在城市的四个角上示众。……已有60名市民被捕，明天开始治罪。这个地方为其他地方树立了良好的榜样，叫其他地方也尊重总督及其夫人……，不得往他们的花园里投石头。

……昨天，天气甚美，塔朗特夫人来到她的林园小憩。当然要为她准备下榻之处和饮食。她从柴扉走进来，又从原路回去。

而在同年10月3日的另一封信里，塞文涅夫人又补充说：

你总是喜欢向我谈论我们这里的悲惨事件。我们这里已经不再实行车裂了。为了维护正义，每周只杀一个人。不错，我现在认为判处绞刑已经算宽大了……

布列塔尼的这一惨案发生在太阳王路易十四时期。这位好战皇帝的连年战争与频繁加税，引起了底层民众的强烈不满乃至公开反抗。在今人看来，这一切也自在情理之中，公民有不服从的权利。而且，与此同时，读到上面这样的几则通信，你是不是觉得塞文涅夫人过于冷血？在谈完一场被视做“榜样”的血淋淋屠杀之后，她竟然还能悠然自得地谈论当地的好天气！

然而，透过她的其他一些通信以及对其生平的了解，读者又会发现，这位贵妇人并非全无心肝、全无人类的良善。她热爱自己的子女，同情遭遇了不幸的朋友，甚至对家臣和奴仆也还算宽大仁慈，更不可能有“每周杀一个”的冲动。问题只在于，她对于降临在贵族圈子以外的苦难不是一无所知，就是无动于衷。

塞文涅夫人成为十七世纪法国著名的书信作家，实属无心插柳。人到中年之时，她的丈夫塞文涅侯爵为了另一个女人死在决斗场上，从此，她将后半生的激情主要花在了给女儿写信上面。据说有时候一周会写好几封。事实上，塞文涅夫人并没想到自己的私人信件有朝一日会被公之于众。也正是这个原因，这些通信因为原汁原味地反映了路易十四时期的风土人情、傲慢与偏见而被视为法国文学的瑰宝。

不平等的暴虐

最初我是在托克维尔的《论美国的民主》一书中读到这些信件的。对于信中所描述的种种残酷场面，和我读福柯的《规训与惩罚》开篇一样印象深刻。在转述它们的时候，托克维尔也不无感慨——即使是在他所生活的十九世纪，最残暴的人写信给最无情的人时，也不敢泰然自若地说出上述那样的话，即使他个人的气质促使他这样做，全国的民情也将禁止他如此。但为什么会这样？根据这种变化，接下来托克维尔问了一个有意思的问题，即过去的几个世纪以来，为什么人类慢慢告别野蛮，变得温良？

在书中，托克维尔给出了自己的答案——因为人类慢慢走向平等。而且，“身份平等的逐渐发展，是事所必至，天意使然”。这是他美国之行的最大发现。同样，民主的精髓，首先也是身份的平等。

托克维尔当时大概是过于乐观了一点，在他死后的另一个世纪里，人类自相残杀之残酷，远超过历史上的任何一个时期。而且，革命未必带来真正的平等，当革命摧毁原有的社会平衡并且严重变质后，不平等甚至还会变本加厉。然而，托克维尔的判断又是那样入情入理，令人折服。在他看来，平等之所以能使人类告别野蛮，走向温良，一个重要原因就在于，当大家在地位上近乎平等，在思想和感情上大致一样的时候，每个人都可立即判断出其他一切人的所想所感。尽管在民主时代很少有一部分人对另一部分人尽忠的现象，但人人都有人类共通的同情心。谁也不会让他人受无谓的痛苦，而且在对自己没有大的损害时，还会帮助他人减轻痛苦。也就是我们通常说的，因为有着相同的身份，有了命运共同体的观念和情感，凡事便会由人及己、由己及人。当你见到他人的不幸，你会设身处地，将心比心。当然，前提是你要把他人当人看。否则，这种同情心将无异于养猪场给猪喂食。养猪场给猪喂食，不是出于爱，更不是出于对自己命运的同情心。

或者说，人类从来就不缺少某种高尚的情感。问题只在于，这种高尚情感常常受制于种种关于人群的分门别类。不是么？假如塞文涅夫人在雷恩所见证的是一群贵族被杀，她给女儿写信时一定会惊恐万分，因为她在死者的身上看到自己的命运，看到自己优雅的生活随时可能朝不保夕。同样，希特勒当年之恶，不正在于他从人类中还区分出不同的物种，进而对某一群体进行剿杀？历史上之所以有奴隶主对奴隶的残暴，现实中之所以有城管对瓜农的殴打驱逐，制定政策者丝毫不体恤民情，不正是因为他们的身份有着不平等么？也正是因为这种不平等，2010年的两会上，“地产政协委员”张杰庭会大言不惭北京房价两年内该涨到4万一平米，因为“老百姓有老百姓的活法，政府有政府的活法，有钱人有有钱人的活法”。

平常人也会不自觉地这样自我分类。比如，一个人，在看到与他穿着相同制服或有着相同肤色的人受侮，难免将这种侮辱与自己联系在一起。除此之外，你甚至还会发现，即使是一位温良可人的姑娘，任凭她有着天使一般的面容，也会在网上张贴美食图片，炫耀自己刚刚吃过的某只动物的肉，而无半点愧疚怜悯之心。但是，如果她在餐厅看见有人踩着了一只小猫，伴着那一声痛苦的猫叫，这善良又让人怜惜的女人可能自己先晕过去了。在另一端，有人又可能对这种反应表示不满——“真是慈悲得令人发指啊！”

关于这种同情心的相悖，就像托克维尔在书中同样谈到的：即使是在罗马文化最灿烂的时期，也充满了种种始于不平等的暴虐。在那里，罗马人不仅把被俘将领拖在战车后面以炫耀胜利，然后才把他们杀掉，还会将囚犯投进斗兽场，让犯人与野兽搏斗，以供群众娱乐。甚至连滔滔不绝的哲学家也会表现出人格分裂：“西塞罗一谈到一个公民被钉在十字架上，就义愤填膺，慷慨陈词；但他对罗马人胜利后对战俘的那种暴行，却缄口不言。”究其原因，无外乎是西塞罗没把一个外国人和一个罗马人归属于同一人类。

明白以上这些分析，读者或许能更好地理解为什么世界上至今仍有残暴的事情发生了。回到现实，不得不说的是，尽管中国社会在二十世纪经历了一场史无前例的革命，然而真正的平等精神并没有得到普及。而且，牺牲一部分人以满足或成就另一部分人，也成为许多不幸的根源。即使我们不在这探寻人类或者国民的种种不平等的起源，仍可以肯定的是，这些不平等，恰恰是一个社会告别温良走向暴虐的根源。

一段血腥的历史

回望历史，苦难无数，又怎能轻易忘记？我曾在《炎黄春秋》上读到一则杀人事件，即使是在“文革”时期，它也绝对算得上触目惊心：湖南零陵地区（1995年改为永州市）道县在1967年夏秋之交，发生了群众性杀害“四类分子”（地主、富农、反革命、坏分子）及其子女事件，被杀和被迫自杀者达4519人。道县杀人事件迅速波及全区其他10个县，共造成全区被杀和自杀9323人。其中“四类分子”子女

4057人，未成年人862人，另外致伤致残2146人。零陵地区特别是道县杀人事件，震动了全省，乃至全中国。

据说，在当时“以阶级斗争为纲”的形势下，一些领导干部和群众总认为阶级敌人“火烧冬茅心不死”，无时不刻梦想复辟变天，伺机反攻倒算，人为制造恐怖气氛。在1967年8月上旬，道县“抓革命促生产领导小组”（当时当地最高领导机构）先后两次召开各区社“抓促小组”组长会议，主要领导把会上反映的“阶级斗争新动向”作了引证，如“‘四类分子’要先杀正式党员，后杀预备党员”，“要把土地改革时贫下中农分得的房屋田土要回去”等，强调狠抓阶级斗争，对罪大恶极的“四类分子”要狠狠打击。各区社在传达贯彻会议精神时，不同程度扩大敌情，渲染阶级斗争的紧张气氛，有两个公社以“阶级敌人报复杀人”（不实）为由，杀害4人。此后，全县到处流传“‘四类分子’要造反，先杀党，后杀干，贫下中农全杀光，中农杀一半，地富当骨干”，加之在这段时间，有四个区搞出7个反革命组织（假案），逼出一个纲领，即“八月大组织，九月大暴动，十月大屠杀”，气氛更加紧张。8月17日，清塘区造反派头头主持召开千人大会，动员部署杀人，理由是“阶级敌人在磨刀，我们也要磨刀，先下手为强，后下手遭殃”。

这场大屠杀之所以发生，同样归咎于法治的崩溃或者缺席。从1949年建政至“文革”结束，为了表明与过去决绝的决心，新政府废除了国民政府时期的《六法全书》，而实际上这些年间只出台了两部法律，一是宪法，二是婚姻法。前者是“国法”，后者是“家法”，一个几亿人口的国家，便这么国法、家法地简单运转起来。在那个疯狂年代，上至国家主席刘少奇，下至寻常百姓，谁都没有安全感。据说，当有些干部和群众提出“杀人是人命关天的大事，一定要依法办事”时，有的领导干部回答：“事先不要请示，事后不要报告，贫下中农就是最高人民法院，杀了就杀了。”道县柑子园公社还公然挂出“贫下中农最高人民法院”的牌子。宁远县有个农村女青年，把自己的婶娘（地主分子）抓来杀掉。有人问她：“你是你婶娘一手抚养大的，你怎么杀得下手？”她回答：“我要革命！”由于凶残无比，此女在三十多岁也没有嫁出，成为当地远近闻名的“革命剩女”。

谢天谢地，小堡村历史上从来没有发生类似恐怖的事情。当我开始面对这个世界时，那个残酷的年代正接近尾声。

6．有不公，为什么没有大动荡？

中国向何处去？转型期的中国，为什么当社会不公正几近极限，仍然没有出现西方预言的“大动荡”？为什么中国社会有“超稳定结构”？为什么王朝一次次崩溃而家国仍在？为什么社会屡经“民不聊生”最后总能起死回生？大凡关心中国现实与历史的人，都会被这些问题所困扰。而原因自有千条万缕。

临时政府

2008年国庆节前，《南方周末》的编辑给我打电话，要求我就个人与国家的关系写几句话。正是借着这个机会，我谈到自己更像是整个家族的“临时政府”，“为他们提供教育、医疗、社保等福利却从不向他们征税”。

早在上世纪改革开放即将启动之时，这个国家在政治、经济、社会与文化等方面已经濒临崩溃。而改革开放之于这个社会的稳定的意义，显然不在于“一部分人先暴富起来”，而在于渐渐形成了一定数量有知识亦有些许财富的中产阶级。他们虽然也处在社会矛盾之中，但同时又像是社会连接器，连接着富人与穷人、城市与乡村乃至中国与世界。尤其是走出乡村的农家子弟，他们几乎无一例外地成为救济大家庭、救济农村的主力军。尽管对于“中产阶级”这个标签，他们并不领情：没有兑现的政治权利，以及难以回避的政策性“杀鸡取卵”使他们认为自己仍旧身处社会的底层，并甘于与底层共命运。

而我所提到的“临时政府”或者“小政府”，实际上是一种亲情救济。关于这一点，相信许多从乡村走出来并且担负起家族命运者都会有所共鸣。这种亲情救济首先得益于中国的传统文化。从古至今，中国的政治、经济与文化都有明显的家族文化的特征。甚至“国家”这个概念，都是有国又有家。而早在周朝，便有“天子立国，诸侯立家”一说。孟子也说过：“天下之本在国，国之本在家。”虽然彼时“家”的含义不尽同于今日，却也歪打正着道明中国“国下是家”的社会结构。在《兴盛与危机——论中国社会超稳定结构》中，金观涛与刘青峰注意到，中国的超稳定结构在于政治结构、经济结构和文化结构（或者说意识形态结构）三者之间的适应与协调。在废封建后，“国家”二字连用而且家国同构实际上是将宗法制家庭与帝王国家高度协调起来。

顾炎武有句名言：“天下兴亡，匹夫有责。”在王权时代，更真实的情形应该是“天子治国，匹夫治家”。而且，因为都是全权治理，天子与匹夫负的因此都是无限责任。所以，天子亡国时，家族也就完了；匹夫犯了重罪，也可能被夷灭九族，子公司、母公司被皇帝老儿一窝端。也正是因为人们将自己的生命与价值附着于家之上，掌刑者与寻仇者都知道“斩草不除根，春风吹又生”。至于常被人哭哭啼啼说出的“忠孝不能两全”，则从另一侧面反映了中国人生活中“国与家”的两极。当然，真正能做到“忠孝两全”的，只能是继承了皇位并视天下为家产的帝王，前提是他不能像秦二世一样，将祖宗的皇位给弄丢，最后连自己的身家性命都保不住。

亲酬定律

吴思先生曾经谈到“血酬定律”，认为强盗、土匪、军阀和各种暴力集团靠“血酬”生活。“血酬”是对暴力的酬报，就好比工资是对劳动的酬报、利息是对资本的酬报、地租是对土地的酬报。应该说，在中国还有一种酬劳是“亲酬”。它不像“血酬”一样孤注一掷，充满刀光剑影，更多是体现在日常生活中的和风细雨式的交往与琐碎。“亲酬”因此可以被视为建立在家族亲情基础上的互助与酬劳。回想林冲等人如何被逼上梁山，就知道中国历史上的反叛者很多都是为了救济“亲酬”才投靠“血酬”的。

对于许多中国人来说，无论是战争年代还是和平年代，在茫茫人海之中，家就像是诺亚方舟一样，成为天下苍生赖以自救的手段，同时也是自救的目的。所以你会看到，一个家族为了供出一个读书人，总会齐心协力、拼尽全力。在回顾封闭年代的电视连续剧《天下兄弟》里，不是还有姐姐下嫁给“权贵”家的二流子，只为让弟弟能参军，以换回一个好前程么？倘使这种血缘救济真能帮家族成员闯出一片天下，做了大官或大官的大官，众亲戚好歹也能尝到一点“一人得道，鸡犬升天”的好滋味，有时哪怕只是一种“朝中有人”“上面有人”的虚荣。

遥想我年少之时，家境贫寒，下面又有几个弟妹都在读书，我能一直读到大学毕业也多亏有亲戚们的鼎力帮助。同样，在我工作之后也会为他们提供一些力所能及的帮助。我的父母，在我贪玩之时也曾担心我所有的上学费用都打了水漂，而在我开始自食其力后，同样见证了我对整个家庭所做的努力与回报。在乡下，如果有兄长在外“赚大钱”，当弟弟妹妹要上大学时，父母通常不会考虑寻求国家的救济，如助学贷款，而只是家族内部解决——他们甚至认为家里有人在城里工作还要找国家贷款是件十分羞耻的事情。究其原因，农民视本家族为一个命运共同体，有困难必须共担当。

“亲酬”在很大程度上也是重组社会关系的一种动力源与黏合剂，是转型期中国的稳定阀。小堡村不少没有考上大学而走出乡村者，即是得益于“有门路”的亲戚的帮助。而且，这种“亲酬”可以由亲及友，及熟人，“苟富贵，勿相忘”。正是因为宗族或者家族关系的存在、熟人社会的存在，若非被强力灌输，你很难想象中国社会能发展出什么阶级仇恨。毕竟，在同一个家族中，家庭成员虽然可能隶属不同的阶层，而他们之间的关系，最直观的往往是一种救济与攀附的关系，而非压迫与剥夺。

关于这一点，上世纪初的许多知识分子，如梁漱溟、董时进、吴景超、张东荪等都有所察觉。梁漱溟便是从文化的角度分析中国的社会组织结构，认为在不同类型的文化中，社会构造各不相同：由于“西洋”人重集团生活，中国人重家庭生活，于是中国由家庭生活推演出伦理本位，同时走向职业分途，形成了由家族伦理关系构成的社会。

梁漱溟所谓“伦理情谊、人生向上”的精神，体现在中国人身上的更多是家族式自救。而且，它是奏效的，即使是在一个扭曲的、不合理的社会中，仍然有许多人能够出人头地，“吃得苦中苦，做得人上人”，令人艳羡。而生活在社会底层者，也很少会从“家—国”的纵向关系上考察社会问题与政治问题，而只是“家—家”之间平行攀比，比上看到希望，比下看到幸运。不如意时，则自责命运不济，或者自己还不够努力。待终于无力回天，暴雨将至，他们多半也只是选择自生自灭。像湖北农民陈正先夫妇一样，因为交不起医药费，两人用皮带捆在一起跳江自杀，从此“永不分离，以江水为家”。此事发生于2007年2月22日——正月初五。这已经是8个月内媒体报道的第二起农民工夫妇因没钱治病而跳江的悲剧。在我印象中，不少贫苦的农民在得了什么重病时，首先想到的就是“不能拖连儿女”，即使不会像上面选择自杀，通常也会拒绝治病，所谓在家等死。

这哀伤并非只属于农民。2010年10月25日晚，沈阳市一双患有重病的老夫妇，从小区的8层楼上跳下。中国人自古热爱“执子之手，与子偕老”的浪漫与美好，如今看到“执子之手，与子偕亡”，情何以堪?

由于对家的过度重视，许多人更在意自己作为家长存在而非公民存在。而家长作为另一种形式的领导者（主持“小政府”），其首要任务便是对家庭成员负责，而且，为此他们不怕奉献牺牲。这方面，积极的例子举不胜举，而最负面的例子莫过于如今一些有“奉献精神”的贪官，他们将妻儿老小送到国外，自己舍身在国内做“裸官”，贪得盆满钵满，而无后顾之忧。

五米正义

“月儿弯弯照九州，几家欢乐几家愁。几家夫妇同罗帐，几个飘零在外头？”从历史上看，经营一个家族是中国人唯一合法的自治——虽然在几十年前他们曾经因为政治的原因夫妻、父子反目成仇，甚至被要求砸锅卖铁去吃“天堂里的食堂”，却未能就自家被粗暴干涉了“家政”而表示强烈愤慨。在大多数时候，中国现代意义的社会组织虽然很不发达，但是“亲酬”的存在以及人们对自家的苦心经营，在某种程度上弥补了这种不足。真正遗憾的是，这种只知“头痛医头，脚痛医脚”的私力救济所着力培育的仍只是一个私民社会。

如索尔仁尼琴所说的一样：“鱼群从不知集体反抗、撕破渔网，而是各顾各穿梭网眼。”他们未必是一群被驯化到不能自我组织的愚民，但是在一个压力型社会里人人争做“鱼民”各顾各也是无比真实的。这种各顾各的家族救济一方面部分地完成了社会自救，另一方面也将这个社会分裂为两个“鱼民之家”：一是网里之家，二是网外之家。网里的“鱼民”虽劳苦却也因为网外的“鱼民”而看到希望，而自以为逃出生天的网外的“鱼民”同样因为网里“鱼民”的痛苦而知足幸福，不问世事与网事。其结果是，虽然都知道这个国家有很多不公正的事情存在，却也都心怀希望、心安理得。大家各怀家事与心事，正义只在五米之内，抬望眼，数万里江湖，看似也波平如镜。

第五章　乡村民主

人有公正的能力，民主成为可能；
人有不公正的倾向，民主成为必须。
——尼布尔《光明之子与黑暗之子》

天听自我民听，
天视自我民视。
——《尚书·泰誓》

1.第五大发明

中国人“一分为二”的智慧举世无双。远者有阴阳，有君臣，有尊卑；近者有东方与西方、中国与外国，有城乡分治，有一国两制、一家两制（指的是一些人在社会主义中国做“裸官”，家属却在资本主义国家“享清福”）。历史风云际会，甚至连汉字也有了一字两制，演化出了繁体字与简体字。而在我梳理过往的中国历史时，更发现皇帝们在治官驭民方面亦是这般一分为二的。

前面说过，皇帝视天下为私产，为防流民生变，同时也为了更好收割民间财富，便将农民固定在土地上，于是乎“不是农民拥有土地，而是土地拥有农民”。与此相反，皇帝对于官员则另寻良策，把官员当作动物驱赶，就怕他盘踞一方。

简单说，皇帝对百姓是求静，求安土重迁，“本地为民”；对官员则是求动，求四海为家，“异地为官”。两者的共同目的只有一个，即加强中央集权。

为此，便有了这样一幅荒谬图景：在帝国广袤的土地上，草民如植物，静悄悄生长，只等着帝王的收割；官员则如野兽，四处饮水，四处巡视，东张西望。草民贡献粮食和蔬菜，“兽官”检查辖区植物是否交头接耳、图谋不轨。但与此同时，野兽又得像是没有地图的旅行家，绝不可以久居一地，因为国王担心当地的各类野兽与植物合谋，蠢蠢欲动，并视此为最大危情。

中国人常常不忘标榜“四大发明”（毋宁说“四大发现”），如果需要，这“本地为民与异地为官”也可算是古代中国的“第五大发明”了。

这“第五大发明”，虽然对维护帝国统治起到了一定作用，但也为中国的发展做了无穷减法。本地为民使中华文明滞留于“牛走前来我走后”的农业文明，而异地做官在历史上也没少折腾读书人。进京赶考颠沛流离，四处做官奔波跋涉，更别说有朝一日还有可能被流放——像苏东坡一样，“心似已灰之木，身如不系之舟”，“人生如梦，一樽还酹江月”。

时至今日，这“第五大发明”仍在发挥余热，不过基础却已动摇。一方面，死守人“本地为民”教条的户籍制度已是“一夫当关，千夫所指”；另一方面，不合时宜的异地为官制度同样受到越来越多的质疑。

以我目力所及，如今不仅是研究农民问题的学者、关心政权建设的政协委员，包括我在县城接触的一些地方干部，他们对于异地为官多持否定态度。地方干部有此观念，当然有出于自身利益的考虑，比如空降干部在一定程度上阻碍了他们的上升通道，但就整体思路而言，也不无理性判断。

其一，异地为官不能扼制腐败，反而可能增加腐败。此制度设计之初衷在于加强中央集权，防止地方势力结党营私。这在通讯、交通闭塞的年代的确有一定作用，然而今天交通、通讯发达，纵使是几千里都挡不住行贿者、亲友团，挡不住各利益集团间的暗黑交易。就腐败分子而言，异地为官不过是“打一枪换一个地方”，而且“换换更安全”。

其二，异地为官者可能因为缺乏本乡本土的情感和来自熟人社会的监督，行政不计后果。虽然今天有不少女子敢于上传裸照，无畏人言，但整体上绝大多数中国人都是重视社会评价的。

官员亦是如此。这主要来自两方面：一是熟人社会（此时所谓“父母官”，实乃在父母之邦做官，不得不在乎人情世故）；二是历史。长久以来，这个以历史为宗教的民族，虽然不在乎有没有天堂，但人人都渴望“青史留名”。这里没有十字架，却有耻辱柱。所以即使是一个普通人的葬礼也会飘扬“万古流芳”这样的挽联。在乡土中国，一个人无论做了多大官，总还是会在意同乡及其后人的看法。

其三，异地为官增加了政府的短视行为。我曾经批评现在的政府做事不图大计，地方政府更迭过频，倒更像是一个个“临时政府”；而“临时政府”之朝令夕改、野蛮拆迁更让社会变成“临时社会”。究其原因，异地为官亦难逃其咎。以中国市长协会调查为例，2002年到2006年任期内，更换了一次市长的城市占61.3%，更换了两次市长的城市占25.3%，没有换过市长的城市只占13.3%。另有媒体披露，河北邯郸17年换了10位市长，每任市长的平均任期还不到一年半，没有一位市长能够任满一届5年。

对于小堡村所在的九江市，我做了一个简单统计，从1983年撤地建市至2008年这25年间，历任市委书记共11届，也就是说平均2.3年一任，不足任期一半。

在古代，异地做官好比流放，而现在异地做官像是巡演。有人这样形容这些官员：第一年摸情况，第二年捞政绩，第三年忙走人。

其四，异地为官增加了行政成本。首先是关系成本。异地为官挑起了本地官员与外来干部之间的紧张和冲突有目共睹。而且关系未必都是坏的东西，在行政效率方面并非关系越少越好，否则美国总统上任为什么也会任命亲信？与此同时，异地为官也增加了财政支出，造就了许多穿梭于不同县市的“宾馆干部”。“三公消费”每年消耗大量财政，而中国有两千多个县，异地为官究竟花掉纳税人多少钱财？

其五，异地为官有悖于地方自治与基层民主。今日中国，虽说公民有选举权和被选举权，但是这种“空降和尚”的做法使许多地方的民主流于形式。最常见的情形是，某地要选举新县长，由于要选择外地干部，只好先由上级组织部门从外地派个代县长，然后再搞选举，而当地民众一般不了解该官员的情况，最后只能上级组织部门安排投票。当“生米做成熟饭”，所谓选举，不过是个揭开锅盖的仪式而已。

对于异地为官，许多网民也颇不以为然，并从逻辑上予以嘲弄：“如果实行异地制，县长要外县人来当，市长要外市人来当，省长要外省人来当，接下来国家领导人该由外国人来当，联合国秘书长就只能向外星球发电波，请求空降领导者了。”

除此之外，更有人揭短：虽然县市长名义上都由选举产生，但许多“外来和尚”竟没有当地户口。也就是说，根据《选举法》，这些“高僧大德”在就任地连选举权和被选举权都没有，遑论当选县市主要领导？这不是纯粹假选举吗？有的县，县长上任几年，从头到尾工资都在他原来所在的县里拿，连人事关系都不愿调过来。

相较而言，农民们对异地为官者的态度则多少有些暧昧。这主要取决于他们对本乡本土的官员有着怎样的印象。如果是坏官，他们便会想到“外来和尚”的好处，想到遥远朝廷上还有清官；如果是好官，比如通过自己的关系重建了学校，修了公路，他们便会相信“亲不亲，故乡人”。当然，无论是本地人，还是外地人，谁来做官都由不得他们选择，好坏只能事后评价。而真正令他们苦恼的是，如果是个外来坏和尚，恐怕想责骂都找不着对象。大凡能空降来的外来和尚，在“做空”了一个地方后，还能被空降到另一个地方继续做官。

农民们说不出多少理论，但他们知道如果能民选本地官员，为官者在情感与理智上都更可能会为本地谋福利，对他们负责；他们知道监督一位久居地方的官员比一个来去匆匆的“外来和尚”更容易。可叹这个地方自治的梦想，在近百年前被无情中断。当“民选县长”在百年后仍是梦想时，谁还记得1922年的中国曾经出现首位“民选省长”？无论惊艳与惊魂，其所见证的不过是二十世纪的一枕黄粱。

2.为什么要有乡镇精神?

论及美国的民主，托克维尔曾经谈到两个重要的东西，一是乡镇精神，二是民情的培育。二者相辅相成，紧密地联系在一起。

如果爱国主义还有可以被称颂的地方，它首先应该根植于人们对家园故土的担当与热爱。正如韦伯将美国的资本主义精神归功于新教伦理，托克维尔同样认为美国的民主发端于来自新英格兰的乡镇精神。在他看来，在没有乡镇组织的条件下，一个国家虽然可以建立一个名义上的自由政府，但由于没有自由精神的根基，那片刻的激情、暂时的利益或偶然的机会虽然可以创造出独立的外表，潜伏的专制主义迟早会浮出水面，呼风唤雨。

而这具有奠基意义的自由精神，即来自于对民情的长期培育。而且它必须落实到法律层面，而不只是道德。

> 在各种自由中最难实现的乡镇自由，也最容易受到国家政权的侵犯。全靠自身维持的乡镇组织，绝对斗不过庞然大物的中央政府。为了进行有效的防御，乡镇组织必须全力发展自己，使乡镇自由为全国人民的思想和习惯所接受。因此，只要乡镇自由还未成为民情，它就易于被摧毁；但只要它被长期写入法律之后，就能成为民情的一部分。（托克维

尔，《论美国的民主》）

正是因为认识到乡镇自由的重要性，近两百年前，托克维尔将考察美国民主的第一步放到了美国的乡镇，同时不忘给予乡镇无上的荣光——如果说国家是人之造物，那么乡镇则是上帝之造物了。在托克维尔看来："乡镇是自然界中只要有人集聚就能自行组织起来的唯一联合体。所有的国家，不管其惯例和法律如何，都有乡镇组织的存在。如果说建立君主政体和创造共和政体的是人，而乡镇却似乎直接出于上帝之手。"

对于美国的这些"上帝之造物"而言，最大幸运是它们不但没有被一个外在的庞大政权所摧毁，反而在自己的基础上不断拓展、上升，由乡镇一级的组织，发展到县、州一级，直至最后建立起全国性的联邦国家。而新英格兰堪称典范，乡镇各自任命自己的各种行政官员，规定自己的税则，分配和征收自己的税款。新英格兰的乡镇没有采用代议制的法律，但凡涉及全体居民利益的事务，也像古雅典一样，均在公众场所召开公民大会讨论决定。

进一步说，美国是各地"乡民"不断自我组织、不断扩大联合的产物，直至成为马克思梦寐以求的"自由人的联合体"。而不是相反，不是由一个新生政权将每个人都打散，待做好消毒与清洁后，好的留下，不合格的抛弃，并在此基础上形成一个所谓的"万众一心"、"万众一脑"的新社会。当国家利益高于一切，个人利益乃至个体本身实际上已经变得微不足道了。

若不是翻检旧时的档案，我怎会知道在过去那个国家至上的年代里，我所在的普通中学的校长，竟然必须由省委书记亲自任命？如果你是这个学校的一员，想以此标榜这所中学当年规格如何之高，竟需要省委书记大人亲自任命校长，那你就大错特错了。只要你逻辑还算清楚，就会知道从本质上说这只能表明这所中学及其所在的县乡镇失去了对这所学校的管理权。这个道理恐怕古人也可以想得清清楚楚——作为一介臣民，你不能因为凡事都得听皇上的，便吹嘘自己与皇帝同气连枝，是皇亲国戚。

回顾中国历史，这里并非没有自治传统，只是这种自治传统与托克维尔笔下的乡镇自由相去甚远。后者，公民与国家有着清晰的权界，公民不光有决事权，而且有天经地义的抵抗权；前者，臣民终究是君权下的鸡蛋，他无法甚至从未想过要与权力的石头抗衡。当抄家与灭族具有持久的正当性，乡镇自治注定只是苟安，是苟全性命于乱世。

在国家与农民的关系上，中国传统中的主流思想所突出的是强权统治，而非公共服务。乡村自治充其量只是一种辅助性治理，是帮忙。从总体上看，学界通常将秦灭六国后的中国乡村自治主要分为以下几个时期：

一是从公元前221年秦王朝建立到清末，持续了两千多年的“皇权不下县”的传统。国家政权机构只设置到县一级，县以下实行乡亭制、保甲制等制度。这种乡镇治理体制，始终维护皇权至高无上的统治地位，具有乡绅和宗法社会治理的自治性质。

二是从1908年到1949年，从清末到民国四十多年的“地方自治”。1908年清朝曾经颁布《城镇乡地方自治章程》。其后，北洋政府于1914年、1919年、1921年先后颁布了《自治条例》、《地方自治条例》和《乡自治制》，将县以下的乡改建为具有法人性质的自治团体，并按西方近代政治制度模式设计了由选举产生的议决机关、执行机关和监督机关。1928年国民政府颁布《县组织法》，规定了“地方自治”的原则，后来发展到乡镇具有一级行政区划的乡镇公所。这也是中国地方自治与乡镇精神得到蓬勃发展的时期。

三是从1949年以来全能主义主导下的“万能政府”构建。尤其在1958年开始的人民公社时期，公共权力侵蚀了所有的个人领域，以“加速实现共产主义”。农民戴上了“社员”的帽子，完全丧失了个人的自主权，成为狂热的公社化机器上的螺丝钉。到1985年年底，农村废除人民公社、恢复建立乡政府的工作基本结束，又不得不面临乡镇政权恶性膨胀的问题。乡镇政权的建制与扩张，既突破了两千多年“皇权不下县”的传统，又放弃了清末以来四十多年“地方自治”的实践努力，空前地将国家政权下沉到乡镇一级，建立了历史上和世界上最强大而又缺乏有效约束的乡镇政权。（周作翰、张英洪《农民自由发展与乡镇体制改革》）

至此，基层政权建设已经遍布每一个山坳。然而，它与乡镇自治与乡镇自由不但未能重合，甚至背道而驰。上级总是希望有更多的下级为其服务，同时更好地控制社会，由此导致了权力的自我扩张，不仅有中央、省、市、县、乡镇五级政府，突破了历史上和世界各国只设置中央、州、县三级政府的惯例，而且供养了大量冗员，出现顾炎武所感叹的“一役而恒六七人共之”的盛世萧条。其结果，难免如吴思在《血酬定律》中所说的那样，“良民或者死于沟壑，或者挤入白员（指超编人员）队伍，或者沦为盗贼”，到头来，社会风气每况愈下。平时，这些白员们顶着国家招牌，只顾顺手牵羊，一旦出了事，聘用部门也能顺手牵出几只替罪羊——坏事都是临时工干的。

公允而论，就中国的乡镇自由而言，上世纪下半叶并非完全没有大发展。从七十年代末开始，待慢慢废除了人民公社，推行家庭联产承包责任制之后，许多农民洗脚上岸办起了集体企业，“苏南模式”曾经盛极一时。小堡村所属垦殖场，不仅开办了多家企业，在级别上比县还高半级。当地风气开化，应该与当年汇集了大量上山下乡的干部、知识分子不无关系。像萧克那样开明的老干部也曾被赶到小堡村附近放牛。那是一个将无数牛人关进牛棚的时代。

不过，乡镇企业的辉煌似乎只停留在八十年代。曾经办得红红火火的厂子，从九十年代开始已经日渐凋敝。转轨的年代，牛刀小试的乡镇企业在完成了重启中国经济的作用后，又被扔在了一边。

古老的乡村让中国一次次起死回生，但它似乎从来都是掌握中国发展的方向，化解中国的危机，承受中国的苦难，却从不收获中国发展的成果。一旦危机过去，方向已明，各级权力便开足马力聚集资源，乡镇的资源向县里聚集，县里的向市里聚集，市里的向省里聚集……行政中心就是福利中心，任何有利于乡镇自治和乡镇自由的想法，都抵不过来自上级的一个红头文件。

这些年，我回县里时经常听到人们在议论一件事，说是这个县有可能一拆为二，其中一部分将划归南昌。且不说这个方案是否合理，如果真有此方案，世世代代生活在这片土地上的人们，又有什么决定权呢?

3. 从民选省长到民选村长

2010年2月，我在日内瓦大街上寻找一家时间博物馆。按着地图的指引，找了很久也没有找着。就在我站在一幢老楼前四处张望的时候，一位当地的老头告诉我，这家时间博物馆关掉了，因为前几年被小偷洗劫一空。闻此噩耗，我只得悻悻而归。不过，谢天谢地，好在小偷偷走的只是钟表，而不是时间。正如我们的历史，无论你记与不记，曾经发生过的事情，终归是在那里。

寻找陈炯明

两个月后，我去广东惠州参加一个网络问政的会议。会议结束那天，我去了当地的西湖边，寻找陈炯明的墓。出乎意料的是，问了当地很多人，都不知道陈炯明何许人也。这多少让人有些沮丧。更沮丧的是，在我年少时学过的历史课本中，陈炯明不过是个离经叛道的军阀——他“炮轰总统府”，背叛了孙中山的革命。

然而，当我有朝一日有机会梳理这段历史，发现事情远非如此简单。同样，就在当晚我与广东朋友们坐而论史，一个共同的看法是：如果陈炯明当年的主张得以实现，二十世纪的中国历史将完全是另一番景象。

关于发生在1922年的“6·16”事件，胡适在《努力周报》上有这样一段评价：

本周最大的政治变化是广东的革命与浙江的独立。孙文与陈炯明的冲突是一种主张上的冲突。陈氏主张广东自治，造成一个模范的新广东；孙氏主张用广东作根据，做到统一的中华民国。这两个主张都是可以成立的。但孙氏使他的主张，迷了他的眼光，不惜倒行逆施以达求他的目的，于是有八年联安福部的政策，于是有十一年联张作霖的政策。远处失了全国的人心，近处失了广东的人心，孙氏还要依赖海军，用炮击广州城的话来威吓广州的人民……（《努力周报》，1922年6月25日）

其后，在孙中山的追随者极力诋毁陈炯明时，胡适又批评道：

有许多孙派的人，极力攻击陈炯明，说他“悖主”，说他“叛逆”，说他“犯上”。我们试问，在一个共和的国家里，什么叫做悖主？什么叫做犯上？至于叛逆，究竟怎样的行为是革命？怎样的行为是叛逆？……我们并不是替陈炯明辩护；陈派的军人这一次赶走孙文的行为，也许有可以攻击的地方；但我们反对那些人抬出“悖主”、“犯上”、“叛逆”等等旧道德的死尸来做攻击陈炯明的武器。（《努力周报》，1922年7月23日）

在回应国民党机关报上海《民国日报》持续一个月的攻击时，胡适进一步指出：“我们的主张所以招怨的原故，全在我们不曾完全了解孙派用秘密结社来办政党的历史。……在一个公开的政党里，党员为政见上的结合，合则留，不合则散本是常事……用秘密结社的道德标准看起来，陈炯明自然是叛党的罪人了。”（《努力周报》，1922年8月20日）在这篇《这一周》中，胡适不忘抛出一个疑问：“秘密结社的仪式究竟是否适宜于大规模的政党？”

写在纸上的历史鲜有对失败者的宽宏大量，甚至最起码的公正。陈炯明反对孙中山的训政说，坚持认为主权在民便意味着政府该服务的是“四万万皇帝”。而民主政治的前提首先是以自治代替官治。有关陈炯明与孙中山的“主张上的冲突”，在后来国民党修撰的历史里，反对孙中山变成了“反党”，继而升格为“叛国”。1924～1925年间，孙中山接受了苏俄在金钱与军事上的援助，改组并“苏化”国民党，实行“一党专政”，开始与“西式民主”的建国方略背道而驰。面对接受了苏俄训练、有着苏俄装备与苏俄督率的“国民革命军”，陈炯明的“联治军”也显得不堪一击。联省自治或地方自治颓势渐成，中国历史在那儿走向另一个拐角。

“湖南共和国”

上世纪初的中国，在各种社会思潮中，最炫目的莫过于自治——“不自治，毋宁死”。1922年7月1日，大总统黎元洪甚至还下过一道指令，要求各地尊重地方自治，指出：“地方自治，原为立宪国家根本要图。……将来制定宪法，所有中央与各省权限，必能审中外之情形，救偏畸之弊害。”在联省自治的浪潮中，最为瞩目者，即是湖南的自治。

胡适先生曾经说：“争你们个人的自由，便是为国家争自由！争自己的人格，便是为国家争人格！”在二十世纪初，旧中国的许多才子佳人，便是抱着这样的个人理想与时代理想，相信争地方的自治，就是争国家的独立。而这些人里面，包括年轻时的毛泽东。

1920年10月10日，也就是中华民国的国庆日，毛泽东在上海《时事新报》副刊发表《反对统一》一文，指出“中国的事，不是统一能够办得好的，到现在算是大明白了”。在他看来，中国虽大，但是太没有基础，太没有下层的组织。在沙渚上建筑层楼，不待建成，便要倾倒了。中国二十四朝，算是二十四个建在沙渚上的楼，个个要倾倒，就是因为个个没基础。四千年的中国只是一个空架子，多少政治家的经营，多少学者的论究，都只在一个空架子上面描写。此外，毛泽东还从有机体的角度解释中国的政治：“有小的细胞才有大的有机体，有分子的个体才有团体。”为了建立“一个将来的真中国，其手段便要打破现在的假中国，要实现各省自决自治”。

年轻时候的毛泽东曾经受到胡适的影响，至少部分接受了胡适的观点。所以他引证胡适的观点说：“胡适之先生有二十年不谈政治的主张，我现在主张二十年不谈中央政治，各省人用全力注意到自己的省，采省门罗主义，各省关上各省的大门，大门以外，一概不理。”

恰同学少年。且不说毛泽东当时在报章上自由地表达了一些事关自由主义和个人主义的见解，这种要“省庆”不要“国庆”的思路，从细胞到有机体的叙述，同样表明自治精神在上世纪二十年代如何为那一代人所备加推崇。就在这篇文章发表前三天，毛泽东还在湖南《大公报》上发表《为湖南自治敬告长沙三十万市民》的文章，呼吁：“湖南自治是现在唯一重大的事，是关系湖南人死生荣辱的事。我劝湖南人，我劝我三千万亲爱的同胞，爹妈死了，且慢去埋，大家来将这自治的海堤筑好再说。”

而就在此前的7月22日，刚刚赶走唐敬尧，开始重掌湖南军政大权的谭延闿向全国发出“祃电”，宣布湖南自治，强调“当以各省人民确立地方政府”展现“根本救国决心”——今后不仅省长要湖南人自己选举，不再由中央任命，还要制定省宪法。为此，毛泽东不仅与人合撰《由“湖南革命政府”召集“湖南人民宪法会议”制定“湖南宪法”以建设“新湖南”之建议》的省自治法草案，公布在《大公报》上，甚至还起了一个“湖南共和国”的名称。在他看来，既然实行全国统一无望，最好的办法是“索性分裂去谋各省的分建设”，先和处于混乱中的“大中国”脱钩，待十年二十年后，各省“分建设”好了，再搞“彻底的总革命”。如此豪情，真可谓“再过二十年，我们来相会……光荣属于二十年代的新一辈。”

1921年11月，湖南省宪法获压倒性通过，确立了中国历史首开纪录的地方自治宪法。接下来是在1922年3月底到6月底完成省议会选举。考虑到两千多万选民直选的困难，在9月的省长选举采取了县议员决选，毕竟县议员只有两千七百余名。最后，赵恒惕以1581票的绝对优势成为中国首位“民选省长”。

时运不济的是，湖南夹在南北之间，而孙中山此时一心武力北伐，遂视湖南为北伐的拦路虎，动员各方力量，终使赵恒惕兵败。至1926年7月9日蒋介石在广州誓师北伐，刚接手湖南的唐生智也在长沙宣布废除湖南省宪法，解散省议会。湖南的六年自治，终于昙花落。

“无法无天的政治”

关于那场持续三个月的议会选举，我读到不少负面的描述。据说，长沙的各选举场公开贴出招贴，写明“一张票吃点心，二张票吃饭，四张票吃酒，十张票与洋一元”的价格，为自己支持的一方拉票。有的地点，投票还没有开始，票箱里已经有了八千多张选票。至于地方各县的选票也基本上都被乡绅掌握，哪派要票就得从掌握选票的乡绅手中去买，价格从一两毛到一两块不等。等到正式投票时，更有为选票大打出手的；抢夺票箱、砸烂票箱的恶性事件也屡有发生，在安化县甚至还发生了团防局武装夺取选票的事情。以至于省会各公团提出要求重新选举。

这些场面难免给人一种时空倒错的感觉，其混乱与现今中国农村某些地方的海选多么似曾相识！贴在电线杆上的600元一张的选票，提着票箱走家串户收选票的人……不同的是，当年是民选省长的混乱，而现在是民选村长的混乱。

夜读胡适日记，1929年4月26日的一节让人叹息。日记中胡适记录了马君武这样一段话："当日有国会时，我们只见其恶，现在回想起来，无论国会怎样腐败，总比没有国会好。"马君武明确否定国民党的一党专政，希望国民政府能以宪法为号召，恢复民国初的局面。胡适认为很有道理，进而分析说："当日袁世凯能出钱买议员，便是怕议会的一票；曹锟肯出钱买一票，也只是看重那一票，他们至少还承认那一票所代表的权力。这便是民治的起点。现在的政治才是无法无天的政治了。"

艰难的起步——村民自治一瞥

前文提到作家汪锡鹏三十年代曾经在永修做过一次农村调查。我在申报馆编辑出版的文集中找到该文，其中有一段内容涉及某村的村民自治与公共事件的解决。

事件的起因是，该村一位十五岁的少年，娶了一位二十来岁的女子为妻，但是生活并不理想。女子便回到娘家长住，并且生下了一个没有名分的孩子。闻讯后，她丈夫村庄里的卫道士们纠合数人前来兴师问罪，以保卫该村的名誉。交涉的结果是，由媳妇的娘把女子卖掉，得钱三百二十元，完全交给几位出头的"道德分子"。村上的人再也不承认该女子是本村的媳妇。

表面上看，事情已经妥善解决，不过这只是开始。接下来，几个人跑到镇上大吃大喝大乐一顿，花去了五十元。剩下二百七十元，其中一百二十元交给那位名誉受损的年轻丈夫，余下一百五十元便被几人"没收"。对此行为，村里其他人都深感愤怒与妒忌，"在人背后咬牙睁眼地表示心中的不平"，恨不得"嚼吃那吞占款子的人"。再后来，在村内做农村工作的人员与保长商量修路，大家不约而同想到了那笔被贪污的款子。为此，决定当晚由保长召集召开村民代表会议。

到了晚上，甲长户长一共到了五六十人，济济一堂。据汪锡鹏回忆，大概是因为受过训练，当晚秩序很好，“咬牙睁眼”的几位也在其中。会议由保长主持，与会发言者也不少。不过，发言的大部分都是叙述事情的经过和不平的事由，只是较之平时说话时的态度，要温和许多。至于结果，两个小时下来，仍是一场空，因为没有形成任何决策性的意见。千言万语，不过是证明有此事实，并且构成了对吞吃款项者的谴责。到散会时，谁也没有提出交出“赃款”的要求，有的甚至做了和事佬，说没有他们，这笔款一分也要不回来，在镇上吃喝一顿，只当是酬劳，大家相安无事，既然愤怒已经排遣，散了吧，算了吧。路终究没有修筑。

透过这个细节，读者不难得出以下印象：其一，三十年代农村个人权利观念尚未得到良好培育，群己权界不分，所以才有了逼人卖女，私自或者集体侵吞“名誉款”的行为发生。其二，在自治方面虽有村民大会的形式，但还没有取得实质性进展。这种“毫无进展”，不禁让我想起小堡村村民对树木被强卖时的态度。

然而，我并不认为上述村民代表大会毫无意义，至少它将民众聚集在一起，商量事关众人福祉的事情。凡事有一个培育的过程，民情的培育也是如此。遗憾只在于它时常被中断，一次次丧失自然成长的机会。

时至今日，有不少这样的人，他们热衷于描绘中国人初试民主时的混乱与失措，从民国到台湾，再到内地乡村，断定中国的民情不适合民主，却从不真心实意地培育民主，培育民情，并乐见其成。他们只看到时代在交媾，却看不到时代在孕育，兀自以那肤浅的秩序之名，将民主训练矮化为一件“有伤风化”的事。

而历史也总是热衷于跟中国人玩“鬼打墙”的游戏。从民选省长回到民选村长，走过又一个世纪的中国，而今迈步从头越。

4. 村治与县政

> 界限已经划清，诅骂开始降临；现在的落伍者，不久就会胜出，当下将转眼成为历史；旧的秩序正在消逝，那些今日的风流人物，会成为明天的无名之辈，因为时代在巨变。

冥冥之中仿佛有天意，就在我着手写乡村政治生活的时候，无意间翻出了鲍勃·迪伦的这首老歌——《The Times They Are a-Changin'》（时代在巨变）。混浊而沧桑的男音，青涩而跳跃的吉他，偶尔让人心碎却又不失希望的口琴……

时代正在变，世界正在变。自从有了互联网，普通中国人参与政治的热情终于有了寄托之地。网络浩浩荡荡，里面有神枪手，有飞行军，有手无寸铁的围观者，他们以满腹的嘲笑汇编着这个时代的主旋律。庶民揭竿而起，开起了自己的Party，无视民意者，不仅会在将来孤独于历史，而且已经孤独于现实。既然无缘做一个专业的议政者，人们就把政治讨论搬进了生活，在生活中抽丝剥茧，春风化雨，时而小心翼翼，时而又大张旗鼓地推进时代的变革。试想，早在十几年前，堂堂一位省长，怎会因为抢夺小记者的录音笔而变得声名狼藉，并以《夺笔者的救赎》收获“两会奥斯卡”奖？

那时候的人们，充其量也只是会私下嘟囔一句：“又不贵，怎么不自己买一个？”

欧盟来了观察员

乡村也在变。我时常遇到一些城里人，他们对我说乡下真好啊！不仅在实际操作上可以多生一个孩子，可以呼吸新鲜空气，而且乡下人还有热热闹闹的选举，早于城里人体会到竞选的乐趣。言下之意，自从进了城，在享受民主权利方面，我是弃明投暗，远远落后于我在乡下的父老乡亲了。

从形式上说，我的父母在老家的确参加过几次选举，而且选举的地点并不一样，有时是在小学操场上公开选举，有时是村干部提着票箱挨家挨户收票，就像是当年收公余粮。只是在这荒芜偏远的乡村，这些选票也并不值钱，不像北京周边的村庄，一张能在电线杆上标到六百元甚至更多。

如果没有特别有力的推动，当地农民参与相关选举的热情远不如一桌行云流水的麻将。那些选举办得好的村子，通常都得到了乡镇及县里的重点督导。当地有个叫坪塘的村子，因选举做得不错，而被省里定为“中国—欧盟村务管理项目”观测点。[1]

有意思的是当欧盟专家在省、市、县、乡各级政府官员的陪同下赶到现场观摩。由于在乡下从未见到这些金发碧眼的洋人，而且是女洋人，又有若干官员煞有介事地围护，村民们难免会上前围观。最后的情形自然是，一边是欧盟观摩中国农民选举，一边是中国农民观摩欧洲女郎的异国风情了。倘使当年我没有考上大学，并且一直留守乡下直到莫名其妙地参加这样一场选举，于恍惚之间，我或许还会浮想联翩，以为

1．中欧村务管理培训项目是中国政府与欧盟委员会开展的政府间合作项目，为期五年（2001年5月～2006年5月），主要由欧洲提供资金和经验上的支持，协助中国政府培育基层民主，其中一项重要内容就是到现场观摩村委会的民主选举。

这是中国农民在联合国的一个分舵投票了。

失落的村干部

至于参选者是否有热情，则视环境而定。有时竞争会很激烈，有时会无人问津，这主要和村委会有多少可以支配的资源有关。在有些人看来，如果当干部又不能够主持变卖点东西，捞取点好处，还不如各打各的麻将，只管建设“和牌社会”，争取“不折腾”。据当地一位负责基层选举的民政干部说，现在村支书辞职不干是常有的事。有个地方，镇党委有意让某位较有头脑与威信的人当主要领导，这人竟然死活不肯领情。究其原因，村干部很难当。一是担子重，农村很多任务最终都压在村干部身上，村干部确实难以承受；二是报酬少，每人一年不过两三千元工资，还常常拖欠数年不能兑现；三是地位低，在上级领导面前，村干部都是听吆喝的“牲口”，而在村民面前，村干部又像是讨要钱粮的叫花子。

同样是村干部，其地位与威仪和上世纪八十年代以前的同僚相比已不可同日而语。遥想当年，一听到谁是大队书记，小堡村的孩子们都避之唯恐不及。我至今未真正明白这种恐怖的气氛在当时是如何传染给我们这些下一代的，但我的确是在幼年记住了大队书记那阴森森的面孔。而且在印象中唯有他可以伸张正义、殴打妇女、四处出击、一呼百应。及至自己稍稍年长，有了独立的判断，我才知道当年的“伸张正义”和为非作歹在很多时候只是同义词。当乡村通往城市的闸门打开，村民可以自由地出入这片土地；当政治运动渐渐熄灭了往日激烈的锣鼓，开始让位于阳光之下慢条斯理的生活……站在田野上，看着农民靠着从外地带来的财富堆砌起来的楼房，我真切地感觉到“时代在巨变”，感觉到那个令人憎恶的旧时代终将一去不返。尽管这里还会有钱权勾结，还会有为非作歹，但是那都是个人的选择，而非时代的选择。大家各奔前程，谁也别想绑架谁。即便被拔高为“政治选举”的乡民自治，农民如果看不上眼，也有不去投票与“国事管它娘”（林语堂语）的权利。

村官的抵抗

事实同样证明，在一些地方，尽管没有太多可以管理的资源，只要有人认真推动选举，许多人还是会不计得失地参与这种竞争，希望自己能够在管理上一展身手，并收获他人的尊重。曾有参选者如此表明心迹：“过去村干部是组织上任命的，不少靠的是拉关系；现在让群众来选，靠的是真本事，光荣。群众选上来的，当得才有意思，群众信任我，就会支持我，我也才会努力干，来报答群众对我的信任。”

一位民政干部说，民主选举极大地激发了村民参政理事的欲望，增强了村干部的荣誉感和使命感。有的村干部在竞选上台后，甚至还会倒贴一些钱。这种“当官赔本”的奇迹，大概只在中国的“村官阶层”中方可以见到。

然而，对于那些积极推动村民自治的人而言，他们并不希望政府就此给村委会成员发工资，因为它违背了村民自治的宗旨。如果村委会主任拿的是“政府的钱”，难免会被政府“收买”，对政府负责，有冲突时不得不面临“你是替政府说话，还是替村民说话”这样的两难。所谓“控制了谁的饭碗，就控制了谁的脑袋”，村民自治必定因此失去应有之义。

问题是，即使不拿政府薪水，村委会的工作也难免受到来自乡镇的干预——后者视管理村委会为天经地义。一个最普遍的现象是，一些乡镇会给村委会下发并非分内的任务，比如社会治安、计划生育、农业生产、报刊征订、新农村建设等，如果工作未能完成，即在此基础上追究村委会的责任。显然，这是一种强加的责任。法律规定村委会只是协助乡镇开展工作，除了村民自治之内的事情，其他都是强加的。乡镇更无权据此免去村民选举出来的村委会主任的职务。

“组织意图”

不管从哪个角度来说，村民可以按照自己的意愿选举自己的管理者与服务者，都是时代的进步。毕竟，这是在给农民的权利做加法。但是，如果以更广阔的视野来看待农村的基层自治，即使是对于现代政治并不很了解的人，也能依稀地感觉到将乡民圈定在村子里的自治选举，并非真正意义上的政治选举。毕竟，村委会只是村民自治组织，而不是基层政权。

为什么中国的理论界对村级自治曾经寄予厚望，如今已经热情不再、意兴阑珊？本地某个乡的人大主任与我直言，“这种羞羞答答的民主，也就是做做样子。对此我们也无法真正热心”。更别说从乡镇到县里的选举，也难免被“组织意图”越俎代庖。

然而，人，这神奇的动物，万物之灵长，自以为能辨别善恶美丑，总难免有一种释放激情的冲动，希望能在自己的努力下使一些不乐见的事物由坏变好，并视此为良心与责任。近年来，越来越多关注中国民主进程的人开始诘问：既然村级自治无法担当起中国宪政试验的重任，倘使政府有足够诚意，何不从县级政权开始试验真正的政治体制改革？如长期关注农村基层政权建设的学者于建嵘所主张，中国有两千多个县，不妨先在十个县甚至一百个县做试点，十年再扩大到一千个县，再十年扩大到所有的县，以空间换时间，给民众一个明确的时间表。具体过程是，先按照现行体制，真正按民主的原则来进行县级人民代表大会的代表选举，并使县级人民代表大会的代表专职化，再由县级人民代表大会的代表选举县行政长官；再经过五到十年，通过修改宪法，过渡到直接由全县选民直接选举县行政长官。如果说行政分权是为了解决中央与地方的关系问题，政治分权是为解决政治权力结构和权力来源问题，那么从现在的“省管县”过渡到自由选举的“县政自治”，就是完成从行政分权向政治分权的时代巨变。

话虽如此，现实却又让人举步维艰。

在与基层官员谈论民主的时候，我听到最多的一个词是“组织意图”。

有位熟悉基层政治生态的师长更向我直言不讳：别说是县级选举，就是乡镇一级的选举也是盘根错节，难上加难。在他看来，在目前的压力型体制下，这种局部直选有蚍蜉撼大树的意味，因为直选是一个系统工程，如果没有一个整体性的改造，指着县乡干部“革自己的命”，恐怕也只能是一个善良的愿望而已。

我在当地听到的一个流传甚广的选举公案，也足以令人叹息。话说上世纪九十年代末，县政府换届，当时某镇党委书记X，未列入副县长候选人。然而在选举期间，代表们“无视组织意图”联名将他推举为候选人。虽然其后组织上来人找他谈话，要求他主动退出竞选，但是X态度坚决，执意要参加竞选，并且成功当选为副县长。然而，他的逆流而上惹恼了“组织”，于是副县长位子还没有坐热，便被调到了市林科所任职，被同僚视为“流放”。几年以后柳暗花明，X才有机会重新回到县里工作，做起了人大副主任。

表面上看，X是吃了民主的亏，实际上吃的是“组织意图”的亏。毕竟，民主并没有加害于他，民主只是为他提供了一次机会，而“组织意图”却不肯给民主一次机会。

在当地，官场上的人将这种由代表推举候选人的现象称为“暗杠开花”。言下之意，瞒着组织谋私利。也正是这个原因，这位人大副主任在抓基层民主建设方面，比别人多一番切身感受。而当地人用麻将来解释选举，和我在后文就麻将谈宪政也算是有异曲同工之妙了。

5.答案就在风中飘

开始写这一小节文字的时候，我正在从巴黎飞往北京的路上。在天上，阳光灿烂，碧空如洗。

非洲人自救

几天前，我受邀在瑞士参加一个“全球反对死刑”的国际性会议。由于有1800余人参会，与会者被分散安排在不同的旅馆里。我所住的地方是在日内瓦郊区的一间别墅。借着这次安排，我有机会和来自沙特阿拉伯、阿富汗、越南以及若干非洲国家的参会者聚在一起同吃同住，往返于住所与会场之间。和我同住一室的是四个非洲人。除了一位布隆迪记者外，其他人都来自刚果、几内亚和乍得等尚未废除死刑的国家，包括无国界律师的工作人员、报社的记者和维权人士。言语之间，无不尽显人性的光辉、改变国家与社会的热忱。

回想过去，虽然在法国的大学城里我与非洲学生曾经住得很近，见面也“傻驴”（Salut,法语问候用语），交往却很少；而多年来通过影视了解的非洲也只是一个二手的、被断章取义的非洲。那里充满了战乱、饥饿、瘟疫、艾滋病，那里到处都是需要被文明世界拯救的无所事事的人们。在这些影像资料里，非洲的生机勃勃都让给了野生动物。而只要你倾心接触他们，你就会发现非洲人无日不在自救。仔细想想，同在天空下，哪一片土地没有自救者？正是他们日积跬步、日拱一卒，让那片土地渐渐变得丰饶，变得适于人类居住，也让自己和那片土地渐渐赢得了世界的尊敬，使更多的人愿意参与其中，身体力行，并且乐见其成。

而我的电脑里，此刻便藏着这样一部关于公民日常自救的日记。它不是来自非洲，而是来自我正在努力书写的故乡。在去日内瓦之前，我甚至顾不上收拾行李，因为这部日记深深地打动了我，以至于我有了一种难以抑制的激情，想尽快读完它。

M先生的民主理想

事情还得从2010年的春节说起。为了躲避春运高峰及城中近乎荒凉的新年，我在除夕那天飞回了小堡村。两天后又去县里拜访一位老朋友，并在他的引荐下，我有幸结识了当地负责基层民主选举的官员M先生。虽是初次见面，但我们谈得十分投机。一来二往，M先生向我赠阅了过去五年间的“民主日记”。在前面的章节里，我曾经感慨“何世无奇才，遗之在草泽”，而这一次，我的叹息已经深不见底了。

因有了与M先生的这次相遇，故而在我离开巴黎的几天前，在我与旅居欧洲的一位异议人士聊天时，我谈到中国政府尤其在基层有很多人抱着积极的态度在做事时，这位仁兄对我的观点很快失去了兴趣，甚至略带鄙夷。我常在想，如果我们不是简单地“以意识形态对抗意识形态”，而是回到人之事业本身，中国的问题一定好解决得多。单就走向一个美好社会而言，本无所谓体制内外，无论有怎样的分歧，只要你愿意回到人本身，就不难与他人找到共同的事业，并在此基础上求得和解。

为什么M先生深深地打动了我，想来至少有以下几个原因：

一是态度。我一直认为，在这样一个时代，虽然我们无法立竿见影改变大环境，但是只要你愿意，肯努力、有担当，改变小环境总是可能的。（参见附录《两千分之一的改变》）而M先生便是这一信念的践行者。尽管他意识到乡村自治在很多地方搞不下去，其阻力主要来自官方没有足够的诚意，但即便如此，他还是愿意全力以赴来做好这件事，即在其能力与职权范围内，必须表现出最大的诚意。

二是见识。无论是乡村，还是城市；无论是民间，还是官方，我们经常能听到这样的论调——村民自治的理论过于超前，农民的素质太低！对此，M先生深不以为然。某次聚餐，他便借着酒劲与人说了这样一段话：

> 老百姓素质低吗？你打算让老百姓做什么？用电脑种田吗？用钢琴伴奏让鸡鸭下蛋？或者开飞机运送猪肉和饲料？这些他们可能确实做不了。但如果我们只是让他们在本村选几个正儿八经的人出来为村民服务，这不会比我们做得差——如果我们真心实意让他们选。好吧，就算按你说的，老百姓素质差，可这话我们很没有资格说。试想想，建国快60年，我们这些人为提高老百姓民主法制意识做了多少工作？我们经常教导他们的不就是“要和党和政府保持一致”吗？老百姓的素质都像我们这么高了，我们这官还当得稳吗？我们这公款吃喝，还尽得了兴吗？所以，我们对老百姓实行的其实是愚民政策，就是怕他们素质高了，踹了我们的交椅。我们打心眼里想的，是老百姓的素质低点，再低点，这样我们就好当他们的领导了，就天下太平了。就是这样，不是吗？说老百姓素质低，不是说希望老百姓素质高一点，而是想以这个为借口，不搞民主法制建设，这才是真正的目的。

至于选举，M先生常常自省："说老百姓不关心选举，不关心谁当村官，可我们何时有过真正的选举？我们何时真心实意地给过老百姓选择自己当家人的权利？"有个村搞了两次正式选举，均告失败（该村"海选"候选人时，镇上不仅党政班子一边倒，并且动用了警力），直到县里的工作组介入，才真正调动起群众的热情，遏止了镇政府的干预。所以，到第三次选举时，该村应到选民1127人，实到1046人，参选率达92.8%。有位老人，由于年高体弱，头天说好让他在家等流动票箱上门，可到了第二天11点，老人竟一颠一颠地赶到会场来投票，说："我等不及了。"

在M先生看来，现在搞村民自治，"乃剥夺乡镇对村委会的统治权"，是故让乡镇自己给村委会搞选举，无异于"与虎谋皮"。这也是他作为上级敦促乡镇积极助选的原因。如果有干部坚称"群众叫不拢"，不愿意到既定会场去公开投票，他便会带着这些干部去村民家里逐个询问。实际情况正好相反。事实证明，所谓"群众叫不拢"，不过是乡镇干部为实现"组织意图"而找的一个借口而已。

同样，另一个村选举搞得不顺利时，乡某主要领导也把责任一股脑儿归结为"选民素质太低"。然而一经调查，M先生发现乡里在指导实际操作时，竟有十处与法律法规相违背。谁都知道，法律不只是一种制度设计、一种规则安排，它同样包含一套可操作的方法，一种可能受到公认的价值。为官者去打破它，民众就有可能消极抵抗，这样的情况下，你会责备谁的素质更低呢？这样的选举，又怎可能不白费力气，甚至让选举失去信用呢？

每代人都有每代人最应该做的事情，而人世间最无奈的事情，莫过于有决定权的人告诉你你最想做的事情永远"时机不成熟"，还要等一百年甚至更长的时间。在这方面，仅就化解社会矛盾而言，我与M先生有一个共识，即村民自治与基层民主已经不是等待时机的问题，而是不能再耽搁下去的问题。为此，有时M先生也忍不住这样抱怨："我们的乡镇领导，甚至更高层的领导，情愿让一个个的村这样烂下去，也不愿放弃手中的权力——这也许就是他们认为‘时机不成熟’的真正原因。”

有意思的是，每到选举时，M先生不仅将“民主是个好东西”到处张贴，而且会独创一些标语，并且乐在其中，如“你有治村抱负吗？那就踊跃参加竞选吧”、“群雄逐鹿大丈夫不惧挑战自我，百姓握权小选票定能成就未来”。几年来的民主实践让M先生相信，凡是基层民主落实得较好的村，村级事业就能得到较好的发展，民心就比较顺；反之，村级事业就长期停滞不前，甚至出现这样那样的问题，这个村就很不稳定。

三是勇气。除了勇敢地表达自己的观点外，还有日常的抵制。虽然M先生的事业远不及梭罗与甘地，但这并不妨碍他赢得了我的尊敬。比如，当市委要求“各地党报党刊征订任务未完成之前，不得征订其他报刊”，M先生会认为这无异于要求“征订腐败”，也反映了政府之言行不一：为什么一方面要减轻农民负担，另一方面又强迫农民征订他们也许并不需要的东西？其结果是农民损失了钱财，政府丢掉了威信。为此，他紧急通知扶贫办，告知全县13个贫困村，今年村里报刊征订费不得突破400元（省里有规定），谁突破谁负责。虽然连他自己都怀疑这类“指示”能否落实，也许只是螳臂当车，但他还是做了。其愿望朴素得令人动容——“至少会让这些村感觉到，已经有人在采取措施，设法抵制这种荒诞无稽的腐败。”也正是因为这种抵制让他深感力不从心，并透过与村民的交往，M先生坚定一个看法：若不能真正实行村民自治，这种抵制就很难成功。

痛苦的抉择

2005年12月22日，M先生写下了这样一段日记：

昨晚的餐桌上，一个县直部门的领导语重心长地对我说："算了，管那么多做什么啊，跟你说句兄弟间的话，再也不要到村里去讲话了。"

这位领导与我交好，关系确可称"兄弟"，我相信他对我说的是肺腑之言。

"再也不要到村里去讲话了"，此话让我一宿未眠。

从事村民自治这么些年，我已经习惯在村里说话——在村里说话可以毫无顾忌，十分痛快；在村里说话，目的是以朴素的真理唤起民众，因而很得民众欢迎。不在村里说话，我还能做什么呢？

"不管那些破事，我们的工资还不是照拿？"这位"兄弟"说。

可我的工作就是管这些"破事"，不管这些"破事"了，我们的工资能拿得安心吗？

"你一个人能扭转得了吗？你看看那些高喊民主的人，有几个是真正想搞民主的？上面选县长市长，同意的坐着不动，不同意的到前面来领笔，这是什么民主？完全是糟蹋民主啊！你一个小人物，整天东跑西颠的，把人都得罪光了，最后落得什么？别以为这世界属你最能干，歇菜吧我的兄弟。""兄弟"进一步规劝道。

对此，我无语。

我已经48岁了（前天有位村民问我有50多了吧），还有一两年就要退居二线，不用再上班了。余下这短短的时间，我还能做什么？

何去何从？

中国需要我这样的人吗？我能就此沉沦下去吗？

如果不做村民自治，其他的事我就都不想做了。

我是为民主而生的，我的骨子里浸透了民主的汁液，要我放弃，无异于放弃生命。

M先生给这篇日记起了一个标题——《痛苦的抉择》。这个视推动民主为生命的人，让我想起那位在广西支教的德国青年卢安克。2009年年底，卢安克在接受柴静的采访时说，如果不得不离开乡下那些学生，他的命就不在了。正是这位过着清贫生活的德国青年，让我无比感动，让我不得不停下来检点自己过往的生活，并为此惶惶不可终日。

可以预见，我与M先生见面的机会不会太多，那次偶遇以及我近乎无节制的赞扬，对他来说无疑是莫大的鼓舞。“我也由此重新发现了我自己的分量：在此之前，我基本是在单打独斗和旁人的贬损中默默前行，苦闷袭来时，不免对自己的奋斗目标和价值产生怀疑。”M先生在自己的博客上专门谈到我们的相识与相惜，当时他正在读我的新书《重新发现社会》，并表示自己也有了一种“被发现的喜悦”。

M先生不只一次向我表达了这样一种感受，即在当地很少有人能理解他，他是孤独的。即使是那些平时和我交情很深的朋友，也只是将他视为“民主斗士”，并认为他的一些做法脱离中国国情。然而，你又不得不承认，他的这种孤独，是一种光荣的孤独，而非可耻的孤独。以我对时代的理解，更不会将其视为一个堂·吉诃德式的人物。即便他有着堂·吉诃德一样的孤独，但也绝不是生活在堂·吉诃德的那个时代了，因为“The times they are a-changin'”——时代在巨变。

百战旧河山

记得是在乡下读中学的时候，我有机会了解到县里的一些历史掌故，最让我动情者莫过于上世纪初本地若干才子佳人如何舍生取义，以及他们留下的让我至今都自叹弗如的慷慨文字：

茫茫荆棘，问人间，何处可寻天国？西出阳关三万里，羡你独自去得，绰约英姿，参差绿鬓，更堪是巾帼。猛进猛进，学成归来杀贼。

试看莽莽中原，芸芸环宇，频年膏战血，野哭何止千里阔，都是破家失业。摩顶舍身，救人自救，认清吾侪责。珍重珍重，持此送你行色。（张朝燮《念奴娇·送别》）

张朝燮，1902年出生在离小堡村十里之外修河边上，可惜在二十五岁时（1927年）便遭地方武装枪杀。因了这份卓绝的才情与济世的决心，张朝燮成了我年少时无比景仰的英雄。同样让我感慨万千的还有他的那首《感怀》诗：

宇宙无穷极，人生乃微茫。吾身自何来，而亦竟何往。高楼万古月，夜半照我床。为是凄凄者，感我寸心伤。（节选）

山河流转，岁月飘摇。如今读之，更觉凄惶。

“二十世纪流血，二十一世纪流汗”，我常与人这样谈及我对时势的理解。透过革命年代云散风流的故事，动人的已不再是让人苦苦追寻的主义，而是这片平常土地上的殉道者的人格。无论是流血，还是流汗，人们总在尽着自己卑微的本分，做一两件可以托付生命、慰藉人生的事情。虽然现在已是和平年代，自称“为民主而生”的M先生，以及无数和他一样致力于乡村建设者，不正是体现了这样一种人格么？他们在自救不忘救人，救人亦如自救。

此后，M先生也时常会在网上和我谈到自己如何促进村民自治，当天又跑了多少个村庄，有什么心得。想着M先生奔波于各个村落时的情景，近十年来的寂寞与坚持，在选举现场协助张贴标语、给村民发相机拍照及维护选举秩序的场面……就在此时此刻，就在我静静地写完这篇文字的时候，自始至终，我的脑海里一直回荡着鲍勃·迪伦的那首老歌——《答案就在风中飘》：

一个人要走多少路才能真正称作是一个人？
一只白鸽要翱翔多少海洋才能安息在沙滩上？
炮弹要飞行多少次才能永远被禁止？
我的朋友，答案就在风中飘。
答案就在风中飘。

一座山要生存多少年才能被冲进海洋？
一个民族要生存多久才能获得自由？
一个人要扭多少次头还是假装看不见？
我的朋友，答案就在风中飘。
答案就在风中飘。

一个人要抬多少次头才能看清天空？
一个人要长多少耳朵才能听见人们哭泣？
要死多少人才会知道太多的人已死去？
我的朋友，答案就在风中飘。
答案就在风中飘。

6.民主日记摘录

2004年9月2日　　星期四　　晴

不该下的指标

昨天到L乡Z村，村支书龙某说，他村里特困常年救助对象指标共22名，其中19名是乡里给的名单；剩下的3个名额村班子开了会，给了一位原村干部，这名村干部患癌症于去年去世，遗下孤儿寡母十分困难，对此村民不会有意见的。闻知此事，我心中极为不快。按规定特困救助对象应由村民代表会议确定，怎么由乡里提供名单？这是严重越权行为，村里竟毫无怨言地服从，上级的专断与下级的奴性，构成了中国管理体制的独特“风景”。

上级我们无法改变，但我们可以改变自己。怎么改变自己，对村一级来说，只有推行村民自治，才有可能；只有民主选举的村干部才会自觉抵制上级的专断，才会把村民自治不断向前推进。

2004年9月20日　　星期一　　晴

拒绝民主

晚8时许，应L乡人大主席、党群副书记D某邀，前往该乡山下村参加村民小组会，议题是推选村民代表。

该小组约80余户人家，部分人家已外出打工，到会的户代表约50余人。会议由小组长主持，但看得出来，小组长威信不够，会场迟迟难以安静下来，有位村民竟公然嚷嚷没啥子开头。在会的D主席看不过，几次加以劝说，但没什么效果。

小组长勉强把自己的意思说完，接着请我“指示”。我主要讲了村民代表会议的作用与村民代表推选办法。会场秩序仍然不够好，但大部分人对我“有道理”的讲话还是很感兴趣。

接下来开始选村民代表。会场制作了票箱，每人分发半张信纸用来写名字。这时，有两位村民大声嚷道：“组里的钱哪去了，要把账目查清楚，要不然，选了也没用。”这时我才明白会场秩序始终不够好的真正原因。我也大声说道：“选村民代表和查账并不矛盾啊，把账目查清楚是应该的，现在把村民代表选出来，会更好地督促监督组长把账目查清楚的。”显然，村民们仍没有把我的话当一回事，选举的时候，有几个村民迟迟不肯动笔，个别村民甚至拂袖而去。村支书与小组长继续苦苦劝说村民写票，我看看自己在这也起不了多大作用，便同D主席驱车返程。

一路上，我不由思绪万千。中国的老百姓已经被专制得太久了，现在把民主权利还给他们，他们竟拒绝接受；他们从心底里不信任政府和“领导”，不相信他们的命运会就此改变。

这样的悲剧，还要延续多长的时间呢？

2004年10月12日　星期二　晴

“罗汉”无需选举

今天接到县纪委转来L乡Q村一署名信访件，反映L乡政府为他们村内定了一位村委会主任，而这位“主任”系一“罗汉”（指在社会上混的不务正业者），平日偷鸡摸狗，游手好闲，坐过几年牢，还欠着村里几千元的税收款和鱼塘承包费；对村民心狠手辣，所以人见人怕，村民对他是敢怒不敢言。信中强烈请求不能让这样的人当村委会主任，否则村民要遭殃。

我随即与L乡人大主席兼党群副书记D某联系，了解Q村村班子情况，D主席所述与信访内容大体一致。这个村为什么很复杂？经常有人告状，我们又采取过什么有效措施？乡主要领导为什么那么害怕民主选举？启用一个“罗汉”治村，是什么思路？

2005年10月27日　星期四　阴雨

谁和谁“保持一致”？

今天终于召开了全县关于村（居）委会换届选举动员大会。县委书记、县长、党群副书记、组织部长、人大副主任、政协副主席等县领导都到了会，书记县长还都讲了话……令人匪夷所思的是，一位县主要领导在自己的“重要讲话”中强调：“把能和共产党保持一致的人选上来。”

把什么人选上来，是县领导说了算的么？如果是这样，还怎么发扬民主，还群众以选举权？

把选谁和不选谁的权力还给老百姓，这正是民主的核心内容；没有选举自己当家人的权力，中国的民主永远只是一句空话。

况且，“和共产党保持一致”，这话听起来像是这么回事，其实认真琢磨一下，是经不起推敲的。共产党是代表群众利益和愿望的，怎么是人民和共产党保持一致呢？事实上应该倒过来，就是共产党和人民保持一致。共产党不和人民的利益与愿望保持一致，还有什么执政的基础，还有什么“先进性”可言？

2005年11月21日　　星期一　　晴

亲历车祸

…………

对面的车越来越近，离其前方的行人也越来越近，但我感觉那车并没有减速；我正狐疑间，只见那车就在将要撞上行人的一刹那，突然左拐斜插过来，就听“咣”的一声，与我的车撞在了一起。

我吓呆了，半天才缓过神来。

幸好车内无一人受伤。下车查看，我的车右侧被撞深陷，车盖高高翘起，其状甚惨。对方是一辆中巴车，车头保险杠与外壳也面目全非，所幸也无人员伤亡。

这样的车祸，我从未经历过。这一切是怎样发生的？是一次普通的意外，还是事先策划？

连日来，我都在村里作村委会选举的演讲。我的演讲观点鲜明，言辞犀利，内容激进，老百姓听了很觉称心，但乡镇有些领导、现任村干部多数会不乐意，甚至极为反感与恼怒，他们中会不会有与我为敌，意欲除之而后快的“先进性”人物呢？

Y镇的党委书记不是说我把他们的村搞乱了吗？P村的支书说要到法院去告我；而A村选举未果，却“倒腾”出一批腐败分子，村里有人放风准备出多少多少钱买某某的人头……一时间，许许多多的往事涌上我的心头。

推进民主建设，是要付出代价的——包括血的代价！中国是个有着几千年封建历史、国民封建意识极浓的国家，所以，我们推进民主建设付出的代价，也许会更大。

回来之后，本局政权股长建议我写一篇《村民自治历险记》。但我仍然并不情愿把村民自治与“历险”联系起来，我情愿相信这只是一次普通的车祸。[1]

2005年12月5日　星期一　阴

让村民自己拍选举

昨天T镇的领导通知我，说明天M村正式选举，邀请我去“指导”。今早一起来，感觉天气异常阴冷，而且M村地处偏远的山区，但我还是决定动身，因为此行除了“指导”外，还要发一个相机下去。

相机是吴导免费给的，一共给了5个，还有配套的胶卷，让我送给村民，拍他们自己村子里发生的事情，然后把胶卷寄回给他们，他们还将专门为这些村民所拍的“作品”组织一次评奖活动。我感到很新鲜，也感到很有意义，于是，我打算把这5个相机发给有一定素质的村民，让其把这次村委会选举拍下来，既可以作为历史资料，同时又对选举的过程也能起到一定的监督作用。想想农民自己拿着相机拍自己的选举，应该是一件很不寻常的事，也一定很有趣。

2005年12月10日　星期六　阴转小雨

一场流产的选举

今天S乡四个扶贫开发重点村正式选举，我独自一人前往督查。计划要到四个村，但只到了两个村，便悻悻而返。

先到Y村。该村设了中心会场，我来到时正看到选民陆续进场。我见秩序尚好，便在发完一个相机后，离开前往A村。

1. 本书作者曾经就此问过日记的主人，据他后来判断，这场车祸应该是普通的车祸。

刚进入A村，便遇到路边一伙村民。经了解，他们是一、二组的村民。我问他们怎么还不去投票，他们遂涌过来质问我："M局长，你上次在村民代表会上说得那么好，要开大会选举，怎么现在他们要拿票箱上门来选？"

"有这样的事吗？"我很吃惊。我记得前不久在他们村开村民代表会，效果蛮好的，当时我对这个村的依法选举挺有信心的。

"不信你去看啊！"村民情绪有些激动。

于是我赶紧驱车来到设在村小学的会场（中途果然遇到几个人提着票箱沿路走动，我责令他们立即停止，到会场去）。会场除了几个村干部和在该村兼任村支部书记的乡人大主席、党群副书记Z某（这样的兼职实在是让人匪夷所思）以及副乡长H某，不见一个选民。

"怎么没有人来投票？"我问。

"他们不来，叫我们有什么办法！""你不知道这里的老百姓，就这样的素质，他们才不关心，管他哪个当！"这群干部七嘴八舌地朝我嚷起来。

"不可能吧，我进村遇到几个选民，他们都说为什么不让他们到会场来投票呢！"我心平气和地说。

"你听他们这样说，我还不了解他们。我在农村工作二十年，还不清楚这事。不信你跟我一起去叫他们，看他们来不来。"Z主席一把拉上我朝村子里走，那股怒气，仿佛已经憋了很久了。

"走就走，我就不信老百姓是不愿意来！"我也赌气跟上他。

然而，我们到了几家，这几家或者都答应来，或者说："我又没有得到通知叫到会场去投票。"

Z主席的脸越拉越长。他继续往前走，我却觉得事情已经非常清楚，是他们根本不希望村民到会场来，而不是村民自己不愿意来。他们压根儿就没有依法选举的诚意。他们真正不了解的是我：没想到我真的会跟着他们挨家挨户去喊人，使他们陷入难堪的境地。

我掉转头，回到了会场。已有选民陆续来了。这时乡党委书记和乡长也驱车赶来了。

然而显然选民对这次选举缺乏信心，来会场的不超过50人。

眼见会议迟迟不能开始，书记与乡长征求我的意见；我说这样子是选不成的，前期的准备工作很不充分。书记与乡长听罢，沉吟半晌，说："要不改日再选吧。"

这时，那位在喊选民的Z主席返回到会场，听说这次选不成，立即暴跳如雷："老百姓不来，叫我们有什么办法！你们只坐在办公室发发指示，要搞你们民政局来搞！"

"我要是搞成了呢？"我毫不示弱，两眼逼视着他。

"你们来一大帮人，吃了饭没事，当然搞得成了；我们整天忙得要死，哪有这么多痨病工夫搞这个事！"Z主席脸涨成了猪肝色，简直有些怒不可遏，"就是你M局长在这里捣乱，挑起群众斗群众！"

我知道已经无法同他说下去——这是中国最典型的党棍，或者说是与人民群众毫无感情的官痞（具有讽刺意味的是他竟然是乡人大主席）。

这时，在场的村民开始议论纷纷，有说乡、村干部不关心他们的，有说选举方面的事的，有说村里的路还是这个样子的……忽然，不知老百姓的哪句话刺痛了这位Z主席的神经，只见他一拍桌子，同村民大叫起来。

谁知村民倒是一点也不惧怕他，把手戳到他的面前："你有什么资格在这里拍桌子？这是我们的地盘！"

"就要拍，怎么了！"Z主席又连拍几下。

几位村民于是冲上去，大叫："老子今天揍死你！"

气氛一时空前紧张。

在场的乡村干部于是立即加入了劝架的行列，会场陷入大乱。

慌乱之中，党委书记把Z主席强行拉走，Z主席边走还边直着脖子叫："这是我们对老百姓太好了……"

会显然是开不成了，乡长也劝我离开；我站上台阶，对着在场的选民最后说："我再说一句吧，下次选举，你们一定要到会场来啊，不要让别人又说是我们自己不愿来啊！"

一场闹剧就这样结束了。

2005年12月14日　　星期三　　晴

不是做给外国人看的

Z村今天正式选举。

省里近日通知，说德国驻华使馆有两个官员要看中国的村委会选举，"看点"安排到我们县。县里一时紧张起来，经过认真研究，决定把"点"定在Z村。于是，Z村的地位突然变得格外特殊起来。我的主张是这样，尽量保持原汁原味，让外国人看到一个真实的农村选举——毕竟我们的选举不是做给外国人看的，是我们自己的需要。但上级领导考虑得更多：他们要求在会场垂挂两条落地长幅、悬挂国徽，候选人都安排演讲并安排选民当场提问等等，弄得村里一时手忙脚乱。"舍本逐末"的结果，是该日举行的正式选举形式花哨，主要程序却考虑不周而颇有瑕疵：

1.委托票的收发不够规范。昨天办理了委托票，但有的选民又把办好的委托票交还了经办人，而不是今天在会场凭委托票领取选票，导致发票环节有点乱。另外，持委托票者领选票时又没有把委托票交还发票人，这样有的选民分不清委托票与选票的区别，把委托票也当作选票投进了票箱。同时委托票与选票的颜色一样，样式也差不多，致使选民甚至工作人员有时忙中出错。

2.发票秩序不够严谨。票基本由组长一人分发，难于应付；着急起来，就没有严格按选民名单分发，不是领一个勾画一个，而是见人就发。我很担心有重复领票的情况，但通过观察，幸而没有发现。

3.写票环节随意性大。有一人写多票情况；有的人写完一些票后，还遗留了一些票在桌上便扬长而去。此外，多数人没进秘密写票间写票（秘密写票间的设置也不尽合理）；进了秘密写票间的也多是成群结队，失去了“秘密”的意义。

当然，村里对这次选举是付出了很多的。村支书L这次又当选为村主任）适逢痔疮开刀，尚在治疗之中，带病坚持做到这个程度，已是难能可贵；其他工作人员也是尽力而为，但系第一次组织这样的选举，难免经验不足，主观愿望也都是希望把工作做好的（有外国友人来，他们都激动得很，都说“还没见过”呢，所以很多人都围着两位外国女士看，对选举可有点喧宾夺主了），对此我们应该给予应有的宽容。就是不知外国友人对今天的选举怎么看，但是选举毕竟已经过去，不管人家怎么看，该总结的还是要总结，村民自治还是要不遗余力向前推进的。

（到场观摩指导的还有：省厅基层政权处的处长、副处长，市局分管基层政权的副局长、科长，市政府一位副秘书长，县委组织部部长、县政府分管副县长，以及所在乡政府主要领导。）

补记，发放第四个相机

今天L村正式选举，德国驻中国大使馆来了两位官员现场观摩，陪同的有诸多省市县领导，我既要发放相机，又要照顾全面，因而忙得不亦乐乎。但我依然把发放相机视为最要，因为我要让农民“记者”力争记下选举的全过程——包括“第一个镜头”。

很快，支书找来个小青年。选举结束了，我向他要回胶卷，他却说再等一下。只见他又把四个刚刚当选的村委会成员招拢来，让他们站好，然后举起相机……我不由笑了：小伙子不简单，他懂得这个镜头的历史价值。

2008年2月20日　星期三　晴

“把选举搞好了再来”

上午，B镇G村两村民来，反映当初村里安排三峡移民在他们村庄落户，为弥补他们村庄的损失，作为交换，村里把他们田坂的几条年久失修的排水沟疏通，可至今两年了，都没兑现诺言。如今又值开春要启动新一年的农事，排水沟依旧发挥不了作用，村里乡里都不管。

“这事可不归我们管啊。”我说。

“我们是想，民政或者扶贫上能不能给我们一些资助。”他们说。

我说：“民政的钱是救灾济困的，而你们又不是贫困重点村，所以我们也帮不上忙的。”

看着他们失望的样子，我又有些不忍，就又说：“村里答应疏通，怎么又不做了呢？”

“把钱花掉了，加上村干部又换了人，就都不管了。”他们愤愤说。

“那我就更不敢帮了，”我说，“我们给了你们钱，又被村干部怎么办？”

们望着我，一时说不出什么话来。

，”我说，“你们现在的根本出路，在于选一个好的、负真意替村民着想的村委会班子出来。今年下半年村委会你们要抓住机遇，依法到大会场投票选举。”

一带走了一些希望，也记走了我的电话号码。

2008年11月7日　　星期五　　小雨

选举前夜

明天F村就正式选举了，各项筹备工作在有条不紊地进行。

……

村选委会成员还在村部忙活，要为每一张选票盖章。他们的工作精神令人敬佩。

希望老天保佑，明天不下雨。

2008年11月8日　　星期六　　多云

选举何匆匆

清早起床，出门观天——还好，虽有些阴沉，却也没有下雨。

匆匆吃了早饭，便投入了选举大会会场的布置工作。

……

10时左右，选民陆续进入会场，并领取会场预备的中餐——矿泉水和馒头。

……

接下来会发生什么，我心里直打鼓。

下午1时40分，选举大会正式开始。

观摩团近百人正襟危坐，观看选举。

果然，到了发票阶段，秩序开始混乱。尽管有许多工作人员维护，但未见效果。选民把发票点围得水泄不通，发票速度明显趋缓省厅Y处长紧催“快点快点”，更有领导过来指示：“勾就不要打

（原规定选民领一张选票，对照选民名单打一勾，避免重领），赶快发票。”于是，原定措施被改变。

至投票时，又接到“指示”：“不要一个一个零散地投，等会集中投，这样场面会好看些。”但对这样的“指示”，选民们置若罔闻，我行我素。

投票接近尾声，领导又催促道：“赶紧宣布发出选票和收回选票。”我说票还在票箱里，没有统计，怎么宣布？“估计着报，只要把收回选票数报得比发出选票数少就行了。”见我在犹豫，领导又催：“赶快啊！”我只得走上台，但面对主持会议的选委会主任，话到嘴边又咽回去了。

统计数字终于出来了，这才向大会宣布。

开始唱票了，共分6个点唱。围观者甚众。

主席台转眼变成戏台：由县剧团演出《女驸马》——既为观摩团打发这段难熬的时光，同时为选举增加一些喜庆。

但竞争的气氛依然在唱票点悄然凝聚，令人心跳加速。

省领导被安排到别处“休息”去了，不时有人向领导报告唱票进度。

唱票结束，统票似乎又费时颇长，迟迟不得出来。领导们急不可——眼见天色已晚，总不能让更大的领导……于是不停地问怎么还出来，个个急得像热锅上的蚂蚁。

字好不容易出来了，还没来得及填入主持词，一位领导就急忙：就这样，拿着这张纸照念；于是，主持人结结巴巴地念起

A、B、C当选。但这个结果刚一宣布，就有一人跳上“弄错了，弄错了，我把每个人的得票都抄下来了，D票，他应该当选。”

开始了核对工作；几分钟之后，又宣布D当选。

多人长舒了一口气。

接下来应该是颁发当选证书和新当选的村主任讲话；但当选证书一发完，省市领导就走上台来，与新当选的村委会成员一一握手，合影留念。之后，观摩团就离开了，新当选的主任A失去了讲话的机会。

任务终于完成了，我也在暮色中返程。

这是一次十分匆忙的选举。在会场，领导们个个是指挥，加以选举时间安排不当（通常应该安排在上午），导致一味抢时间，忽视了程序的严谨性，不知道会不会留下什么隐患。

这个“试点”的总结，该怎么写呢？

在中国，要真真实实地做一件有意义的事，真的很难。

听说观摩团返回县城，晚餐喝的酒是“百年孤独”。

“百年孤独”——好特殊的名称，此时正有点像我的心情。

第六章　生活与信仰

“你最憎恨的是什么？”

“匆忙！”

——艾柯《玫瑰之名》

我宁愿独自坐在一只南瓜上，

而不愿拥挤地坐在天鹅绒的座垫上。

——梭罗《瓦尔登湖》

1.乡村“拉斯维加斯”

回想上世纪七八十年代，我还在乡下读书，尤其是逢年过节的时候，村子里总有一些热闹的事情可以追忆。比如舞龙灯、舞狮子、跑旱船或者看露天电影和地方戏等等。如今这些有地方特色的传统习俗或者田间文艺也渐渐销声匿迹、土崩瓦解。

没有土崩瓦解的是各类被称为“赌博”的游戏。作为资深的赌博观察员，我至今未忘年少时在小堡村及附近村落所看到的那些人声鼎沸的场面。尤其是在冬天，那时候的农民围在一起主要玩“牌九”、“天九”、“九大”或者“押宝”。种种玩法中最受青睐的当属牌九和押宝了。前者是用32张扑克牌比大小点，通常只需四人便可以 “地杠”、“天杠”地将桌子拍得山响；最热闹时，在一张普通的八仙桌边，加上围观的、押吊角的、当军师的，一副牌最多可以聚拢二三十人，算是阅尽人世间所有喜怒哀乐。许多人勇敢地站到了后排凳子上，将赌桌围成一只刚刚烧开的水壶，远远你就能望见它冒着热气。至于后者押宝，同样可以聚得“people mountain people sea”，而那张粗陋地画在桌上的“押宝图”，活像一个大裤衩，以至于今天每当我路过央视的新大楼时总会怀想起它。

看到村民们如此迷恋赌博的游戏，你难免心生感慨：在中国大陆这星罗棋布的无数村落中，至今未能发展出一个地球人都知道的赌城，着实辜负了这世世代代的熏陶与栽培。遥想那美利坚的拉斯维加斯，其发展为城市只需百年时间，成为赌城亦不过是上世纪三十年代的事，而中国大大小小的“赌村”、“赌寨”，培养出无数“赌博士”，少说也有几百年的历史。

赌博从娃娃抓起，大人们的态度不外乎禁止和引诱。一方面，他们不希望自己的孩子参与这种赌博；另一方面，又把它当作孩子与社会交往、增进邻里关系的一种工具。

至于我幼年时参与了怎样的益智游戏，更可谓“野蛮生长”。除了下棋，剩下的就是参与各种赌博。在当地，六七岁的小孩差不多都学会了赌博。尤其是在过年的时候，由于孩子们或多或少都会领到一些零花钱，此时父母图喜庆也极尽宽容，这段花好月圆的吉利日子便成了他们切磋赌技的黄金季节。至于平时，无钱可赌，孩子们多躲在一起赌书本纸或者烟盒，或在放学的路上，或在放牛的地方，真有些“纸上谈兵”的意味。一来二去，许多读书郎的书包越赌越轻，此所谓“赌书破万卷”。

而今，伴随着社会生活水平提高，很少有小孩会去赌纸，或像过去那样三分钱能坐一庄。现在的小孩一次输赢也可能有几百元。也难怪乡下人感慨钱不顶钱了。几十年来中国之通货膨胀，从小孩子们的赌注之注水即可略见一斑。与此同时，由于越来越多的农民外出打工，乡下的赌风已不如从前炽烈。过去的乡村生活，过得可谓“有声有色”。许多人热情无以寄托，赌博自是花样迭出，到今日只剩下几桌慢条斯理的麻将，在当地继续稀里哗啦、源远流长。而那些从外面打工回来的人，似乎已经戒去“赌瘾”，多半只是作壁上观。

和职业赌徒不同的是，村民忙于小赌，多半是为了消磨时日。你可以说它是一种消弭了其他欲望的安宁，也可以说它是一种平静如水的绝望，一种例行私事。但许多公共事务也因此被抛在了一边。尽管村旁道路坑坑洼洼、杂草丛生、顽石锐立，一年到头村民们宁可花掉绝大部分闲散时间在牌桌上码并不存在的长城，也不愿意多花哪怕半个小时去修村里村外的道路。如一位外国传教士在百年前所说，小堡村的农民乐于将修路的任务交给大自然，更不忘将现有的道路还给大自然。

赌博与革命

有朋友和我谈起湖南汨罗乡村流行六合彩的故事。有位妇女沉迷其中，有天正在屋里洗澡，得知自己中了彩，一时兴奋难抑，竟然光着身子冲进了户外的人群，“我中了！我中了！”当她意识到自己一丝不挂时，为时已晚。丈夫知道此事后，更是将她骂得狗血淋头。自觉羞愧难当，这位妇女后来自杀了。

老子有言：“祸兮福之所倚，福兮祸之所伏。”说到赌博，了解近现代中国历史的人同样会发现，略通这门技艺也未必全是坏事，关键是你什么时候赌，什么时候赌到家徒四壁，输得“卵子打凳响”。关于这一点，余华在他的小说《活着》里已有很好的诠释。记得2004年我生日的那一天，我孤身一人，站在巴黎的Gilbert & Joseph书店里，为刚刚出版的法文版《活着》做义工，向来来往往的法国读者说：“买一本吧，这是二十世纪中国最伟大的小说！”

《活着》是一部关乎生命、生活与革命的小说，其中一个细节尤其耐人寻味。主人公福贵是一位游手好闲的地主少爷。1946年，福贵因为嗜赌输光了自家的祖业，待革命的大清算来临时，他正好混了个“贫农”身份，终于无家可抄，无命可革，因此侥幸过关。而赢了他家贡田的龙二则被定为罪大恶极的地主，不仅挨了批斗，最后还被枪毙了。多么神奇的二十世纪，赌博让福贵家财散尽，同时又救了他一命。

这不只是小说。事实上，我也曾经听到过不少类似的真实故事。我的外祖父在解放前也曾有过殷实的家底，只是因为年轻时游手好闲、沾染了赌博等恶习，在土改前早已经将祖上的家产败了个精光，从此才有机会被人在“败家最彻底”与“革命最彻底”之间画上了甜蜜的等号。据我母亲说，外祖父在世时为此还十分洋洋自得。至于母亲后来嫁到的这个村庄，着实穷得可怜，全是自耕农，甚至连个雇农都找不着。

在一个混乱的年代，生活就是这样充满荒诞的气息。年轻时的堕落竟是外祖父一生中最大的成就，最关键的转折，成了让他逢凶化吉的神机妙算。

解放之前，各地“福贵”们仍有机会以赌博败家，间接救了自己一命；而到了解放以后，尤其在阶级斗争无所不在的岁月里，赌博则变成了一种彻头彻尾的反动游戏。所以，在我前文提到的《第一线》杂志中，你会找到这样的革命话语：“目前，赌博风还很嚣张，有的赌场上还有茶蛋、油条等食品出售。输赢几十元，几百元，金银首饰也出现了，严重地破坏了生产，影响了社员生活……这些现象，都是阶级斗争的反映。”

一切都不难理解。在那个以军事共产主义治理社会的时代，整个国家都像是一座军营，那些被认为是反映了阶级斗争的东西自然是不被允许的。

这个世界上有两种童话，一种是文学意义上的童话，另一种是政治意义上的童话。前者开头通常是“在很久很久以前……”而后者却是“不远了，不远了……”谁都知道，此国彼时卷入了一场建造人间天堂的巨大赌博之中。

赌博像山岳一样古老，不同只在于形式，只在于谁开设赌局以及谁支付成本。而真正的不幸更在于，在那激情盲目燃烧的岁月，国家可以制止国民赌博（即使有些只是一种民间娱乐），而国民却无力制止国家赌博——而且，所有赌资（包括人力、物力甚至生命）都是他们自己一点一滴积攒而成。

上述严厉的禁赌措施一直持续到八十年代。直到那时，农民小赌被抓仍有可能会被判刑。有一年冬天，镇派出所接到线人的举报，在子夜时分把小堡村围了个水泄不通，将聚赌者抓个现行，不仅没收了全部赌具和赌资，而且逼迫所有参与赌博与围观的村民在那个冬夜长跪不起。见怪不怪的是，在那个时代，面对这样的羞辱，竟然没有任何反抗。

面包与马戏

今日民权觉醒，上述骇人听闻的跪罚事件在当地再也没有发生过。这同样得益于大环境的变化。上世纪九十年代后期国家已经出台政策，规定亲朋与熟人间的“娱情小赌”不算赌博。而且，许多管理者也不约而同地看到了麻将等赌博有着安定民心的功效。仿佛昔日重来，当那些曾经被禁绝的赌博游戏在小堡村重新蔓延开来，村里几位精明的农民偶尔也会学着弄点苹果、茶蛋来，摆在赌桌边上。他们提供的服务，虽不如城里各类棋牌室那样上规格、有档次，还有霓虹招牌，但也算是为中国乡村的文娱事业做一回“服务型公民”，使这个闭塞偏远的小村庄有了一点“山寨拉斯维加斯”的风范。

谈到赌博方式的变迁，上世纪八十年代末重新流行开来的麻将更是可圈可点。我曾在文章里谈到小堡村流行“麻将联播”，即是说打麻将像中央台的新闻联播（准确说是“宣传联播”）一样，不管刮风下雨，在当地总是会有人成群结队维持着这样一种“日不落”的仪式。而且，围观麻将对当地人而言也是一种难得的享受或消遣。这些旁观者通常都是诸葛亮转世，他们时而指点出牌、拦截放炮，时而东瞧西看，屏气凝神。至心满意足或无声无趣之时，便换上一桌继续观战，就好像看电视调台。

研究古罗马历史的学者很早就洞察了藏在“面包与马戏”里的古老统治术。对于一个社会而言，如果老百姓能不饿肚子又有好戏看，他们就会忘记自己及周身的不公，失去反抗或者改变不公的意志。但与此同时，马戏也是“双刃剑”，并非完全有利于维护长治久安。无论是个人还是国家，在马戏方面如果投入过多，势必会影响面包的数量。环视今日中国，过去有“乱世用重典”一说，而现在当可以说是“乱世用盛典”了。如果政府能够将大量投入在体育赛事上的财政用于民政，用于改善民生，这个时代恐怕又是另外一种精神面貌了。

对于农民而言，日复一日的“麻将联播”在消磨他们的愤懑与斗志、抚慰他们的艰辛与沧桑等方面，显然比任何宣传的鼓动与幸福的说教都更见成效。以我的观察，留守小堡村的农民日常最要紧做的莫过于两件事：一是种地，二是打麻将。当他们将面包问题交给种地，将马戏问题交给麻将时，日子过得虽清贫却也算是优哉游哉。

正是这些原因，有官员会公开声称：“麻将是催化剂、是催眠曲，是维护一方稳定的良方妙药。”有此一说，你似乎可以进一步推断，打麻将对于农民而言是一种消磨激烈的禅宗，而对某些管理者而言，它又是一剂意识形态的替补品。

2009年春天，我回乡走访了一些地方，看到乡村的另一个大变化就是较以前多了不少广告，除了农资产品与下乡家电外，还有“麻雀机”（自动麻将机）。最有意思的是中国电信的一则文字广告，它蓝盈盈地刷满了整整一堵墙——“进入电信宽带网，快乐胜过麻将场”。

这世界何等光怪陆离，网络商人也开始从麻将场上抢夺农民了。看来只要商人有利可图，只要自己有消费与生活的自主权，农民还是有机会变得十分抢手的。

所以在接下来的一节中，为了更好地理解中国农民有着怎样的素质，以及他们在什么情况下会变得更加抢手——不只是在经济生活中，更是在政治生活中——我会着重叙述“麻将与宪政”的关系。在我看来，打麻将不仅与生活有关，它同时又是一门与政治有关的技艺、与宪政有关的操练。

对于那些心存偏见的人，还需要补充的是，尽管年幼时我一度尽受赌博之教化，尽管几年前我曾经涉足过摩纳哥的著名赌场，并且在那里慷慨地输掉十个欧元，事实上我只相信功不唐捐，相信创造，对任何赌博与“零和游戏”都提不起兴趣。简单说，对于各种赌博，我观察，但并不辩护。

2．麻将与宪政

梁实秋说，有中国人的地方就有麻将。相较小堡村村民的沉醉其中，近百年来中国知识分子对麻将的态度则稍显暧昧。

赞同者对麻将欣赏有加。傅斯年撰文说136张牌中蕴涵人生哲学；梁启超更不忘炫耀他打牌时“思潮汩汩”，“只有读书可以忘记打牌，只有打牌可以忘记读书”。而潘光旦则将麻将上升到政治学的高度，认为麻将的最大特点是“各自为战性”，它不像西洋人的游戏一样讲究团结协作。推理开来，今日中国足球顶个球用或不顶个球用，就在于诸位球员在运动场上各打各的麻将了。

麻将下西洋

反对麻将者则将麻将视为祸害。同时代的胡适曾专门写了篇题为“麻将”的文章，指出麻将是从前革新家说的中国“三害”（鸦片、八股和小脚）之外的第四害。前三害差不多化为历史陈迹。唯有这第四害却“日益月盛，没有一点衰歇的样子”。对比日本人忙着读书，胡适做了个估算，当时全国每天至少摆了100万张麻将桌。按每桌8圈每圈半小时计算，可消耗400万个小时，相当于损失16.7万天的光阴，而金钱的输赢、精力的消磨还在其次。由此胡适痛心地问：“我们走遍世界，可曾看到哪一个长进的民族、文明的国家肯这样荒时废业的吗?”

和顾炎武、吴伟业一样，胡适甚至同意明朝灭亡在一定程度上可以归咎于士大夫当年没日没夜打“马吊”这“麻将的祖宗”。话虽夸张，却也并非全无道理。想当年“八一”南昌起义之所以大功告成，和朱德设计让诸位敌团长死守桌上的长城不也是有些关系的么?

顺着明朝“赌掉天下”的逻辑，胡适开玩笑说，麻将一度风靡外国时谁也没有梦想到东方文明征服西洋的先锋队却是那“一百三十六个麻将军”!可惜没过多久这些麻将军便成了人家“架上的古玩”，很少有人问津。西洋人知道自省，不肯久做麻将军的奴隶，所以中国人靠麻将军征服世界的梦想也就随之破灭了。

尽管反对，胡适一生中并没少打麻将，因为打得实在不好，还大呼“麻将里有鬼”，常常为同辈人取笑。

人生有多少身不由己！胡适对待麻将的态度或许就像对待政治一样，虽然时时不忘拒绝，却又做了一辈子“票友”。不过到了晚年胡适也并不认为麻将有那么糟糕。上世纪五十年代初，胡老夫子和太太江冬秀困居纽约时，大陆正批斗他是“战犯”，自然不会给他津贴，而国民党送来的钱他又坚决不收，几乎断了外援。危难之际，幸好有胡太太在麻将桌上呼风唤雨，每打必赢，能够时常贴补家用。

幼儿园宪政

如前所述，作为生长在“乡村拉斯维加斯”的有志少年，我是很早就学会打麻将的。然而，我打得并不多，对于小堡村的“麻将联播”，更多只是把它当作可心的娱乐来观察。与此同时，我也并不认为自己全然是在浪费光阴。无论是偶尔与村民打几圈牌，还是站在一边观察牌局，这些近距离接触或许还能让我有机会为许多城里人打开心中的一系列问号呢！比如，中国农民有没有能力管好自己的土地，他们是否真的因为素质低下而拖了国家实施宪政的后腿等等。

近百年来的中国政界与知识界，因了各自的原因，一直流行着这样一种说法，即民众尤其农民的“素质低下”这一基本国情决定了中国人现在还不配拥有宪政。对于这些人，以我对农村与农民的观察和感悟，我想说的是，无论你现在是官员还是知识分子，只要你有诚意求证自己的判断，我只希望你能放下身段，放下手中的公章或笔杆，学着平等地与本地村民们打上几圈麻将，感受一下他们在宪政方面究竟有着怎样潜在的素质与禀赋。

在展开相关论述之前，有必要先温习一下两个人对宪政的理解。一是《法律与宗教》的作者、著名法学家哈罗德·伯尔曼。伯尔曼曾经生动地讲述了一个人的法治精神如何形成于幼年与日常：当一个小孩对另一个小孩说“这是我的玩具”时，这表明他有一种原始的物权概念；当小孩抱怨“你答应过我的”时，这实际上是合同法的概念；当小孩说“你先打我的，这不是我的错”时，这是侵权和刑法的概念；而当小孩说“爸爸说可以这样做”时，这便是宪法上的概念了。简单说，伯尔曼相信宪政观念是可以通过日常生活习得的。

另一位则是胡适。1937年，在第236期《独立评论》上，胡适为呼应张佛泉《我们究竟要甚么样的宪法？》一文发表了《再谈谈宪政》，在这篇文章中，胡适重申了他过去的一个观点：“我观察近几十年的世界政治，感觉到民主宪政只是一种幼稚的政治制度，最适宜训练一个缺乏政治经验的民族。” 由此引来其他学者（如张奚若）的批评，批评者认为胡适的这一“幼稚”提法容易“以辞害意”，对于提倡民治非但无功反而有害。而就在此前，甚至连鼓吹专制的蒋廷黻对胡适也颇为不屑，认为那一段议论简直是笑话，不值得讨论。

尽管胡适的“幼稚”二字有可商榷之处，但是他与张佛泉等人观点的实质内涵却是殊途同归的。在胡适看来，宪政之所以是一种“幼稚的政治”，就在于它是“平常人的政治”，而非高不可攀的民主理想、深不可测的政治技艺。宪政的最好训练还是宪政本身，它没有诀窍，可以随时随地开始，它不必非要积累几十年甚至上百年，等到“有了条件”再试。如果抱着这种思想，畏首畏尾，让“条件不成熟”成为“条件不成熟”的条件，如此循环下去，恐怕永远没有可试的条件，永无可期之日了。

分鱼与分饼

正如伯尔曼所言，我自小也是接受过无数日常的“宪政训练”的。至今印象最深的是小时候全村分鱼的场景。通常都是在秋天，队上抽干了村边的某个池塘，捉了好几筐大大小小的鱼。收工之时，村民们将所有的鱼都倒在洋灰坪上，按户数分成若干份，然后做阄让大家来抓。一切公开、公平，甚至还顺从天意。这样的场合，没有哪位分鱼者会把这些鱼分得过于悬殊，并且自作主张先挑走最多或最好的一堆。更别说通过什么MBO[1]侵占所有的鱼了。

村民们平均分鱼的道理和大家经常谈到的“分饼者得最后一份饼”一样，都是为了从程序上确保公平，避免出现“掌勺者私分大锅饭”的现象。

关于分饼，一个比较经典的叙述是这样的：有一个妇女带着五个孩子在农村生活，为了维持生计，她每天让五个孩子上山打柴，早出晚归。刚开始，母亲让老大带上一个大饼做午饭，并嘱咐一定要让弟弟们多吃点。过了几天，四个弟弟回来说每天中午饼都是哥哥吃得多他们四个人吃得少，于是这个母亲让老二带饼。又过了几天，老大和其他三个弟弟又向母亲告状说每天都是老二给自己分得多，给其他人分得少。于是母亲给定了一个规矩：每天谁带饼都可

1．MBO（Management Buy-Outs）即“管理者收购”的缩写。经济学者给MBO的定义是，目标公司的管理者与经理层利用所融资本对公司股份的购买，以实现对公司所有权结构、控制权结构和资产结构的改变，实现管理者以所有者和经营者合一的身份主导重组公司，进而获得产权预期收益的一种收购行为。

以，但必须是一个人分饼，其他人先挑。因为这个规定，弟兄们从此相安无事。

这就是制度设计，它完全不同于孔融让梨式的道德说教。与此同时，你也不难发现，再深奥的道理归根到底还是来自最日常的逻辑。推理开来，就是要想人人不吃亏，就要限制掌权者的权力。无论是自由，还是文明，都得奠基于对既定规则或者秩序的尊重之上。

除了与抓阄分鱼相似的事情之外，打麻将也可以算是一种关乎宪政的日常操练了。几年前，我曾经在《一个人的宪政》一文中提到："宪政要义，无非限制政权、保障民权；坚持以小民之心度君子（国家）之腹，处处小心，时时提防……事实上，实施宪政并不需要什么高深的理论，说白了就是几个人打一桌麻将，守个规矩。如果有人偷牌，还举着菜刀不许其他人提个意见，那还玩个屁啊！这样的麻将，精于算计的中国人断然是不会打的。然而，同样一桌不公平的政治麻将，在中国已被堂而皇之地玩了一百年。"我在这里谈论宪政与麻将有着某种关系，并非信口开河。而如果你了解麻将并愿意公允地看待它，就会发现这是一个自由而平等的世界，一个没有尊卑等级和不明规则的世界。在这里，每一张牌都具有相同的价值，每一个人都有着平等的地位。凭着各自的运气与技巧，遵守相同的规则，人们种瓜得瓜，种豆得豆。

聪明如天才画家刘溢者，不也试图通过几位光着身子搓麻将的女人来思量国际政治吗？在其寓意深厚的《2008——北京》与《搓麻将的女人》（前者为后者的草稿）两幅作品里，尽管有人偷牌，但是在那张政治麻将桌上，谁输牌谁脱衣服的规则总还是在遵守的。当然，任何一个像我这样接受过麻将文化熏陶的人都知道，偶尔偷牌也是不对的，如果偷成了偷牌界的头牌就更不可救药了。

麻将虽小，宪政俱全

接下来，不妨说说我从小堡村村民的麻将桌上看到了些什么“宪政条件”。

先说农民的智力素质。农民并不愚昧，与村民打麻将时，我常常会惊讶于他们牌技之高超。我敢肯定，他们当中绝大多数人的牌技都高于大谈宪政且拿了35个博士学位的胡老夫子。我这样说也并不稀奇，世人的智商大抵接近平均值，只不过术业有专攻，日后才有了各自的分化，但只要经过训练，每个人都会学到一技之长。唐德刚在《胡适杂忆》里谈到胡适不会打牌，打起麻将是“扶起东来西又倒”，而在我的“和牌杂忆”中，小堡村村民个个都是能码“长城”的能工巧匠。

其次是权利观念问题。宪政的首要基础是承认个人才是自己利益的最后判断者。有一种观点认为，农民不会代表自己的利益，所以只能被人代表。不过，在牌桌上这个判断便已经被推翻了。试想，农民打出的哪一张牌不是在不断地重申自己的权益，维护他们的利益？没有谁会让对手教他出牌、点炮。人的理性总是相通的，如果我们承认农民有打牌的理性，又有什么理由否定他们参与其他博弈时的维权理性呢？

同样重要的是对个体利益的尊重。人们因为契约走到一起，平起平坐，“少数服从多数”的原则只在制定规则时有效。麻将桌上，民主奠基于自由之上。一个共同的底线是，谁也不能搞“少数服从多数”的革命，民选出一个坏蛋，指责其口袋不义，然后将他抢个精光，甚至把他绑到牛栏边上杀头。

其三是对规则与秩序的尊重。和宪政一样，打麻将同样有着严格的程序与规则。开始前，大家可以商定沿用旧规则，也可以重新拟定新规则，不同意者可以自由退出；打牌时，任何人都既不能偷牌、藏牌，也不能不择手段地逼迫或者暗示他人出某张牌；有人和牌后，输牌者也是按照要求付钱等等。没有这个对秩序的遵守，相信再有威望的乡长、队长、族长、工头、鸭司令、书记也难以主持这样一个牌局。对于那些偷牌的不规矩者，村民们通常也会对其进行制裁，比如约定不再与其玩牌。在小堡村，我曾经听过类似的故事。当然，在这个“赌徒资源有限”的熟人社会，这种决定多少有些残忍，所以惩罚更多也只是停留于口头上。约定不与一位村民打麻将，在小堡村这基本可以算是剥夺那位村民仅有的一点“政治权利”或者“文化权利”了。

其四是对地方自治的认同。戴高乐曾经抱怨治理一个有三百多种奶酪的国家是件十分困难的事。与此相比，中国麻将的打法恐怕远不下千种，京式、广式、川式、沪式，甚至一个村庄内也可以有几种截然不同的打法，每个人都可以参与制定规则。正是承认并且践行了这种自治的权利，中国各地的麻将才打得如此有声有色、多姿多彩。

如果你生活在小堡村，还会惊喜地发现在必要时村民还会为麻将“修宪”。也是这个原因，像我这样的游子，在重新回到村子里时偶尔难免觉得自己有些落伍，因为当地人不断地修正打法。村子里时常有人租车到镇上或县城等地方打麻将，并将他们认为更新潮或者更公平的打法带回村子，然后像召开议会一样大家在牌桌上商定新规则。此情此景，难免让我想起清末五大臣出国搞宪政考察。只是，小堡村村民之“麻将宪政”考察不仅不像五大臣那样“拜会了美女，带回了野兽”，而且全都是自费。

当然，更有意思的是各位“麻将大臣”的考察归来的确给小堡村的麻将事业带来可喜的进步，即在众人的努力与合议之下，相关规则设计向着一个更公平、更合理、更防作弊的方向展开。2008年暑假，我在村子里的一个新发现是当地麻将牌由码两层变成了码三层，据说便是为了给恶意码牌者增加舞弊的难度。其丑陋的形状与朴实的内涵，在我第一次看到它时，首先想到的是贵州某个贫困村为分权而发明的“五瓣公章”[1]。

如前所述，作为一种赌博游戏，对乡下人来说麻将更像是一把双刃剑：一方面，它让村民们日夜沉迷其中，显得无事可做；与此同时，它也在潜移默化中训练了村民们对公共规则的认同与遵守。当然，此刻如果我们满面红光地说中国的宪政已经从村子里的麻将桌上开始，未免过于多情。借由此文，我想说的是，假如你愿意从积极的角度来思量中国的前途，寻找一些可以唤起的沉睡的力量，愿意盘活中国文化传统中的正资产，我们总还是可以从中窥见一些孕育希望的种子，抵御种种用于搪塞的不作为的理由吧。

1. 贵州省锦屏县平秋镇圭叶村的村民将刻有“平秋镇圭叶村民主理财小组审核”字样的印章分为五瓣，分别由四名村民代表和一名党支部委员保管。村里的开销须经他们中至少三人同意后，才可将其合并起来盖章，盖了章的发票才可入账报销。这种源于草根的民主理财方式暗合“分权制衡”原理，被网民称为“史上最牛公章”。

3.德先生、赛先生，还有一个无小姐？

马克斯·韦伯将中国社会描述为“家族结构式社会”。钱穆先生也曾这样谈到中国社会：“故欲治中国之政治史，必先通中国之社会史。而欲通中国之社会史，则必先究中国之宗法史。由血统而政统而道统，此则为中国文化之大传统。”（钱穆，《略论中国社会学》）

由此而论，中国人之所以时常挣扎于“忠孝不能两全”这一祖传的两难，无外乎在“血统”与“政统”之间荡“道统”的秋千。

前文提到，尤其在上世纪初，中国在是否存在阶级斗争的问题上有过不少争论。个中是非曲直，以我对中国历史与社会生活的有限涉猎与观察，我是宁愿相信梁漱溟的判断，即中国人只有职业分途，而无阶级斗争；抑或如张东荪所言，是有阶级而无阶级意识。不幸的是，在上一世纪，伴随着大革命时代的到来，阶级斗争的意识“被水涨船高”。当我们平心静气地回顾这段历史，不难发现，即便是“地主”这个词，在很大程度上也只是一个配合阶级斗争而被发明的概念。关于这一点，在提到董时进时我已略有叙述。看时代变迁，今日社会同样注重词语的发明，只不过现在发明的是“躲猫猫”与“打酱油”，是“富二代”与“贫二代”，很难有像从前那样牵一发而动全身的鸿篇巨制了。

革命与宗族

上世纪八十年代，中国人又一次开始担心自己被开除“球籍”。其实，如果单从宗教信仰来说，不太关心天上事情的中国人，是最名副其实的“地球人”。中国之宗法，就平民百姓而言，最重要的是传宗接代。这是一种地上的宗教、世俗的信仰。至于皇帝，则是以天下为家，是故有“家天下”一说。

遥想半个多世纪以前，在北平和平解放之后，一群来自湖南韶山的山羊胡子乡亲不也及时赶到这座刚刚易手的城池，祝贺“毛家人从此做了皇上”？他们千里迢迢赶到皇城，目的就是要为毛家人“看着点”天下。

而这种宗族主义，恰恰是毛泽东当年极力反对的。早在1927年，毛泽东便在《湖南农民运动考察报告》中指出宗法封建性的土豪劣绅，不法地主阶级，是几千年专制政治的基础。在他看来，中国社会存在着三种权力支配系统：一是由一国、一省、一县以至一乡的国家系统（政权）；二是由宗祠、支祠以至家长的家族系统（族权）；三是由阎罗天子、城隍庙王以至土地菩萨的系统以及由玉皇上帝以至各种神怪的神仙系统——总称之为鬼神系统（神权）。至于妇女，还要外加一个夫权；而夫权与族权，基本是合一的。

那个时候，宗族意识在农村的影响显然在阶级意识之上，以至于毛泽东在初闹革命时，不得不感慨“社会组织是普遍的以一姓为单位的家族组织。党在村落中的组织，因居住关系，许多是一姓的党员为一个支部，支部会议简直同时就是家族会议”。（毛泽东，《井冈山前委对中央的报告》，1928年11月25日）为此，党内甚至会为是否存在“农民党”发生激烈争论。

宗族势力与组织的存在决定了农民并非完全处于马克思所说的那种“马铃薯状态”。这些“宗法共同体”（梁漱溟语），有的甚至还有自己的武装。比如，江西于都县上堡的钟姓靖卫团武装便有近八百条枪支。在乡村，尤其是这些大姓聚族而居的地方，只需各族首领一声令下，全族的人即可以倾巢而出，不仅可以保村守寨，有的甚至可以领导万余农民直接向革命的农民进攻。同样，湖南大庸西教乡熊氏家族有数百条枪，贺龙率大部红军于1929年8月围攻熊氏团防，便整整打了七天。

然而，二十世纪终究是中国宗族文化日益凋敝的年代。这个革命的世纪刚开始时，乡村相对自治，在同宗同族的温情理想之下，宗族势力及其武装对革命军或政府军还能略作抵抗；至于平时，又像是一个个草莽的NGO。待阶级斗争开始瓦解乡村社会，即便是那些没有枪支弹药撑腰的宗族首领与大户也会被当作阶级敌人，很快成为被斗争的对象。土改时期，宗族是非常明确的被打击对象，族长即便没有多少田产，也要被划为“公堂地主”。宗族组织作为阶级压迫的工具更要强行解散。正是这种阶级划分扯断了农村原有的血缘和地缘的纽带，使每个人孤零零地成为了政治运动的附庸，又为之推波助澜。

“对不起，我没姓”

今天，当人们沿着教科书一点点梳理建国前后种种有关“无私”、“无家”的政治动员时，常常忽略一个事实，即在二十世纪中国革命开始之初，消灭宗族、家庭甚至政府一直是许多狂热青年的理想。

五四时期，当遥远的新文明曙光初现，中国不光有废除汉字的争论，而且有废除姓氏的争论。为了与旧时代彻底决裂，有的青年甚至宁可不要大家族的家产也要抛弃自己的姓氏。还有人写信给自己的父亲，很诚恳地告诉他：“从某年某月某日开始，你不再是我的父亲，大家平等，都是朋友。”1920年，一位叫哲民的作者在《民国日报》上发表《“单名制”与“废族姓”问题》，声称到了共产时代，无国界疆域之分，“一部贵族式的百家姓，绝对没有存在的必要”，因此废除族姓“是主张社会主义的一种最彻底的办法”。有一个夸张的说法是，如果那时候碰到一位五四青年，你不能轻易地问：“请问贵姓？”他很可能会告诉你：“对不起，我没姓。”

这种决裂还有更暴烈的形式，其中也不乏得时代之大好处者。比如说买婢蓄妾的能手吴虞，他当年之所以能从成都一位郁郁不得志的中学国文教师，摇身一变成为北大知名教授、新文化运动中的风云人物，一个最大的功劳就在于他“非儒非礼”，视其父亲为仇敌，直呼之“魔鬼”。

而那限制人性自由的婚姻同样为许多热血青年所不齿。五四时期“废婚派”亦如过江之鲫，他们对旧式婚姻（专制婚姻）和新式婚姻（自由婚姻）都表示出了难以克制的厌恶，并且极力主张废婚。1920年代前后的报章充满了这方面的笔战，在有些人看来，结婚不过是一桩桩“生殖器的买卖”，婚证是买卖的契约，婚礼是买卖的手续，买卖的媒介是金钱和恋爱。没有恋爱，单靠金钱，由第三者做买卖的掮客，把生殖器卖给人，这就是旧的结婚；有了恋爱，靠着证婚书和约指，强使大家永远结合，恋爱不能移情第三者，生殖器彼此专利，这就是新的结婚。

安那其女郎

世纪之初，清王朝摇摇已坠，新社会破土而出，各种主义像雨点一样飘向这个太平洋边上的国家。而所有这些主义，绝大多数都是建立在否定现有秩序与价值的基础之上。其中最有魔力者，当属无政府主义。今日中国知道自由女神者多如牛毛，与此相反，上世纪初那位曾经红遍大江南北的“安那其女郎”，却是笑渐不闻声渐消，早已不复当年的芳香。

所谓“安那其女郎”，多译作“无政府主义”（源自法语

Anarchisme）[1]。虽然国民党及其以后的党化教育使人们渐渐忘记了无政府主义当年的真谛，甚至将此简化为一种反政府的恐怖主义，但不可否认的是，无政府主义在当年对无数才子佳人具有魔力，正是它为中国后来走向社会主义与共产主义揭开序幕。那时许多人心甘情愿地相信，一旦没有了政府，人人享有绝对的自由。而在这些革故鼎新的人物中，最开风气之先者莫过于两个人：一个是师复，另一个则是江亢虎。

师复（1884～1915）原名刘绍彬，广东香山人，曾立志光复故国，故改名刘思复，后又因主张废除族姓，改为师复。1904年，师复赶时髦到日本留学。当年赴日留学多是政治留学，许多留学生一到日本便忙于加入各种社团，学习技能，为未来投身暴力革命做准备，而师复便是在这时学了点革命的手艺。1905年，师复加入同盟会，并从一个俄国无政府主义者那里学会制造炸弹。1906年春，他在广州旧仓巷凤翔书院制造炸弹，试图炸死当时大力捕杀革命党人的广东水师提督李准，谁知这位未来的“支那暗杀团”的非正式团长大人当年学艺不精，竟在自家安装雷管时被炸掉了左手。

1912年5月，师复在广州创建了中国第一个无政府主义组织“晦鸣学社”，鼓吹绝对平均的自由无政府主义。这是中国内地第一个无政府主义者的组织，参加者多是师复的亲友。大家一起学习与劳动，互相协助，过着大锅饭式的“共产主义”生活，并积极展开宣传无政

1. 安那其主义，又称“无政府主义”。它包括正反两方面的意义，正面是社会没有了政府，人人享有绝对的自由，达到太平康乐的大同世界；反面是社会没有了政府，成了无法无天的恐怖世界。约翰·克拉克（John P. Clark）认为安那其主义包含四项：理想的一个无压迫性、非权威性的社会；从反权威性的观点出发对现今社会与机构的不满和批评；相信人类的天性，总是朝着理想一步步推进；有一个改革的策略，包括在制度上即时建立具有无权威性、非强制性与去中心化特征的社会机构。美国学者沙培德(Peter Zarrow）引用克拉克的定义认为中国民初的安那其运动符合上述条件。沙培德同时指出中国的无政府主义受到了传统文化如佛教和道教的影响。而据德力克（Arif Dirlik）的理解，安那其主义者相信革命的“目的”与“手段”不能分离，其与马克思主义者基本分歧在于，虽然两者“目的”皆为理想社会，但前者反对以阶级斗争的手段建立一个无产阶级的社会，而后者在废除一个权威中心的同时又建立起了另一个权威中心。

府主义活动。其后几年师复又在上海创建了“中国无政府共产党”。他在宣言中称：“本自由平等博爱之真精神，以达于吾人理想之无地主，无资本家，无首领，无官吏，无代表，无家长，无军长，无监狱，无警察，无裁判所，无法律，无宗教，无婚姻制度之社会。”

从1912年至1915年，师复发表了大量的宣传与探讨无政府主义的文章。其中《无政府共产党之目的与手段》一文较完整地阐发了他的无政府主义理想。师复的主张归纳起来主要包括以下几个方面：一是主张社会一切财物归公有，废除私有制，废除钱币。人人从事无强迫意义和无限制约束的生产劳动，劳动所得之结果，人人皆可自由取用之。二是废绝一切政府机构，无军队、警察，无监狱，无法律条规，凡统治性的机关一概取消，社会管理由自由组织的各种公会承担。组织公会者也系普通劳动者，无压制他人之权，公会本身也无任何章程或规则以限制个人之自由。三是废除婚姻制度，男女自由结合。设公共养育院抚养婴儿，设公共养老院照料50岁以上老人，设公共病院调治残疾及患病者。四是人人享有平等的教育和工作权利，无论男女，皆应得最高等的教育。工作的目的不是为谋生，而是生活的一部分。每人每天只需工作两小时，至多四小时，剩余时间用来自由研究科学及娱乐，从而使人的体力与脑力得到均衡发展。五是世界大同，采用所谓“万国公语”，使“远近东西全无界限”。

毛泽东与“三无主义”

江亢虎（1883～1954）如今同样鲜为人知。然而在毛泽东的学生时代，他却是位人杰，甚至卷入过汪精卫谋刺摄政王案。斯诺在《西行漫记》一书中提到，毛泽东当年正是读了江亢虎的书后才慢慢了解社会主义及其原理的。江亢虎原籍江西上饶，清末还是个不小的京官。1907年，他大呼“有宗教之苦、有国家之苦、有家庭之苦”，并系统提出了“无宗教、无国家、无家庭”的“三无主义”，成为中国最早鼓吹无政府主义者之一。为了扩大“三无主义”的影响，1909年江亢虎以“徐安诚”为笔名，向吴稚晖等人在巴黎创办的《新世纪》周刊投寄了《无家庭主义》、《自由营业管见》等文章。接下来的一年，江亢虎游历了八国联军的故乡，回国后的1911年即建立一个“三无主义”政党——中国社会党，这也是中国首个以党命名的政治团体。两年后，这个政党被袁世凯借内乱之名强令解散。

瓦尔登湖畔的梭罗说政府只是权宜之计，他好歹还承认政府有些作用，而师复与江亢虎却是彻底否定了政府的意义，认为社会之出路唯有无政府的共产主义或社会主义。从师复的“多无”到江亢虎的“三无”，套用储安平的一句话，在那个新旧交替、急于否定过去的年代，“无”只有“多和少”的问题，而没有“有和无”的问题。谈到五四精神，世人多言“德先生”与“赛先生”，却忘了当时还有一个最精神的“无小姐”。忽略了这一点，就不可能真正理解二十世纪的中国历史。

至于当时为什么在无宗族主义之外还流行无政府主义，一是因为西风东渐，无政府主义在十九世纪后半期的欧洲已是云蒸霞蔚；二是大小知识分子对中国政治的普遍失望：前有清政府之腐败无能，后有民国政府之怒其不争，所谓“旧毒未去，新毒又生”。（叔鸾《中国革命论》，《人道》第14期）既然民国与帝制不过半斤八两，许多知识分子开始由厌恶民国的新政治发展到对现有的一切政府、国家形式持一种不信任的态度，并欲除之而后快。当然，如上所述，无政府主义之所以流行还有另一个不起眼的原因，即最初它是以译音“安那其主义”传播开来。“安那其”之谓美轮美奂，使这个初到中国的主义宛若一位来自西洋的妙龄女郎。才子们更是口耳相传，就像得见今日法国当红女星Alizee之柳腰款摆，教你怎能不心旌摇曳？

“无政府主义”的概念来自于法国的蒲鲁东。1907年张静江、李石曾、吴稚晖、褚民谊等在法国巴黎创办《新世纪》大力介绍巴枯宁、克鲁泡特金、托尔斯泰等无政府主义者的事迹和著作，强调个人绝对自由，主张“去强权”，否定国家、政府、家族、私产乃至肇建家族的婚姻与代表家族的姓氏。信奉者中不仅有廖仲恺、李大钊、陈独秀、瞿秋白、吴玉章等知名人士，还有风华正茂的周恩来与毛泽东。1919年，觉悟社受无政府主义影响，决定废姓，用抽号码的办法重定自己的名字，周恩来抽到5号，于是就以“伍豪”代为笔名。毛泽东也坦承自己“赞同许多无政府主义的主张”。1919年毛泽东在《湘江评论》上发表了《民众的大联合》，似乎认为克鲁泡特金主义更适合中国国情。

至于巴金，更是一位著名的无政府主义者。巴金后来受到批判，他的这个笔名便成了他是“老牌无政府主义者”的证据——“巴”是巴枯宁，“金”则是克鲁泡特金。

总而言之，在大革命山雨欲来时，无政府主义被视为一种进步思潮。据有关资料统计，“五四”时期的无政府主义团体约达70多个。由此展开的革命的世纪，“无小姐”虽然没有“德先生”与“赛先生”那样声名显赫，但它却在一定程度上成了中国革命的真正领导者。否则，你很难想象为什么在新中国初立之时，中国会有让农民交铁锅，告别小家，走进了共产主义食堂以及随之而来的“破四旧”，“亡其宗族，先亡其家谱”，和尚被赶出寺庙等事情发生。

这一切，固然有千种原因，但“无小姐”这一思想来源对那个时代的影响却是最不容忽视的。你可以说，新中国建国以后无政府终于没有实现，取而代之的是大政府，但在“文革”时期这个国家的确一度进入了无政府状态。至此极端的年代，江亢虎之“三无主义”基本实现，而且“三无主义”变成了“四无主义”，即在“无宗教、无家庭、无政府”之外又加了一个“无社会”。当公民异化为永远追随领袖的信徒，在万众一心的背后，是一个国家变成一个人的国家。

4.以家为事业信仰

为了天堂，我们否定家乡。不知道自己到哪里去，也忘了自己从哪里来。二十世纪是中国历史上绝无仅有的“说不”的世纪。此时的男男女女，多像是嗑了摇头丸，对本国历史文化抱持着一种彻底否定的态度。钱穆先生在《国史大纲》中所主张的“温情与敬意”，都变做了“无情与敌意”。中国传承千年之久的宗族文化，即是在此背景下被打得“流水落花春去也”。1949年以后，虽然百废待兴，社会期望休养生息，但是宗族文化及活动因为有“复辟封建主义的企图”，作为阶级斗争的对象，只能继续遭受灭顶之灾。及至“文革”，更有无数家谱被当作“四旧”抛进了那个时代特有的“篝火晚会”。可叹家谱曾与方志、正史并称为中国史学之三大支柱，在火光与烟尘之外，是一代代人的宝贵记忆与心血灰飞烟灭。

江山易改，本姓难移

上世纪七十年代末，历史开始有了新的转机。伴随着中国社会的开放与“政社合一”的人民公社的解体，一些地方，尤其是在传统文化相对浓厚的江南，如湘、赣、闽、浙等省纷纷出现了续修家谱的风气。过去被全盘否定的传统渐渐复苏，似有卷土重来之势。官方与媒体的态度也渐渐发生了转变。

1986年，中央整党工作指导委员会办公室转发浙江省一份名为“坚决取缔封建迷信和封建宗法活动”的报告，报告按语即直接指出：“建宗祠、续家谱、联宗祭祖，是封建宗法活动，是我们的社会主义制度所不允许的。”1991年第二期《江西方志》就《对当前农村兴起修谱、续谱热的思考》一文所加的编者按则只是强调“关于修谱，中央曾明确提出不予提倡”。

从“不允许”到“不予提倡”，其间微妙立现。重要的是，拜改革开放之所赐，此时中国已经开始了重新发现社会之旅。正如种子的信念与力量可以崩裂大地，社会自由自我的生长，已经让任何形式的“编者按”都按不住了。

更别说，从上世纪九十年代开始，被知识界认为是意识形态替补品的“公祭轩辕黄帝大典”，几近成为一种“国字号”活动，成为中国民族主义浪潮兴起的一个重要注脚。

时至今日，复兴宗族文化在各地乡村尤其江南已渐成潮流。修族谱、建祠堂，让那些同宗同族的人忙得不亦乐乎。至于哪些人在张罗这些事情，以我的观察和了解，最主要还是一些生活在基层的乡村精英。他们多是当地热心公益事业、较有威望的人，包括一些退休教师。许多老干部也参与其中，“干了一辈子革命工作，也该修修家谱了”或已成为他们心中的旋律。除此之外，还有一些来自台港澳的同胞以及欧美等地的华侨。当年饱经风霜的“海外特务”，在新时代已经备受欢迎，成为认祖归宗的赤诚游子。

说到续接家谱，自然少不了修谱的工匠。从上世纪八十年代开始，在小堡村不远的南昌周围便活跃着一些谱匠。据懂行的人说，旧时谱匠被尊为“先生”或者“谱师”。通常，谱匠都是携妻将子，一家老少随谱而行，一个大族一做就是一年，慢工出细活。不过，他们的待遇并不高。住祠堂，吃公粮，忙上一年半载，多半只能混个包吃包住。而现在，各姓修谱心切，经济上又有了些积累，谱匠的报酬自然大为改善。一宗家谱少辄五六千元，如果一年能换几个宗祠干活，好歹也能赚上几万元工钱。

生活堡垒

在《乡土中国》里，费孝通谈到家庭在西方是一种界限分明的团体。如果有一位朋友写信给你说他将要“带了我的家庭”一起来看你，你会知道要和他一起来的是哪几个人，包括他的妻子和孩子。但在中国，“阖第光临”虽则常见，但是很少有人能说得出这个“第”字究竟包括哪些人。

> 中国的家是一个事业组织，家的大小是依着事业的大小而决定的。如果事业小，夫妇两人的合作已够应付，这个家也可以小得等于家庭；如果事业大，超过了夫妇两人所能担负时，兄弟伯叔全可以集合在一个大家里。……在西洋家庭团体中，夫妇是主轴，夫妇共同经营生育事务，子女在这团体中是配角，他们长成了就离开这团体。在他们，政治、经济、宗教等功能有其他团体来担负，不在家庭的分内。夫妇成为主轴，两性之间的感情是凝合的力量。两性感情的发展，使他们的家庭成了获取生活上安慰的中心。

在《美国人的性格》一书中，费孝通将此封闭的、小型的感情家庭形容为“生活堡垒”。而在中国的乡土社会中，“家的性质在这方面有着显著的差别。我们的家既是个延续性的事业社群，它的主轴是在父子之间，在婆媳之间，是纵的，不是横的。夫妇成了配轴。配轴虽则和主轴一样并不是临时性的，但是这两轴却都被事业的需要而排斥了普通的感情。我所谓普通的感情是和纪律相对照的。一切事业都不能脱离效率的考虑。求效率就得讲纪律；纪律排斥私情的宽容。在中国的家庭里有家法，在夫妇间得相敬，女子有着三从四德的标准，亲子间讲究负责和服从。这些都是事业社群里的特色。”（费孝通，《乡土中国》）

中外有些学者，常常批评中国人没有宗教信仰，并且因此担心“天不怕，地不怕”的中国人会为所欲为。不能说这种担心是多余的，然而倘使他们能看到绝大多数中国人至今仍然信奉“家教”，这种担心定会有所减轻。历史也证明，最让人担心的反而是过去那个因为阶级斗争导致夫妻反目、父子成仇的告密时代。在那里，政治代替了一切，信奉“家教”者无家可归，社会没有底线，一切皆有可能。

而现在，越来越多的中国人开始从国家的宏大叙事中回到了家里，从广场回到了卧室。这也是为什么近年来“家园保卫战”此起彼伏之原因。2009年11月，成都女企业家唐福珍为了抵抗野蛮拆迁在屋顶上自焚。我将这场悲剧称之为“屋顶上的矿难”，即是因为我看到了物权的天空在屋顶上坍塌。其间心痛，无以言表。与此相关的时代背景是过去有“卫国战争”，现在有“卫家战争”。

中国人更习惯于在家族中寻找“终极意义”，尽管这种“家教”不是真正意义上的宗教，但它在构筑中国人的世俗精神与底线伦理方面无疑有着举足轻重的影响。如果说唐福珍是以家为最后一道防线，那么另一些官员则是以家族利益为出发点了。你可以批评有些“裸官”用爱国主义为自己在中国争现在，用国际主义为孩子在世界争未来。但“裸官”之所以敢胡作非为，无法无天，恰恰是因为摆脱了家的束缚与牵累。

接谱嘉年华

谈到宗族文化，很多学者都将目光投向了江西农村。一个重要原因是，从北宋以后中国经济文化重心南移，而江西也因此成了传统社会文化的重要积淀之地。今人所见之乡村宗族组织与宗族文化，便是宋代朱熹（江西婺源人）为代表的理学家所重构之形态。以文学著称、感慨“聚散苦匆匆,此恨无穷”的欧阳修（江西吉安人）更是带头编家谱（也因此有了“欧式”族谱）、修祠堂、置义田、建学堂。虽然宗族文化有前现代的很多缺陷，但是作为一种社会性的网络，其在维系与改造社会等方面的作用，同样不可低估或简单否定。也正是这个原因，有学者寄希望于将宗族组织改造成一种根植于中国传统的NGO组织。

关于当地农村如何续修家谱，著名历史学家、南开大学教授冯尔康先生在他的书里谈到这样一些细节：

> 农村家族谱牒修成之后，分发到房支或户中保存，并举行隆重仪式，简直成了宗族的盛大节日。新建某氏1994年农历八月十一日发谱，住在其他村庄的族人都赶到祖居地，由主修报告编写经过及经费开支，党支部书记也讲了话，各房选出辈分最大和最小的两个人领谱，由年辈最长的发谱。外村领谱人群乘坐大小汽车及拖拉机前来，共有140余辆，领走后回村，沿路绕行，约行二三十里，同时鼓号齐鸣，鞭炮不绝。之后连演三夜采茶戏和放映两场电影。某村是只有120人的单姓村，族人到家族老基去接谱，去了十几辆车，其中有借的单位干部的小轿车、吉普车，还有个人掏钱租的车，共去了五六十人，跑了40里公路和20里小道。如此浩浩荡荡，亦是在社区显示家族的力量，表示其拥有的社会地位。（冯尔康，《18世纪以来中国家族的现代转向》）

文中的新建县与永修相邻，文化几无差别，类似的场面我在小堡村也是见过的。2009年初春，我还在乡村小住的时候，正好赶上全县熊氏宗族出家谱。作为小堡村在外面“见过世面”又“自投罗网”

的男丁，我自然免不了要卷入这一盛典。当然，这没什么不好。事实上，我更想“参与式见证”小堡村老少爷们进城接家谱的全过程。

是日，风和日丽。小堡村虽小，讲不起排场，还是租了一辆小货车，十几个男丁站在后面的车斗上，一路上敲锣打鼓、鞭炮轰鸣、红旗招展，让过往行人无不为之侧目。当小货车终于冲进县城，与来自其他村庄的车流汇合，我的脑海里竟浮现出另一种景象，只觉得这县城就像是农村广阔水域中的一个孤岛，而农民进了县城，就像是爬上了城市文明的岸边；待重新回到村庄，又像是潜回了水里。

今日乡村，迎家谱是难得一见的盛大庆典。锣鼓喧天的巡游让小堡村村民尝到了公共生活的快乐。那一个上午，他们成了世界的中心！这种快乐，显然不是他们素日围在一起打麻将时所能体会。而人们之所以需要节日，恐怕也是与此有关。遥想我在法国西布列塔尼居住的那段时光，最难忘者除了当地清凉婆娑的太阳雨，恐怕就是与乡间节庆有关的一些东西了。那欢快的转圈舞（Round）、悠扬的比尼乌（Biniou）风笛以及绚丽的彩车，伴我见证了一场场乡村嘉年华。

领到家谱后，同行的几位年轻人不无伤感地与我谈起小时候参加过的一些乡村节庆，尤其惋惜元宵节前龙灯的销声匿迹。当然，我们也谈到，政府不扶持乡村的传统文化，任其自生自灭，却热衷于弄几个明星到乡下来假唱几首流行歌曲，便以为这就是“送文化下乡”，真是天大的笑话！而“送文化下乡”之措辞，更有歧视之义。事实上，传统文化深厚的中国农村并非没有文化，只是被严重忽视与破坏，没有得到重视与发展。

和冯尔康先生前文描述相似，那天小堡村的货车在回程时也绕行了近二十公里。待终于回到村子，守候在村口的村民及远道而来的女儿、姑爷们立即点燃鞭炮，直炸得白烟蔽日、地动山摇。至于接回来的新家谱，倒也不辜负这些憨厚乡下人的此般殷勤。和从前几个村落小打小闹搞出的油印本相比，新版家谱全赖电脑打印，且有彩色插页助威，其阵容已不输于任何方志与正史。据村里参与了修谱的长者说，按计划县里的谱局将来还要联县修“省谱”、联省修“国谱”，届时就真的“天下熊姓一家”了。

有人说，“女儿是父亲前世的情人”。若果真如此，前世的花花公子恐怕都投胎到中国农村了。我便有几个这样的亲戚，他们究竟有几个女儿，我一直没有数得太清楚。在中国农村，有些人为了执意生下一个儿子，此前生多少女儿似乎都不算数。就好像要在“0”前不放上一个“1”，这些“0”就会失去意义。不过，尽管宗谱仍以“延续香火”为要务，一个悄然的变化是，过去女性不入家谱的规矩在重修家谱时被打破。过去不被重视的“0”似乎要与“1”平起平坐，真正实现人类繁衍图谱中的“二进制”了。

“小百姓的后代都哪去了？”

身处转型期的中国人，受“被自杀”、“被自愿”等“头文字被”词语的浸染与吹拂，已习惯于自称“被字辈儿”了。当然，这个“被”字只是个“时代辈分”。而我的宗族辈分，如读者所知，仍是个“培”字。我的祖上，想必是出过有觉悟的能人，可以将我这一支熊姓的字号排得颇有些气象，是谓“乾、坤、宇、宙，循、环、培、育……”。可惜的是，按照新修宗谱的意志，这一气象似乎很快就要被磨灭了。

梁启超在《中国史界革命案》一文中感慨：“二十四史非史也，二十四姓之家谱而已。”殊不知，这天底下修家谱者，最爱做的亦不过是让自己成为帝王家谱的一部分，成为“龙的传人”。试问中国各姓家谱，有几部不自称是三皇五帝的后裔?

胡适先生一生提倡传记文学。早在1919年，正是新文化运动狂飙突进的年代，胡适甚至依据很有限的材料为一个年仅二十三四岁的女学生写传，以记录其幼年失怙，在嗣兄的威压之下痛苦生活以及求学无路最后郁郁病死的悲惨命运。胡适时时不忘劝告和督促他的朋友们写自传。他在《四十自述》的序言里说："我在这十几年中，因为深深地感觉中国最缺乏传记的文学，所以到处劝我的老辈朋友写他们的自传。"到了晚年，胡适在得读黄郛的夫人沈亦云的回忆录后，写信给沈亦云，"我在这三四十年里，到处劝朋友写自传，人人都愿意，但很少人有这闲暇，有这文学修养，更少人能保存这许多难得的'第一手'史料……"

胡适认为，由于中国没有人物传记，因此缺少对人的理解，缺少西方国家建立在人物传记上的人格教育。至于中国为什么传记文学不发达，主要有以下原因：

第一，中国没有崇拜伟大人物的风气。中国人最缺少"个人"的观念。一面是芸芸众生，蚩蚩群氓，一面是英雄圣贤。一旦被视作英雄圣贤，他就不是一个"人"，而是一个"神"，或至少是某种神意的体现。他们是被崇拜的偶像，而不是一个有血有肉的人。对这些英雄圣贤的记叙充满了夸张不实之词，甚至加上许多神秘色彩，根本无法与近代的传记文学同日而语。

第二，中国多忌讳。对先人有忌讳，对时人有忌讳，政治上有忌讳，信仰上亦有忌讳，总之是忌讳太多，无法用真实的材料写出一个人的真实的传记。

第三，缺乏保存材料的机关，无公共图书馆，无长久不衰的故家世族私人保存史料，再加上无长久的太平，每多战乱，资料容易毁灭。

第四，文字上的障碍。什么骈文、古文、碑版义例等等，束缚史家，不容易做到生动传神。

第五，读书人一向把读经、解经、传经视为终生事业，不看重传记文学的价值，故向无传记专家。官修的传记，为官方服务，不重写实传真；私家修传，多为美化先人，故多谀墓的小儒，不足以养成传记的专家。

有此认识，也就难怪胡适对中国人修谱的一些做法提出批评。

虽然鼓励写传记，并且为自己写了《四十自述》，但他希望传记能够“纪实传真”。对于家谱，胡适抱持相同的态度。1919年，胡适在给绩溪旺川曹氏族谱作序时谈道：“中国的族谱有一个大毛病，就是‘源远流长’的迷信。没有一个姓陈的不是胡公满之后，没有一个姓张的不是黄帝第五子之后，没有一个姓李的不是伯阳之后。家家都是古代帝王和古代名人之后，不知古代那些小百姓的后代都到哪里去了？”胡适由此建议各个族姓的人在修谱时要讲点信用，对子虚乌有的远祖一概从略，而应该多做些本支派的功课，使其真正发挥“信史”的价值。

与大人物沾亲带故，换取点廉价的自豪感，也算是人之常情。记得小时候，听到村里稍懂点历史掌故的高年级学生谈到“楚王姓熊”、“屈原姓熊”的时候，我心里也是有点莫名兴奋的。然而，时至今日，当我看到这新派的字号试图“与楚王接轨”时，我只能笑而不语。新版家谱里强调本族“皇家血统”的字号是这样的：“源自楚皇绎[1]，旺发豫章丞，立志兴华厦……长久保安宁。”

多像个顺口溜！读者不要责怪我不严肃或者势利，甚至近乎无礼地嘲笑本族老人们的创造。谁让我如此顽劣，目无族长（如果有的话），竟从这个“源远流长”的辈分图中看到一幅衰败景象：就好像一个人，先是做了楚王，后来做了丞相，接下来投身房地产，直到最后无处可去，只好在某个小区门口当上了给业主敬礼的保安，从此“长久保安宁”了——真是一代不如一代。

解构归解构，透过我上面的玩笑，也许你已经看到我这代人对“辈分”一词已经无敬畏之心。而且，现在人心开放，族谱如何排字号也不会对族人的实际生活造成影响。事实上，这也是今日家谱遭遇的一个困境。也是这个原因，那些没有按族谱取名的孩子们在记入家谱时不得不另取一个谱名。另一方面，既然要搞县谱，甚至还为此专

1. 西周时期楚国首位国君，从此开启楚国800年历史。

门成立了谱局，主事者就难免有统一当地宗族字号的野心。就像现在有些官员，不拆几幢房子，弄几个广场，折腾点新名堂出来，怎能见着“政绩”？不同的是，因为没有强制力，谱局重排字号的“政绩”并不真正破坏大家的生活。今日家谱，更多只是一种具有注释内涵的谱系，而非必须执行的决策参照。

另一方面，尽管至今仍有不少人以过去流行的革命话语直斥宗族文化之复萌是“封建残余”之“沉渣泛起”，是试图建立“第二政府”，必欲除之而后快，但是从整体上看，中国社会毕竟是越来越开放，大家各行其是、自我组织、横向联合，只要不触及法律，旁人实在无权横加干涉。

至于知识界，越来越多的研究者开始注意到宗族在社会整合、社区建设和公共产品的提供等方面所具有的积极作用。尤其在这个“前不着村、后不着店”的转型年代里，当人们被抛进托克维尔所说的那种“旧时代已去、新社会未立”的孤独之境，这古老的宗族亲情所体现的更多是互帮互助的社群或者社区人道主义，以及自治精神。有学者曾对农民搞过一份问卷调查，在被问及“经营中遇到困难时先后找谁”时，农民首先找的是直系亲属，其次是朋友、旁系亲属和邻居等，最后才是党组织、乡村干部和其他村民。

既然宗族文化在农村已不可能像过去一样被全盘否定，接下来需要回答的问题是，这一血缘性组织是否能够实现对乡村政治的问责以及如何使相信它的村民成为现代政治意义上的公民，真正从血缘走向“人缘”。

熟人社会的压力集团

在有关农村社群的研究方面，麻省理工大学的年轻政治学者蔡莉莉（Lily Tsai）成绩卓著。2007年，她出版了《没有民主的问责制》（*Accountability Without Democracy*）一书。就在此前，她花了将近两年时间走访了中国河北、山西、福建和江西等省的316个村庄。蔡莉莉注意到，在那些公共设施及服务比较健全的村落，通常都有不少发挥着社区凝聚力和道德权威的民间团体（特别是宗教和宗族团体）存在。从社会资本理论出发，蔡莉莉由此论定，尽管中国乡村尚没有形成现代意义的民主，有的地方在经济上也很落后，但决定乡村官员治理水平的关键因素，也许首先并不在于经济水平和政治体制的差异，而在于当地是否有这种社会团体存在。在非民主条件下，如果乡镇没有一个隐性的权力（如道德）或者压力集团（如宗族组织）来约束乡镇干部，这些官员便会将钱财用于修建政府大楼，而不是乡村公路或者其他公共设施。而且，宗教团体或者宗族组织在社会动员方面似乎也比政府更有效率。比如，在中国北部有个天主教村庄，是教会而不是地方当局组织村民修建了一条公路。据说，有些村庄即使有钱，也很少有人愿意听从政府指挥；相反，没有人会拒绝教会的要求。这种动员效率同样表现在宗族社会里。

如今乡下，较好的公共建筑，除了政府大楼、学校之外，恐怕就得数教堂和祠堂了。农民想方设法拖延或者抵制来自政府的种种“苛捐杂税”，但是如果村里要组织修建一个祠堂，每家人都会不遗余力。

乡镇干部受到的压力同样来自“熟人社会”。每当我和一些乡镇干部走访附近一些村落时，发现一些乡镇干部几乎无人不识，其熟络程度可见一斑。虽然县一级干部通常不太在乎农民的评价，但是由于乡镇干部生活在一个熟人社会里，多少还是很在乎来自治下农民的评价。毕竟，这些干部通常都是来自附近的农村。

宗族议会制

宗教或宗族组织的介入并非表明这些社会团体具有“第二政府”的特征。透过上述细节，本文着重要谈的是，中国民间社会的自治能力被严重贬抑或者低估。事实上，即使是过去被描绘得全然黑暗的宗族组织，在社会变革中也不是没有自新能力。早在上世纪初，中国一些地方便已经出现了“宗族议会制”。

先说什么是议会。在拉丁文中，议会的原意是谈话式辩论（Parliamentum），后来逐渐发展为一种代表们集会的形式。虽然宋朝廷议相对开明，但中国自古并无议会政治的观念。上朝时，文武百官可以争得面红耳赤，但是主席台上坐着的那位，毕竟不是主持会议的议长，而是手握生杀大权的皇帝。

自1840年以后，中国开始面临李鸿章所谓的“三千年未有之大变局”，要穿越唐德刚所谓的“历史三峡”。也是从那时候开始，西方议会政治思想才渐渐传到中国，为部分绅士知识分子、政府官员与西方传教士所鼓吹。闭关锁国的中国人终于知道，原来皇帝之上，还可以有个“巴厘满衙门”（Parliament）。1905年，日俄战争以日本胜利结束，在当时被认为是日本的君主立宪对俄国的君主专制的胜利，所谓“非小国能战胜于大国，实立宪能战胜于专制”。

在清朝驻外使节中，郭嵩涛算是深入观察西方议会制度的第一人，而且对于这种君民同治的制度，更是怀着一种强烈的向往。郭嵩涛本有意将自己在异国的所见所感发回国内，以影响时人时局，没想到的是，他的《使西纪程》（日记的最早部分）出版后立即被保守派指为“叹羡西洋国政”，离经叛道，旋被销毁。自此，郭嵩涛变得心灰意冷。而他的使英日记在1980年得以公之于世，已经是一百多年以后的事了。

慈禧一生昏庸，临死前几年还算识时务。1908年8月，清朝宣布预备立宪以九年为限，在中国历史上第一次提出了宪政时间表——1917年召开国会，实行宪政。只可惜此时的大清朝已经和她修长的指甲一样不堪一折，连“大权统于朝廷，庶政公诸舆论”的理想最终都没有实现。慈禧能轻易地给自己的指甲上一个金属的外套，然而当她也想给大清帝国上一个君主立宪的套子时，历史已经不给她机会了。“用血缘黏合地缘，用族权支持政权”的八旗制度，因为黏合不了民权，此时已摇摇欲坠。及至1908年11月，西太后终于归西，其后的掌权者又鼠目寸光弄出个“皇族内阁”，一场改天换地的革命已兵临城下。

虽然清王朝没有搞成议会制，中国民间还是有所斩获。二十世纪中国，宗法制度所遭遇的也并非只有前文提到“去家庭、废姓氏”般的全盘否定；一些宗族内部求变，也搞起了议会制。只不过这些成长，早已经湮没无闻，不为世人所知。如法国社会学家谢和耐所感慨，中国历史学家对发生在社会领域的革命性成长往往视而不见，他们热衷记载的只有改朝换代。

说到宗族议会制，最成规模的是上海曹氏宗族搞的“谯国族会”。所谓“谯国”，是指曹姓的郡望。按照《谯国族会简章》规定，族会管理人员，由议长、副议长各1人，评议员10人，契券保管员、会计、庶务、文牍各1人，征租2人共同组成。这些人都要经投票法公举，任期以一年为限，冬至大会更举，可连举连任。凡16岁以上的族人有选举权，25岁以上的有被选举权。

据1925年编撰的《上海曹氏续修族谱·族会缘起》记载，该曹姓族人从1909年便开始实行“宗族议会制”，到这一年已持续了16年之久。之所以有此变革，既是受了新世纪欧风美雨的洗礼，据说同时也是接受了某族长私卖公产之教训。

至于这已然发黄的《谯国族会施行规则》，似乎也尽得《罗伯特议事规则》之精髓——比起安徽南塘村搞的农村版“萝卜白菜规则”[1]，算是整整早了一百年。根据第一章开会诸条规定，宗族议会开会，须“议员半数以上到会，方得开议。到会议员有过半数同意

1.《罗伯特议事规则》源于英国议会规则，它由亨利·马丁·罗伯特撰写，于1876年出版。该规则有针对主持会议的主席与会议秘书的规则，以及大量有关普通与会者的规则。罗伯特议事规则在安徽阜阳颍州区南塘村推广实践时，被农民误听成了“萝卜白菜议事规则”。

方得取决。议长主席不到，由副议长代；副议长亦不到，以议员之得票多者代。议员发表意见当依次序，二人不得同时发言，他人言未终时不得掺杂。议员意见或两歧时，以多数取决；两数相等，则取决于议长”。会计等职员也须到会，以便质询及报告事务。其他诸章又规定，议决事件，未到会议员共同负责。对议长的权限，也定在章程里：“主席有汇集到会议员意见分付表决之权，惟不得参加己意；如有发表，须请副议长主席，而退就议员位，方得发言。”凡此种种，读者定会惊异于中国社会在自治方面所具有的“学而时习之”的能力了。

生不逢时的复兴

有学者注意到，近些年来随着宗族势力的抬头，在一些农村出现了被迫迁移、“认祖归宗”的现象。农民卖掉房屋、退回耕地，离开熟悉的家园，把全家户口迁回祖籍，论及动机与原因，他们考虑的不是经济利益、生活水平、教育机会与交通条件，而是由于原居住村庄宗族复兴与重建，大姓欺小姓，强姓压弱姓，导致人际关系紧张和社会生态恶化。（刘良群，《宗族复兴背景下的人口迁移——对江西省XJ县农村人口迁移的社会学调查与分析》）

不过，事情并没有有些人想象的那么严重。时常有人担心，宗族组织是否会变成一个封闭性的组织，甚至会威胁政府，实属多虑。如果翻开过去或者现在的家谱，不难发现的是，宗族组织是一个保守组织而绝非一个进攻性的组织。比如小堡村族谱光绪三十年的一份家规，分别就“敬祖宗”、“养父母”、“振家纲”、“教子孙”、“和兄弟”、“端风化”、“正名分”、“谨冠礼”、“慎亲丧”、“祭先祖”、“勤农桑”、“急公赋”、“务生业”、“禁非为”、“笃恩义”、“抚孤幼”、“和乡邻”、“息争讼”、“明继绝”、“节饮酒”、“明善恶”等做了相应规定，极尽隐忍苟安之能事，而绝无侵略性可言。

“一粟一饭，当思来处不易；一丝一缕，应念物力维艰”。这是《朱子家训》（亦称《朱柏庐治家格言》）中传诵很广的两句话，全篇训诫的也是“勤俭”二字。中国自古以来就十分重视家庭教育，把家庭的兴盛寄托在子孙身上。古代学校与社会的教育极不发达，人们对家庭的依赖性很强，几千年来积累了丰富的家训经验与典籍。而宗族即是传承这种教育的一个容器。

小堡村新修族谱的“族约十戒”包括：一戒忤逆不孝，骨肉相残；二戒打架斗殴，欺老凌弱；三戒好吃懒做，不务正业；四戒卖淫嫖娼，聚众赌博；五戒坑蒙拐骗，偷抢扒窃；六戒重婚纳妾，调戏妇女；七戒封建迷信，装神弄鬼；八戒贩制吸毒，贩制枪弹；九戒见利忘义，恩将仇报；十戒行贿受贿，贪污腐败。

而新编《行为规范》还有“求真务实”、“共同致富”这样的时兴话；新版族训同样紧扣时下的主流意识形态与社会风俗，比如其中有关国家的措辞是这样的：“人事千万件，爱国须为先。有国才有家，此话是真言。祖国是母亲，儿女应奉献。为国民义务，切莫讲价钱。遵纪又守法，一生保平安。国家富且强，全民尽欢颜。”

尽管就国家伦理而言，有现代观念的人会对“祖国是母亲”这样的比喻以及“切莫讲价钱”的无条件爱国有所抵制，但这并不能否定这样的族约是一份安分守己的公约。至于农民为什么没有完成从臣民意识向公民意识的转换，显然不在于他们接受了这些族规的训示，而在于受了整个时代的熏陶。另一方面，小堡村村民民主意识较从前还是有所增强。尤其是那些曾经在外面闯荡过的农民，在谈到族谱“添红丁”的进账如何管理时，他们不约而同想到了建立一个专门的银行账户，以防备有人将它据为己有，拿去买烟、买酒、打麻将。

不难看到的是，尽管宗族文化在乡村渐渐有了一线生机，但宗族文化的复兴已经生不逢时。它既不是发生在大宋，也不是大清，而是赶在了中国从未有过的现代化浪潮的浪峰之上。一方面城市化的浪潮席卷并吞噬乡村，整体而言绝大多数农村面临着衰败的宿命；另一方面随着社会的开放，原有的宗族文化已经受到了冲击与改造。比如，聚族而居的地缘被打破；以血缘为纽带的亲情网络也被“同学”、“同事”、“哥们”、“工友”等非血缘的社会横向交往所取代。

与此同时，在追求宪政、扶起民权的今天，过去“家国同构”的治理模式也不可能复活。中国传统社会是以宗族为本位的社会。宗族文化是中国传统文化的重要组成部分。正如冯尔康先生所说：“宗族是中国历史上存在时间最长、流布最普遍的社会组织，拥有的民众之广泛为其他任何社会组织所不能比拟。”(冯尔康，《中国宗族社会》)然而百年之间，中国传统的礼俗性、宗族关系被二十世纪的革命文化冲击得一塌糊涂，不仅族长失去了往日须髯飘飘、恩威并重的权威形象，甚至连父母都已经做不了儿女婚姻的主。在城里，有些年轻人因为有“啃老”倾向不能独立生活；相较而言，农家子弟因为无老可啃，必须白手起家，所以早早学会了“我的青春我做主”。这是一个个性解放的时代，如何安排自己的生活与人生，每个人似乎都有理由认为自己比别人更专业也更负责。

婚姻半径

影响宗族文化复兴的另一个重要原因是婚姻半径的改变。

二十年前，小堡村村民嫁娶多在方圆十公里以内，绝大多数都是局限于邻近几个村落。两户自外省逃荒而来的村民，也都是在本村原地消化，通过联姻完成迁居者与原住民的融合。结婚有两种，一是明媒正娶，二是搭伙。后者并非严格意义上的婚姻，更像是动荡年代的救急，有的中途散去，有的久而久之便过成了事实婚姻。

而现在恋爱结婚，一种仍是发生在邻近村庄或者同一村庄的“父母之命、媒妁之言”，有较多繁文缛节，两家知根知底，遵循当地的一些礼俗，比如男方要给女方下聘礼。伴随着农民收入的增加以及所见世面的开阔，如今的彩礼已经涨到八万。不过女方的父母并不会独占这些钱财，相当一部分会变成嫁妆。另一种则完全是自由恋爱。这既包括大学毕业生，也包括常年在外的打工者。就婚姻半径而言，已由过去的十公里扩大到一千公里以上，而且父母对儿女的婚事几乎处于一种完全失控的状态。这不仅因为“儿在外，父命有所不受”，还因为父母多半采取了听之任之的态度。读完大学的通常在城里成家立业，而打工者则将家安在乡下，有的回家结婚时，女方已是花好肚圆。这回家与其说是结婚，不如说是补办一个手续。

费孝通笔下江村那种“儿女的婚姻大事完全由父母安排并且服从父母的安排”的现象不复存在。传统的“合作社模式”（the Corporate Model）的中国家庭在当地逐渐瓦解，虽然家庭成员之间仍然保持着血缘上的互助，但过去分家一说已经无从谈起，因为现在两代人很少在一起生活，取而代之的是有着更多独立与自由的小家庭，而且星散在四面八方。

5.农民怎样修行?

谈到宗教信仰在本地农村的发展，最有影响力者莫过于佛教和基督教。根据1995年永修民族宗教事务局编写的一份资料表明，作为江西省的宗教工作重点县，全县有佛教寺庙20多处，僧尼280多人；1983年起出现农村基督教，至1995年，经县政府批准的活动点36个，男女信徒732人。2000年出版的县志同样将该县定为“宗教大县”，“依法登记的合法宗教场所佛教有20所、基督教有16所，信教群众2万余人。另外还有些民间信仰（不属于宗教）场所，以及还没有登记的群众自发家庭聚会点”。

当灵魂失去庙宇

佛教在当地曾经发挥了重要影响，有两件事可以佐证。

其一，在小堡村西北六公里处有座高山名为云居山，山间多寺庙，最大一座为“真如禅寺”，相传始建于唐宪宗元和三年，距今已有1200年历史。寺中有不少名人旧迹，宋时苏轼曾与黄庭坚在此论佛，并留下“瀑花飞雪侵僧眼，岩穴流光映佛颜”等诗句。千百年来，这里高僧辈出，近代禅门泰斗虚云老和尚、著名武僧海灯都曾经在此修行。虚云老和尚是近代中国四大高僧之一，其世俗影响虽不如弘一法师（李叔同），但在佛教界的地位却是举世公认。原中国佛教协会会长释一诚、现任会长传印都是虚云老和尚的弟子。

其二，在老人们的记忆里，村里联合附近几个村庄曾经集资兴建一座名为“宝寺”的小寺庙，据传里面也住过不少“落难的和尚”。

奥地利诗人里尔克说：“灵魂失去了庙宇，雨水就会滴在心上。”生活在这粗砺的世界，那柔弱的人心，是需要一座庙宇的。如果从这个角度来检视二十世纪中国人的心灵生活，你满眼所见恐怕尽是冰凉的雨水，从天而落，滴透人心。

真如寺在二十世纪遭受过两次灭顶之灾。一是在抗战时期遭到日军轰炸焚毁，最后只剩下僧众四人，铜佛两尊，观音菩萨一座。据《虚云和尚年谱》记载，“考虑到这是一名胜古刹，有典籍可考的大祖师，在此弘法者有数十位”，从1953年开始，已过百岁高龄的虚云老和尚带领海内外弟子重修了这座寺庙，到1957年年底海灯和尚开讲《华严经》时，已有常住僧众200余人。

谁知到了1966年夏天，来自省城南昌的近2000名红卫兵与当地红卫兵、职工一起浩浩荡荡上山，拥进寺庙造反。县政协编撰的《文史资料丛刊》对此有详细叙述：当时庙宇被占用，佛像被捣毁，僧侣被批斗，经书被焚烧，珍贵文物被抄走。一百多名僧侣，有的被勒令还俗，有的被遣送回原籍，有的被下放到农场劳动，最后勉强留下的释一诚、传印等三四位僧人也被强令改为农工，寺庙庙堂被充公，改为云山垦殖总场云山分场红山大队的办公室，佛事活动完全中断。是故有《永修文史资料》中的悲叹：“好好一座名寺古刹，几天之内被劫掠一空，历代遗留下来的珍贵文物和名胜古迹，也遭到了空前未有的破坏。”这一切，真应了虚云老和尚的那副自挽联——“坐阅五帝四朝不觉沧桑几度，受尽九磨十难了知世事无常”。而山上其他各小庙也同样难逃厄运。

虚云老和尚曾留有一首辞世诗，十分耐人寻味：

少小离尘别故乡，天涯云水路茫茫。
百年岁月垂垂老，几度沧桑得得忘。
但教群迷登彼岸，敢辞微命入炉汤。
众生无尽愿无尽，水月光中又一场！

现实如水月镜花，若是参不透，其痛足以断肠。

2010年3月，中国佛教协会新任会长传印和尚在接受凤凰网采访时谈到当年被逐下山的一幕。1966年，总场书记带队上山，把一些和尚召集起来训话：

你们要意识清楚，几千年来的封建社会，才造成这种迷信。这个庙，就是迷信的一个据点。现在人民当家做主，这些都要取消。你们现在不要抱有幻想……你们这里面还有好些人认为，我们工作人员要退下去，你们还照样过日子，你们不要有这种幻想，这是不可能的。现在问题是，不是我们下山，而是你们要下山。

正如弗里曼等人在《中国乡村，社会主义国家》一书结语中所提到，在革命时期，国家不仅对文化传统以及象征着人一生中意义重大的时刻，包括出生、结婚、死亡等仪式具有某种进攻性，而且亵渎了与庙宇、宗族和节日相关的公共信仰。而这种侵蚀同样在小堡村留下烙印。

相较真如寺几次落难终于起死回生，小堡村边的宝寺则是尸骨未存。上世纪六十年代，为响应政府“破四旧”的号召，村民们不仅赶走了在此吃斋念佛的若干和尚，而且连寺庙也彻底拆毁。有意思的是，为了“物归原主”，曾经参与集资的几个村庄事后都派了不少劳力去庙里挑砖。所以没过多久，小堡村中间便竖起一间被村民称为

“俱乐部”的新屋。这个和普通村宅相比还算阔绰的房子最初只是被用来开会、批斗，兼作堆放粮食和杉木的仓库。到了八十年代初期，它又成了村民们围观外面的世界的“电视房”。既然村庄附近已经无本土大和尚可看，农民们只好“崇洋媚外”看日本的小和尚“聪明的一休”了。几年后，人民公社之花彻底萎靡凋零，富起来的农民各自有了电视，这个房子也成了村中穷困潦倒者暂时的安身之所。时代之变迁，展望如抽丝，回首却也倏忽。至此时，能见证“俱乐部”当年作为“政治庙宇”之热闹与威严者，唯有外墙上部分遗留下来的“毛主席语录”以及“群丑图”。

如今，那座小庙旧址淹没在杂草丛中，早已无迹可寻。我在乡下小住时，偶尔会有村民和我轻描淡写地谈起重修寺庙的事，想来也只是说说而已。毕竟这个村庄连一个祠堂都没有修起来。而那座有着千年历史的真如禅寺则已修葺一新，重现了昔日的暮鼓晨钟、香烟袅袅。只是，附近村民与干部们和我谈起它时，更多是因为它作为“庐山西海”的一部分被纳入庐山风景区，而非因为佛教，更无关乎各自的信仰。

上山下山

念中学时我时常逃课，而学校就在云居山脚下。我视写作为一种修行，现在想来，当年的逃课上山也不啻为一种修行。而且，大自然已经为你准备好了一切。当你不愿坐在教室里听老师们照本宣科，只需翻过学校后面似有还无的麻石围墙，穿过一小片稻田，走一段砂石子路，过一个小水库，前前后后不到一公里，便可以抵达一处山涧入口——那是一个天堂般的所在。虽然孤身一人，却有茂林修竹相伴，耳目之间，尽是阵阵瀑声、潺潺溪水，写生写诗，正坐斜卧，全由你心。那日子过得也真是无边逍遥！偶尔，我还会在上午时分邀约三两位齐心堕落的同学，花上两个小时，攀过溪谷，跑到位于山顶盆地中的真如寺里，观赏大小和尚诵经礼佛，我也算是因此结下了点佛缘。到了下午，便从另一侧山谷飞奔而下，勇不可当。由于方向完全相反，到山脚下时离学校有几十公里。待终于辗转回到学校，已近深夜。

年少时自由无羁的光景，总是让人回想。难怪写下《追忆逝水流年》的普鲁斯特会说，所谓天堂只存在于那些已然逝去的日子里。当然，在你慨叹天堂不再的时候，真正逝去的也并不只是岁月，还有周遭的人事物。二十年后的一个夏天，当我重新回到山脚下的中学小镇，发现这座山已经被破坏得十分严重——不仅有急功近利的采石场给山体留下了一道道巨大的疤痕，而且当年我曾栖身的林间溪谷也不复往日的生机，因为有人在半山腰修了一个小型水电站。至于曾经引着我去省城看动荡的世界的那条国道，因为已经被一条连接县城与省府的高速公路取而代之，如今坑坑洼洼，不少路程几近荒弃。2009年中秋节，我千里奔袭，开车回小堡村，误上了这条国道，本以为可以走捷径，谁知严重错判了当地“道路败坏”的程度，一路上只好悲欢“离合”，轻重油门，那短短不到10公里的路面，竟然花了我将近两小时。国道衰败至此，想不“被高速”也算是奇迹。

对于真如禅寺，我谈不上有很深的了解。因为有过逃课上山的经历，上大学时，我曾和庙里的一位叫传清的老和尚保持了书信往来。只是时间并不长，后来知道虚云老和尚在世时他曾是那里的知客。两年前，我在北京和虚云老和尚的弟子、曾经在真如寺修行过的净慧长老有过一面之缘，看得出，净慧长老对佛教在中国变成一种不问世事的逃避也颇为失望。还记得这年夏天，我在台湾有段短暂的旅行，参访了台湾的慈济会，其济世精神让我无比感动。当时我以为慈济会之所以有此大作为，想必是将佛教的慈悲与基督教的济世精神结合起来了，并暗自感慨当少林寺的方丈正在努力做一个成功的CEO发展他的连锁寺庙的时候，肩负起“佛教现代化”使命的人间佛教已经在台湾开花结果，几十年间将现世关怀送到了世界各地、千家万户。

主张人间佛教的太虚法师有言，人类为一切众生上下升沉的总枢纽。佛教不应该追求“神本”、“鬼本”，而应该以人为本；不应该离开人类去做神做鬼，而应该以佛教的道理来改良社会，使人类进步。既然佛教里也有地藏菩萨，我上面说的佛教现代化是受基督教影响也未免过于武断。人间佛教的出现，何尝不是佛教在寻找其失落的精神。地藏菩萨在众生没脱离罪苦、进入安乐、进而成佛以前，坚持“地狱不空，誓不成佛”，岂不是最可称道的济世精神？大凡称得上了不起的宗教，在慈悲、济世方面终究是相通的。只可惜，现在不少和尚，或只管开光走穴，将道场变成名利场，既救不出自己，也未救得他人；或只顾将自己关在庙里吃斋念佛，不问世事，硬是把入世的佛教修炼成了出世的道教。当说救人与自救，皆是佛心，若非在世间，善何以寄托？

种田是一种修行

2009年夏天，我在县里查资料时，曾与几个朋友一起拜访了一位比丘尼。当时她正准备在云居山附近的风景区修建一座庙。闲聊间我便问了她一个很庸俗的问题——“为什么出家？”得到的回答也是个被反复引用的经典答案——“我不是出家，是回家。”不管怎样，有信仰也罢，没信仰也罢，每个人都在其生命中寻找一条属于自己的“回家”的路。只是，在我的印象里，中国农民若非遭遇了什么难关通常不会考虑去信什么宗教。如果信教只是为了祛病救灾、“临时抱佛脚”，那么这种信教与其说是出于一种信仰，不如说是一种危机管理。当生活平淡如水，他们既不会“出家”，也不会考虑“回家”，他们会认为自己一直就在家里修行。

所以说，虽然附近有寺庙，对于农民的精神生活来说，它们只是很遥远的事物。在农民眼里，出家做和尚更是对尘世绝望的象征。至于佛教本身，也缩略为大慈大悲、救苦救难的观世音菩萨一种形象。我曾经在村口遇到一位胸口挂着观音吊坠的中年男子，当时他正跛着脚、推着单车往家里走。据说是因为出门打工经常受伤，家境也不是太好，所以乞求观音保佑从此大吉大利。这是我在小堡村看到的与佛教有关的唯一物证。在这里，包括更远的地方，佛教其实已经简化为一个护身符。

后文我会谈到，那些只知道烧香拜佛、作揖磕头的人，他们以乞求神灵保佑为目的的所谓功德，实不过是一种精神贿赂。但又不得不承认，世人皈依某个宗教，得许诺不下地狱、可进天堂，多半都是出于这种简单而原始的目的。这世间大抵都是常人，像甘地和特蕾莎修女那样的圣徒终归是凤毛麟角。

如果读者了解德国青年卢安克十年如一日在广西做教育志愿者的事迹，就会知道，一个人，即使不去信那种制度上的或仪式化的宗教，只要心中有良善、安宁与彻悟的信仰，还是可以完成自己的修行的。

农民如何修行？关于这个问题，我曾看过一部叫《无米乐》的台湾纪录片，这部影片至少为我提供了一个满意的答案。影片中，昆滨老伯戏称自己为“末代稻农”，虽然经历了台湾半个多世纪的生活沉浮与变迁，但他仍旧安静地守着自己的那片土地。昆滨老伯是这样谈到自己种地的感受的：

> 种田是一种修养，别人需要去修禅，而农人不需要修禅，农人甘心受苦，种田不只是粗重，还要晒大太阳，风吹日晒，有时候台风造成农作物损害，那是无法反抗的，大自然怎么抵抗也没有用。禅，就是不让你抵抗，你甘心忍受。农人都是如此忍受的，就像和尚修禅，情愿这样坐，这样修，不需要形式上的修禅，种田就是默默的修禅，一

种修行，就是农人们上辈子没有修够，这辈子只好再继续补修禅。

其实不只是在台湾，想来小堡村以及绝大多数中国农民也是如此吧。他们虽然谈不上有什么宗教信仰，却在生活中修行。在自己熟悉的土地上修行。在日复一日的劳作中修行，心无旁骛，坚忍不移，他们心中有对家的信仰，待人接物有伦理情谊，虽然世代清贫，却也能够内心和美、生生不息。

6.山坳上的赞美诗

熟悉了外面的世界，如今的年轻人也会将“噢嘛呢呗咪哄”念成“All money go my home”了。年轻人并非只信钱，就像安伯托·艾柯写在小说《傅柯摆》里的那句名言：“当人们停止信上帝时，并不是说他们便什么都不信了，他们什么都信。”

柴静在她的博客里讲了两个关于菩萨的故事，相信许多中国人对此都不会觉得陌生。

一是有个房地产商人发了财，修了一个大庙，金光灿灿的，搞了一个落成典礼，架了个大台子，请小沈阳演二人转，四村八乡的同志们都去看。他特别慷慨，把乡亲们往庙里让，一人发一把香，“来来来”。人稍一多点，他又不痛快了，“别许太多愿了，这是我家的佛”。

二是她的亲身经历。有一次在越南，看见地上一把香，歪插着，袅袅地供了好几位。仔细看，一个是菩萨，一个是耶稣，一个是中国皇帝，脑袋上顶着玉冠，还有一个是圣女贞德。柴静问他们，这是怎么个供法。人家说，“哎，就一把香嘛，总有一个灵的”。

回溯许多中国人的信仰，对各路神仙鬼怪的膜拜，不是因为恐惧，就是因为利用。恐惧是因为担心神的报应，而利用则在于你只要供奉了神，它不仅可以李连杰那样的“中南海保镖”，而且能给你带来好运，逢凶化吉，财源滚滚。供奉某座神，花香火钱，等于给神发工资，发年终奖，或者说是在精神领域变相行贿了。如果哪个神仙不灵，最后其庙宇被捣毁，就算是被炒了鱿鱼。由于各顾各，最糟糕的是在类似赌博的时候，参与博弈的每个人都在求财神，如果财神听得到，恐怕也得被折磨得精神分裂了。

不是因为热爱，而是因为恐惧和利用的缘故供奉神，和上升到精神层面的宗教信仰自有天壤之别。百年前，英国传教士麦高温在《中国人生活的明与暗》一书中写道，“中国人对信仰绝对缺乏崇敬，缺乏感情或者叫做奉献精神。对他们而言，之所以产生信仰，要么出于害怕，要么出于商业事务，但主要是出于后者……人们认为，一桩买卖开业前，有必要赢得神的认可，如果一个神说这件事不能成功，他们还会去求别的神……”麦高温接着感慨：“中国人从来没有朝思暮想过他们自己的神，这一点不像我们，他们对神表现出钟爱之情，即便是对祈求他们怜悯的任何一个神，他们也不报以亲切感或人类的情感。”

我无意诋毁他人，相信有不少人关于自己信仰的态度的确是如此的吧。与此同时，我也承认，在当地我看到了一些虔诚的信徒。无论出于什么目的，这都是个人生活的抉择。

“维纳斯起义”

同佛教在本地农村的衰微相比，从上世纪八十年代开始，基督教的影响则呈上升趋势。尤其到了九十年代中期，小堡村周边不少村民也加入了“信主”的行列，而且多为女性。

刚开始，有不少家庭因此闹出了矛盾。常见的情形是，妻子是位虔诚的信徒，星期天外出做礼拜，没饭吃的丈夫就难免有意见；同样，到过年时男人们要求放鞭炮、贴春联、作揖祭祖，家里的女信徒也会竭力反对。由于女人有上帝撑腰，男人将信将疑，争执几次，最后的结果往往是：男人慑于“主”的威仪，一个鞭炮不放，一个年不拜，冷冷清清过完正月。春联还在，只是内容都改成了各式各样的“谢主隆恩”，如“信上帝年年喜乐，靠耶稣代代平安”。走村串户拜年，如果你忽然看到谁家门口今年有这样的对联，你就知道这家经历了“维纳斯起义”，已经成功“易帜”了。

早些年，常会听到老家的朋友向我抱怨，自从家里有人信了教，便不想回去过年了，因为没有一点过年的气氛。不过到现在，移风易俗多年，他们似乎也已经习惯了这一切。我最要好的一位同学，奶奶、妈妈和姐姐都信了教，而爷爷、父亲和几位兄弟则依然死守传统。一家人四世同堂，过得非常和睦，虽然“一半归上帝，一半归祖宗”，倒也不见传说中的“文明的冲突”。如前文所述，尽管有许多人信了基督教，但宗族文化在当地并没有褪去本色，反而是通过修家谱、建宗祠不断收复过去的领地。

几位长辈十分和蔼仁慈，待我如至亲。我中学时最自在、最美好的时光便是在这位同学家度过的，在那儿我最早感受到了血缘之外的朋友亲情。尤其是在炎热的夏天，暑假开始，这个家里便会聚集不少同学。大家一起玩扑克、下棋，或者划上一条小船，到附近大湖里采莲子，尽享“江南可采莲，莲叶何田田”、“接天莲叶无穷碧，映日荷花别样红”所描绘的美景与风情。所谓人间天堂，也不过如此吧！待我考上大学，大家相见的机会自然少了很多。后来知道这家三代女眷在我刚上大学那年都信了基督教。每次去看望这家人时，她们总免不了和我谈到自己的“见证”，即“信了主”以后的种种灵验与奇迹。偶尔也会满怀好意地提醒我，如果你想“信主”，千万不要相信什么“主”能给你“生命粮”的说法，那是骗人的。[1]

1. 乡下有一些非法传道者，宣扬“不要搞农业生产，庄稼不用打药，天父会照看的”、“成员可以每人每天只吃二两粮食，不用种庄稼”，致使一些成员整天在家祷告，不种地、不锄草、不养牲畜。

“阿门来了！”

小堡村村民多数只知努力让孩子考上大学逃出乡村，对其他新生事物向来后知后觉。就信教一事而言，小堡村比邻村“落后”了近十余年。直到十年前，我的一位小学同学，因外出打工得了严重肝病终于回到村里，才在附近信教村民的开导下入了教。说到动机，自然少不了乞求上帝帮他治好病。在乡下，尽管布道者也大谈“信了主”后会有“得永生”、“进天堂”的好处，但受尽挫折的人最希望的还是活着的时候上帝能够现世显灵，帮助自己跨过千辛万苦。中国人常说“病急乱投医”，自然也免不了有人“病急乱投上帝”。对于这些苦命人来说，上帝首先是一种偏方，然后才是信仰。不幸的是，那遥远的上帝并没有打算让我的这位小学同学在世上再多活几年。抛下一双孤儿寡母，他在三十来岁便过世了。在他临死之前，他的妻子也信了教，后来又在双方老人的合议下与他的弟弟结了婚，以维持这个不幸的家庭不至于彻底破碎。

这位妇女是现在村里唯一一位“信了主”的人。因为性格开朗，开得起玩笑，这孤零零的“姐妹”难免时常为村里的其他妇女们善意嘲笑。比如，当她走向正在说笑的一群时，人群里常会有人朝她大喊：“‘阿门’来了啊，快来坐啊，快来坐！”引得在座的一阵哄堂大笑。至于这些人为什么没有同入“阿门”，她们的理由多是自己平时玩性重，要打麻将，没有时间参加这些仪式。除了现在还不需要信教之外，还有一种可能是等别人信得真有效果了自己再信也不迟。就像赫胥黎所说的，让我信教不难，不过麻烦你先拿出上帝存在的证据来。而这些乡下人所需的“证据”，简单说就是我信了上帝，能得上帝什么好？

从整体上看，在当地农村“信主”的人主要是一些妇女和老人。

除了上述“病急乱投上帝”的人，还有一些完全是出于精神或情感的需要。尤其对于那些留守妇女和空巢老人而言，家庭教会不仅给他们带来非亲缘性的脉脉温情，而且也在一定程度上填补了他们日常生活中的空虚与无聊。有的人之所以入教，就是被信徒们在祈祷、读经、唱诗时同气连枝的场面摄住了魂魄。此外，为基督教徒举行的葬礼也让当地一些村民感动至深。据说，如果有“兄弟姐妹”过世，附近教会点的乐队会来参加葬礼。新式葬礼上，过去一路停棺跪拜的仪式以及吹得透心凄凉的唢呐没有了，取而代之的是漫长的祷告，以及小提琴、手鼓和各式叫不上名字的号。每个葬礼同时是布道的机会，通常会举行几个小时。手上宽裕的人家会按自己的心意多出点钱，而对于有家庭困难的，教会点的乐队不但不收钱，用当地人的话说是，“他们还要带钱去吃饭，留下点钱”。

礼拜日

早些年附近几个村庄的信徒们凑足了几千元钱，买了一个废弃电厂的房子，当作临时聚会的场所。平时的礼拜，无论是上午还是下午，通常都在善男信女的家里完成。刚开始，都没什么经验，大家只知道唱灵歌，也就是在《圣经》上找些句子，而且都哼成流行歌曲的调子。信徒们如此“卡拉OK上帝”，难免时常为旁人取笑。到后来，仪式渐渐步入正轨，主事者经常带人去十几公里外镇上的教堂去学唱赞美诗。礼拜的质量也因此大为提升，让那些曾经嘲笑过他们的人不得不刮目相看。更别说到了后来，我甚至听说信徒们还凑钱让资质较好的“兄弟姐妹”到北京学习神学。

乡居期间，我曾遇上当地家庭教会在邻村一户人家做礼拜。因为熟识，且知道我对乡村生活变迁很感兴趣，主事者便通知我去现场看看。印象中参加当天活动的只有八九人，由于一位曾经参加过抗美援朝的老兵临时未能到场，来的全是清一色的女性——据说当地男人的很少参加是因为平时农活多，“没有时间信主”，而这位老兵之所以“信了主”，主要是因为血压不好，晚上总睡不着觉。当然，在当地并不是所有地方都是女性居多。主事者告诉我，在附近小镇上也有不少男人入了教，他们多半是一些下岗工人，平日无事可做，生活质量甚至都不如农民。

虽然过去了很多天，我依然清晰地记得那日下午村民们做礼拜时的场景。当时阳光正好，堂屋亮堂堂地敞着大门，几位妇女围坐在高低不一的小板凳、长条凳或椅子上，专心地维持着她们神圣的仪式。负责讲道与领唱的是一对母女，虽然只读到了初中，女儿对《圣经》中有关爱的解释足以让我惊叹她有做乡村牧师的天赋。回想整个场面，我印象最深的是这些女人站在一起，手捧《圣经》齐唱赞美诗。尽管其间有妇女俯身去安慰摇篮里啼哭的婴孩，为他倒水把尿，而且不时有各家的母鸡、小猫、小狗、小孩穿梭其中，一派繁杂景象，然而这里的气氛又是这般宽容和谐与融洽，没有谁会觉得他人或者这些猫猫狗狗破坏了礼拜的秩序。我不是基督徒，但当我看到这些生活在荒僻山庄的妇女为了一个古老的信念聚在一起，共同领悟人心向善，在这不为人知的山坳上，过一种超越凡俗的精神生活时，还是感动不已。

信上帝，还是信苏格拉底?

生活总是充满幽默。比如同是“沐浴”之所，在欧洲我看到的最古典庄严的建筑是教堂，而在中国却是澡堂。

2003年前后，我在欧洲农村有过一段短暂的旅行，惊心于在一些村庄看到的教堂和图书馆。虽然在欧洲宗教的影响力早已式微——否则萨科奇哪有机会在主持市民婚礼时看上别人的新娘——但是高耸入云的教堂尖顶总还是会给人以某种超越俗世的想象。刚到巴黎的时候，我也常在巴黎圣母院里点燃烛火、流连不出——不因为信仰，不因为屋外雨水涟涟，而是为了临时安顿自己飘摇的身心，为了寄托自己对远方亲人的牵念，为了感悟或沉浸于一种向上的精神生活。然而，今天回想起来，我在关门闭户又气派非凡的巴黎圣母院里能看见的更像是一种与世隔绝的“剧场宗教”。而在这山坳上的村庄里，我所见证的却是农民在生活中修行。在这里，我所看见的是他们对一种拙朴而真切的精神生活的努力；我所听到的是一种没有仪式重压的，由沉闷而入清脆的乡音。而这一切，是我当年在乡村度过童年与少年时期从未见到和听到的。

回想上世纪初的传教热，一切仿佛昔日重来。清末民初，有无数西方传教士来到中国，他们试图在中国的“君臣、父子、夫妇、兄弟、朋友”这“五伦”关系之外建立起第六伦，即人与上帝的关系。传教士批评中国人既没有公共精神，也没有宗教精神。前者，如孔子所说的“不在其位，不谋其政”；后者，明恩溥在《中国人的素质》中这样写道：

> 在中国，多神论与无神论是骰子上相对的两个侧面，不少受过教育的中国人都或多或少地相信两者都对，根本没感到有什么矛盾。中国人本性上就对最为深奥的精神原理绝对冷漠，这是中国人心灵中最可悲的特点。他们随时乐于接受一个没有灵魂的肉体，接受一个没有心智的灵魂，接受一个没有生命的心灵，接受一个没有缘由的秩序和没有上帝的宇宙。

说到是否信仰基督教，上世纪初的中国知识分子也多有思索。这方面最具代表性的莫过于林语堂和胡适。林语堂出身于牧师家庭，他小时候也曾接受基督信仰，但成年后，开始对中国圣哲思想深切爱好，极其推崇乐天知命、清静无为的生活境界。直到四十岁，自称是异教徒的林语堂仍斩钉截铁地认为世间“没有永生”、“没有天堂”、“尘世是唯一的天堂”。谁知在经过几十年的艰苦跋涉，充分考察了佛、道、儒、基督教等多种思想之后，林语堂货比四家，到晚年觉得最信得过的还是他爹地信的上帝。

有人感慨：“中国知识分子容易把基督教当迷信，而一般群众又容易把迷信当宗教。”林语堂晚年向上帝投诚，不是因为某种迷信，而是因为文化上的忧虑。在《信仰之旅》一书中，林语堂有这样一番表白：“三十多年来，我唯一的宗教是人文主义，相信人有理性的指引就什么都不假外求，而只要知识进步，世界就会自动变得更好。可是在观察二十世纪物质主义的进展后，我发现人类虽然日益自信，却没有变得更好。人越来越聪明，却也越来越缺少在上苍之前的虔诚谦恭。我不知不觉地逐渐转向童年时代的基督信仰。”如此拨云见日、返璞归真，颇似进入“见山是山，见水是水”之修禅第三境了。[1]

胡适则不然，其对宗教的态度似乎可以用“执悟不迷”四字来概括。虽然在赴美之初也信过几个月的“见习基督徒”，还没来得及转正，胡适便已决定改弦更张，同“阿门”说“Bye-bye”了。据《胡适口述自传》记载，1911年6月18日，在宾夕法尼亚“中国基督教学生联合会”的一次宗教集会上，有一个叫摩西的教徒现身说法，胡适为之“堕泪”，被感动了。他写道：“会终有七人起立愿为耶稣信徒，其一人即我也。”胡适后来也回忆说：“我留美的七年间，我许多课外活动，影响我的生命和思想，说不定也与我的大学课业一样。当意气颓唐的时候，我对于基督教大感兴趣，且差不多把《圣经》读完，一九一一年夏，我出席于宾雪贝尼（Pensywania）普柯诺派思司（Poconopines）举行的中国基督教学生会的大会做来宾时，我几乎打定主意做了基督徒。”

不过到了1914年11月，胡适在与一位传教士的辩论中指出，苏格

1. 引自惟信禅师的《上堂法语》，“老僧三十年前，未参禅时，见山是山、见水是水；乃至后来，亲见知识，有个入处，见山不是山、见水不是水；而今得个休歇处，见山只是山、见水只是水。”

拉底之死比耶稣之死在世人心中占有更重要的地位。他把基督教和哲学进行了对比，最终他选择了哲学。胡适认为：“耶稣之死建立了一种宗教，而苏格拉底之死建立了一种哲学。苏格拉底哲学对于希腊和罗马世界造成了巨大影响，这种影响一直影响至今。现今世界的理想不再是耶教的克己，而是希腊人的扬我；不再是耶教的信仰，而是苏格拉底的真理，苏格拉底为这奉献生命的真理！”正是根据这段话，人们认为胡适对基督教的批判从形式到内容，从本国到世界，从个人到社会，完成了信仰的涅槃。准确地说，在宗教与哲学之间，胡适选择了哲学；在静止的教义与在路上的真理之间，胡适选择了真理；在上帝与苏格拉底之间，胡适选择了苏格拉底。

唐德刚在《胡适杂忆》中提到胡适是近代中国唯一没有枪杆子做后盾而思想言论能风靡一时，在意识形态上能颠倒众生的思想家。应该说，胡适“颠倒众生”，既没有靠着没有枪杆子，也没有找上帝撑腰。但他对《圣经》却没少研究。在《胡适口述自传》中，胡适谈到自己不仅读遍《圣经》，而且为了研究各地方言特意搜集了很多版本的《圣经》。“后些年在北京大学时，我开始收集各种方言所翻译的《新约》或《新旧约全书》的各种版本的中文圣经。我收集的主要目的是研究中国方言。有许多种中国方言，向来都没有见诸文字，或印刷出版，或作任何种文学的媒介或传播工具。可是基督教会为着传教，却第一次利用这些方言来翻译福音，后来甚至全译《新约》和一部分《旧约》。”

更有意思的是，据说在“中国圣经学会”为庆祝该会成立五十周年而举办的“中文圣经版本展览会”中，胡适的收藏高居第二位——仅略少于该会本身的收藏。胡适由此感慨——“我这个位居第二的圣经收藏，居然是属于我这个未经上帝感化的异端胡适之！”不信上帝，却利用上帝，把《圣经》从宗教典籍变成语言学工具书，胡老夫子真是憨顽得可以！

胡适并不全盘否定基督教。即使是在中国国内舆论对基督教大加鞭挞的时期，即以收回教育权运动为核心内容的第二次非基督教运动时期，胡适仍然顶着压力为教会学校和基督教作了一定的辩护。只不过，胡适强调教会学校从事社会教育不能以传教为条件。

2008年的一次旅行，我在飞机上偶然了解到英国作家朱利安·巴恩斯（Julian Barnes）和他的作品。当时，他刚出版了一本探讨死亡问题的自传性随笔集，书名为“没有什么好怕的”（Nothing to be frightened of）。书中有一句话让我感念犹深：“我不信上帝，但我想念他。”如果没记错，这句话最早引自他写给在索邦或牛津研究神学的哥哥的一封信。巴恩斯曾经为福楼拜立传，在《福楼拜的鹦鹉》中他还说过另一句意味深长的话：“对宗教信徒来说，死亡毁坏了肉体但是解放了精神；对艺术家来说，死亡毁灭了人的存在而解放了作品。”

两句话都很深邃。不过显然我更偏爱前一句，不仅因为它琅琅上口，更因为它触及我的内心。我之所以至今对这句话念念不忘，恐怕是除此之外，没有什么能更准确表达我对宗教信仰的态度了。

是啊，上帝不可靠，可是谁不希望拥有属于自己的信仰呢？区别也许只在于：有些人信仰了各式的神，有些人以自己的良知为上帝；有些人的信仰在教堂，有些人的信仰在书斋、农田、厂房或在故乡。当然，你也可以说，良心与宗教其实并不矛盾，这世间大凡能称得上是伟大宗教者，首先需要完成的必是“良知上的自责”——吾日三省吾心。

7．沦落风尘的村姑

若干年前，当我路过荷兰阿姆斯特丹的红灯区，心中一直有个疑惑，为什么在红灯区的中央有好几座教堂？在肉欲与精神之间，妓女与教堂究竟有着怎样的关联或者冲突？直到后来，当我偶然了解到有关妓女起源的一些历史，这个谜团才终于得以解开。原来，在职业娼妓产生之前，神不但不阻止卖淫，而且还尽得女人们“为神卖淫”的好处呢！

本书断断续续写了几年，到现在也没有“讲述老百姓自己的风流韵事”，有读者一定失望了。他们会说，像你这样写作与回忆，简直就是对人类生活的蔑视！是啊，我何尝不这么想。所以，从这一节开始我便试着悬崖勒马，直接谈论让许多人欲言又止的娼妓。而且我相信，如果不试图了解与其相关的背后的历史，你也很难理解今日这个时代。

美好的娼妓

被各种观念武装起来的现代人，不知道在人类历史上妓女有着怎样的荣光。比如，在古时候的亚美尼亚，根据当地的法律，纯洁的少女是要为神去卖淫献身的；在吕底亚，作为“庙奴”的女祭司同样要在寺院内卖淫，并把所得收入奉献给神。最繁华的是古希腊时期的科林斯。今天的人们对这座古老城池已经知之甚少，不足三万的人口更撑不起它往日“宗教卖淫时代”的风流与威仪。遥想此地当年，每位当地妇女在其一生中至少要同一位外来的陌生人在阿芙洛狄特神庙里性交一次。有钱的妇女，更是气势非凡，她们会坐着带顶篷的马车，带着众多仆从直奔内殿。平日，在神庙的围墙内，妇女们一群群坐着，头上都系着饰带，让过往的男人挑三拣四，像是专为游民服务的“神仆”。

根据当时的规定，一个女子只有同外人结合，完成了她对女神的义务，才可以回家。漂亮苗条的女孩自然不愁客源，可以很快回到家中与亲人团聚；可怜的是那些脸黄腰粗的丑女人，她们要等很长时间才能完工。有的女人甚至因此等了三四年之久，像宫廷里的姑娘一样任韶华老去——有这时间，都够她们在这庙里攻读一个神学的学位了（如果有的话）。

这个沐浴神恩的仪式也会给一些人带来好处。同是妓女，在普通街区拉客时会被人看不起，而一进神庙并在那里同外来者交合之后，立即身价百倍。在神庙里卖淫，也因此被一些娼妓视为一种镀金方式。

回顾人类娼妓史，在“为神卖淫”之后，又有了“为国家卖淫”。比如雅典的妓院和其他娱乐场所便是置于国家控制之下并向国家纳税的。至于梭伦当年之所以为雅典开设国家妓院，“一举多得”的理由是：它既可以满足年轻男子的性要求，保护了良家妇女不受骚扰，同时也可以保护妓院和妓女们。更重要的是，国营妓院可以为国家带来滚滚财源。

那时候的世界，还没有“国进民退”的争论。因为有国字招牌，同样是卖淫，总免不了厚此薄彼。在古罗马，卡里古拉皇帝便是在皇宫里当起了妓院的老板。这位暴君把一些大人物的结发妻子和一些贵族子弟安排在那里，撮合他们卖淫嫖娼。除此之外，卡里古拉还派专人扮成妓女到各公共广场和神庙拉客，“与民争利”。为了创收，皇家妓院甚至答应给寻芳客放高利贷，且有专人将他们的名字记录在案，因为他们为提高皇室收入做出了贡献。而嫖客也意足心满，因为他们的名字很快就会登上皇宫门口写着“为政权做了好事的成员”的光荣榜。

在古罗马历史上最为身体力行捍卫娼妓行业者，当属克洛德皇帝的妻子梅莎丽娜。梅莎丽娜不仅是个有着无数情人的皇后，更是整天想着性爱花样的女人。最有意思的是，她会在夜深人静的时候带上一位贴身宫女溜出禁苑变成妓女“丽西斯卡”去拉客，上夜班，尽享天上人间的欢乐。

梅莎丽娜皇后卖淫显然不是为了钱财。妓院老板在她身上尽得好处，因为每一次她都只给自己留下一个铜板。这些铜板没有货币的功能，皇后的目的只有一个，那就是结绳记事般汇总与她睡过的嫖客的数量。厌倦与国王做爱的这位罗马皇后，不愿苦捱那死气沉沉的婚姻，而将自己的身体献给四海之内的寻芳客，在人类娼妓史上的确是件稀罕之事。

谈到“妓女国家化”，中国“官妓”鼻祖、主张“利出一孔”的管仲就不得不提。管仲的一系列改革使齐桓公成为春秋时期的首位霸主。其中一项改革就是建立“女闾”这一国家妓院制度。

“女闾”开了中国国家经营娼妓业的先河。由于比梭伦创立雅典国家妓院还要早大半个世纪，管仲也因此被好事者称为“世界官妓之父”。有人曾经分析，作为政治家的管仲创制“女闾”不外乎四个目的：其一是为了收花粉钱增加国家收入，扩充军费；其二是为了缓解社会矛盾，既能有效安置女奴隶，又避免讨不起老婆的齐国男子成为社会不安定因素；其三是招揽游士、网罗人才——套用现在的话来说是“改善投奔环境”，提高“软实力”。毕竟，精力充沛的游士、人才也需要性生活。当时诸侯争雄，齐桓公为了能够称霸天下，必须借助佳人引诱并且留住才子。至于最后一个目的，当然也是为了满足热爱淫乐的齐桓公。

我看过一则资料，但并不确切。据说在清代以前，中国的妓院多为官家开办。清代康熙年间，官家废除官妓制度，妓院开始由私人开设。从清代到民国，官家由直接经营妓院改为向妓女抽收捐税，纳税给官家的叫“官娼”，否则为“私娼”。因私娼逃避赋税，则遭到官家取缔。公娼和妓院则受法律的保护。民国时期，政府依然允许妓院和妓女存在，政府向妓院收取“花捐”，作为政府的一项财政收入。从这个角度来说，那时候的女人们操持这种皮肉生意，在某种程度上说也算是“为国卖淫”了。

当然，此“为国卖淫”并非出于高尚或者爱国，而是为生活所迫。如果像有的不长进的中国男人一样，认为在日本妓院消费就是报仇雪恨，那爱国也太花钱了。

青楼里的“灰太狼”

伴随着新政权的确立与新社会的开创，作为“万恶旧社会”的点点滴滴，这些风花雪月的事在建国前后被陆续取缔。经过近三年的时间，到1951年年底，全国各地的妓院全部被查封，延续了几千年的妓院和娼妓制度被彻底清除，在中国存在近三千年的娼妓制度退出历史舞台。在1949年以前，妓院主要集中在北京、上海、天津、南京、重庆等地，据说仅上海一地登记在册的妓院就有800多家，妓女9000余人（另据上海旧政府调查，妓女的实际人数在10万人左右）。

而妓女云集的地方，嫖客自然也不在少数。清末民初，最负盛名的嫖客非辜鸿铭莫属。作为一位通晓九国语言、学贯中西、博闻男女的著名学者，辜鸿铭最为后代人津津乐道的，不是他的盖世绝学，而是他离经叛道的盖世言行。

清朝灭亡、民国初立之时，中国还保有两条著名的辫子。“一辫”是搞政治复辟的张勋，“二辫”是搞文化复古的辜鸿铭。对此，辜鸿铭曾经自嘲，说他和张勋是“荷尽已无擎雨盖，菊残犹有傲霜枝”，意思是清朝的大盖帽虽然丢掉了，但在他们哥俩这还保留了两根辫子。

关于辜鸿铭，有两件事常常为人们所提起：

一是有外国贵夫人问他中国为什么有纳妾制度。对此，辜鸿铭“从生活中来，到生活中去”，“男人好比茶壶，女人好比茶杯。夫人见过一只茶壶配四个茶杯，可曾看到过一只茶杯配四只茶壶啊？”

二是喜欢嫖娼。有个掌故是：曹锟当年贿选，辜鸿铭曾收了他八百大洋。在得知辜鸿铭没投他票，曹锟怒而派人质问，辜鸿铭很为不屑：“行贿行到老子头上？你的钱没收了！”至于这笔钱的去向，转天便被这辜汤生在天津逛窑子时给花掉了。除了这份“特殊津贴”，作为民初国会里的著名议员，辜鸿铭平时每次参加会议还能得到三百大洋的出场费。仗着这笔费用，这根文化辫子几乎拂遍了京津一带的秦楼楚馆。

倘使民国时期的娼妓看过《喜羊羊与灰太狼》，她们一定会将这位模范嫖客比作“青楼里的灰太狼”了。一则因为辜汤生温柔体贴，善待女性，“你有铁锅底，我有天灵盖”；二则因为每次散尽钱财，这风流倜傥的老男人都会对着青楼的女人们说一声——“我一定会回来的！”

岁月流逝，人事代谢。时至今日，辜鸿铭和他的那条辫子显然是不会再回来了。真正回来的是一度几近灭迹的“世界上最古老的行业”。改革开放的几十年间，从城市到乡镇，今日中国已有数以百万计的女子沦落风尘。

“黄色娘子军”

某年在日照旅行，在一个超市里我看到几排VCD。有意思的是，在四排架子上，上面两排都是革命题材，如《红色娘子军》，而下面两排则都是一丝不挂的女人。时代真是变了，由上而下看这几排架子，你会觉得中国人由革命走向生活。我逛巴黎的烟草报刊店，最常见的杂志便包括情色杂志。只是，为了保护未成年人，这些杂志通常都放在了最顶层。所以，即便加上“疯马”与“红磨坊”中的艳舞，我也很少听人说巴黎是一座“低俗城市”。在心底里，我情愿相信，检验一座城市是否低俗，不在于低俗本身，而在于代民行政者定义“低俗”的水平，在于它是否正视人性对爱与美的追求。

我了解自己由少年变成男人，始于夏日中学放学时在野外的一泡尿。当时风吹稻浪，阳光正好，我对着太阳浇水，偶然发现不仅万物生长，我身体里的野兽也在为它新生的黑草地排兵布阵。年少时蓬勃的生机，身体里蕴藏的无限能量与不安，隐隐约约告诉你它可能会犯罪。

当然，更真实的情况是这世间无以数计的男人，从农民到官员，大多都还没来得及被自己的野兽牵着跑——“牛走前来我走后”，来不及犯罪，便开始忙着为那野兽“打工”了。否则，农民怎会日夜想着传宗接代，官员怎会一个个为“二奶”丢了前程？

而有些女子，从事世界上“最古老的行业”，直接靠着下半身“打工”，也不是什么秘密。几年前，有人在网上发帖感慨：“车过县城，车过乡镇，当地的知情人一一指着那些漂亮的三四层楼房说，这是谁家的妹子挣回来的……一个高中毕业，甚至初中毕业的农村女孩，一个几乎没有特长的打工妹，凭什么在繁华的城市立足，又靠什么让故乡的高楼平地而起？”其给出的答案是，“为了生存，为了面子，为了在更多贫困乡亲之中显示富裕的迹象，父母与女儿达成了‘默契’。他们已经习惯在父老乡亲的冷眼、羡慕与偷笑之中，享受这种‘从灯红酒绿之中邮寄回来的生活’”。

这样不乏想当然的文章难免会引起轩然大波。毕竟，无论男女，绝大多数人在城里做的都是正大光明的正经营生，乡村的楼房更不都是这样建起来的。然而，与此同时，你又不得不承认，上世纪八十年代以来的中国城市，活跃着一支“黄色娘子军”。她们有的来自城市，有的来自农村，分别效力于不同城市的夜总会、歌舞厅、按摩院、洗脚屋、桑拿吧、理发店……有专家估计，目前从事商业化性服务的从业人员不下500万人。

2008年前后，一篇《妓女追悼会》的帖子引起国内各大网站论坛的关注。新闻的主角殷彩霞是甘肃某县的一位农村姑娘，高中毕业后，19岁的她成为一名民办小学的教师。为了让孩子能够继续上学，殷彩霞仿照同村一些姐妹的办法，走进繁华的大都市，在发廊里卖身，并且将卖身得来的钱源源不断地寄回学校。在一次接客过程中意外死亡后，殷彩霞所在的小山村和民办小学为她举行了隆重的追悼会，并降了半旗。校长老泪纵横地朗读她的日记。她在日记里说："卖一次淫，可以帮助一名失学儿童；当一回二奶，可以拯救一所希望小学。"这则新闻感动了许多人，事后证明为假新闻。

有意思的是，一年后的《小康》杂志做了一个信用度调查。在网民排出的信用排行榜上，高居榜首的五个群体是"农民、宗教职业者、性工作者、军人和学生"，而信用最差者包括"房老板、秘书、经纪人、演艺明星和导演"。

"万户千门开闭时，流莺飘荡复参差"。这年年底，我在北京的一家排版公司排《重新发现社会》的书稿，紧邻公司的一条街上到处都是"潇湘夜雨"一般暧昧的门脸以及橱窗女郎。恍惚之间，我感觉自己已置身于荷兰阿姆斯特丹。不同的是，荷兰的红灯区里有巡警保卫性工作者，而且还为她们塑了铜像，刻上"不要歧视性工作者"等铭文。

"鸡店"老板为什么从良？

不唯北京及其他大城市。据我了解，小堡村附近的一些小镇，皮肉生意也曾盛极一时。至于性工作者的来源，主要是邻近风气比较开化的某个县。人们经常说起的是，某某县有"男人在家打麻将带孩子，女人出门卖身赚钱”的风气；有的男人甚至在外面娶个“小姐”回家，待生完孩子，让她重操旧业，穷尽其下半身以从事两种性质的生产活动。除此之外，还有些“小姐”是本地混歌厅误入歧途的女子。

在乡下，我曾遇到一位开过“鸡店”的老板，如今他已经“金盆洗手”，在县城做起了本分生意。谈到自己当年之所以改行，他简单列了以下几点理由：

其一，皮肉生意名声不好。做“鸡店”老板虽然能赚些钱，但终究不是一份体面职业。

其二，和过去相比，现在赚不了大钱。早些年，由于紧靠国道，各地官宦商旅往来方便，镇上的皮肉生意还算红火。而现在，情色场所遍地开花，因留不住什么“人才”，揽不到顾客，生意也日渐萧条了。再加上现在的“小姐”要求分成比例高，老板们渐渐觉得已无暴利可图。

其三，“小姐”和老板的权利意识都有所增强。两者之间的关系，更不像上世纪八十年代内地刊物所描写的香港地下色情场所一样，充满了黑暗、强迫与暴力。据说镇上的老板通常都不会强迫“小姐”做自己不愿做的事情。若发现是被人骗来的，还会劝她们离开，以免惹是生非，后患无穷。

除此之外，“扫黄”也是一个重要原因。用这位老板的话说：“既然无暴利可图，谁还愿意为此过提心吊胆的日子。”更何况，“色情场所，捣毁的都是地下的”，“我们竞争不过那些明目张胆的”。所谓“明目张胆”的，指的是像北京“天上人间”一样威风八面的风月场所。

几年前，附近某镇有家酒店诱骗少女假扮处女卖淫，被少女的家长找上门来，私了未成，最后报了案，店主因此被判了重刑。据当地媒体报道，这家酒店老板“为了拓展卖淫业务，竟然跨省批发处女”，宾馆的墙上“贴满了四川、江苏等全国各地发廊、宾馆的电话，这里成了名副其实的假‘处女批发中心’”。此案在当地曾经轰动一时。我在县城查找土改时期的资料时，还有女馆员建议我将该镇继续“曝曝光”。良家妇女对情色场所通常都是怨恨的，一是因为这些女子“不劳而获”，可以赚大钱；二是可能带坏男人。

养鸡生蛋

说到“扫黄”，邻近某县一位作风正派、了解内情的警察朋友向我透露，他所在的县里色情行业抓得比较紧，既为净化社会风气，伸张正气，息民怨，同时也可以“创收”。“说到创收也有点学问，但由于多是听说，也难太具体。卖淫嫖娼案大多发生在经济相对发达的县城和一些宾馆里。一般重罚嫖客（罚款），轻罚卖淫女，大家笑称‘养鸡生蛋’。一旦有领导关注的或社会影响较坏的，这些人也会被拘留或劳动教养……当公安查得紧时，拉皮条的会展开游击战，通过现在先进的通讯、交通工具，送货上门，或送到宾馆、旅店，有时甚至是游船。因此，许多拉皮条的在各宾馆散发名片，招揽生意。”

据这位朋友说，和以前不同的是，现在一些县城对嫖娼一般是有告状才查，否则不查；原则上不允许查房，要查也得请示县主要领导。否则，难免“上下不讨好”，既会被理解为“不尊重人权”，重蹈“夫妻看黄碟案”之覆辙，同时可能被理解为“破坏地方投资环境”。

虽然有“养鸡生蛋”一说，基层警察在“扫黄”时也难免被“小姐”们奚落。尤其是那些见过世面的性工作者，面对警察，她们看上去一点也不紧张，反而会嘲笑警察可怜。某位嚣张的“小姐”甚至胆大妄为，敢用自己接客的次数来计算警察一个月的薪水。

主人公死了，作者大功告成

并非所有“小姐”都可以这样“指点警察，意气风发”。在乡下，我听到一个辛酸的故事，讲的是一位妇女在县城宾馆里接客，谁知那男子激动过度，当场毙命。可怜这女子身材娇小，腿脚又有些不灵便，哭哭啼啼一夜，转天才被人从那男人肥硕的身体下救出。而男方家属也不依不饶，前来闹尸。无奈之下，该女子为此赔了数万元。

这个细节不禁让我想起曾经读过的一部名为《沦落风尘的村姑》的小说，它讲述的是十八世纪中叶法王路易十五时期，一位叫吕赛特的乡村女子如何在城里沦落为娼妓的故事。尽管此时的法国社会淫靡无度，但在观念上还是保持着一副正人君子的模样。小说结尾，在和同乡情人双双悲惨离世之前，吕赛特对从乡下赶到病床前的母亲与乡亲表示忏悔，“我们应该受到大家的憎恨，朋友们，你们看见，乡村的日子比城里头好多了，你们生活在平静与纯洁之中，而我，而我……”

我敢断定这是一部装模作样的小说。这个结尾让我读到了常见于作家笔下的虚伪与恶毒，就像《蜗居》的编剧因为反对“小三”而让海藻失去生育能力一样的恶毒，一个字的慈悲也没有。而这部法国小说的作者，一边透过自己微张的指缝，兴致勃勃地向读者直播他人的性爱，一边又像卫道士一样诅咒那双男女应该为不洁而死掉——“这就是纵欲过度的最后下场”。而小说最后一个标题是——“主人公们死了，作者大功告成”。

回到现实，真正恶毒的仍是现实。2007年一则最让人心痛的新闻是，一中年妇女为了供养儿子读大学，从江西老家只身到厦门卖淫。在一次性交易中，因为五十元嫖资被一位嫖客活活掐死。

你可以认为商业文明或者城市文明败坏了纯朴的乡村，但我敢说，今日中国虽也有许多沦落风尘的村姑，但她们走出乡村，消失于地铁与人海，也绝非“纵欲”这么简单。而且，和上述小说立场不同的是，即便这些性工作者被冠以“不洁”的名声，我也希望吕赛特们能活下去。除了宽容与救济，谁有权利诅咒那些平凡而无奈的自救者，那些从田间地头缓缓爬起来的卑微的生命？

8．保卫乡村，守护灵魂

埋头打字的时候，通常我都会放一些老歌。这不只是因为我有某种不可救药的怀旧情绪，还因为那些老歌就像生命的坐标，可以帮我把握未来的航程，让我试着慢下来。不慌不忙，想想将来的千万种可能，想想已经逝去的人与物。

具体到本书的写作，在它快要结束的时候，我本想专辟一节来写写故乡已经消逝的公共生活，然而很快发现自己已经无从下手。此刻我能想起的除了前文反复提到的麻将（如果这也可以算的话），剩下的大概就是舞龙灯和看电视了。而且作为公共生活意义上的它们早在一二十年前便已经在那片山坳里消失了。

一夜鱼龙舞

虽然习俗各异，说起舞龙灯，尤其从江南村落里走出来的农家子弟多半都不会觉得陌生。在我老家通常的情形是，在过年前后两三天，村里的大人们会聚在一起，用山上砍来的竹篾编织出龙身、龙头和龙尾，再糊满鲜艳的红纸，这龙的大模样便有了。所谓“龙身”，实际上就是十几个形似胶囊的大灯笼。每个灯笼里面都拴着一根长柄的蜡烛，灯笼的底部装有一个可以操持的长手柄，顶部粘着一条锯齿般的黄纸，它代表龙鳍，好让纸龙看起来威风凛凛。

按照习俗，从正月初五到元宵的每个晚上，这条龙在每家门前都要舞上几圈。这是一年中最热闹的时候，每家每户都有人参加。最后一夜，在终于重复走完了所有人家后，诸位舞龙的男丁才拔了灯笼里的蜡烛，停了锣鼓，将“龙”放回村中的庵堂“下水”。一年一度的祈福仪式就算正式完成了。

“东风夜放花千树，更吹落星如雨”、“玉壶光转，一夜鱼龙舞”……说起龙灯，我总会不由自主地想起辛弃疾写在《青玉案·元夕》里的这些词句。年少的时候，正是这些明晃晃的词句，让我因为生活中的某种似曾相识而激动不已——虽然生在穷乡僻壤，可我也活在宋词的繁华里。

众里寻他千百度，只可惜一切皆成往事不堪寻。我曾经舞过的龙灯，在我这些年回乡时就再也没有见过，甚至也很少有人提起。而当年那间用来“卧龙”的“贫寒的庙宇”早已经踪迹全无，连旁边的几棵古树也被唯利是图的人在几年前卖个精光。

为什么舞龙灯的传统会在当地消失，至少有以下几个原因：

一是群龙无首。在过去，村庄属于集体，或刚脱离集体，有着集体的荣誉，也有人负责组织，而现在好男儿志在四方，大家更关心的是自己在外地的发展，赚多少钱，准备回家盖怎样的楼，等等。而村干部也是离心离德，无利不起早，对于拯救文化传统的重任，即使不缺认识，同样是多一事不如少一事。

二是村庄改造。由于政府对新农村建设干预过细，原来松散聚居的农舍被集中在一起，像是两排拥挤且毫无生气的厂房，已经很难撑起过去走村串户时的热闹。这种对乡村建设的过度干预，实则是一种行政强制或暴力。十年前移民建镇，政府为每户提供万元左右资助，条件是要按政府的规划建设，包括必须拆掉旧房。而这种规划在一定程度上损害了农民在建房与保留原有住房等方面的自治与自由。

三是农民大量进城。虽然许多人在过年前后会回到村子里，但到元宵时，已经凑不足人手。这种“凑不足”也可能是心理上的，因为大家说不定哪天就外出打工了。时代在变，观念在变，村庄由过去的安土重迁之所渐渐转变为聚散乡情、沟通就业信息的联络站。而这种聚少离多也加剧了村庄的陌生化。如果不是参与各类赌博，有时候你甚至会觉得一个人的语言能力在乡村是多余的。许多返乡的年轻人保持了他们在城里的生活方式，开始通过手机看遥远的世界，而不是通过眼睛看身边的人群。

电视与时间

我不知道龙灯的消失与电视的普及有多大关系，它们曾经都是小堡村村民公共生活的一部分。

早在八十年代初期，小堡生产队就买了一台十四吋的黑白电视机。由于是村里也是附近村庄里唯一的一台，这台电视很快成了另一种意义上的 “公共电视”。尤其是夏夜，每当夜幕降临，全村人会团坐在电视机前。附近村庄也会有三三两两的农民前来“看戏”。若是赶上《霍元甲》、《陈真》、《加里森敢死队》这样的节目，他们还会捎上小板凳，人也会来得更多。

让村民扫兴的是当时电视只有一个频道，而且经常被足球比赛挤占。所以，一有足球节目，最后离开的大人会恨恨地骂一声“又踢球！”，然后悻悻地关了电视。孩子们受了感染，自觉足球意义全无，也只好作鸟兽散。有外国人初到中国，发现每晚七点怎么调台都是新闻联播，便以为电视坏了。而在当年，小堡村的人只要一看到在踢足球，就当电视坏了。

那时候电视初出茅庐，尚未占领乡村，而春晚时常还有开风气之先的锐气。集体看露天电影和电视、跑船灯、舞狮子、舞龙灯、唱地方戏等都是农民平时或逢年过节时的重要娱乐活动。而现在，且不说电影告别了乡村，电视也退到卧室，早已经成为私人生活的一部分。即使是正月，也难看到有什么公共活动了。走村串户的拜年，客人们通常也只是领根烟，甚至连水都来不及端一杯，便直接赶往下一家，目的是为了快上牌桌，或者回家看电视。

传播学者担心电视像光照一样孵化孩子，像快餐店的鸡肉一样催熟儿童。事实上，电视对乡村文化的冲击并不亚于城市。它同样一览无余地向农村孩子展示成人的世界，让他们时刻沉醉于一个断章取义的世界，一种远离真实与自然的生活。

在乡下，亲近自然可以培养本土记忆，然而亲近电视得到的却只有一个虚构的影像世界。在那里，你可以亲临任何地方，唯独踏不进故乡；你可以看到任何人，唯独看不到村庄里的人。有一次聊到乡村的时候，梁文道先生向我感慨自己电视做多了也难免有某种“负罪感”。文道的意思是说，电视以最高的效率展示它所标榜的文化与外面的世界，使许多乡村里的孩子走出乡村，可是他本人并不确定外面的世界就一定好。而一旦这些孩子走出乡村，所见非但不如所愿，甚至完全相反，为了一个并不存在的世界而荒芜了故园与青春，这岂不是一种“罪过”？

无论电视人如何自责，也无论当年它曾经打开多少乡村少年的视界，电视让城乡在信息和观念上走向一体化却是千真万确的。当电视开始成为“一家之主”，成为“餐厅里的政府”或者“餐厅里的马戏团”，人们渐渐习惯通过电视节目而不是像过去那样根据太阳在天空中的位置来判断时间。

> 新的一天从早上6点母亲起床打开电视开始。当她结束晨间洗漱回到卧室时，她发现，每个人仍然蜷在各自的毯子里，但是都醒了，在看电视。她不再需要叫嚷着让孩子们起床，但她得叫喊着让他们别看电视了，开始早晨的洗漱。有时她的叫喊发展成动手打孩子，可孩子们即使挨打也还是不

把眼睛从电视上挪开。作息时间根据电视而安排，电视什么时候开始播放，人们什么时候起床，电视停播了，人们才开始睡觉。

以上是美国社会学家约翰逊对印度农村生活的描述，相信它同样适于描写今日中国农村的生活。电视像是一个可以计算时间的滴漏，它让城乡失去了时差，它让乡村成为城市的延伸与附庸。每个人都希望自己的故乡独一无二，文化差异的消失会使故乡慢慢失去它温馨的棱角。当城市开始通过它的文化触角同化乡村，吞噬乡村，乡村又将失去什么？

没有自然的生活

甘地说，毁灭人类的有七件事：一，没有原则的政治；二，没有牺牲的崇拜；三，没有人性的科学；四，没有道德的商业；五，没有是非的知识；六，没有良知的快乐；七，没有劳动的富裕。我不敢说这七件事将毁灭人类，但它们千真万确，会而且正在一点点毁灭我们的生活。而如果需要有第八条，我愿意加上“没有自然的生活”。

这些年，南北西东，颠沛流离，因为学习、工作或旅行的缘故，我走过一些地方。然而我能梦到的地方却只有两处，一是我在中国乡村的老家，另一个则是法国巴黎。我无法解释其原因，但在现实中我可以轻而易举地说出二者的共性，即它们都流淌着一种悠闲的乡村主义。而这种乡村主义，恰恰是现代化、城市化不可或缺的。

我曾说我在巴黎找回了属于自己的时间，是我生命中最大的幸运。我同样怀念生命中有那样一段时间，在我还是一个乡下孩子的时候，还不必为未来的高考忧心熬夜的时候，我能够静心静意坐在山里写诗，能够终日游游荡荡，空空荡荡。虽然大人们会觉得我为此荒芜了不少岁月，包括后来的我也曾这样认为。但是，如果生活不必抱着太多的目的，这样的时日又是何等宝贵！虽然此时你的人生可能一筹莫展，但你可以年复一年地亲近自然与生活，亲近阳光与泥土，可以轻松地做一两件自己喜欢的事情，而且有一群朋友。

我时常懊恼自己生活在城市，不仅失去了土地，也失去了森林。对于许多人来说，城市就像是一个巨大的过关游戏。参与游戏者不舍得放弃已经得到的，还要为新的奖励不断过关。任凭工作劳心劳力，永无闲暇。我无法像梭罗那样把清晨的散步当作是对一天的祝福，我不得不把我的散步安排在失眠的夜晚，准确说是安排在自己的床上，从床的左侧散步到右侧，从右侧散步到左侧，辗转反侧。

更多的情形是，人们似乎只能通过消费来安排和丈量自己的人生。他们每天忙着赚钱，抱怨平时锻炼太少，然后打车去健身房，在跑步机上挥汗如雨，把赚来的钱花掉。

有个笑话是这样说的：

> 某男出差宿酒店，遇两美少妇，色心起，又恐美人非妓贸然求欢遭拒，思良久而默记其门号。至午夜，电话其房需服务否。答然。男奋而前往，缠绵达旦，得千元而返。

对于这个故事，每个人都有自己的解读。我的理解是，现代人被消费主义诱奸了却浑然不觉。

另一个真实的笑话是，2010年两会期间，全国人大代表、中国社科院马克思主义研究院院长程恩富表示："中国应当先把人口控制在15亿左右，先控然后再通过严格的计划生育政策，较快地递减人口，递减到5亿左右。那么才能在一百年内赶上发达国家。"这个追求"人均国力"的治国方略不可不谓疯狂。这位院长不知道，若真要为万世开太平，最好是一个人也没有。马克·吐温不是说过吗，人是会脸红的动物，也许是唯一需要脸红的动物。

不得不说，这个浮躁的年代正感染着一种致命的急功近利主义。我说“庸俗革命家”是希望在有生之年看到革命的一切成果，所以不惜拔苗助长，或者通过“纸上天堂”来麻痹和鼓舞自己。其实，今天“庸俗建设者”何尝不是希望罗马在一夜之间建成？每个人都急于在有生之年看到自己所有的成就，希望所有付出都立竿见影。革命也罢，建设也罢，国家理想也罢，个人理想也罢，这一切，本该以自由而美好的生活为追求，舍此，意义何在？

乡村是一种慢的能力

1946年，储安平在他的新书《英国采风录》里对英国赞叹有加，相信“英国即乡村，乡村即英国”。那里不仅城市里充满了各种乡村元素，如花园、草地、树木、河流，而且住在城里的人也会不断地回到乡村透一口气。除了普通人，政治家也会将返乡当作其重要的生活。

> 一个政治家在周末到乡间去休息一天，所得的好处，亦无可估计。无论是他的身体、智慧或者良心，都可以有一段较为和平的时间，让它们得到适当的休息、补充和反省。安静的周末使他六天来疲乏的精神稍得恢复，使他六天来脑子里的种种渣滓得到排泄清滤的机会，同时他也有余暇发现自己的过失，重新安置他心灵上的天秤，使情感与理性得到应得的平衡。

温州动车追尾事故的发生，使越来越多的人开始停下来思考“高铁大跃进”，而在这一年多以前，《新周刊》曾经做过一个叫“急之国”的专题，批评急功近利的中国人已经失去了慢的能力：他们最爱“快进”，狂点“刷新”。评论，要抢“沙发”。寄信，最好是特快专递。拍照，最好是立等可取。坐车，最好是高速公路、高速铁路、磁浮。坐飞机，最好是直航。做事，最好是名利双收。创业，最好是一夜暴富。结婚，最好有现房现车。排队，最好能插队。若不能，就会琢磨：为什么别人排的队总比我的快呢?

在顾此失彼的现代化与城市化的单向度推进下，中国人是活得越来越不耐烦了。几代人建设一幢房屋的耐心没有了，“前人栽树，后人乘凉”的诗意没有了，责任心也没有了。谁需要大树，谁就花钱请人到别处去挖。谁需要乘凉，谁就买个电扇回家。在巴黎，我会看到法国人会花几年时间为巴黎圣母院修葺外墙，若在中国，以中国人的“拆哪”本性，恨不得把它拆了重盖一个新的。中国没有天才乔布斯，那就通过加大政府的施肥力度，争取在最短的时间内“亩产万斤乔布斯”。

在农村本是最有条件慢条斯理地建设的。相较城里的快节奏，我所体会的乡村生活原是另一番景象。当你行走于田野，这里上接天，下接地，中间是与你共生的万物。你不会因为老牛走得缓慢而沾沾自喜，也不会非得撵上一只奔跑的野狗来证明自己的速度与价值。走自己的路，让万物生长吧，你也在按你的节奏在生长。当你把种子埋进地里，除了浇水施肥，你知道安心等待，而不必心急如焚地蹲在地里等待“第一桶金”，等待成功。只要时间到了，它自会生根发芽，开花结果。

告别革命的年代，当前急功近利的现代化与城市化也在使乡村一点点沦陷。新农村建设本该体现的是政府“改造农村的决心”，然而我看到更多的却是政府“改造农村的手腕”,即事无巨细，一管到底。谈到相隔不远的婺源农村，有官员曾向我这样感慨：我们这里与婺源的建筑风格相近，风景也差不多，只不过婺源发展得慢一些，一些好东西保留下来了，现在反倒成为一种难得的风景了，加上铺天盖地的油菜花，婺源便成了“中国最美丽的乡村”。相较而言，本地原有的农家屋舍，早被拆个精光。

法国大革命的一半问题出在“你不要自由，我强迫你自由”。现在农村有一半问题则出在“你不要城市化，我强迫你城市化”。政府若有心建设新农村，为什么不掏钱让农民自己来建设？为什么不尊重农民自己的审美需求？为什么不将土地永久性地还给农民？种种逼迫与敷衍的背后，关键仍在于政府热衷于控制社会的自我生长，求慢时削足适履，求快时拔苗助长。而历史一次次证明，一个好大喜功、权力不受约束的政府对社会所带来的破坏，将远大于浮躁的社会本身。

我曾在《自由在高处》一书中提到一个关于罗马的故事：当年罗马军队带着葡萄的种子到达位于高卢的博讷时，发现这里充沛的阳光与肥沃的砾石土地特别适合葡萄的种植，于是他们便和当地农民一样边种植葡萄边酿酒。谁知三年后，当军队要开拔时，有近半士兵都留了下来，因为这里的葡萄美酒俘获了他们的芳心，他们宁可留下来当酒农也不愿意再去南征北战，拓展帝国的疆土了。为此，查理曼大帝后来还不得不颁布法令，禁止军队经过博讷。甚至，在临终前，他还说过这样的话：“罗马帝国靠葡萄酒而昌盛，又因葡萄酒而毁于一旦。”莎士比亚曾借李尔王之口说出“罗马帝国征服世界，博讷征服罗马帝国”。在这里征服罗马帝国的，不是博讷，而是自然发生的生活。

顺着这个故事的思路，在此我想特别说明的是，我在书中屡屡提到的需要保卫的乡村，并非只是地理意义上的乡村，更是一种乡村主义与乡镇精神，一种热爱生活的态度，一种建设家乡不奢望天堂的从容不迫。这样的乡村，既不拒绝人类共有的价值，另一方面又与所谓的主流世界保持着必要的距离，它不会因为一时心血来潮而丢掉自我，迷失于狂飙突进的时代游戏。

电影《云上的日子》里讲了一则古老的寓言：如果走太快了，灵魂跟不上了，你就要停下来，等一等自己的灵魂。悲哀的是，过去百年间，从革命到建设，从出乡村到城市化，急于赶路的中国人，一次次走丢了自己的灵魂。而我宁愿从中国有没有乡村来判断中国有没有未来。当歌星跑到乡下唱几首歌便傲慢地自称“送文化下乡”时，我更想说的是，乡村不是没有文化，而是文化正在消失。当城市像婴儿一样躁动不安的时候，我看到乡村就是一个可以安顿婴儿的摇篮。

结语

推土机年年作响，回不去故乡？

“农村”，多么暧昧而沉重的字眼！贫穷、愚昧、闭塞、落后，它是被时代遗忘的角落，又是改天换地的对象。而“农民”，在许多中国人心目中，不是职业分途，而是因身份或素质低下缩略而成的一个蔑称。

相较于“农村”、“农民”而言，“乡村”则有着更多诗意与温情。它装载乡音、乡土、乡情以及古朴的生活、恒久的价值和传统。日月星辰，田园牧歌，山明水秀，归去来兮。乡村既是游子的出发地，也是长系于心的家园。

有领悟的出家人会强调自己“不是出家，是回家”。古来征战者亦不忘借故乡见证平生，是谓“富贵不归故乡，如衣绣夜行，谁知之者”？没有故乡，狂傲若项羽者，纵有千军万马也觉老无所依。至于乔治·华盛顿，那唾手可得的皇位，竟敌不过弗吉尼亚的几个葡萄架。

“回家！”影片《爱国者》、《角斗士》里的孤胆英雄，舍命相搏是为了回家；犹太人“出埃及”是为了回家；奥德赛跨越千山万水是为了回家；梭罗在瓦尔登湖畔盖一个木屋是为了回家；于右任“葬我于高山上兮，望我家乡”是为了回家；中国人大包小包挤春运是为了回家；甚至，你对未来怀有某种乡愁，也是为了回家。

和爱情与自由一样，回家是一个贯穿人类生活的永恒主题。然而，就在各地经济建设搞得热火朝天时，为什么越来越多的中国人开始叹息“故乡沦陷”？为什么故乡成了一个“回不去的地方”？当人们“赶在故乡下葬之前，去看故乡一眼”的时候，是否不仅看到了孟德拉斯笔下的“农民的终结”，同时接过了一份千年文明的“死亡证明书”？

转型浪潮下的农村衰败

孟德拉斯是在上世纪六十年代为法国做出“农民的终结”这一断言的。他所指的文明是由千千万万户小农组成的传统农业文明，在大规模工商业文明出现以前，它在数千年的时间里曾是人类文明的主要形态，至今仍在一些后发国家顽强存在：

> 较之工业的高速发展，农业的缓慢发展可以给人一种安全稳定、千年平衡的印象。和工业的狂热相对照，农民的明哲适度似乎是永恒的：城市和工业吸引着所有的能量，但是乡村始终哺育着恬静美满、安全永恒的田园牧歌式梦幻。

相信这也是许多人关于中国乡村的印象，即使有时它们只存在于想象之中。不过，事实上这种“千年平衡”从十九世纪后半叶便开始被打破了。鸦片战争以降，中国面临“两千年未有之变局”，传统的专制政治体制与农业文明皆受到前所未有的挑战。谓其“前所未有”，是因为虽然此前诸朝相隔若干年便有声势浩大、尸横遍野的农民运动，但这些巨大代价并未改变帝制，而只是完成了简单的改朝换代。社会结构、生产方式以及城乡格局也没有因此“间歇性发作”脱胎换骨。此代价之惨烈，至太平天国运动，可谓登峰造极。

此“变局”，今人已习惯称其为“转型”。回顾二十世纪，现代化、革命化、城市化三大浪潮齐头并进、席卷中国，文明重心及大量人力、物力开始由乡村转向城市，这也是农村萧条之肇始。此衰败有自然发生，也有受暴力扭曲所致。

前一种自然衰败，与人口的自然流动有关，是用脚投票的结果。比如，由于科举制度的废除与新式教育的兴起，全国数以万计举贡、生员不得不背井离乡，或涌入城中新式学校，或远渡重洋。一方面，本地精英的流逝使乡村政权渐渐沦落于豪绅顽劣之手；另一方面，私塾的废弃同样造成了大量乡村孩童失学。1928年，教育家舒新城便注意到，清末学制改革以来，中等以上学校集于都市，而使乡村青年不得不向都市求学，其结果是“三十年来新教育在数量上可言成绩者只有都市的教育，内地的乡村反而日趋日下”。也正是由于私塾的式微与农村精英外流等原因，抗战前中国的文盲率甚至高于清末的80%。除此之外，大量财富也开始流入京、津、沪、粤等大城市，农村凋敝日甚。

时至今日，因参军、入学及打工等导致农村精华大量持续外出不归，只剩下“386199部队”，也是自然衰败的结果。

至于暴力导致的乡村衰败，则有多种因素，可谓外患内乱，兼而有之。外患包括政治压迫、经济掠夺和军事侵占，其中以日军辱华为最。以永修为例，据国民政府时期的统计数据，在占领永修不到七年的时间里，日军在当地一共烧毁房屋12545栋，而1935年全县户数亦不过17972户。县乡受害之惨烈，略见一斑。

1929年，胡适先生在《新月》杂志上发表《我们走那条路》，感慨中国社会充斥了太多暴力与混乱，指出中国最要紧医治的是贫穷、疾病、愚昧、贪污和扰乱这“五个大仇敌”，由此希望能建立“一个治安的，普遍繁荣的，文明的，现代的统一的国家”。在胡适看来，“武力暴动不过是革命方法的一种，而在纷乱的中国却成了革命的唯一方法，于是你打我叫做革命，我打你也叫做革命。打败的人只图准备武力再来革命。打胜的人也只能时时准备武力防止别人用武力来革命……于是人人自居于革命，而革命永远是‘尚未成功’，而一切兴利除弊的改革都搁起不做不办。于是革命便完全失掉用人功促进改革的原意了。”

先不说战乱、匪祸、抓丁拉夫如何直接危害农民的生产、生活乃至生命，单从养兵一项即可知道农民为暴力支付多少经济成本。

如果说上述“革命”、“革革命”或胡适意义上的“扰乱”、侵占代表着一种动荡年代的“革命暴力”，那么和平时期的“破坏性建设”同样是一种“建设暴力”。具体到后者，譬如上世纪五六十年代开始采取的一系列强制措施，如兴无灭资，强迫农民加入合作社，砸锅卖铁吃公共食堂，“变戏法”式地收回农民私有的土地，禁止农民退出集体经济，驱逐长存乡间的文化传统，限制农民进城讨生活以自救等等。

准确地说，此一时期是“革命暴力”与“建设暴力”并存的时期。其后，伴随时代开放与进步，中国虽已经告别“不断革命论”，但“建设暴力”并未完全消退，如以公共利益之名强征农民土地、开建高污染工厂、强铲农民庄稼等恶性事件时有发生。而近年来席卷全国20多个省市区的“拆村并居”、“进城上楼”的“灭村运动”，更是这一“建设暴力”的延续与升级。

乡村精英的流逝，政治上的不设防，法律上的缺位，自治精神的萎靡，城乡发展的严重失衡，都是乡村衰败的重要原因。鉴于农民受到太多不公正待遇，阻止乡村衰败的当务之急是加强农民的权利建设。除了赋权于民，更要确保他们可以将暴力与强制挡在私权的门槛之外。农人的房屋，不仅是“风能进，雨能进，国王的卫兵不能进”，更准确说是“君主不能进，民主不能进，地方政府不能进”。

鱼笱效应

前文谈到乡村人口向城市自然流动。在城市化、现代化背景下，农家子弟大量进城，此为大势所趋，然而这并不意味着必然导致乡村衰败。问题的关键还在于它没有一个良性的回流，而止于“单向流动”。这也是本书结尾将着重谈到的“鱼笱效应”。

鱼笱又称鱼筌，是一种头大尾小、中间束腰、形似喇叭的竹制捕鱼篓。入口处有内翻的竹片（倒刺），鱼一旦随水流入便无法逃出。本书作者年少时在乡间捕鱼，深知此物之奇妙。同样以乡村精英流出为例，从二十世纪初开始，那些接受了新式教育的知识分子更不愿意回到农村，即使是在国外学农科的，也很少有人愿意搞乡村建设。1915年的一份调查显示，清华留美归国学生中无一人回县下乡镇工作。1907年前后，中国留学生共有5000人回国，然而十之七八都在北京谋职。1925年，584位归国留学生中有三分之一都留在了上海。今日同样如此。

费孝通先生曾如此感慨农村人才的流失：“乡间把子弟送了出来受教育，结果连人都收不回。”这种教育不但未能推进中国现代化的任务，“反而发生了一种副作用，成了吸收乡间人才外出的机构，有一点像‘采矿’，损蚀了乡土社会”。时至今日，这种现象并未得到改观，甚至更为严重。同样耐人寻味的是难再见“告老还乡”。如有评论者感慨，城市变成了抽血机，只从乡村抽取养分和年轻人，从未给乡村反哺和滋养，甚至连一个老人也不回馈给它。

原因何在？前文提到2005年的一份研究报告表明，由于医疗服务保障的城乡差异，中国大城市的人均寿命比农村高了12年。无论其他，仅此一项福利，就足以决定大多数有还乡之愿的老人继续住在城里。

不唯人才。二十世纪二三十年代中国城乡出现严重裂痕，在经济上最显著表现莫过于“货币多由内地农村流至城镇，由城镇流至通都大邑，再由通都大邑流向海外”。在此且不论流到国外多少，当年农村的凋敝与大上海的繁华即已形成极大反差。1934年4月，中国银行总经理张公权在《内地与上海》一文中不无忧虑地指出：“近年内地困难日深一日，上海的繁荣则相反地畸形地发达……内地农村脂血，一天天向上海灌注，现金完全集中于上海。”而这些“过剩”的资金，多用于投机，而非生产领域。相形之下，农村金融则几近枯竭。许多乡村，甚至包括经济发达的江浙一带，货币流通大量减少，一些地方甚至重回“物物交换”的年代。

此等强烈反差，在近一个世纪以后的中国，似乎还在不同程度上重演。繁华的上海与萧条的乡村，仍是处于二十一世纪初期中国的两副面孔。“鱼笱效应”继续显示其威力。作为个体，农家子弟能够远走他城，救起自己甚至大家庭，却无法救起自己的故乡。故乡难回，正是源于“鱼笱效应”不断加剧城乡之间的差别，并促成乡村的整体性衰败。

没有乡村的现代化

与“农民的终结”相比，真正令人担忧的是“乡村的终结”。这方面最能给人直观印象的莫过于瑞士著名绘本画家约克·米勒的《变动中的乡村》（*The Changing Countryside*）。这本书只是七张画的合集。从1953年到1972年，米勒每隔几年作一次画，从同一视角记录了一个村庄二十年间的变迁。伴随着树木、草地、河湖与山丘的消逝，一个曾经宁静的小村变成了一个小镇。昔日的山清水秀被超市、汽车、巨大的广告牌取而代之，生活方式也发生了改变。耐人寻味的是中文版，给了一个非常合乎我们这个时代的书名——《推土机年年作响，乡村变了》。

该书出版于1973年，虽然这是一本无字书，寥寥几幅图画却足以向读者展示乡村文明的凋落，以及作者暗藏纸背的淡淡忧伤。其反映的时代几乎与《农民的终结》同时，上世纪六七十年代，刚刚从二战废墟中恢复过来的欧洲大陆再掀城市化与现代化的浪潮，而法国正处于“光荣三十年”。

当历史进入“加速期”，人们难免自问这个社会会走向何方。“五月风暴”式的革命虽然浅尝辄止，却也表明当年的法国人对未来的不安。孟德拉斯也承认有一种类似“工人救世说”的“农民救世说”：工人阶级建造未来的世界，农民是保持永恒价值的优秀阶层，而未来世界将必然建立在这些永恒价值的基础上。甚至包括那些无法在肉体上或心理上适应过于理性化和过于组织化社会的人，如果他们不想按照工业社会的要求生活，那他们可以“在乡村生活中找到正常的避难所”。

“没有农民的世界将是一个怎样的世界呢？”在《农民的终结》一书结尾，孟德拉斯深沉地发问。有读者会说，今天中国还没到讨论“农民的终结”的时候。但有一点是肯定的，人们更担心的不是失去农民这一职业，而是担心失去乡村；担心没有乡村，中国的现代化、城市化将行之不远。事实上，无论是现在的英国、美国、法国还是其他许多完成转型的国家，乡村并没有随着现代化进程而隐退。在那里，乡村依旧广阔，像大地一样安放城市，让生活在城里的人们不因走得太快而丢掉灵魂，不因走得太远而忘记因何出发。没有乡村，城市就像是一个无根的漂浮物，卡尔维诺笔下的“一个装载欲望与恐惧的容器，一段只有去路没有归途的旅程”。

乡村复兴：反哺与回流

推土机年年作响，回不去故乡？在此，我必须重新审视自己的一个判断，尤其是在《农民的终结》中读到“乡村的复兴”等相关内容之后。

《农民的终结》出版于上世纪六十年代，20年后再版时，孟德拉斯给书加了一个跋，追补了其后乡村的改变，

> 十年来，一切似乎都改变了：村庄现代化了，人又多起

来。在某些季节，城市人大量涌到乡下来，如果城市离得相当近的话，他们有时甚至会在乡下定居。退休的人又返回来了。……这样，乡村重新变成了一个生活的场所，就像它同样是一个农业生产的场所。……今天的乡下人享有城市生活的一切舒适：统计数据表明，在巴黎人、城市人、郊区人、小城市居民和乡下人之间，已经不像20年前那样具有系统的差别。所有的家庭都配备有浴室、现代化厨房、洗衣机、电冰箱、电视机和小汽车。在所有这些方面，农业劳动者和乡村居民众1970年起就追上了城里人……乡镇在经过一个让人以为已死去的休克时期之后，重新获得了社会的、文化的和政治的生命力。

而这些变化，也恰恰是我近年来观察中国农村时所见到或正在发育成形的。

历史不会简单重复，却有着惊人的相似。

十年前写《一个村庄里的中国》那篇报道的时候，我有一个悲观的结论：包括我的村庄在内的村庄将很快消失。理由是，越来越多的年轻人外出上学或者打工，当他们在其他地方娶妻生子，而老家日复一日地荒芜，与时俱进地衰败，故乡就真的成为回不去的地方了。而且，在我和来自各省乡村的一些朋友聊天时，也时常听到他们不无痛心地哀叹故乡的沦陷，以及消逝。 二十世纪以来，城市化与现代化浪潮席卷中国，乡村文明的凋零似为大势所趋。有数据表明，从1985年到2001年这不到20年的时间里，中国村落的个数，由于城镇化和村庄兼并等原因，从940617个锐减到709257个。仅2001年一年，中国那些延续了数千年的村落，就减少了25458个，平均每天减少约70个。可以想见，随着近几年带有强制意味的“新农村建设”和征地运动的展开，村庄消失的数量，更是以一个加速度在增长。也是这个原因，越来越多的游子，因失去家园而失内心的安宁。

对于我而言，多少有些庆幸的是，我所在的村庄并没有像我十年前所预言的一样凋落，反而在以另一种方式继续在生长，开花结果。这也是近两年返乡得到的一个最深刻的印象。比如，许多农民外出打工赚了些钱，于是给自家原来只有一层的房子加盖了第二层。手头更宽裕一些的人家，还从县城请来职业的装修队，将房子收拾得妥妥当当，一切并不比城里普通人家差。至于家具，记得我小时候基本都是流动的木匠上门制作（我至今仍然保持着对墨斗线与木刨花的温馨记忆），而现在农民们已经开始进城购买家具了。

最让我惊叹的是现在互联网的便利与物流的发达已经深入十里八乡。由于电网与公路改造，这里不仅每家都有摩托车，还用上了空调、冰箱等家用电器，生活条件已明显改善，与镇上的关系日益密切；有的人家还装了卫星电视和互联网，借助物流的方便，村里的年轻人甚至能通过网络从广州订购家具，只需十来天物流公司便可以将货物直接送到家门口。有的农转非青年甚至想着转回农村户口。要知道，从行政地理上小堡村可以说是中国最偏僻的地方，它属于三个乡的交界，完全属于行政末梢，连新修的乡村公路也是势利地停留在一公里之外。而农民的生活，越来越像城里人。

粗略想想，这个村子之所以没有消失，至少有以下几个原因：其一，过于偏僻，远离城郊，故而没有因为圈地运动“被上楼”，没被“拆迁党”光顾；其二，没有其他资源，只有几亩薄地，只适合简单的农业生产，因而失去了因为某项国家工程实施移民的可能；其三，农村电网改造及乡村公路的建设使村庄生活质量有所提高；其四，也是至关重要的一点，即一部分农民没有外出，而外出的一部分农民仍把这里当家，即使是在外面赚了些钱，还是愿意回来。有的年轻人，在外出打工时找了个外省籍的女朋友，却回老家盖房成家。

另一方面，我也注意到在农村的生活成本已经明显提高，过去农民自己种菜吃，而现在，村子里的大多数人都开始买菜吃。每天都有卖菜的摩托车走村串户，跑上两趟。再加上自来水的使用，浴室的改造，就生活质量而言，乍一看，农村的生活和城市似无明显区别。此时，你可以批评农村失去了原有的生活，同时不可否认，追求舒适是每个人应有的权利。

尽管城乡之间的不公平仍然存在，但是过去那种人力、财力、物力单方面由乡村大量流向城市的局面有所改观。这些生活在农村的人，不仅将在城里赚到的钱带回了乡村，换成了生活用品，而且带回了新的生活观念。甚至可以说，就工作的属性而言，他们当中的许多人都已经不是农民，因为并不以农业为主要收入来源。如果有人仍愿意将他们称为农民，无外乎两点：一是直到今天，“农民”在中国仍是一种针对身份的描述，而非工作属性；二是他们安家在农村，不时在农村生活。

简而言之，虽然吸食农村膏血的城市化、现代化让乡村日复一日沦陷，但伴随着社会的开放，那些外出自救又不忘故乡的人，还是会回到故乡，建设故乡，间接将故乡守卫。虽然农村出现了局部的萧条与沦陷，但另一方面一个新的乡村社会也在形成。而确保中国如何不因为现代化、城市化而失去乡村，最紧要处仍在于打破持续百年的“鱼笱效应”，使人力、物力、财力等由乡村到城市的单向流动转为双向流动。一方面，国家不但不能继续扩大城乡差别，要还农民以国民待遇，而且要积极反哺乡村，使农民是为选择想要的生活而非只是为了谋生而逃向城市（北京的膨胀已经为资源汲取型城市扩张敲响了警钟）；另一方面，因为这种公平的价值取向及其可以预期的未来，城里的资金与人口才有回到乡村的可能。

而且，从观念上说，乡村不只是生产区域，更是可以居住的生活场所。当在知识、财富以及社会资本等方面有着相对优势的城里人住进乡村，像旧时的告老还乡者一样，他们在乡村生活实际上已经构成了对乡村的反哺与建设。

> 在城市人一边，他们将会到越来越远的地方去寻找自己的乡村住宅……即便是他们没有园丁和守门人，他们毕竟需要各种各样的服务，这会帮助很多人找到生活的出路。

几十年后的今天，孟德拉斯所描述的部分场面，在中国有些乡村实现了，有些还没有，有些正在发生。就整体而言，可以肯定的是，它将会成为中国乡村发展的一个方向。一方面，城市继续吸走大量乡村精英，并将他们融入城市；另一方面，只要国家不继续对乡村采取盘剥性的政策，不强迫农民革命化、城市化与现代化，乡下人会在自由、自治与自救中获得其可能的成长，而城市文明也是反哺乡村文明而非毁灭乡村文明。

今天我们常常会听到“送文化下乡”、“送家电下乡”，为什么不“送城里人下乡”？为什么不盘活农村的宅基地市场及房产市场，使更多的城里人在乡村开辟第二住所，甚至久居乡村，与乡村居民分享城市文明？为什么不能让许多退休的人能够有条件回到乡村悠闲度日？这些有闲有钱阶层，对于乡村的发展，无疑有莫大好处。比如说，如果他们需要人打扫庭院，收拾花园，需要保姆，他多为农村解决一个就业问题，就少一个农村人背井离乡。这些想法多少有点一厢情愿，但它也并非天方夜谭，只要政府能够终结城乡分治的二元结构，加强农村的基础设施建设(包括医疗、教育和交通等等)，能够开放农村的土地市场。

我一直强调一个观点，没有乡村的现代化与城市化是危险的。这不只在于来自乡村的一些朴素观念可以哺育城市，还在于乡村可以分解城市的极端化发展，避免它们膨胀成一个个硕大的怪胎。就像今天的北京，攫取了太多的资源，以至于要限房限车，在肥胖症之后又添厌食症。

又是20年后的2004年左右，我在法国的西部乡村有一段不短的旅行，再次验证了孟德拉斯的这一判断。许多城里人在乡村拥有第二住所，农民及农村居住者的社区生活过得有声有色。法兰西的乡村主义没有因为现代化、城市化而失去，它继续呵护漂泊在城里的人心。

推土机年年作响，你我建设何为，还请记住荷尔德林的一句话吧——“人类充满劳绩，但还诗意地栖居于大地之上。”

后记

有故乡的人心存敬畏

理性思考，感性表达。断断续续写了几年，知道我在忙这部书稿的朋友时常会问进展如何。若只为成书，2010年初的三十万字便可算是写完了。之所以没有立即交付出版，是因为《重新发现社会》一书刚刚上架，我觉得有必要让自己停下来。

尽管沉淀了两年，此后又陆续写了十多万字，读者仍可以责备我没有精耕细作。然而我又是多么希望自己能从这冗长的写作中暂时解放出来，以期全心全意开始下一段旅程。对我而言，思考与写作是一辈子的事。这本书不会是我关注乡村生活的结束，而只是开始。在下一本书里，我会与读者共同见证一个农家子弟走出乡村的辛苦遭逢与具体命运。

由于写作时间较长，涉及内容较多，为了对过往思考做一些必要的补救或补充，临出书时我通常都会尽可能在序跋上多做一分工，而非草草了事。这次也不例外。

（一）

前不久看到一个笑话：一位苏联人移民去美国，行李箱里放了一张大幅的斯大林肖像。过海关时人问他为什么带这个，他的回答是：“这玩艺是我用来治思乡病的，一看到它我就不想回苏联了。”

生活充满了笑话，但生活从来不像笑话那么简单。说到思乡病，虽然有些内容未收录进来，相信读者还是会从本书中找到某种浓烈的怀旧气息。

有读者可能会问，你为什么没有对“农民素质问题”进行批评，没有对农村生活进行批评，而更多抱以同情的态度，是不是因为某种怀旧情绪而美化了过去的经验？我想答案是否定的。我承认，其实我的童年过得一点也不好，我甚至可以说是一个不幸的人。关于这一切，容后再叙。尽管如此，我也不会做出“绝不回故乡”的决定，我还是愿意看到并记住生活中美好的一面。有人不是说过吗，我们怀念过去不是因为过去有多美好，而是因为我们年轻。在那个时代我们与世界的初恋刚刚开始，我们体会并记住了那一切。人生若只如初恋。

这种同情的态度并没有影响我关于现实的判断。具体到农民素质问题，年少时的农村生活经历告诉我农民并不愚昧，只是艰辛。而且这种艰辛应该归咎于时代，而非“农民素质”。小堡村的上一代农民，比如我的父母，由于年轻时没有继续上学的条件，也没有机会在乡下自学成才，他们不得不终日与泥土和粮食打交道。虽然辛苦，但是和许多农民一样，他们将自己的家事安排得井井有条。他们一生中最大的成就是生养了几个孩子，而且让孩子们都读了书，念了大学。他们没有机会和能力参与这个国家的管理，但只要他们是自由的，只要政府能把五十年代收走的锅碗瓢盆还给他们，允许他们在家里做饭，只要政府能在八十年代把他们从人民公社里解放出来，准确说是把经营一个家的权利还给他们，他们就能把这个家治理好。而这正是乡村无数父母都做到了的。这样的生活值得嘲笑吗？

生儿育女，让孩子能够读书，希望他们有一个好的前程，这是许多农民一生中最重要的几件事。生活在乡村，条件有限，樊篱重重，在此基础上考虑人生的成败得失，狭隘么？这样的时候，你又有什么理由要求他们精明得像个政治家，去呼吁“一人一票，改变中国”？或谴责他们没有公共精神？每个人的人生境遇不同，取径不同，对生活的轻重取舍不同，如果只是因为他们没有走在时代的风口浪尖便说他们“愚昧”、“落后”实在是太不讲情理。更别说，劳动有分工，社会有契约，农民尽自己的本分种好田地，让生活在这个国家的人不至于饿死，已经是对社会尽了最大贡献与最大责任。试问这天底下又有几人尽到了对农民的责任了呢？这个国家转型之所以举步维艰，不正是因为有相当一部分人，或无政治伦理或无职业操守，没有尽到自己的本分么？

而且，我的理性也在一次次告诉我没有必要去讨论什么子虚乌有的农民性或者国民性问题。体现在农民身上的弱点并非农民所有，正如体现在中国人身上的弱点并非中国人所有。如果说自私自利、目光短浅、贪生怕死是农民的弱点，谁又能说这不是全体中国人的弱点，不是全人类的弱点呢？甚至包括我谈到的乡村暴力，在城市乃至各国的外交上，我们见得还少么？

在我着手写这篇后记的时候，看到这样一条微博——“为什么每个人都仇恨腐败，腐败却生生不息？因为我们恨的不是腐败本身，而是恨自己不能腐败，所以政府越腐败越遭骂越不愁招不着人”。实话实说，对于这个强奸民意的“我们”，我是很不以为然的。我承认有些人在等腐败的机会，但我并不认为这是多数人的心声，更不可能是全体中国人的想法。我绝不相信“仇恨腐败”的人都想着自己腐败；我绝不相信批评强盗的人都是想自己做强盗；我绝不相信中国大多数人不是想堂堂正正过体面生活的人。正如我们反对暴力拆迁，绝不是因为我们现在没有能力暴力拆迁；我们反对欺压农民，也绝不是因为现在还没有条件欺压农民。

生而为人，总得有些是非观念。明明是制度性的批评，为何要异化为对国民性的批评？当农民被逼下跪，我看到的不是国民性，而是强权不被遏制；当市民不排队，我看到的不是国民性，而是公民教育缺失；当一位老人摔倒在街上却没有人敢去扶起他，我看到的不是国民性，而是法院此前的裁决没有守住社会正义的底线；当海选出现混乱，我看到的不是国民性，而是民主需要持之以恒的训练。在我眼里，从来没有什么国民性，有的只是人性、观念与权力的作为。为建设一个可期的未来，中国需要民情的转变，但是这种转变当从原因上入手，而非结果上入手。

有个现象值得一提——坚持国民劣根性论者，很少会说自己有劣根性，自己做错什么皆情有可原，皆可就事论事。只有抽象到所谓中国人或者具体到其他人时，这些人才会大谈国民劣根性。德国人当年谈国民性，是一种种族优越主义，而在中国更倾向一种反向种族主义，即热衷于讨论本国国民如何之低劣。在这里，国民性与其说是一种反思，不如说是一种势利的宿命论。它的作用更在于自我撇清与他者归罪，客观上更为拒绝制度改造者开脱。而我之所以不承认国民性，还因为一个民族体现于某个时代的特征，既来自古老的人性，如趋利避害，也源于观念之有无，如现代政治伦理，它是一个开放的系统。否则，若国民性成立，为何同代人之间、几代人之间在对政府理解上有如此大不同？

没注意到么？在中国，一些拒绝实质性变革的政府官员会大谈中国特色，而高高在上的社会贤达大谈国民性，二者实为一丘之貉，即都是让中国人的精神矮化于人类的基本价值。所以我说，中国若要进步，现在亟需讨论的是如何搬走这两块观念上的绊脚石，理清历史与现实的脉络。唯其如此，才可能从点滴做起，诚恳应对这个时代的当务之急。

（二）

早在两年前，我曾酝酿为这本书写一篇题为“八千里路云和月”的后记。当时我驾车回到小堡村过中秋，接下来就一路东进西突、曲折北上，往返约四千公里。最难忘是过完中秋的转天夜晚，车子快到胡适先生的绩溪老家，空空荡荡的高速路上，几乎只有我一辆车在奔跑。月朗星稀，路随山转。一个人若能带着寻找的信念上路，将会是一段多么孤独而美好的旅程！

为了获得更多有关中国农村的现场感，前后花了十几天时间，我走访了赣北的一些古村落以及江苏华西村、安徽小岗村和河南南街村。一个感触是，许多地方虽然名义上仍叫“某某村”，其实与中国乡村的概念相去甚远。这也印证了我最初的想法，即真正能反映中国乡村面貌的，反而是小堡村那样后进的、不为人知的村庄。就像北京、上海不能代表中国城市化的真实水平，在那些明星村里你同样看不见最真实的乡村。为此，我也希望有更多的人能够立足或者回到故乡，去寻找属于本乡本土的小历史。

这次游历勾起了我许多回忆。比如邻县有个千年古村落，离我家直线距离不过四十公里，至今仍保留着不少自初唐以来的古牌楼、门楼、古街、古巷、古井、古塘和古戏台。让我留连不去的是那些有天井的古旧宅子，其中一个大户人家竟然修了48个天井。遗憾的是，近代历经太平天国、抗日战争、文革三次洗礼，至今只剩下26个天井。熟悉中国历史的人知道，这已是幸运。而当我走上其中一间的木质楼梯，竟然有些恍惚，只觉得一切似曾相识。那样的楼梯，那样的雕饰，那样的阳光，那样的气息，让我在楼梯间闭目良久，直至昔日重来，终于想起幼年住在大姑家爬楼梯时的情景。

大姑离我家只有五六里地，小时候我常去她家玩。当时姑父家的三兄弟和另一户人家合住在一起。那是土改“铲富填贫”时分给他们的一个大宅子。毫无疑问，这也是我在乡下偶尔住过的最好的房子，它上接天，下接地，宅子的中间还有个难得一见的天井。我的童年在那里留下了一些美好的回忆。最难忘的是在雨天，雨水从那方四角的天空徐徐飘落。待雨水停了，各屋的女主人们开始围着天井下的水槽洗衣服。如此天造地设的便利，即使是年幼的我也会暗自赞叹，有天井的房屋好不神奇！

至于这个宅子因何换了主人，我却是一无所知。直到写这本书时，才了解到了一些浮光掠影的细节。话说土改时，这位殷姓屋主“驮了地主”（即阶级成分被定性为“地主”），于是不仅失去了房屋和土地，还丢了远在县城里的一个小铺面。不过，虽是地主，据说也只是刚刚起步，换在今天充其量只能算得上是个“富二代”。待被抄没了家产，他的老婆也就是通常说的“地主婆”吓坏了，躲到山上，没几天就找棵树上吊了。而这“地主”虽然没被立即处决，但也很快病死了。一年前，我和这双夫妇的一个曾孙有过一次长聊。这位老实巴交的农民，满面谦卑的笑容，祖上的这点恩怨在他嘴里仿佛完全是别人家的事情。而村里人谈起他们这些后人，时常眼前一亮的是其中一个做了“国家老师”，属于生活比普通农民有保障的那种。对此，这位曾孙也是羡慕不已。

而这个古宅子后来的命运，同样令人悲叹。大概是在九十年代末，村里不少人家盖了新房，姑父他们便将这房子全部拆掉了。几年后，当其他村庄类似的古宅在古宅贩子那里卖出了好价钱，几户人家才后悔不迭。不过他们很快学会了安慰自己，说大概也卖不到几个钱吧，因为宅子里的石刻与木雕在文革时大多被毁掉了。

与此相关的新闻是，近些年在江西活跃着不少古宅贩子。他们在乡下购买古宅，通过拆解、修缮和异地重建，好的一转手能赚上百万元。而有关这些古宅的记忆自然在它们原有的土地上彻底消失了。在欧洲你能看到成片的古堡，而今天的中国人能看到什么？在这个急功近利、弱肉强食的时代，过去是几代人盖一座房屋，守一份祖业，而现在没有真正属于自己的土地的人们，不是房子被拆就是急着换个更大的房子，将来又能有多少关于房屋的记忆留给子孙后代呢？更别说，今天的高房价已经毁灭了无数年轻人的生活与梦想。

我听父亲说，我爷爷年轻时住的也是村里唯一一幢有天井的老宅子。可惜被日本人放火烧了。可有时候我还是会暗自揣测，如果没被烧掉，我们村会不会打破零地主的记录呢？我知道这种想法很荒诞，就像我们的历史一样。

除此之外，那时候村子里还有很多古树。可惜它们在上世纪五六十年代被生产队贱卖。至此，读者或许更能理解我为何会为故乡失去一棵树而变得絮絮叨叨。须知，我今天为故乡失去一棵树而痛心不已，更是因为故乡已经所剩无几。准确说，我伤痛的不是故乡失去一棵古树，而是失去了差不多最后一棵古树，是故乡丢掉了它的历史与时间。

我们有怎样的未来，在很大程度上决定于我们对过往文明的态度。可以肯定的是，无论是一座城市还是一个村庄，如果它的过去总被连根拔掉，那么它也会丢掉它的未来。几千年文明延续至二十世纪时，这片土地不可能是一穷二白，中国农村也不可能完全赤贫——这个念头在我走进胡适先生留在绩溪上庄的老宅子时尤其强烈。在过去的一个世纪，由于各种原因，我们已经失去了太多美好的东西。而且，我们在继续失去，有的甚至比过去还更严重。

（三）

相较于城郊或矿区农村来说，小堡村人或可说幸运，因为它既偏僻，又无资源，至少短期内不会因为城市化或者工业化而沦陷。然而这些年，我的内心却越来越感到不安。

早些年是担心三峡大坝，如地质灾害、洪水侵袭等等。我不知道这种担心有多少人云亦云的成分，但可以想见，一旦三峡大坝有不测，会危及我长江边上的家园。当然，你也可以说，据以往经验，如果洪水只是浸漫上来，对家园不会构成毁灭性的打击。而且，那涨起来的洪水终究会离去。

真正让我忧虑的是近在眼前的一些事情。比如就在2011年，在小堡村十几公里以外的地方刚建起一个号称要打造“全球最大有机硅厂”的化工项目。据说这是沿海大城市放弃的项目，从选址到投产，“项目建设推进速度之快、力度之大、效率之高，前所未有”。而且，就在大连人为反对PX项目而散步一两个月后，县里有63个化工项目集中签约生产。我在网上看到当地有些年轻人为此消息振奋，认为它们势必会带动当地经济的大发展。可问题在于，在此大干快上的背景下，当政府的GDP冲动和企业的创收冲动合而为一，当环保部门甚至进不了污染企业的大门，谁来确保这一片锦绣河山不重蹈各地发展饮鸩止渴的覆辙？

我的忧虑并非空穴来风，无中生有。就在我写这篇后记的时候，《中国企业报》的记者给我打来电话，透露包括该报在内的三家媒体正在当地就有关化工厂的污染情况进行调查，因为有农民向他们反映靠近化工厂的稻谷发黑，有的甚至颗粒无收。据记者不完全统计，受污染稻田范围至少在千亩以上。尽管某有机硅厂每年都会对受损村民以“污染补偿费”之名进行补偿，可低廉的补偿费无疑是杯水车薪。村民更要问的是，受污染的稻谷是否可以安全食用？而记者也不忘向我感慨，以该有机硅厂为龙头发展起来的有机硅城，里面有几十家中小化工企业，这些中小企业的监管更难，如果监管失控，这个化工城就会成为定时炸弹。

这些年来自全国各地的有关“癌症村”的报道可谓层出不穷。2011年，云南陆良铬渣倾倒事件引起网民的关注。在被遗忘的兴隆村，依然有癌症病人在吃臭虫治病，村民称近10年共有37人死于癌症。一位得了癌症的老人在接受记者采访时说了这样一番话——自己死也就死了，但希望把事情调查清楚，因为对生活在这里的子孙后代放心不下。面对如此有责任心的农民，听者情何以堪？

事实上，在离小堡村不到50公里的新建县的一个垦殖场，就有有关“癌症村”的报道。“从化工厂里外漏的污水流进水稻田，将田里的水稻苗全部染黑。2004年，80户人家近20人患癌，以喉癌、肺癌为主。”而我在县里走访的时候，听不少人谈起县里不少人罹患鼻咽癌，不知道是否与环境有关。

自从当地不少年轻人得肝病死了后，由于担心病从口入，一次性碗筷开始在乡下的酒宴中流行。相较从前，农民的确越来越珍视自己的生命与健康，代价是他们不得不生活在日常的恐惧之中。然而，村民赖以自救的一次性碗筷并不能帮助他们抵挡可能的生态危机。我至今无法求证这些事情，也不敢对将来妄下结论，我更希望自己是“杞人忧天忧地”，但我无法平息心中的忧虑，因为一旦环境污染形成，一旦故乡的土地与空气里长毒，其危害将远高于季节性的洪水，将远比我的故乡失去一棵古树严重一万倍。而我的这种忧虑，是整个时代的忧虑，而非独我一人。

明朝《夏商野史》里有一段故事，说的是周文王问姜子牙如何治国平天下，姜子牙的回答是“王者之国富民，霸者之国富士，仅存之国富大夫，无道之国富君廪。是之谓上溢而下漏，为国大臣不可不知。”周文王顿悟，遂派人开仓放粮赈济穷人，西周从此强盛。据我查考，这段在网络上改头换面，广为流行的话是作者从《荀子·王制》或《尉缭子·战威》那里借来的。虽然“版本混乱”，不难看出的是，无论早在春秋战国、明王朝，还是现在，人们对“王者之国富民，无道之国富国家”等藏富于民的思想总会有着强烈的共鸣。

让人痛心的是，今日中国许多农村地区正遭受双重困境：一方面，农民不仅没有享受到藏富于民的政策，还要承受种种非国民待遇，虽为中国现代化进程支付巨额成本却老无所养、病无所医；另一方面，还要在工业化过程中担负“藏祸于民”、“藏祸于未来”的坏处。而且，后者的危害仍在不断扩大，因为中国农村整体性的不设防。因为农民既不是政策制定者，也没有真正能够维护他们权益的制度保障。即使是在今天，一些城市开始借助网络完成散步，试图“遇见可说服的市长”，大多数有责任心的农民依旧只能散兵游勇地抗争，或像安徽蚌埠的村民一样继续“有组织地下跪”，跪请环保总局检查组的官员前来治污。

“比萨斜塔不会倒，非常重要的原因是它不会长高。”经济学家赵晓这样表达了自己对中国发展的忧虑。为了各自的故乡还能回得去，还请这个时代忙于建设的诸位记住这句话吧。有故乡的人知道如何热爱并捍卫属于自己的土地，有故乡的人知道在他人故乡中看到自己的故乡的命运，有故乡的人必须心存敬畏。

（四）

人不能永远活在忧虑之中。在结束这篇文字之前，让我继续说一些感恩的话吧。

感谢我多年前的选择。目前的生活虽然不尽完美，大学虽然清贫，终归是有充足的时间由自己支配。我常和朋友们开玩笑，别人考虑何时休假，我则考虑何时上班。而且，我又是那么幸运，一直在做自己有兴趣做的事情。因为这个缘故，我也常会对自己或所在知识群体说，生活如此清闲，不用朝九晚五，若不诚心诚意尽些社会责任，不去多说一些真话，甚至还要说假话，于良心何安？

感谢《南方都市报》、《南方周末》评论部诸君，虽然你们中很多人已经星散四方，但我仍记着你们的友情。感谢刘雁女士，早在三年前便盼着这部书稿完成，一直督促我完成。感谢理想国的刘瑞琳女士几度邀约，她是理想国沙龙里最动人的女人。感谢谢刚社长的礼贤下士，中国的出版事业因为他的出现而变得开阔；同时感谢新星出版社支持并参与“十分努力”计划，即每本书都会有十分钱用于乡村公益。感谢编辑王光灿的一丝不苟，感谢他与我谈起上学时在河南上蔡县附近随处可见的农民卖血队。这个细节让我又一次想起那群被遗忘的人，更意识到本书中所写的农村及其伤痛，不过是中国乡村微不足道的一角。

感谢熊景明和董保中两位老师，因为董时进先生的缘故，天各一方的我们才得以相识与相叙。

感谢许医农、柴静、刘瑜、郭于华、王跃春、文坛、杨子云、郭亮、陈晓萍、曾宪楠、魏文婷、沈芷琳、于飞、刘丽华、刘玮、梁文道、徐小平、刘苏里、孟波、秦朔、戴自更、封新城、何树青、胡赳赳、钱钢、杨利川、吴稼祥、于建嵘、张力奋、高战、刘秉仁、李英强、单士兵、加藤嘉一、庄永志、李伦、金伟竹、潘采夫、王爱军、萧三郎、褚朝新、骆新、李亚、高明勇、赵继成、翟春阳、杨耕身以及吴相仁、淦小炎、李军洪、汪中求、费从军、陈道国、梅永生、王佺、袁苏、吕凤英、李卫民、廖爱军、胡红林、李晓田等师友多年来的理解与帮助。感谢赖时幸、曹瑞珍、袁志涛等在熊培云图书馆做义工的朋友们的辛劳。这个名单很长，恕未在此一一列出。

最后，还要特别感谢我的家人和孩子。感谢南开大学文学院诸位老师和学生们为我营造的轻松而宽厚的环境。多年来，我一直爱着《未央歌》与《巨流河》里的南开，我也希望有更多人知道并理解张伯苓先生喊出“中国不亡，有我”时的舍我其谁的自救与大担当。

不幸的是，就在我断断续续写完并准备结束这篇后记时，史蒂夫·乔布斯先生在今天早晨离我们而去了。这个消息让我不得不暂时停下来。我承认我喜欢乔布斯更甚于喜欢苹果。我像他一样相信每个人的时间都是有限的，所以不要浪费时间去过自己不想要的生活；相信人不能欺骗，因为你能骗到的都是相信你的人。对于这样一位伟大的创造者的离去，我实在没有理由为他哀悼，因为我活得还不够尽心尽力，不够全心全意，因为在他面前，我的惭愧多于悲伤。

“要么忙着生，要么忙着死”，许多人都记住了《肖申克的救赎》里的这句台词。其实，对于任何一个生命来说，生与死都是同时进行的。生是一辈子的事，死也是一辈子的事。从这方面说，我很庆幸看到我的故乡以及这个世界，虽然时刻经历着衰朽与死亡，却也时时在生长。我也希望自己能够参与到这个万物生长的过程中来。

我相信，即使我不能阻止一些美好事物的离去，我还可以做另一件有意义的事情——就像影片《入殓师》里的大悟一样回到故乡，领悟生命的真谛与尊严，让那些逝去的人与事，在我的回忆里获得温情与敬意。我相信，即使故乡沦陷，我仍可以在一个美好的世界里度过一生，因为我的一生都在为那个美好世界而努力。

2011年10月6日夜　作者谨识

附录一

两千分之一的改变

2001年前后，就在我犹豫“出国，还是下乡”的时候，同时做了两件有意义和有收获的事：一是读胡适，他让我知道了一些被遮蔽的人与事，对二十世纪的中国历史有了一个通盘把握。二是看了伊朗电影。这些电影让我能够更理性、更宽容地理解异域的文明，并且乐于了解他们的生活与心灵。无论是书籍，还是电影，如果能帮助我们更好地了解世界，反观自己，善莫大焉。

从那时开始，我喜欢上了伊朗电影。比如说萨米拉的《黑板》。电影讲述的是一群失去学校的伊朗教师，背上一块大黑板——像是沉重的翅膀，在荒凉的大山里长途跋涉，寻找学生——放羊的孩子。

> “这里有人吗？这里有人吗？打开窗，回答我。乘法表，来学些乘法。一二得二，二二得四……”
>
> “女士，你需要老师吗？我是个老师，你的孩子在哪里？我是来教你孩子的，孩子们在哪里？”
>
> “这里有人吗？我能听到里面的声音。我远道而来，来教你们的孩子读书写字，你不需要付给我很多钱，我会教你读书和写信……我从远道来，如果没有钱，你只需给我一点吃的……”

一路上，这些落魄的男人就这样喊着，不停地询问。然而，一个学生也没有找到。好不容易遇到一群少年，却都自称："我们不是孩子，是骡子。"他们每天忙着从两伊边境偷运走私货物。"我们是骡子，一直在逃亡，你怎指望我能读书？"——"放羊班"不相信春天。

如此动荡而贫瘠的年代，一位妇女这样形容自己的一生："我的人生就像一列火车，不断有人上来又下去，唯一没有走的是我的儿子。"言语之间虽有无尽悲凉，却也让人觉得生生长流，蕴藏希望。

从稻谷到书籍

有人愿意背着十字架前行，有人愿意背着黑板前行。多年来，我时常会想起那群乡村老师，背着黑板到村子里寻找学生，虽然其中也有谋生的意味，不可否认的是，它更包含着一种朴素而金贵的信仰，即至少他们会相信：人需要知识，知识对人生是有用的，是可以让人生活下去的。而且，如果你需要，他们愿意送知识上门。这样的景象，在中国也并不陌生。远有梁漱溟、晏阳初一代人，亲临乡村搞建设。时至今日，在我周围同样有许多我熟悉的朋友，他们不甘故乡与中国农村的荒芜，在做着力所能及的事情。

受其鼓舞，2010年4月，我也在老家参与建设了一个图书馆。而且，这是一个以我的名字命名的图书馆——熊培云图书馆。

建一个乡村图书馆，这一心愿由来已久。2008年夏天，为了重拾《一个村庄里的中国》的写作，我回到乡下老家，并在县里开始寻找一些相关的资料。印象最深的是在县图书馆很难找到几本像样的好书；而附近寥若晨星的几家小书店，新书同样乏善可陈。一座城市，无论多么繁华，街道多宽阔，如果见不到书，在我眼里，总还是萧条的。那时我便在想，倘使这里有一个向全县开放的图书馆定是件美好的事。

同样美好的是，你可以像萨特所说的那样在书里结束你的生命，同时在书里开始你的生命。我年少时的最美好的记忆，便是关于图书的。而最难忘的是十岁那年，母亲带我去县城的新华书店买书。据阿拉善的杨利川先生说，直到1985年前后，北京的书店还没有开架，买书得从柜台上取。真不敢相信！而在我印象中，第一本对我的文字有启蒙意义的书——《中国古代寓言选》，便是那一天我在书架上取出的。这是我人生的第一桶金。

若干年后，当我走出乡村，从北京到广州，从香港到巴黎，见过的好书店已数不胜数。而台湾24小时不打烊的诚品书店，更是让我一次次流连忘返。当年苦于乡下收种稻谷的种种体力活，而现在唯一的体力活就是将一箱书从一个城市拖到另一个城市。从稻谷到书籍，都是人间食粮。

2009年在台湾的那次短暂旅行，我最大的收获就是对慈济会的源起有了些了解。据说，证严法师在年轻的时候，知道有个孕妇小产，跑到医院却因为交不起八千元的保证金而不得不抬回去。为此，她很忧伤，并且决定从此担当。此后的机缘，让她成为台湾慈善事业的标杆。由着当年的醒悟，证严法师一生都在见证这样一个信念：既然“人人都是观世音”，如果能让有爱心的人一起来做事，那么每个人都是“千手观音”了。如果能集合众人的善心与力量，济贫救难不是难事。这些话深深打动了我。多么遗憾啊！多年以来，我只顾写作，独自一人，却忽略了可以与更多志同道合的朋友牵手做事。

一年后，我的新作《重新发现社会》终于出版，并且获得了一些朋友的赞扬，想来这也全是因为这本书契合了此一时代的精神。事实上，我之所以强调重新发现社会，在很大程度上是受到了托克维尔的影响。没有哪个人像托克维尔那样透彻地看到了社会的力量。在他看来，国家可以防止社会互相倾轧，而社会又因为保持充分自治可以防止国家对个人权益与社会自由的剥夺。而如果国家能够切实保障个人的权益与自由，那么在这个社会里，人人都能感到祖国的存在，从每个乡村到整个美国，祖国是人人关心的对象，而不是摆脱的对象。

送托克维尔下乡

我们能力有限，改变不了大环境，但总能改变些小环境。小环境改变了，大环境也会慢慢改变。正如我在南开教书，努力承继西南联大刚毅坚卓、自由自在的传统，也时常对学生说，凡认同此夙愿并甘当我学生者，亦可自称是西南联大的学生。试想，中国2000多个县，如果你改变一个县，就是两千分之一的改变。如果你让一个县有一家像样的图书馆，那么你就完成了两千分之一的改变。如果这两千盏灯一个个都亮起来，对于当下的中国，又将是怎样一种改变！

我向来认为，中国人是从不缺少扶危济困、改造社会的热忱的。我也知道自己平素是如何懈怠，一事无成。就这样，日复一日，漫不经心，忙于种种芜杂之事，而我们最想做的事情，绝大多数时候都停留于美好愿望，或未得机缘，或缺少行动，终不能像证严法师一样，做到“有愿、立志、力行”。

应该说，改革开放以来的三十余年，中国社会的确有了一个大变化，其最显著特征就是社会开始了横向联合与自我建设。在此过程中，越来越多的人开始像卢安克和梭罗一样自主地选择自己的生活。

就在我筹建乡村图书馆的过程中，最让我感动的是一些志愿者，他们踊跃报名，希望能够到图书馆做义工。有一位正要毕业的农家子弟，在别人忙着找工作的时候，他第一时间赶到了当地，准备在这里当一年志愿者。理由是以后工作了，时间恐怕就不如现在这样好安排了。而且，作为唯一的男丁，他是家中的宝贝，母亲和姐姐都十分支持他做自己想做的事情。而帮着我一起筹建图书馆的李英强先生，更是让我感动不已。此前，虽然有书信和电话联系，但我们见的第一面却是在正要开张的图书馆里。我曾经感慨，上帝热爱人类，让有理想的人分散在四方，也让有理想的人无处不相逢。生活就是这样，虽然素昧平生，因了共同的理想与事业，人们终究会走到一起。

我有一个设想：为了更好地动员有此理想者参建图书馆，不妨都以本乡本土的人的名字命名。每个县至少都有一个像我这样的年轻人——有的更百倍优秀于我。他们有着一定的社会资本，能够连接外面的世界与本乡本土，能够整合资源，又熟悉当地的民情，不用花很多精力，便可以孵化出这样一座图书馆。

上面有关图书馆的一些想法，借着网络和报纸的力量传播出去后，有不少朋友给我打来电话，表示对我说的这个模式很感兴趣，希望也能在自己的老家建这样一个图书馆。这一点小小的建设，让我对中国现实又多一些体悟：无论乡村，还是城市，只要你愿意身体力行，总还是能做些事情。记得图书馆开馆那天，我刚从香港大学回到县里，脑子里还装着香港大学冯平山图书馆的样子。那既是读书者的殿堂，又是让人心安的所在。而现在，因为有这样一个小图书馆，我的故乡仿佛与香港对接交融了。当然，我是说在精神气质上它给了我这种感受。

从出乡村到回乡村，对我而言也是一个轮回。而且我相信，许多人都有这样一段还乡梦。早在开始这个系列写作之前，我就提到了农学家董时进“回到本乡本土”去调查的观点。中国虽然没有像美国一样发育出一种可以为民主奠基的乡镇精神，但我相信，中国人对本乡本土建设的热情，从来没有因为目前的“半盘西化”和以推土机为图腾的现代化而被彻底磨灭。

值得一提的是，出于对乡镇精神的推崇，在我需要捐赠的书单里，特别要加上的正是托克维尔的《论美国的民主》。这是多年来我受益最深的书之一。当然，在此我最关心的并非民主本身，而是民主产生的条件。托克维尔认为，决定美国民主的有三个因素，它们分别是自然环境、法制和民情。而论及重要性，是自然环境不如法制，法制不如民情。而好书对于民情的培育，无疑是非常重要的。

但另一方面，建设图书馆的目的并不全在于此。甚至，这也不是最重要的目的。若干年前我在托克维尔的故乡——法国的乡村旅行，最触动我的恰恰是在一些村庄能看到小型图书馆，它是人们日常生活一部分。既然人有免于愚昧无知的自由，那么乡村图书馆首先就不是为民主而生的，也不是为改变民情而生的，它首先意味着一种民权与民生，是为改善人们的生活而存在。它不是简单的光明之子与黑暗之子的较量，而是寻找光明之子与黑暗之子共有的生活。或者说，其所体现的，首先是一种关乎生活的态度，是一种对幸福、自由的领悟与赞美。托克维尔本人说过：“生活不是苦难，也不是享乐，而是我们应当为之奋斗并坚持到底的事业。”

（本文发表于《新京报》，限于篇幅部分内容有删节。）

附录二

没有土地，就没有灵魂——熊培云专访

（几年间，本书作者陆续接受了《新京报》、《南方都市报》、《钱江晚报》、《湖南经济文化》、阳光卫视等媒体的采访，就本书的写作及其他若干问题做了简要的回答。为避免与书中内容重复，整理时略有删节和改写。）

农村问题在农村之外

问：最近您在思想国网站上开始就农村问题写了一系列“乡村纪事”，并在《南方都市报》同步连载。避开都市热闹的奥运，回到故乡“幽僻荒远的村庄”， 您谈到“谁人故乡不沦陷”，为什么会有这种沦陷感？

答：人们常说此心安处是吾乡，但故乡绝不是可有可无、能够轻易割舍的。当你站在童年时的村口，发现老屋不再，古木不再，河流荒芜，第一个感觉肯定是故乡在衰败与沉沦。这样的时候，你的心是很难安的。而我之所以回到家乡，并且想着带回一些文字性的东西，一方面自然是为了尽一个时代观察者的责任，这些年来这种责任一直在烧灼我。另一方面，我也很想对那些在许多人看来近乎卑微的生命作一番见证，中国历史里的宏大场面太多，帝王将相的历史太多，甚

至在我发表“放牛班的夏天”一节时，有读者还在问我怎么不多写写朱元璋小时放牛的故事。那不是我愿意做的。我更愿意关注平常人鲜为人知的历史，关注惊涛骇浪背后的细节与命运。正因为此，在奥运与命运之间，我将视线投向命运。

此外，我也想做一点尝试。这些年来，虽然写了许许多多的文章，但是我一直觉得自己的写作还没有真正开始。我希望能够找到一种适合自己的书写方式，能同时给自己的心灵与理性一个宽阔的出口。还是那句话，对于我来说，找到一种适合我的表达方式是比拓展我的言论自由更严肃的事情。

问：看得出来，您愿意将视线投向“卑微的生命”，既体现了您长久以来秉持的价值观，也体现了您做事的风格，即一点一滴促进这个社会的改良。

答：准确说，我关注的是平凡的生命，而不是卑微的生命。没有谁的生命是卑微的。我更愿意关注具体的人与具体的历史。即使是针对意识形态的解构与批评，也是力求做到就事论事。

问：谈到“农民问题”，前几年有学者提出中国存在着“四农”问题，即在“三农”外再加上“农民工问题”。你赞同这个说法吗？

答：对于这些“标签游戏”我是颇不以为然的。“农字头问题”越多，可能离中心议题越远。最想说的是中国“农民没问题”，“农民工也没问题”。所谓“农民问题”、“农民工问题”等更多是“政策问题”，是“城市问题”，农村问题在农村之外。

有人说农民安土重迁、思想封闭。然而这是农民的问题么？众所周知，近六十年来“城乡分治”，中国城市城门竖起，在某种意义上说，农民不仅被剥夺了用脚投票的权利，而且被隔绝于现代文明之外。这样的时候，你说农民素质低还不如说国家政策的素质低。因为这个原因，所以我说政府首先要着手解决的是城市自我封闭的问题、社会不公正的问题，而非农民没进取心或不开放的问题。事实上，面对城乡隔离，农民不但“没有问题”，而且为冲破城市封闭提供了实践和方法。近几十年来，中国城市之所以有了大发展，首先得益于无数不请自到的闯入者，尤其是数以亿计的农民工。

上世纪九十年代以来，民工潮席卷天下，农村再次成为大后方。正是那些抛弃了户籍观念、四处漂泊的农民，以一种润物细无声的波澜壮阔，将壁垒森严的户籍制度变成一扇千疮百孔、摇摇欲坠的铁门。

同样，中国改革也是得益于农民的尝试。上世纪五十年代中期，中国以斯大林模式为样板建立经济体制。苏联当年刚起步时，由于资金不足，对大规模工业化有心无力，于是采用了经济学家普列奥布拉仁斯基的“社会主义原始积累”理论，让农民无条件地为工业化支付巨额成本。但像托夫勒说的一样，轻农重工的结果是“在传统社会主义国家，农业搞得一团糟。”苏为中用、城乡分治，五十年代后期中国又在“无产阶级专政下继续革命理论”的指导下将苏联体制推行到极端。随之而来的是“三年困难时期”和“文化大革命”，贫困与混乱使中国政治与社会几乎走到了崩溃的边缘。直到1978年，小岗村18户农民冒着“杀头”的危险分田包干，中国改革才终于浮出水面。这不是说小岗村有多伟大，它只是一种象征。时代到了，一棵小草也能掀翻一块石头。

问：2008年的这场“金融风暴”使全球企业纷纷压缩开支、降低成本以应对难关。沿海江浙一带发达地区的中小企业为了应对危机，似乎纷纷裁员，以降低企业运作成本。农民工群体因此成为最大利益受损者。对此，您怎么看？

答：中国农民受损，并非始于金融风暴。现在的问题只不过是许多人原来可以做廉价劳动力，现在连廉价劳动力都做不了了。

在中国经济不景气的情况下，政府将视线投向农村。我发现在这个过程中同样夹带着某些不公平，至少在思路上有问题。比如有人论证说，为了促进消费、扩大内需，所以要将农民纳入社会保障体系。我承认，农民需要社保，说服政府多为农民做些事情也没有错，问题在于，将农民纳入社保不能成为扩大内需、增进消费的手段，而应该成为政府执政的目的。否则有心人会问，等经济好转了，作为手段的社保是不是又可以被取消或者打折了呢？

我尤其想说的是，政府不要等到有了危机才想到农民，想到农村。现在国家有那么多钱，为什么不及早加大农村建设的投入？中国连通往月球的路都已经修好了，怎么乡村公路还修不到我们村？偏偏差那“最后一公里”。不过，有时候我也在想，如果修路只是方便掠夺资源，把村里的树给卖了，我宁可守着那“最后一公里”不修，只当那是战壕了。

没有土地，农民就没有灵魂

问：土地流转改革被称为自实行土地的家庭联产承包经营制以来乡村财产制度的一次重大变革，对农村经济、乡村治理都将产生重大影响。这意味着土地可被农民换成“看得见”的资产，这算是不小的进步吧？

答：有了土地流转，农民可以互换土地、出租、入股，对土地的使用灵活了，这些无疑是有进步的，但进步得还不够。现在农民遇到的最大问题是保护不了自己的土地。这个时代迫切需要回答的是，当人们群起呼吁“必须保卫土地”时，究竟谁最有资格奋起保卫具体哪片土地？对于每位公民来说，只有他知道自己拥有什么，才谈得上要誓死保卫什么。从这方面说，确定农民的这种转让权，是对农民有益的，但这并不意味着农民能够真正保卫自己的土地，因为这些土地实际上并不真正属于农民。

中国现行土地批租制度在上世纪八十年代借鉴于香港，它从客观上解决了土地不能流转的问题和城市改造建设的资金匮乏问题。但是，1993年底分税制改革将土地出让金完全划归地方政府后，这些土地收益顺理成章地沦落为地方政府的“金库”与“提款机”。当地方政府把土地当成生财之道，“守土有责”因此变成了“靠地吃地”。许多农民正是在此背景下“被上楼”与被驱逐。

《大地雄心》（*Far and Away*）这部影片你也许看过，讲的是农民与土地的关系。主人公是生活在十九世纪爱尔兰的一位农民，他的“爱尔兰梦”就是拥有一块属于自己的土地。他的父亲在临终前留给他的唯一遗产是一句充满温情与希望的话：“一个人只有拥有土地才有价值，才有灵魂”。

没有土地，农民就没有灵魂。说得多好！凡事都有个根本。就像我们常讲的，如果一个国家不尊重宪法，这个国家就少了灵魂；如果一个社会没有责任与关爱，这个社会也少了灵魂。中国现在的房地产虽然发展得很快，可是由于土地并不属于业主，可以说这个产业其实也是没有灵魂的，所以我在过去的文章里说“铁打的房子也在风雨飘摇”。将土地还给农民本是件很有希望的事情，私有产权不仅可以抵挡权力的入侵，而且提高农民的议价权。这些年大家之所以赞美物权法，正是因为受保护的物权不仅保障了民众根本利益，同时构成了针对权力的防御与分权。如果产权能够得到真正的保护，一个人失去权力也不是一件令人绝望的事情，因为他其他方面的权利是有保障的。坐在自己的房屋里，他可以像王子一样不受侵犯。

有些人总是莫名其妙地担心，认为土地一旦放开，许多城里人就会到农村去买地，然后呢，农民会不顾一切，为了换酒喝或者给孩子交学费把自己的土地卖掉，最后的结果是农民无家可归了。我觉得这个逻辑是有问题的。且不说没几个人会因为买酒喝而卖土地，如果一个国家逼到孩子连学费都交不起，应该反思的不是为什么农民要卖土地，而是为什么农民会穷到要卖土地。上述担心与推理同时有悖于现代社会的一个基本常识，即个体才是自己利益的最终判断者。

那些担心城里富人蜂拥到农村买地的人，为什么偏偏想不到城里人都到乡下买地会导致地价上涨，使农民受益？我不怀疑这些人关心农民的诚意，不过我忍不住要说的是，如果你真以为农民是不会代表自己利益的人，你就去乡下和他们打几圈麻将，看看究竟谁输的钱多，看看农民是不是一见到城里人就想着给他点一炮。

首先是人，然后才是农民

问：逢年过节，许多企事业单位都会给员工发放“过节费”、奖金，相较而言，农民从事最艰苦的工作，可辛辛苦苦一年到头，连最基本的福利都没有，这也是不公平吧？

答：农民过得辛苦，时常生活在一种寂静的绝望里，却又不以为意。城里社会分工多，有红领、白领、蓝领、金领、粉领、绿领包括黑领，而农民属于“无领”。他们用一生在为国家做贡献，却经受种种分配上的不公。很多年前，我曾经感慨“农民收割庄稼，国家收割农民”，我一直希望这个现象有所改观。

农民像野草一样生长，自生自灭。他们一生中最大的愿望是风调雨顺。如果政策有一点点好转，他们也会感恩。这些年从政府到社会对农民的关注还是很多的，的确也有些变化，农民的日子比以前好过了些，比如，减免中小学生的学杂费、取消农业税，这是大家不断努力的结果。如梭罗所说，我们首先是人，然后才是公民。农民也是这样，他们首先是人，然后是中国人，是农民。所以我并不认为“尊农”、“惠农”是什么“赐予”，我宁愿看作是一种还债。有些官员将“送温暖”当作政绩，后面还跟着一堆摄像机，这在政治上是不及格的，因为让社会免于饥寒交迫是政府的责任，而不是可有可无、可送可不送的礼物。

自古以来，底层中国人总是盼着两类拯救者：一是上天，二是天子。上天是一种神力，而天子属于“王师北定中原日，家祭无忘告乃翁”里的“王师”，是人世间的具体拯救者、护佑者。农民乐天知命，知足常乐，得到一点好处，就会感激不尽。我认识的一位老支书，谈到近年来农村条件改善时说了这么一句话：“还是这一届皇帝好！”你可以说他观念落后，跟不上形势，但是也可以看到在他的潜意识里还是把中央政府比作皇帝与王师，比作拯救者。在这里我想说的是，在生活中每个人都应该学会感恩，但在政治伦理中，更应该强调的是尽职尽责。

问：如何看待“大学生村官”现象？

答：我的学生里也有去做村官的。就个人而言，只是一种择业。对中国而言，大学生当村官比研究生抢着去卖猪肉有前途。至少从中我看到了人才由城市向农村回流，打破我所说的“鱼笱效应”。

故乡不只是一个村庄

问：越来越多的农村人进入城市，他们当中很多人在城里过得并不好，有的甚至睡在广场上、桥洞下，可为什么他们还要去呢？农民是心甘情愿被城市绑架吗？

答：不是农民被城市绑架了，而是被贫穷绑架了。绝大多数农民是因为农村收入低才到城市里去，城市只是给他们提供机会的地方，而不是痛苦的源泉。从心理上说，他们背井离乡更不是想在城市里“受虐”。城里的花花绿绿的确足够吸引他们，但我也注意到许多中老年农民更愿意在乡村生活。对于他们（甚至包括一些年轻人）来说，城市只是个开眼界、见世面、多赚点钱的地方，而不是他们生活更不是养老的地方。所以你会看到很多农民赚了钱就回家盖房子。当然，他们多半也没有能力在城里买房子。

城市里的陌生人社会和乡村的熟人社会有很大的不同。就像《盲井》里说的，城里什么都缺，就是不缺人。而乡村不一样，尤其在一些小村落里，大家朝夕相处，更能真切体会什么是“没有人是一座孤岛”。村民之间虽然平时也会有些恩恩怨怨，但是一个人死了，其他人都会觉得自己的生命若有所失。这时你不需要听别人讲太多的故事，也不用看死者生前的照片，只要你知道他死了，你自会有很多感慨，会有很多回忆自心头涌起。在乡下，每个人死后都是村葬，其规格有点像我们说的国葬，死得是有尊严的。与此相反，城里人过于冷漠与疏离。乡下人敞着门过日子，而城里人终日关门闭户，像是住在水泥砌成的山洞里，在那里每天都有许多人悄然死去，从医院到火葬场到价格不菲的墓地，死亡像是流水线，骨灰是产品。这样没有温情的世界是不值得留恋的。

问：很多人感慨“回不去故乡”，您也多次著文提到对于故乡沦陷的担忧与伤感。回乡对于您的意义经历了怎样的演变？农村对你又意味着什么？

答：有故乡是件美妙的事情。孟子讲“有恒产者有恒心，无恒产者无恒心。苟无恒心，放僻邪侈，无不为已。”意思是说，有一定的财产收入的人，才有一定的道德观念和行为准则，没有一定的财产收入的人，便不会有一定的道德观念和行为准则。假若没有一定的道德观念和行为准则，就会胡作非为，违法乱纪，什么坏事都干得出来。

其实故乡何尝不是一种恒产。我讲“有故乡者有恒心”、“有故乡者有敬畏”也是相同的道理。利希滕伯格说过一句意味深长的话——“对于人类来说，天堂也许是最容易的发明了”。 托·富勒也讲过，“不知道该如何度过一生的普通人，总想进入天堂。”两句话合起来就是想去天堂的人跟着发明天堂的人跑。结果是我们把有瑕疵的尘世抛弃了，而完美的天堂也没有得到。中国乃至历史上的很多悲剧，就是为了建设一个个天堂，而毁坏了各自的家乡。

完美的世界并不存在，回到故乡，是承认人的条件与局限，承认自然的法则，承认理想的恒久。所以我今天特别想说，有故乡的人不稀罕天堂，也不会跟着别人跑，他只要一点一滴地建设他的故乡，让万物顺着各自的本性生长。有故乡的你不会毁坏他人的故乡，因为你可以毁坏他人的故乡，他人也可以毁坏你的故乡，结果是所有人都失去故乡。

我还想补充的是，故乡对于我而言，更是一个精神家园，呵护它也是呵护精神的后院、灵魂的庙宇。我的乡愁不只是关于过去的，更是关于将来的，有时候也是一种转型期的乡愁。而且故乡对于我来说不只是一个村庄，它是一组变幻的意象：有时候它是天上的一片云，就像费翔唱的故乡的云；有时候它是大地山川中的万物；有时候它又是一个城邦，一个蕞尔小国，你熟识那里的每一个人，你们曾经在一起居住与生活，你们是一个命运共同体。

我是一个幸运的人，七十年代出生在农村，虽然没有受太多苦，但算亲历并见证了底层社会的诸多不幸，它使我的写作不至于脱离现实。而且我上了大学，趁着年轻，还在巴黎读书、工作与生活。当然，我今天所有的自由状态，更得益于我是一个自立自主、积极生活的人。因为自立自主，所以我看到了“条件即逆境”。那些家境好的人，生活与选择未必有自由；因为积极生活，所以我看到了“逆境即条件”。当许多人把农村当作一种逆境的时候，我却把这种逆境当作我可以利用的条件，于是有了我着手写的《一个村庄里的中国》。

会回乡下做农民吗？

问：说到这本书，里面有不少调查。你对数据的运用重视得多吗？

答：原定的书名是《一个村庄里的中国》，中途想换，最后又换回来了。就写作本身而言，我的态度是非常严谨的，我会花很多时间核实资料，关键性数据我会重视，但我不会拘泥于那些没有实质意义的细枝末节。另外，我看到现在有些书里面有很多数据和表格，可就是没有作者自己的观点，这种写作不是我所追求的。托克维尔写《论美国的民主》、《旧制度与大革命》，里面几乎没有表格，但是他把道理讲得很清楚。为此，我甚至开始怀疑office软件是不是毁掉了很多好文章。自从有了各式各样的图表，人们学会并沉溺于这种偷懒，论文是图表生成的，文字让位于图像，阅读开始被观看取代了。

我的调查都是在本乡本土进行的，我不能说自己做到完全客观，但会力求真实。我喜欢有时间跨度和空间感的话题。我平时的思考涉及了历史、政治与社会等各个领域，如何协调这些思考，乡村给我提供了一个非常好的切口，它调动了我理性与心灵层面的激情。我试图通过这本书，大而言之解读二十世纪的中国史，小而言之记录我的村庄。这不需要什么雄心壮志，因为我至今仍爱故乡那片土地，我想弄清楚过去一个世纪中国究竟发生了什么，为什么发生以及将来的路向哪里走。当我问“故乡向何处去”的时候，也在问“中国向何处去”。

问：时代在变，农村一些习俗文化正在慢慢消逝。比如说在南方，以前每到年底家家户户都要打糍粑。打糍粑时，几乎村里所有的人都帮忙，一起协作，热热闹闹年味十足，而现在这种记忆越来越少了。

答：我想这背后的主要原因是消费主义在农村流行起来了吧。一位台湾学者曾尖锐地指出：美国舰队敲开锁国200余年的日本的大门，日本并不认为是耻辱，反而庆幸由于这个刺激，使日本惊醒。中国则不然：像一个赤身露体而衰老患病的梦游者，被鸦片战争惊醒后，发现了自己所处的窘境，而认为惊醒他的人罪该万死。不过在《山坳上的中国》一书中，何博传说这已经是过去的悲剧了，因为今日中国正在滑向另一端：被现代物质文明惊醒的中国人，立即变成了拜金主义者，从对一个“红色”世界的迷信，转向对一个“黄色”世界的迷信。或者说，从对一个精神世界的迷信转向对一个失去人情味的物质世界的迷信。这还是发自上世纪八十年代的警告。

农民跟着城里人生活，什么东西都想用钱来买，我觉得这是件十分不幸的事情。比如我老家乡下，不光是打糍粑、做冻米糖这样的手艺看不到了，很多人家平时连菜都不种了，甚至喝起了桶装水。我不是说农民没有消费这些的权利，但我看到的更多是对城里人生活的模仿。农民完全有理由保持自己原汁原味的文化。

诗人兰波曾经说过“生活在别处”。这句话讲出了人内心的自由，但它也道出了人类最真实的困境。有些美好的事物，你每天都看，就什么也看不见了。也是因为意识到这一点，虽然我认为农村有其美好的一面，但我并不认为城市就该被抛弃。城市和互联网一样，是人类合作的产物。我甚至认同这样一种说法，即城市的出现是人类社会继农业革命之后的又一次伟大革命，它对传播人类文明的贡献，仅次于文字的发明。我只是希望乡村文明作为城市文明的母体、文明的故乡不应被城市文明所吞噬。中国的城市建设，比如北京，现在是只知道一圈圈往外扩，就像蜘蛛精结网一样，结果是人满为患、车满为患。

现在城市到处是水泥，好不容易建了个广场，还没有草地，有草地了又不许人“践踏”。我一直不明白，既然是草地，为什么上面还要立个“芳草萋萋，踏之何忍”的牌子。巴黎有很多草地，那就是人们休闲放松的地方，你坐着、躺着、野餐没有谁会管你。它增进了人与自然的相融，“践踏”有什么不可以呢？这个城市最让我感动的细节是路边到处有可以直接饮用的自来水，就好像你在山间能找到泉水一样。这些细节提高了这座城市的宜居水平，其实就是乡村元素在救济城市。

问：我在您的文章中读到这样一句话："尽管我深知几十年来中国农村更代表着一种被隔离的生活，一种真实的逆境，但我总还是能从乡村生活中找到一些真实或者美好的事物并且为此心怀感恩。"虽然生于贫寒，您对农村怀着一种脉脉温情，说说您对生活的理解。

答：很多人都记住了曾国藩的一句话，叫"灵明无着，物来顺应，未来不迎，当时不杂，既过不恋"。这是一种执着的超脱。相较而言，我更愿意看到生活中美好的东西，这是我关于人生的一种态度吧。你心中拥有美好的东西越多，你的人生也就越丰富，越美好。当然，过去的生活不会因为我们怀念它而停留。

问：如果现在您做回一个农民，您将如何生活？

答：自从有了互联网，回到乡村居住是完全可能的。不过做回农民可能性不大了，一来自从我考上大学，放下了锄头，转换了户口，我已经是"失地农民"了；二来即使我回村里种几亩地，我也不会是真正的农民。十几年前，我读《冷山》那本小说时注意到有关作者查尔斯·弗雷泽的一些细节：弗雷泽和家人一起生活在乡下，一边喂马，一边写书，那是我想要的生活。我现在着手写有关故乡的一些人和事，感慨的不仅有已然逝去的时光，还有这个时代正在逝去的生活方式。虽然目前我还不会离开城市，但只要有机会，我还是愿意多在乡村生活。更重要的是，在那里我可以让自己停下来，思考我的人生、我的生活与写作，活得不那么匆忙。一句话，没有故乡的人寻找天堂，有故乡的人回到故乡。

图书在版编目(CIP)数据

一个村庄里的中国 / 熊培云著. —北京：新星出版社，2011.11（2025.10重印）
ISBN 978-7-5133-0413-9
Ⅰ. ①一… Ⅱ. ①熊… Ⅲ. ①农村社会学－中国－文集 Ⅳ. ①C912.82-53
中国版本图书馆CIP数据核字(2011)第207033号

一个村庄里的中国
熊培云 著

策划编辑：刘 雁 于 飞
责任编辑：简以宁
责任印制：李珊珊
装帧设计：九 一

出版发行：新星出版社
出 版 人：马汝军
社　　址：北京市西城区车公庄大街丙3号楼　100044
网　　址：www.newstarpress.com
电　　话：010-88310888
传　　真：010-65270449
法律顾问：北京市岳成律师事务所

读者服务：010-88310811　service@newstarpress.com
邮购地址：北京市西城区车公庄大街丙3号楼　100044

印　　刷：北京天恒嘉业印刷有限公司
开　　本：787×1092　1/16
印　　张：33
字　　数：440千字
版　　次：2011年11月第一版　2025年10月第36次印刷
书　　号：ISBN 978-7-5133-0413-9
定　　价：68.00元